WISSENSCHAFTLICHE BEITRÄGE AUS DEM TECTUM VERLAG

Reihe Sozialwissenschaften

WISSENSCHAFTLICHE BEITRÄGE AUS DEM TECTUM VERLAG

Reihe Sozialwissenschaften

Band 62

Daniel Kaptain

Das Infanteriespezifische Training (IST)

Ein innovatives Trainingsprogramm im Bereich Military Fitness

Tectum Verlag

Daniel Kaptain

Das Infanteriespezifische Training (IST).
Ein innovatives Trainingsprogramm im Bereich Military Fitness
Wissenschaftliche Beiträge aus dem Tectum Verlag:
Reihe: Sozialwissenschaften; Bd. 62
© Tectum Verlag Marburg, 2015
Zugl. Diss. Johann Wolfgang Goethe-Universität, Frankfurt/Main 2014
ISBN: 978-3-8288-3485-9
ISSN: 1861-8049
Umschlagabbildung: © Autor

Druck und Bindung: CPI buchbücher.de, Birkach
Printed in Germany
Alle Rechte vorbehalten

Besuchen Sie uns im Internet
www.tectum-verlag.de

Bibliografische Informationen der Deutschen Nationalbibliothek
Die Deutsche Nationalbibliothek verzeichnet diese Publikation in der
Deutschen Nationalbibliografie; detaillierte bibliografische Angaben
sind im Internet über http://dnb.ddb.de abrufbar.

„Sie stehen mit Leib und Leben für unser aller Sicherheit und für unsere Werte ein"

Bundespräsident Dr. Horst Köhler während seiner Ansprache zur Einweihung des Ehrenmals der Bundeswehr am 8. September 2009

Danksagung

Für die Unterstützung während der Projektphase an der Luftlande-/Lufttransportschule der Bundeswehr (LL-LTS) in Altenstadt / Obb. danke ich dem damaligen Kommandeur Oberst Baur für die Initiierung der Studie. Des Weiteren dem Hörsaalleiter Hauptmann A. Hillerich und dem Hörsaalfeldwebel Hauptfeldwebel M. Geist sowie den Ausbildern für die Unterstützung und Initiative bei der Umsetzung des Trainingsprogramms während der Lehrgangsausbildung.

Vor allem gilt der Dank Hauptmann S. Kühn, der als Projektkoordinator unermüdlich die Weichen stellte und die Vorplanung und Umsetzung des „IST" begleitete.

Danken möchte ich auch meinem Doktorvater Herrn Prof. Dr. Dr. D. Schmidtbleicher (Univ. Frankfurt/Main) für die fachliche Beratung und Wissensvermittlung und die Unterstützung während der Projektphase. Dr. Wirth (Univ. Frankfurt/Main) für die Beratung seitens der Statistik, sowie Prof. Dr. A. Pieter, Dipl.-Sportlehrer M. Wanjek und S. Fahrland (DHfPG).

Des Weiteren für das langjährige Vetrauen Herrn J. Marx, Prof. Dr. C. Eifler und R. Capelan (BSA/DHfPG).

R. Schrimpf von der Firma POLAR Deutschland für die Bereitstellung des Messequipments, der Herrn O. Hagen von der Firma SRT Medical für Bereitstellung des „Zeptors".

Für die langjährige Unterstützung danke ich meiner Frau und Familie, meiner Mutter und meinen Schwiegereltern, allen voran meinem Vater der mich stetig ermutigte die Umsetzung des Themas zu realisieren und leider die Fertigstellung nicht miterleben konnte.

Abschliessend danke ich vor allem A. Pollner für sein wichtiges Feedback und seine immerwärende hilfreiche Unterstützung.

Oberursel, Sommer 2014

Inhaltsverzeichnis

1 Einleitung und Problemstellung

Soldaten – im speziellen Infanteristen – benötigen im militärischen Alltag eine möglichst breite Ausprägung aller motorischen Fähigkeiten, um den physischen Anforderungen in Ausbildung und v.a. auch im realen Gefechtsszenario, welche unvorhersehbar und nur bedingt planbar sind, gerecht werden zu können. Diese hohen körperlichen Beanspruchungen stehen im Kontrast zu der immer geringer werdenden körperlichen Leistungsfähigkeit der heranwachsenden Generation. Denn parallel zu diesen Fähigkeitsprofilen sinkt der Anteil an geeigneten Bewerbern bzw. Soldaten, die diesen Belastungen gerecht werden (RESTORFF, 2000; LEYK et al., 2005; WEHRBEAUFTRAGTER DES DEUTSCHEN BUNDESTAGES, 2008 und 2009). Die Lücke zwischen Bedarf und tauglichem Personal hat sich durch die weggefallene Wehrpflicht und den demografischen Wandel – mit dem dadurch bedingten Fachkräftemangel auf dem Arbeitsmarkt – sogar noch vergrößert.

Mit dieser Problematik hat sich die U.S. Army bereits seit Ende der 1990er befasst und Methoden und Trainingsprogramme zur Steigerung der *physical fitness* in Bezug auf die Anforderungen des modernen infanteristischen Gefechts konzipiert (USMC COMBAT DEVELOPEMENT COMMAND, 2006). Dieser Wandel vollzog sich unter anderem bedingt durch die Erkenntnis, dass die Rekruten der Gegenwart ein geringes Fitnessniveau aufwiesen. Gemessen an einem Fitnesstest aus den 1940er Jahren, der verschiedene Testdisziplinen (Übungen wie Seilklettern, Springen, Laufen und Schwimmen über kurze/mittlere Distanzen und Partnertrageübungen im Laufschritt ohne Pause) umfasste, schnitten die Rekruten der Gegenwart deutlich schlechter ab als diejenigen aus der Zeit des Zweiten Weltkrieges. Die Konsequenz hieraus war, dass ein Test entwickelt wurde, der die Anforderungen des modernen Gefechts, wie *anaerobe Leistungsfähigkeit, Schnelligkeit, Agilität, Koordination* und v.a. *Kraft* und *Kondition*, messbar und überprüfbar machen sollte. Diese Anforderungen wurden demnach auch an das Konditionierungsprogramm der U.S. Army gestellt und durch entsprechende Inhalte ergänzt und verwirklicht (MYERS, 2000).

Neben diesen Programmen und Tests entwickelten verschiedene infanteristische Spezialverbände (U.S. Marines, U.S. Army Ranger etc.) ein auf ihren Bedarf angepasstes Programm (*RAW – Ranger Athlete Warrior Program; US MARINES High Intensity Tactical Training -HITT*), welches noch spezifischer die Komponenten *Kraft, Schnelligkeit, anaerobe Fitness* und *Koordination* abdeckte bzw. förderte (BARRERA, 2010; McMILLAN, 2007; SNYDER, 2007; STEPHENSON, 2007).

Da die vergleichbaren Einheiten der Bundeswehr (Infanterie, Luftlandetruppe) nahezu den gleichen Belastungen in Ausbildung und Einsatz unterliegen, orientiert sich das in dieser Arbeit konzipierte Programm IST (infanteriespezifisches Training) an den Inhalten und Anforderungen eben dieser genannten Trainingskonzepte und an den Anforderungen und Rahmenbedingungen des Lehrgangs- und Ausbildungsalltags der zu untersuchenden Probanden.

Kern der zu überprüfenden und trainierenden motorischen Leistungsparameter sind v.a. die Rumpf-, Bein- und Oberkörperkraft/Griffkraft, die anaerobe Fitness und die Schnelligkeit, welche durch standardisierte Testverfahren nachzuweisen waren. Diese genannten sportmotorischen Fähigkeiten sind bedingt durch die sich ändernden Anforderungen in Bezug auf die Einsatzrealität in den Vordergrund gerückt und sollten daher durch spezifische Trainingsmaßnahmen ausgeprägt werden. Denn trotz – oder gerade wegen der Spezialisierung und Technisierung – sind die körperlichen Belastungen v.a. an abgesessen kämpfende Soldaten (Infanteristen) deutlich höher als noch vor 50 bzw. 100 Jahren. Dies spiegelt sich u.a. in den überproportional gestiegenen Traglasten (MARTIN/NELSON, 1984; BURBA, 1986; KNAPIK, 1989, 1990 A-C, 1997 und 2000) wider, die teilweise 60 – 80 % des eigenen Körpergewichts betragen, welche auch bei Soldaten der Fallschirmjägertruppe der Bundeswehr alltäglich sind (KAPTAIN, 2010).

Da einer robusten und ausgeprägten körperlichen Verfassung für Einsatz und Ausbildung seit jeher eine elementare Bedeutung zukommt (JODL, 1974; GESTEWITZ, 1983; MÖSER, 1986; INSPEKTEUR DES HEERES, 2002; GENERAL INFANTERIE, 2005), macht dies eine im Vorfeld strukturierte und zielgruppenspezifische Trainingsmaßnahme notwendig. Befragungen und Betrachtungen von Soldaten haben jedoch ergeben, dass bis dato die bestehenden Trainingsmaßnahmen vornehmlich auf Eigeninitiative beruhen und der Schwerpunkt auf ein Training der motorischen Fähigkeit „Ausdauer" gesetzt wurde (EISINGER et al., 2006; KAPTAIN, 2010).

Betrachtungen von Trainingsprogrammen anderer Armeen, die Analyse der physischen Anforderungen des militärischen Alltags (WITT, 2000; LEYK et al., 2006; EßFELD, 2006 A und B; DANKERT, 2006; ROHDE et al., 2007, KAPTAIN, 2010), die enormen Belastungen auf den Bewegungsapparat der Soldaten (KOERHUIS er al., 2009; SELL et al., 2010; SIMPSON et al., 2010) v.a. durch Traglasten (DEAN, 2004), Landefall beim Fallschirmsprung (CILLI et al., 2006; DHAR, 2007) und die allgemeinen gesundheitlich positiven Effekte einer Steigerung der *military fitness* durch spezfische Trainingsinterventionen verdeutlichen jedoch v.a. die Notwendigkeit der Einführung eines bedarfsträgerorientierten Krafttrainings (BILZON et al. 2001; KRAEMER et al., 2004; DIJK, 2009, KNAPIK et al., 2012).

Da ein Training und ausreichende Erholungszeiträume zur Verbesserung der körperlichen Leistungsfähigkeit besonders durch die enormen Ausbildungs- und Einsatzbelastungen eingeschränkt und beeinträchtigt werden, sind Maßnahmen mit einem geringen Zeitaufwand bei gleichzeitig hohem Effekt die einzige Option zur Sicherung einer nachhaltigen Effektivität bei gleichzeitiger Vermeidung von Überlastungen. GÜLLICH (2007) stellte in seiner empirischen Untersuchung fest, dass der gesamte Trainingsumfang der untersuchten Leistungssportler nicht in Relation zum Wettkampferfolg stehe. Es waren nicht diejenigen Sportler mit dem umfangreichsten Trainingsprogramm erfolgreicher, sondern diejenigen mit dem effizientesten Programm im Hinblick auf das Verhältnis von Umfang (Zeit) und Ertrag (Erfolg). Denn eine frühzeitige und einseitig forcierte Beschleunigung der Progression beinhaltet auch erhöhte Risiken von Verletzungen und trainingsbedingten Überanspruchungen, vor allem jedoch ein erhöhtes Maß an Regeneration, die oft während militärischen Ausbildungen nicht verfügbar ist. Diese Erkenntnisse verdeutlichen, dass nicht die Quantiät des Trainings, sondern v.a. die Qualität (Maßnahmen zur Erhöhung der motorischen Leistungsfähigkeit) den Trainingseffekt ausmacht. In Betrachtung der lehrgangs- und ausbildungsrelevanten körperlichen Anforderungen stellt ein solches Trainingskonzept mit einem möglichst geringen zusätzlichen Aufwand besonders für die Bundeswehr einen Nutzen dar. Solch ein geringer Trainingsaufwand sichert bzw. ermöglicht die ausreichende Regeneration und damit die Grundlage zur Leistungsentwicklung. Unter dieser Maxime steht die Verwendung des in dieser Arbeit zu untersuchenden Trainingskonzeptes (IST) und Verfahrens (Zeptoring/SRT = stochastische Resonanztherapie), da bisherige Erkenntnisse eine besondere Effizienz solcher Methoden erkennen ließen.

Die Effekte und das Zusammenwirken beider Treatments im Rahmen der lehrgangsgebundenen Ausbildung an der Luftlande- und Lufttransportschule (LL-LTS) der Bundeswehr und die Implementierung und Dokumentation dieser Trainingsmaßnahme, welche im Zeitraum September 2011 bis März 2012 im Rahmen der Ausbildung von angehenden Feldwebeln der Luftlandetruppe umgesetzt wurde, ist Inhalt und Thema dieser Arbeit.

Diese Dokumentation und Untersuchung soll die Ausbildungs- und Alltagsanforderungen der Bedarfsträger skizzieren und darüber hinaus das Vorgehen, die Umsetzung und die Konsequenzen einer Trainingsintervention wissenschaftlich bekunden. Es gilt aufzuzeigen, mit welchen Maßnahmen welche Effekte für die

Soldaten unter den realen Bedingungen und Belastungen des Lehrgangsalltages erreichbar und nachweisbar sind.

Ausgehend von der zur Verfügung stehenden Infrastruktur der Ausbildungsstätte, dem Zeitfenster zur Trainingsumsetzung und orientiert an den gängigen Trainingsprinzipien, soll dargestellt werden, welche Schritte dazu beitragen können, eine bedarfsgerechte funktionelle Fitness für die zu untersuchende Population auf- bzw. auszubauen.

Durch die Erlangung einer höheren physischen Leistungsfähigkeit sollen die Soldaten ihren Auftrag mit möglichst hoher Effizienz und möglichst geringer eigener Gefährdung für Leib und Leben erfüllen können. Mittels der gewonnenen Ergebnisse und Erkenntnisse und deren wissenschaftlicher Überprüfung sollen die Effekte nachweisbar und umsetzbar gemacht, sowie für die Verwendung in der Praxis dargestellt werden.

2 Gegenwärtiger Kenntnisstand

Im folgenden Kapitel werden Untersuchungen und Erkenntnisse der Wissenschaft hinsichtlich der Belastungen des militärischen Alltags skizziert. Aus diesen Darstellungen werden die bisherigen Konsequenzen für die Steigerung der hierdurch bedingten physischen Leistungsfähigkeit beschrieben und entsprechende Programme und Trainingskonsequenzen reflektiert. Außerdem wird ein Überblick über die Gegebenheiten der Lehrgangsstruktur und der Inhalte und Methoden der verwendeten Trainingsmaßnahmen, -übungen und -verfahren gegeben, aus denen sich der Inhalt des Trainingsprogramms IST zusammensetzt.

2.1 Physische Belastungen des infanteristischen Aufgabenspektrums

Die teilweise extremen körperlichen Belastungen und Anforderungen, welche die Soldaten in Einsatz und Ausbildung zu bewerkstelligen haben, waren vielfach Untersuchungsobjekt der Wissenschaft. Hierbei wurden sowohl ergonomische als auch physiologische Aspekte betrachtet. Bei den Probanden dieser Studie handelt es sich um Angehörige der spezialisierten Infanterie (Fallschirmjäger) der Bundeswehr, die den nachfolgend beschriebenen Belastungen in Ausbildung und Einsatz unterliegen. Daher sind die Struktur und die Zielsetzung des untersuchten Trainingsprogramms eben auf diese Belastungskomponenten ausgerichtet. Eine der Kernfähigkeiten der Infanteristen, das Marschieren/Laufen mit Traglast (Ausrüstung), wird als die körperlich anspruchvollste Aufgabe im militärischen Bereich angesehen (RAYSON, 1997; LEEUW, 1998). Führende Wissenschaftler aus dem Bereich Wehrergonomie gliedern die häufigsten Belastungsparameter wie folgt (EßFELD, 2006A, S. 6 ff.):

- Ausdauernde Marsch- und Laufbelastungen:

„...Bergmarsch/Marsch: fortdauernde, mehrstündige Marschbelastung (...) unter kontinuierlicher Überwindung von Steigung bzw. Gefälle... (unwegsames Gelände)"

- Intervallartige Schnelligkeits- und Sprintbelastungen mit Sprungelementen:

„...mehrfaches, maximal schnelles und gefechtsmäßiges Überwinden von 25 m bis etwa 300 m langen Geländeabschnitten, das Überwinden von Sperren in kompletter Ausrüstung und Einnahme von Stellungen im gezielten Feuerkampf..."

Für Infanteristen, die schwerpunktmäßig *abgesessen vorgehen*, stellen die Traglast der Ausrüstung und die Marschdistanz die bedeutendsten Belastungsfaktoren dar. US-amerikanische Forschungsprojekte konnten auf eine Vielzahl von Erkenntnissen aus Kampfeinsätzen zurückgreifen und als *lessons learned* verbuchen. So resümierte beispielsweise PERKINS (1986), dass während des Grenada Einsatzes (*Operation Urgent Fury*, 1983) die hier eingesetzten US-Fallschirmjäger im Durchschnitt Traglasten von 36 kg mitzuführen hatten. Daraus resultierten nachhaltige Einschränkungen der Einsatzfähigkeit. Die Problematik der traglastbedingten Verringerung der Kampfkraft wird auch von CHRISTIE/SCOTT (2005) und RICCIARDI et al. (2008) angesprochen und dargestellt. In Afghanistan wurden bei patrouillierenden Infanteristen Traglasten von durchschnittlich 43 kg beobachtet, während Alarm- bzw. Kampfeinsätzen sogar bis zu 58 kg (DEAN, 2004). Dies oft unter extremen klimatischen Verhältnissen (Hitze, Frost, Höhenexposition etc.). DANKERT (2006) berichtete von über 55 kg schweren Traglasten des Ausrüstungssatzes *IdZ (Infanterist der Zukunft)* der Bundeswehr. Diese immensen Gewichtsbelastungen überstiegen um ein Vielfaches die Ausrüstungsgewichtsbelastungen beispielsweise eines Soldaten des 18. Jahrhunderts (ca. 15 kg Traglast) und auch die eines Infanteriesoldaten des 1. Weltkrieges mit ca. 30 kg Ausrüstungslast (KNAPIK, 1989 und 1997; PORTER, 1992). Sie stehen darüber hinaus im Widerspruch zu den Dienstvorschriften der U.S. Army - diese empfehlen Gewichtsbelastungen bis max. 32,7 kg (KNAPIK, 2000) bzw. 30 % bis maximal 45 % des jeweiligen Körpergewichts des Soldaten (BURBA, 1986).

In einer Befragung von Angehörigen der Fallschirmspezialzüge der Bundeswehr wurden die dort beschriebenen Traglasten (48 – 60 kg) mit dem durchschnittlichen Körpergewicht (der Soldaten der o.g. Einheiten) umgerechnet und eine Traglast bezogen auf das jeweilige Körpergewicht in Höhe von 59,5 % bis 73,5 % ermittelt (KAPTAIN, S.65, 2010). Die untersuchten Panzergrenadiere aus der Studie von ROHDE et al. (2007) hatten Ausrüstungslasten zwischen 22,1 kg (Truppführer) und 50,6 kg (Maschinengewehr-Schütze) zu tragen, was in Bezug auf das jeweilige Körpergewicht zwischen 51 – 83 % Gewichtsbelastung bedeutete. Im Vergleich zu den Angaben von DEAN (2004) ein noch geringer Wert: hier kam es zu einem Spitzenwert von 96 %. Während der Untersuchungsperiode konnten hieraus resultierende massive Belastungen der Wirbelsäule (gemessen an der Verletzungsquote) und starke Einschränkungen der Gefechtsbereitschaft/Beweglichkeit im Gefecht dokumentiert werden (ebd.). Die Darstellungen von DEAN sind insofern sehr interessant, als sie die realen Einsatzbelastungen wiedergeben und somit die Auswirkungen der Traglast auf die Sicherheit und Einsatzeffektivität der Soldaten deutlich machen. Die vielfältigen Belastungen während Eilmärschen (KNAPIK et al., 1993A) mit einer Gepäcklast von 15 kg über eine Distanz von 20 km ergaben durchschnittliche Herzfrequenzraten von 155 S./Min (Herzschläge/Minute). RAYSON (1997) testete solche Marschaufgaben. Die Herzfrequenz (HF)-Mittelwerte in diesem Test (n = 15) bei 40 kg Zuladung lagen bei HF 177 S./Min (Sprint mit 10 % Steigung) bzw. HF 155 S./Min (Sprint in Ebene) und HF 110 S./Min (Marsch in Ebene). Diese Belastungen sollten die realen Gefechtssituationen (Marsch, Sprint bei Überwinden von Geländeabschnitten) von Infanteristen nachstellen, denn ROHDE et al. (2007) maßen während einer Gefechtsübung (Panzergrenadiere beim *Nehmen einer Sperre*) Spitzenwerte von HF 190 S./Min und ein AMV (Atemminutenvolumen) von 190. Weiterhin konnten hierbei Laktatwerte von bis zu 20 mmol (Millimol) nachgewiesen werden (ebd.). Alle diese Aspekte stellen eine extrem hohe Belastung mit einem daraus resultierenden sehr hohen Ermüdungsgrad dar. Die getesteten Soldaten hatten unterschiedliche Traglasten (22,1 kg Truppführer; 50,6 kg MG-Schütze) mitzuführen und dabei eine Strecke von 600 m zurückzulegen, wovon 280 m intervallartig im höchsten Tempo zu überwinden waren (ebd.). In einer ähnlichen Untersuchung (Laufband-Test mit 40 kg Traglast-Zuladung) wies EßFELD et al. (2006B) Laktaktwerte im Mittelwert von 9,63 mmol (Sprint) und 2,2 mmol (Marsch) nach. Der Energieverbrauch bei Marschgeschwindigkeiten von 5 – 6 km/h und einer Traglast von 40 kg lag nach PANDOLF et al. (1977) zwischen 800 und 1000 kcal/Stunde. Neben dem deutlich erhöhten Energieverbrauch ließ sich auch durch die gesteigerte Herz-Kreislauf- Belastung die mögliche Leistungsdauer bzw. Marschdistanz erkennen bzw. vorhersehen (ebd).

EßFELD et al. (2006B, S. 116 f.) folgerten aus diesen Lauftestergebnissen, dass es schon bei 20 kg Traglast zu *„…bereits deutlichen Herzfrequenzreaktionen…"* kommt, und *„…bei 40 kg (Zuladung) in der Ebene sich bereits keine Herzfrequenz-Steady-State einstellt…"*, was zur Folge hat, dass *„…aus metabolischer und kardiovaskulärer Sicht keine anhaltende Leistung aufrecht erhalten werden kann…"*.

Die sehr hohen Beanspruchungen, und eine damit zeitlich stark begrenzte Leistungsfähigkeit bei anaeroben Belastungen, die durch die Traglast und die Anforderungen verschiedener Gangarten (Sprint, Überwinden von Hindernissen/Geländeabschnitten etc.) schnell hervorgerufen werden, stellen während infanteristischer Gefechte die Hauptanforderungen dar (vgl. ROHDE et al., 2007).

WITT (2000) untersuchte diese physischen Belastungen bei Lehrgangsteilnehmern des an der LL-LTS durchgeführten *Einzelkämpferlehrgangs* (EKL). Hierbei wurden HF- und Laktatwerte an verschiedenen Ausbildungsstationen ermittelt. Auf der

Hindernisbahn (HiBa) maß sie eine mittlere HF, welche bei 156 ± 24,7 S./Min lag und einen durchschnittlichen Laktatwert von 10,2 ± 2,31 mmol ergab. Die Probanden (Lehrgangsteilnehmer) erreichten beim *Orientierungsmarsch* (mitzuführende Ausrüstung: Waffe + Feldanzug ca. 5 kg, Rucksackgewicht ca. 23 kg) eine mittlere HF von 136,78 ± 14,4 S./Min. Beim *Hindernislauf* (Distanz: 3 km) wurden durchschnittliche HFmax.-Werte von 191,0 ± 8,9 S./Min gemessen. Hier lagen die Laktatwerte bei 9,43 ± 2,24 mmol. Bei der Ausbildungsstation *Nahkampf* wurden Herzfrequenzmittelwerte in Höhe von 115,52 ± 9,1 S./Min über einen durchschnittlichen Zeitraum von 122,73 ± 0,5 S./Min. gemessen. Während für die 21-stündige *Durchschlageübung* nur Werte von einem Probanden vorlagen (Herzfrequenzmittelwert: 96,4 S./Min), die über eine Dauer von 19 Stunden gemessen wurden, sind bei der Abschlussübung fünf Probandenwerte ermittelt worden. Diese beziehen sich auf die ersten 14 Stunden der Übung, wobei sich ein Herzfrequenz-Mittelwert von 81,24 ± 6,2 S./Min ergab. Ähnliche Werte wurden beim Auswahlverfahren der südafrikanischen *Special Forces* nachgewiesen. Hier wurden durchschnittliche HF-Werte von 169,81 ± 6,64 S./ Min, die über einen Zeitraum von bis zu 30 Minuten aufrechterhalten wurden, dokumentiert (CARLSSON/JENNEN, 2012). FRYKMAN et al. (2012) zeigten, dass die Traglasten eine um 25 % höhere Herzfrequenz bedeuteten. Spezifische Faktoren, wie die Zeit unter Belastung, verringerte sich auf 69 %, Kraftleistungen (Heben) betrugen nur noch 31 % bzw. die gesamten Arbeitsleistung noch 38 % (im Vergleich zur Kontrollgruppe, wo diese Aufgaben/Übungen ohne Zusatzlasten absolviert wurden). Auch KOERHUIS et al. (2009) sprechen von einem extremen Einfluss der Traglasten und dadurch von einem Prädiktor für eine nahende Ermüdung bzw. Leistungseinbruch. Die beschriebenen Belastungen (HF/Laktatwerte und/oder Belastungseinwirkungen auf den Bewegungsapparat) verdeutlichen die immensen Auswirkungen, die auf die Soldaten während der realitätsnahen Ausbildung einwirken, und wie schnell und intensiv eine vorzeitige Ermüdung und Leistungsreduktion hierdurch eintritt. CROWDER et al. (2007) benennen drei Faktoren (Steigung der Marschstrecke, Traglast und physische Belastbarkeit) und verweisen auf ihre Erkenntnisse, dass bereits bei einem 10 %-Anstieg der Laufstrecke (Marschtempo bei 3,5 Meilen/Stunde und ca. 27 kg Traglast) eine 61 % – 90 % metabolische Ausbelastung (also aerob/anaerob Stoffwechsellage) der Probanden erfolgte. Diese Aussage wird auch durch die Studie von BEEKLEY et al. (2007) untermauert.

Die physiologischen Auswirkungen von Traglasten (hier: Schutzwesten; Gewicht ca. 13 kg) wurden von RICCIARDI et al. (2008) untersucht. Bei geringem Tempo wurden HF-Werte von 107 ± 14 S./Min (ohne Schutzweste) bzw. 118 ± 16 S./Min (mit Schutzweste) und bei moderaten Geschwindigkeiten von 164 ± 16 S./Min (ohne Schutzweste) bzw. 180 ± 13 S./Min (mit Schutzweste) gemessen. Entsprechend lagen die Werte des subjektiven Belastungsempfindens (RPE Skala 6 = sehr moderat; 20 = maximale Ausbelastung) bei der Untersuchungspopulation bei 8,4 ± 1,5 bzw. 10,4 ± 1,8 (ohne bzw. mit Schutzweste) und bei moderaten Geschwindigkeiten bei 14,3 ± 2,3 S./Min vs. 16,7 ± 2,1. Diese Werte belegen den deutlich leistungsmindernden Einfluss (Ermüdung) von Traglasten, welche u.a. die Leistung bei der Übung *Treppen steigen* um – 16 % minderte und bei der Übung *Klimmzug* sogar um – 61 % einschränkten (ebd.). Ermüdungserscheinungen (bzw. die resultierende Reduktion der Leistungsfähigkeit) steigern die Verletzungsgefahr bzw. -anfälligkeit auf Grund der hohen körperlichen Belastungen während der Ausbildung und sind ein weiterer Faktor, dem es vorzubeugen gilt. BULLOCK et al. (2010) unterstreichen deshalb auch die Notwendigkeit einer adäquaten Umsetzung von Maßnahmen (Ausbildung, Überwachung, Forschung) im Rahmen der Verletzungsprävention innerhalb der militärischen Ausbildung.

Neben allgemeinen energetischen Erschöpfungserscheinungen traten lt. MARTIN/NELSON (1985) ermüdungsbedingte koordinative Einschränkungen, wie eine Reduzierung der Schrittlänge auf, welche die Bewegung unökonomischer machen und damit einen höheren Energiebedarf bedeuten (DANIELS, 1985). Die hohen mechanischen Belastungen, die auf die Gelenke einwirken, führten lt. DANIELS zu einer Verkürzung der Schrittlänge und durch die damit bedingten unökonomischen Bewegungsabläufe zu einem Anstieg des notwendigen Energiebedarfs, gemessen anhand der VO_{2max}. BIRELL et al. (2007) beschrieben, dass eine Traglast von durchschnittlich 60 % des Körpergewichts (trotz der bekannten Empfehlungen von 30 – 45 %; siehe oben) und das zusätzliche Tragen der Waffe (und damit verbunden die Veränderung des horizontalen und vertikalen Gangbildes) v.a. Verletzungen/Überlastungen durch Kompensationsmechanismen der vertikalen Achse (Wirbelsäule/Rumpf) zur Konsequenz hat (ebd.). HAN et al. (1993) stellten fest, dass die hauptsächlichen Ermüdungserscheinungen beim Marschieren mit Traglast durch eine verringerte Knieflexion, eine verkürzte Schrittlänge und die generelle Verschlechterung der speziellen koordinativen Anforderungen auftraten und auf eine unzureichende Kraftfähigkeit (in Bezug zu den Belastungen) in diesem Bereich schließen lassen. Zur selben Erkenntnis kamen auch MARTIN/NELSON (1985), die darüber hinaus hohe Belastungen durch eine Traglast von 36 kg (Anmerkung: welche zu den Traglasten, die DEAN, 2004; BIRRELL et al., 2007; KAPTAIN, 2010 etc. benannten, relativ moderat ausfielen;

siehe oben) und dadurch bedingte Ermüdungserscheinungen im Bereich der Lendenwirbelsäule beschrieben. Solche Ermüdungserscheinungen wurden auch von AMOS et al. (2000) vermehrt nach Märschen und nach Aufklärungsaufträgen/Spähtrupps festgestellt, was die nachfolgenden militärischen Tätigkeiten negativ beeinflusste. So verschlechterte sich die Trefferquote beim Schießen (nach einer 20-km-Marschdistanz mit 46 kg Traglast) um – 26 % bis – 33 % und die Wurfdistanz bei Handgranatenwürfen um durchschnittlich – 9 % (KNAPIK et al., 1990A).

QUESADA et al. (2000) zeigten bei eben diesen Gelenksystemen (Lendenwirbelsäule, Hüft- und Kniegelenke) ansteigende Belastungsspitzen, wenn die Traglasten ebenfalls erhöht wurden. Vor allem die kniegelenkstabilisierenden Muskelgruppen mussten die hohen Belastungen (Gewichtslast = 30 % des Körpergewichts) kompensieren, was v.a. durch eine Ermüdung der Kniegelenkextensoren gerade bei langen Marschdistanzen (hier: 40 Minuten Laufbandtest) nicht mehr gegeben war und in einer Ermüdung eben dieser Strukturen (und die damit verbundene Verletzungsgefahr/Überlastungen) resultierte. Durch das Mitführen der Handwaffe reduziert sich die Schwungbewegung der Arme, was zu einer Reduktion der Rumpfrotation (als Kompensationsmuster) mit einem hierdurch bewirkten Anstieg medialer und lateraler Kräfte führte. Laut BIRRELL/HASLAM (2008) war dies ein Grund für Überlastungen und Verletzungen der Wirbelsäule. Weiterhin skizzierten sie in einer anderen Untersuchung den negativen Einfluss von Traglasten (Rucksackgewicht: 32 kg) auf die Einschränkung der Bewegungsmuster Extension und Flexion im Kniegelenk und der Reduktion der Hüftrotation (Beeinflussung der Gangbildes), mit gleichzeitiger Verstärkung der Beckenkippung nach ventral und einer hieraus resultierenden Reduktion der Schrittlänge und Überlastung der Lendenwirbelsäule (BIRRELL/HASLAM, 2009). Auch KNAPIK et al. (1996), MAJUMDAR/PAL (2010) und ATTWELL et al. (2006) zeigten, dass durch die Traglast eine Reduktion des Bewegungsradius v.a. bei der Kniegelenkflexion und Hüftgelenkextension bei gleichzeitiger Zunahme der Flexion im Bereich LWS und HWS auftritt. Diese unphysiologischen Bewegungsmuster führten zu einer unökonomischen Bewegungsarbeit und erhöhten das Überlastungsrisiko, was sich hauptsächlich durch Muskelverspannungen und Gelenküberlastung in den genannten Regionen (KNAPIK et al., 1997), schwerpunktmäßig im Bereich LWS und Kniegelenke, zeigte. Durch hohe Traglasten kam es nach WANG et al. (2012) zu einer Zunahme der Bodenreaktionskräfte. Dies führte zu einer Verminderung der Laufökonomie (Erhöhung des energetischen Aufwands) und damit -geschwindigkeit und einer erhöhten Beanspruchung und Überlastung der unteren Extremitäten. Der Zusammenhang zu Verletzungen dieser Bereiche wurde auch von REYNOLDS et al. (1999) benannt. Verschiedene Autoren (VOLPIN et al., 1989; KNAPIK et al., 1992; ROSS, 1993) konnten v.a. Überlastungsschäden im Bereich der Sprunggelenke (Bänderverletzungen, Achillessehnenreizungen etc.), der Kniegelenke (z.b. *Chondropatien*) und der Lendenwirbelsäule (*Ischialgien, Lumbalgien*) feststellen, die auch von PATZOKOWSKI et al. (2011) beobachtet wurden. ROY (2011) berichtete von einem erhöhten Auftreten von überlastungsbedingten Rückenschmerzen (22 % der Untersuchungspopulation). Vor allem bei Infanteristen wurde ein besonders hohes Auftreten von Verletzungsbildern der Kniegelenke (z.b. *Meniskusläsionen*) verzeichnet (ebd.). Verletzungen des Bewegungsapparates führten mit ca. 45 % zu einer Einschränkung der Leistungsfähigkeit. Hauptsächlich jedoch die Verletzungen der Wirbelsäule schränkten die Arbeitskraft und -funktion laut einer Studie von CHILDS et al. (2010) deutlich ein, was zu einer Ablösung vom Lehrgang/Ausbildung führte.

COHEN et al. (2009; S.1916) verdeutlichten die Auswirkungen von wirbelsäulenbedingten Verletzungen durch ihre Aussage *„...back pain is the leading cause of disability in the world, but it is even more common in soldiers deployed for combat operations..."* und beschrieben diese neben anderen muskulären Verletzungen mit der geringsten *„...return-to-unit..."*-Rate (ebd).

In einer Folgeuntersuchung, in der COHEN et al. (2011) die Auswirkungen von Rückenschmerzen und -verletzungen untersuchten, kamen diese zu dem Fazit, dass Rückenschmerzen die häufigste Verletzung während der militärischen Ausbildung darstellen und v.a. bedingt durch die Gefechtsausbildung intensiviert werden. Aktivitäten wie Fallschirmsprung, Marsch mit Traglasten, Luftlandeeinsatzverfahren und Orts-/Häuserkampf- Übungsszenarien wurden als besonders verletzungsgefährdend beschrieben (ebd.).

Auch FRANK (2011) beschrieb das Auftreten von Verletzungen im Rahmen der militärischen Ausbildung hauptsächlich im Bereich der unteren Extremitäten und der Lendenwirbelsäule. Die hier erfaßten verletzungsbedingten Ausfälle führten mit über 60 % zu einer Reduktion der Einsatzfähigkeit und Marschbereitschaft bzw. teilweise zu einer bis zu 6 Monate andauernden Rehabilitationsmaßnahme.

Starke Evidenz besteht in der Tatsache, dass v.a. das Heben und Tragen von Lasten, in Verbindung mit Beugen, Drehen und Vibrationen, ein hohes Risiko für Rückenschmerzen darstellen (HOOGENDORN et al., 1999) – alles Erscheinungsformen, die beispielsweise beim Umgang (Marschieren, Bewegen) mit hohen Traglasten (Rucksack, Munition etc.) oder aber beim Bergen von Verwundeten etc. simultan auftreten und komplexe Bewegungsmuster unter zusätzlicher Last bedeuten. Beugen und Rotieren des Rumpfes und gleichzeitiges Heben von Gegenständen (v.a. bei eintretender Ermüdung) wird ebenfalls von HOOGENDORN et al. (2000) als Hauptrisiko für Rückenverletzungen angesehen.

Zur Aufrechterhaltung einer ausreichenden Rumpfstabilisierung werden grundsätzlich die motorischen Komponenten *Kraft* (Maximalkraft) und (*Kraft-)Ausdauer* benötigt. Aus präventiver Sicht scheint bei vielen Personen mangelnde *Kraftausdauer* im Rumpf ein Problem darzustellen; dies gilt oft als eine Ursache für Rückenschmerzen (KEY, 2010). Ebenso verweisen WYSS et al. (2012) auf deutliche Zusammenhänge zwischen der statischen Kraftausdauerleistungsfähigkeit der Rumpfmuskulatur (gemessen an der Haltedauer bei der Übung *Unterarmstütz*) und der Verletzungsanfälligkeit (bzw. der Vorhersage von überlastungsbedingten körperlichen Schäden) anhand von Daten zur körperlichen Fitness bei 459 Soldaten.

Interessant ist in diesem Zusammenhang zu erwähnen, dass in zwei Studien belegt wurde, dass Rückenschmerzen nicht nur mit einer allgemeinen Schwäche der Rumpfmuskulatur, sondern vielmehr mit der geringen (statischen) Kraftausdauerleistung der Rückenstrecker zusammenhängen (BIERING-SORENSEN, 1984; LUOTO et al., 1995). Diesen Studien zufolge ist die reine Muskelkraft im Bereich des Rumpfes kein Indikator für eine funktionelle Rückengesundheit. Generell ist jedoch zu berücksichtigen, dass die *Maximalkraft* als Grundlage aller Kraftfähigkeiten anzusehen ist (SCHMIDTBLEICHER, 1985), so dass sehr wohl eine Steigerung dieser Fähigkeit positive Auswirkungen auf die Komponente *Kraftausdauer* haben wird.

Den Risikofaktor *Zugehörigkeit Militär* im Kontext zur Rückengesundheit kommentierte SCHOENFELD et al. (2012) in dem er feststellte, dass die höchste Rate von Lendenwirbelverletzungen /-brüchen (0,48/1000 Probandenjahre) weltweit in der US-Army gegeben ist. In einer weiteren Untersuchung wird dies noch untermauert, in dem sie zu der Aussage kommen, dass die US Streitkräfte im Untersuchungszeitraum 2001 bis 2010 (*Operation Iraqi Freedom/Operation Enduring Freedom*) die höchste jemals festgestellte Rate an aufgezeichneten Wirbelsäulenverletzungen während militärischer Einsätze verzeichneten (SCHOENFELD et al., 2013). Auch ROY et al. (2012) untersuchten die Verletzungsbilder von Infanteristen einer Kampfbrigade während des Afghanistan-Einsatzes. Die hier aufgetretenen (außerhalb von Kampfeinsätzen bzw. ohne Feindeinwirkung) Verletzungen (insgesamt bei 23 % der Angehörigen) betrafen v.a. den Lendenwirbelbereich, die Knie- und Schultergelenke. Mit 36 % der Ursachen stechen v.a. das Heben und

Tragen von Ausrüstungslasten heraus, was wiederum die negativen Auswirkungen von hohen Traglasten auf die Überlastung des Bewegungsapparates und die Bedeutung eines spezifischen Trainings zur Verletzungsprophylaxe (Aufbau einer starken Stützmuskulatur, Bewegungsökonomie und Koordination) verdeutlicht. MISER et al. (1995) zeigten, dass die meisten muskuloskeletalen Verletzungen während des Gefechts (*Operation Just Cause*/Panama, 1989) bei den physisch sehr belasteten Infanteristen (*U.S. Army Ranger*) die unteren Extremiäten (v.a. Sprunggelenke) betraf.

HAURET et al. (2010) untersuchten alle Verletzungen während der Kampfeinsatze im Irak und in Afghanistan und kamen zu dem Fazit, dass durchschnittlich 35 % aller Verletzungen außerhalb von Gefechtssituationen/Feindeinwirkungen auftraten. Die meisten Fälle wurden durch Ausbildung (20 %) bzw. Stürze (18 %) verursacht, was ein Indiz für die Reduktion der koordinativen Fähigkeiten (durch eintretende Ermüdung) sein kann. Die Verletzungsregionen waren hauptsächlich Wirbelsäule, Knie- und Handgelenke. Die Auswirkungen von Kampfeinsätzen und Gefechtssituationen (Stressexposition) führen lt. HENNING et al. (2011) zu einer Verschlechterung der körperlichen und militärischen Leistungsfähigkeit und sind durch eine Reduktion von anabolen Hormonen, Muskelmasse und Knochendichte gekennzeichnet. Daher empfehlen diese im Vorfeld bzw. zur Nachsorge Maßnahmen (Krafttraining) zu ergreifen, die auf eine Maximierung der o.g. Schutzfaktoren (Muskelmaße und die damit verbundenen hormonellen Reaktionen) abzielen.

GOODMANN et al. (2012) fanden heraus, dass ca. 19 % der Soldaten innerhalb der Gefechtsausbildung sich einer orthopädischen Behandlung unterziehen mussten, wobei 4 % aller Soldaten dauerhafte medizinisch-orthopädische Behandlungen benötigten. Mehr als die Hälfte aller untersuchten Fälle betrafen Knie- und Schultergelenke. Die Verletzungsquoten während der militärischen Ausbildung waren hoch und bezifferten zwischen 6 und 12 Soldaten (von 100) je Monat innerhalb der Grundausbildung. JONES et al. (2000) sahen ebenfalls das intensive militärische Training als einen Risikofaktor für Verletzungen an. KNAPIK et al. (1993B) gaben an, dass über 50 % der untersuchten Soldaten sich während der Ausbildung verletzt hatten, und definierten als Risikofaktoren die geringe körperliche Leistungsfähigkeit (gemessen an den Ergebnissen der 2-Meilen Laufzeiten und Sit-up-Wiederholungen), die Zugehörigkeit zur Infanterie und ein niedriges Durchschnittsalter. Auch WILKINSON et al. (2011) führten an, dass sich ca. 58,6 % der Soldaten während der Ausbildung verletzten. Auch in dieser Untersuchung wurden hauptsächlich Verletzungen der unteren Körperhälfte (71 %), v.a.

der LWS-Bereich (14 %), die Knie- (19 %) und Sprunggelenke (15 %) genannt. Aktivitäten, die in Zusammenhang mit einer Verletzungsprävalenz stehen, waren: Gefechtsausbildung (30 %), andere militärischen Ausbildungsinhalte (26 %) und Sport (22 %).

Die gängigsten Verletzungen des Bewegungsapparates betrafen auch einer Untersuchung von TAANILA et al. (2009) zufolge den unteren Rücken / LWS (20 %) und die unteren Extremitäten (16 %). Diese Verletzungen traten ebenfalls v.a. während der Gefechtsausbildung in Verbindung mit hohen Trag- / Ausrüstungslasten und bei Märschen auf. Einschränkungen und Verletzungsbilder der Wirbelsäule und Kniegelenke verursachten in einem hohen Maße (44 %) ein Rezidiv (ebd.). POSSLEY / JOHNSON (2012) geben Hinweise auf ein hohes Verletzungsrisiko durch militärspezifisches Kampfsporttraining / Nahkampf, da hier 55 von 1025 Soldaten Verletzungen am Bewegungsapparat erlitten, was deren weitere Ausbildung zum Teil stark beeinträchtigte, da 24 % der Fälle eine medizinische Anschlussbehandlung benötigten. Auch hier waren v.a. Knie- und Schultergelenke schwerpunktmäßig betroffen.

Den Erkenntnissen von SAMMITO (2011A, S.90 f.) zufolge traten Verletzungen im Rahmen der „...grünen Ausbildung...“ (Gefechtsausbildung) in 19,8 % der Vorstellungen in der truppenärztlichen Sprechstunde mit einer Häufigkeit von 2,27 Verletzungen/1000 Ausbildungsstunden auf. Kniegelenke (24,5 %) und Füße (15,8 %) waren die beiden am häufigsten betroffenen Körperregionen. Die Soldaten waren im Mittel pro Verletzung 1,23 Tage verwendungsunfähig und 6,89 Tage nur eingeschränkt verwendungsfähig. Diesen Darstellungen nach galt es für SAMMITO als erwiesen, dass „...die ‚Grüne Ausbildung‘ ... eine gegenüber dem Dienstsport verletzungsarme, gleichzeitig hoch spezifische Ausbildungsmaßnahme zur Steigerung der Einsatzfitness dar[stellt]...“ (S. 90 ff., ebd.).

Da es sich bei der Untersuchungspopulation durchweg um Angehörige der Luftlandetruppe / Fallschirmjäger der Bundeswehr handelt, soll nun ein Überblick über die physischen Belastungen und das daraus resultierende Verletzungsrisiko (bzw. die Einwirkungen auf den Bewegungsapparat), die beim Fallschirmsprungbzw. Luftlandeverfahren auftreten, gegeben werden. Somit können die später skizzierten Trainingsinhalte und -zielsetzungen besser nachvollzogen werden.

REID (1971) hat während der Fallschirmsprungausbildung Herzfrequenzmessungen durchgeführt welche durchschnittlich bei 77,4 S./Min vor dem Sprung, 157,7 S./Min während des Sprungs und bei 155,7 S./Min während der Landephase lagen. Spitzenwerte bei dieser Untersuchung wurden mit 220 S./Min erzielt. Die Atemfrequenz lag durchschnittlich bei 32 Liter/Min, dies war doppelt so hoch wie im Ruhezustand (15 l./Min). Selbst bei sehr erfahrenen Fallschirmspringern (Mitglieder der Nationalmannschaft mit durchschnittlich 1350 Sprüngen) konnten Herzfrequenzwerte von 152 S./Min festgestellt werden (KOPP, 1978). Blutdruckwerte von 170 mmHG und um 30 – 40 % erhöhte Blutzuckerspiegel (als Reaktion auf die Adrenalinfreisetzung) kurz vor Verlassen des Flugzeuges wurden u.a. von PAMOV (1974) gemessen. Diese physiologischen Stressreaktionen führten wiederum zu einer um 20 – 70 % geringeren Muskelwiderstandskraft (ebd.), was zu den im Folgenden beschriebenen Verletzungsbildern (auf Grund fehlender / unzureichender muskulärer Gelenkstabilisierung) führen kann.

Die meisten Verletzungen bzw. die höchsten Belastungen beim automatischen Fallschirmsprung treten während der Landephase auf. Die Landegeschwindigkeit entspricht beispielsweise einem nicht beschleunigten Fall aus einer Höhe von 1,3 m – 5,5 m, abhängig von Windstärke und Gewicht des Springers. Die Ursache ist die bei der Landung entstehende kinetische Energie. Hier entstehen durch das abrupte Abbremsen bei der Landung die o.g. Kräfte, die nicht vom Körper vollständig kompensiert werden können. Eine eingeübte Technik beim Landefall (spezifische koordinative Anforderungen; reaktives Kraftverhalten) und ein stabiles Gewebe bzw. Gelenkstrukturen sind als Verletzungsprophylaxe anzusehen. Es wirken hier Kräfte von bis zu 10,4 G (Gravitationskraft) auf die Ferse, 6,4 G auf den Fußbereich, 3,4 G auf das Gesäß und die LWS und 1,4 G auf den Schultergürtel und HWS/Kopf (ANSPERGER, 1980). Untersuchungen von UHLIG (1966) zeigten Belastungen von ca. 400 kp (Kilopond), die bei einem Springergewicht (80 kg Körpergewicht + 30 kg Ausrüstung) überlastend auf den Körper (z.B. Zerrungen des *m. rectus abdominis*) wirken. Beim Füllungsstoß (Zeitpunkt, bei dem der Schirm sich voll geöffnet / ausgebreitet hat) wirkten bei gleichen Gewichtsvorgaben Kräfte in Höhe von 620 kp (ebd.). Da sich *„...beim Landefall auf die unteren Extremitäten und die Lendenwirbelsäule ca. 85 % aller Verletzungen ereignen..."* (ERÖS, 1985, S. 18) und Belastungen von bis zu 550 kg (ebd.) einwirken, betreffen die meisten Verletzungen eben diese Regionen. WHITTING et al. (2007) bezifferten die Kräfte, welche beim Landefall auf den Körper wirkten, mit dem bis zu 13,7fachen des Körpergewichts und betonten die Notwendigkeit einer ausreichenden exzentrischen Muskelkraft (z.B. der Kniegelenkextensoren), um diese Kräfte zu kompensieren. Diesen Darstellungen nach ist die Aussage von ERÖS (1985, S.92), der die *„...Leistungen eines Fallschirmspringers mit denen von Leistungssportlern..."* gleichsetzt, nachvollziehbar.

Die Studie von TEYSSANDIER (1965) kam zu der Erkenntnis, dass die Belastungen für den Stützapparat so hoch sind, dass bei jedem Fallschirmsprung Mikrotraumata in der Wirbelsäule auftreten. Dies erklärt auch, warum v.a. von ehemaligen Fallschirmspringern verstärkt über chronischen Wirbelsäulenverschleiß (KLEINOD, 1973) und ein erhöhtes Maß an Arthrose, v.a. in den Knien und Lendenwirbeln (Facettengelenke), berichtet wurde (ERÖS, 1980). KIRCKPATRICK / SMALLMAN (1991) sahen jedoch keinen eindeutigen Zusammenhang zwischen bestimmten verschleißbedingten Erkrankungen der Wirbelsäule und der Anzahl an Fallschirmsprüngen, was für den Einfluss der individuellen körperlichen Belastbarkeit des Stützapparates spricht. BAR-DAYAN/SHEMER (1998), EKELAND (1997) und GILLIAM et al. (2006) zeigten, dass hauptsächlich Traumata / Verletzungen im Bereich der Sprunggelenke, Knie bzw. allgemein im Bereich der unteren Extremitäten auftreten. KRAGH/TAYLOR (1995) untersuchten Verletzungsbilder, die durch das *fast roping*-Verfahren (Abseilen aus einem Hubschrauber) auftraten, hier waren hauptsächlich (ähnlich wie beim Landefall beim Fallschirmsprung) die Sprungelenke (30 % aller Verletzungen) betroffen.

Während FARROW (1992, S.20) von Schulterverletzungen/-brüchen als der neuen „...*paratroopers's fracture*..." spricht, zeigten GLORIOSO et al. (1999), dass über die Hälfte aller Verletzungen die unteren Extremitäten betrifft und v.a. Nacht- und Gepäcksprünge das Verletzungsrisiko potenzieren, welches so auch von KNAPIK et al. (2003 und 2010) beobachtet wurde.

Wenn der Landefall ohne ausreichende Sicht stattfindet (z.B. Nachtsprung), führt dies zu einer Zunahme der Hüftabduktion bei gleichzeitigem Rückgang der Knieflexion, was wiederum zu einer Zunahme der Bodenreaktionskraft und Erhöhung der Dorsalextension (im oberen Sprunggelenk) führt und laut CHU et al. (2012) die Ursache für ein deutlich höheres Verletzungsrisiko in eben diesen Gelenkregionen war. Dies zeigte ebenfalls die Studie von HALLEL/NAGGAN (1975), welche darstellten, dass die Verletzungsquote bei Nachtsprüngen beinahe dreimal höher war als bei Sprüngen bei Tageslicht (Verletzungsquote bei Tag: 4,62/1000 Sprünge; bei Nacht: 11,25/1000 Sprünge). Die geringsten Verletzungsraten traten bei *Freifallern* (manuelles Verfahren) mit 2,96/1000 Sprüngen, die höchsten während Manöversprüngen (Automatik- Sprungverfahren) mit Gepäck in der Nacht (25,75/1000 Sprünge), auf. Auch in dieser Untersuchung wurde gezeigt, dass sich der Großteil der Verletzungen (ca. 90 %) während des Landefalls ereignete und mit 35,6 % hauptsächlich die Sprunggelenke und die Wirbelsäule (14,5 %) geschädigt wurden. Die besonders hohe Verletzungsquote bei Nachtsprüngen wurde ebenso von KRAGH et al. (1996) bestätigt – auch hier lag die Quote mit 2,7 % im

Vergleich zu 1,4 % bei Tagsprüngen nahezu um das Doppelte höher. Weiterhin verwiesen diese auf die Tatsache, dass die meisten Gefechtssprünge (ca. 55 %) nachts durchgeführt wurden. Eine weitere Untersuchung, die ebenfalls die Einsätze dieser Luftlandeeinheit (*U.S. Army Ranger Regiment*) evaluierte (KOTWAL et al., 2004), gibt an, dass sich insgesamt 12 % der Springer verletzten; 4 % waren sogar nicht mehr in der Lage, ihren Auftrag fortzusetzen. Neben der deutlich höheren Verletzungsgefahr durch schlechte Sichtverhältnisse (lt. KRAGH et al. 1996 um das 2,5fache) gaben mehrere Studien als weitere Gefährdung eben die hohen Gepäck- und Ausrüstungslasten (KRAGH/TAYLOR, 1996; WHITTING et al., 2007; HUGHES/WEINRAUCH, 2008) der Fallschirmspringer an. Der Zusammenhang zwischen hohem Springergewicht und Verletzungsrisiko erklärt auch die hohen Verletzungsquoten bei Gepäcksprüngen.

GEHRING et al. (2009) zeigten, dass sowohl eine (ermüdungsbedingt) reduzierte Voraktivierung der (medialen) Kniegelenkstrecker und *ischiocruralen* Muskelgruppen und des *m. gastrocnemius* als auch deren reduzierte Ausgangsleistungsfähigkeit/Kraft und Koordination als Ursache für eine reduzierte Kniegelenkskontrolle und damit als Verletzungsindikator anzusehen sind.

Trotz der o.g. Belastungen stellt ERÖS für den Betrachtungszeitraum 1975 – 1980 eine sehr geringe Anzahl an Verletzungen beim Fallschirmspringen an der LL/LTS fest: die Quote lag bei nur 0,25 %, was auch lt. LOWDON / WETHERILL (1989) auf die solide und umfangreiche militärische Ausbildung zurückzuführen war. Internationale Studien zeigten ähnliche Verletzungsraten – so kam BRICKNELL (1999A) in seinem Review auf durchschnittlich 5,61 Verletzungen/1000 Sprüngen bzw. 7,4 Verletzungen/1000 Sprünge beim *U.K. Parachute Regiment* (BRICKNELL, 1999B). Die meisten Verletzungen traten hier im Bereich Wirbelsäule (40,1 %), untere Extremitäten/Sprunggelenke (38,0 %), Halswirbelsäule/Kopf (6,4 %) und Schultergürtel (5,3 %) auf. Ähnliche Ergebnisse lieferten ELLITSGAARD (1987) und CILLI et al. (2006), die herausfanden, dass 83,8 % bzw. 95,0 % der Verletzungen beim militärischen Fallschirmspringen sich bei der Landung ereigneten. Laut CILLI et al. ist das Verletzungsrisiko (hier: 8,07/1000 Sprünge) bei automatischen Sprüngen um das 2,5fache höher als bei den untersuchten Freifallspringern (manuelles Verfahren). In einer retrospektiven Kohortenstudie gingen BRICKNELL et al. (1999) der Frage nach, wie hoch das Verletzungsrisiko für militärische Fallschirmspringer bei der Ausübung ihrer Tätigkeit in Ausbildung und Einsatz ist. Sie kamen zu dem Ergebnis, dass das militärische Fallschirmspringen 20-mal riskanter ist als die reguläre Infanterieausbildung. Das RR (relative Risiko) für eine Verletzung lag bei den US-Fallschirmjägern im Vergleich zur Kontrollgruppe (reguläre Infanteristen) bei 1,49. Dabei waren ca. 50 % der Unfälle und Verletzungen während Fallschirmsprüngen bzw. der Sprungausbildung aufgetreten. Durch eine verbesserte Ausrüstung, ein fundiertes Training und einen erweiterten Erfahrungsschatz konnten die generellen verletzungsbedingten Ausfälle beim militärischen Fallschirmspringen im Kampfeinsatz von ca. 37 % im Zweiten Weltkrieg auf ca. 7 % in den 1990er Jahren reduziert werden (BRICKNELL, 1999A). In diesem Review belegte er außerdem das erhöhte Verletzungsrisiko durch Gepäcksprünge bei Nacht (siehe oben). Dennoch ist das Risiko bei zivilen Sprüngen mit durchschnittlich 4,7 / 1000 Tagsprüngen ohne Ausrüstung deutlich höher als das militärische Fallschirmspringen, was wiederum auf einen höheren Ausbildungsgrad bei der militärischen Sprungausbildung schließen lässt (ebd.). DHAR (2007) unterteilte in seinem Review die untersuchten Sprungverletzungen in zwei Gruppen: leichte Verletzungen, wie Prellungen, Schürfwunden etc. – die meist bei jüngeren und v.a. bei Sprungschülern / Anfängern vorkamen – und schwerwiegendere Verletzungen (Knochenbrüche, Bänderrisse), die v.a. bei älteren Soldaten (wegen mangelnder Bänderelastizität) auftraten. Er verwies weiter auf die hohe Bedeutung eines umfangreichen und intensiven Trainings, da die Belastungen auf Psyche und Physis während des Fallschirmspringens immens sind. HENDERSON et al. (1993) empfehlen, ein spezifisches Training v.a. für die unteren Extremitäten zur Verletzungsprophylaxe umzusetzen, da diese eine verringerte muskuläre Kontrolle / Kraft (erhöhte Knieflexion) bei untrainierten Soldaten während des Landefalls nachwiesen. Eine v.a. exzentrische Belastung (mit Gewichtslasten) der hüft- und kniegelenkstabilisierenden Muskeln sollte in einem fallschirmjägerspezifischen Training zur Auslösung von muskulären bzw. biomechanischen Adaptationen (um die Verletzungsgefahren, die sich beim Landefall ereignen, zu mindern) laut Ansicht von SELL et al. (2010) durchgeführt werden.

Alle in diesem Kapitel dargestellten körperlichen Anforderungen, Belastungen und schließlich auch Verletzungsrisiken verdeutlichen das hohe Anforderungsmaß an eine spezifische körperliche Robustheit und hohe Fitness. Die beschriebenen Anforderungen und betroffenen Körperregionen gilt es folglich durch ein spezifisches Training zu stärken und zu stabilisieren um solche Verletzungen und Leistungsminderungen zu vermeiden.

Erschwerend hinzu kommt jedoch die Tatsache, dass diese körperlichen Anforderungen völlig gegenläufig zu den durch Technisierung und Modernisierung ablaufenden Entwicklungen des Alltags stehen. Beispielsweise wies HOLLMAN (2001) für den Zeitraum zwischen 1950 – 1990 einen um durchschnittlich über 400 kcal reduzierten alltäglichen Energieverbrauch (auf Grund geringerer körperlicher Aktivität / Arbeit) nach. MENSINK (2003) zeigte darüber hinaus die Tatsache auf, dass nur ca. 15 % der Erwachsenen ein ausreichendes Maß an Bewegung im täglichen Alltag erfahren, was zu einer körperlichen Degeneration (Schwächung sämtlicher Strukturen des Bewegungsapparates, Reduktion der kardio-respiratorischen Leistungsfähigkeit und Stoffwechselparamter und Rückgang der koordinativen Fähigkeiten) führt und zu den Rekrutierungsproblemen, welche in Kapitel 2.4 noch umschrieben werden, führt.

Gerade auf Grund der in diesem Kapitel beschriebenen Belastungen soll die Bedeutung des Zusammenspiels von Belastung (Ausbildung / spezielles Training zur Leistungssteigerung bzw. -erhaltung) und Erholung für die notwendigen physiologischen Anpassungseffekte verdeutlicht und thematisiert werden. Gleichzeitig wird ersichtlich, dass ein Steigern der Belastbarkeit (durch ein spezifisches Krafttraining etc.) elementar erscheint, da die dargestellten Belastungen im militärischen Alltag extrem hoch, belastend und gleichzeitig sehr komplex sind.

2.2 Military-Fitness-Trainingsprogramme

2.2.1 Anforderungen an Military-Fitness-Trainingsprogramme

Um die Soldaten auf die in Kapitel 2.1 dargestellten Beanspruchungen physisch vorzubereiten, sind spezielle Trainingsmaßnahmen notwendig. Die dargestellten körperlichen Belastungen, die nicht nur im Einsatz selbst, sondern auch in der Ausbildungs- und Vorbereitungsphase abverlangt werden, sind „...in vielerlei Hinsicht mit denen von Spitzensportlern vergleichbar..." (LISON / HINDER, 2011, S.259), was auch von WYSS et al. (2012) betreffs der energetischen Beanspruchungen bestätigt wurde. Ein gut trainierter Soldat, so führt DIJK (2009) aus, reagiert im Einsatz besser, ist belastbarer und schneller am Einsatzort. Ein gut konditionierter Soldat muss also das Ziel einer jeden Armee sein und spielt demnach eine gewichtige Rolle in der Ausbildung. Eben diese Forderungen unterstreichen die Notwendigkeit eines gezielten, strukturierten und bedarfsgerechten Trainings. DIJK fasst zusammen, dass nur ein physisch fitter Soldat in der Lage ist, schwere Lasten über eine längere Distanz mit geringeren Ermüdungserscheinungen zu tragen. Ein langfristig angelegtes Trainingskonzept mit dem Ziel, die Einsatzfitness zu erhalten und zu optimieren, ist daher auch ein Kernziel des untersuchten Trainingszirkels. EßFELD et al. (2006B) empfehlen dazu eine systematische und strukturierte Trainingsmaßname als Voraussetzung, um körperliche Defizite zu kompensieren und eine adäquate Leistungsfähigkeit der Soldaten aufzubauen.

Zielgerichtete Belastungsintensitäten im Training werden auch von CARLSON/JAENEN (2012) gefordert. Moderate Trainingsintensitäten führten nach DYRSTAD et al. (2006) jedoch nur bei sehr untrainierten Soldaten und jenen mit geringem Leistungsniveau zu Verbesserungen und sollten daher auch nur bei einer solchen Personengruppe Anwendung finden. Weiterhin zeigte diese Forschergruppe eine Abnahme der Trainingshäufigkeit nach der Grundausbildung um ca. 35 %, was den o.g. Forderungen widerspricht und unterbunden werden muss bzw. ein Hinweis auf eine defizitäre Trainingsstruktur nach der Grundausbildung ist.

SAMMITO (2011A, S.90f) postuliert daher ein dauerhaftes Training zur *„...Erlangung (und Erhalt) der infanteristischen Grundfertigkeiten...“* welches gleichzeitig eine geringe Verletzungswahrscheinlichkeit impliziert und geringe *Transferverluste* bedeutet. Er kommt zur Schlussfolgerung, dass *„...jede Maßnahme zur Steigerung der Leistungsfähigkeit von spezifisch militärischen Tätigkeiten (...) jedoch mit einem Transferverlust einher geht, wenn anstelle der eigentlichen militärischen Tätigkeit, zum Beispiel Tragen eines Verwundeten, eine alternative Trainingsmaßnahme, zum Beispiel Krafttraining an Geräten, gewählt wird...“* und definiert damit die Anforderungen an ein *military fitness*-Programm durch die Verwendung von möglichst den realen Anforderungen entsprechenden Trainingsinhalte und -übungen.

Demnach sollte ein Trainingsprogramm für Soldaten alle motorischen Fähigkeiten, typische Bewegungsabläufe und adäquate Intensitätsbereiche beinhalten, die auch im Einsatz auf diese einwirken bzw. von diesen abverlangt werden.

So zählt EßFELD et al. (2006A, S. 7 ff.) folgende Anforderungselemente auf:

- *„...Maximalkraft der Extremitäten und des Rumpfes...“*
- *„...maximale muskuläre Kurzzeitleistungsfähigkeit (Peak Power)...“*
- *„...zyklische und azyklische Bewegungsschnelligkeit...“*
- *„...lokale, muskuläre Ausdauerleistungskomponenten zur Aufrechterhaltung eines Kraftniveaus oder einer hohen Bewegungsgeschwindigkeit...“*
- *„...allgemeine Ausdauerleistungsfähigkeit zur Realisierung einer Dauerleistung, schnellen Leistungsanpassung und insbesondere zur Erholung nach einmaligen oder intervallartigen Belastungen...“*

- „...Koordination, Kontrolle von Körperhaltung und Zielbewegungen (statische und dynamische Gleichgewichtsfähigkeit und Feinkoordination)...".

Generell lassen sich in Anlehnung an BROWN (2005) für den Bereich *military fitness* folgende Komponenten – die bei allen Soldaten ausgeprägt sein sollten – definieren:

- die motorische Fähigkeit „Ausdauer"

Nach RÖTHIG / PROHL (2003, S. 61) ist „...*Ausdauer (...) die Fähigkeit, eine gegebene Belastung ohne nennenswerte Ermüdungsanzeichen über einen möglichst langen Zeitraum aushalten zu können; die Fähigkeit, trotz deutlich eintretender Ermüdungserscheinungen die (...) Tätigkeit bis hin zur individuellen Beanspruchungsgrenze (Extremfall: Erschöpfung) fortsetzen zu können und die Fähigkeit, sich sowohl in Phasen verminderter Beanspruchung als auch in Pausen (...) und nach Abschluss (...) schnell zu regenerieren.*".
Wie den in Kapitel 2.1 dargestellten Belastungen (Marschieren mit Traglasten etc.) ersichtlich wurde, ist die Ausdauerleistungsfähigkeit als ein Grundbestandteil der *military fitness* anzusehen. Allein diese motorische Fähigkeit wird jedoch die militärspezifischen Belastungskomponenten (v.a. Traglasten und den hierdurch beschriebenen Belastungen; Kapitel 2.1) nicht kompensieren können, wie RUDZKI (1989) verdeutlicht, der daher die aerobe Ausdauerleistung (gemessen an der VO_{2max}) nicht als ausschlaggebendes Kriterium zur Beurteilung der *military fitness* ansieht.

Diese Belastungsfaktoren (Tragleistung/Marschlast, Bergen von Verwundeten etc.) sind vielmehr von der im Folgenden dargestellten Kraftkomponente limitiert, und sollten demnach in ein Ausdauertrainingsprogramm eingebaut werden. Der intervallartige Belastungscharakter der in dieser Arbeit untersuchten Trainingsmaßnahme bzw. der Trainingsprogrammplanung stellt v.a. an die anaerobe Ausdauer (Kurz-/Mittelzeitausdauer) über einen längeren Zeitraum (insgesamt 15 Belastungsphasen von je 60 – 90 Sekunden Dauer mit 45 Sekunden Pausenintervallen; siehe Grafik 01 und Darstellungen der Kapitel 2.2.3 und 4.3.1) eine hohe metabolische und kardiovaskuläre Anforderung. Ein hohes Maß an anaerober Ausdauer ist ein spezifisches und relevantes Ausbildungs- bzw. Trainingsziel, wie die in Kapitel 2.1 dargestellten Belastungen (Herzfrequenzwerte und Stoffwechselparameter) belegen.

- die motorische Fähigkeit „Kraft"

Die bei den in Kapitel 2.1 beschriebenen Belastungen (Traglasten, Fallschirmlandefall etc.) erforderte muskuläre Arbeit ist von der Höhe der individuell leistbaren Kraftfähigkeit abhängig. Die Maximalkraft ist die höchste Kraft, die das neuromuskuläre System bei einer maximalen willkürlichen Kontraktion gegen einen unüberwindlichen Gegenstand isometrisch entfalten kann und wird als Kraftmaximum bezeichnet (SCHMIDTBLEICHER, 2003A). Unabhängig hiervon wird stets nur ein Teil aller Muskelfasern des jeweiligen Muskels willkürlich aktiviert – hierbei wird der individuelle Trainingsstatus bzw. Leistungsfähigkeit deutlich. Eine untrainierte Person ist in der Lage ca. 70 % seiner Maximalkraft zu aktivieren, bis zu 95 % kann jedoch bei einer (hoch)trainierten Person nach gezieltem Training innerviert werden (GÜLLICH / SCHMIDTBLEICHER 1999). Je höher die individuelle *Maximalkraft*, desto höher sind die untergeordneten Leistungsspektren in den Bereichen *Kraftausdauer*, *Schnellkraft* und *Explosivkraft* ausgeprägt – demnach sind die militärspezifischen körperlichen Anforderungen von der Höhe der *Maximalkraft* abhängig. Die Einflussfaktoren der Maximalkraftfähigkeit, bzw. deren Dimensionen sind nach BÜHRLE (1989) der Muskelquerschnitt, die Muskelqualität (Muskelfaserzusammensetzung) sowie die nervale Aktivierung (intramuskuläre Koordination durch Muskelfaserrekrutierung, -frequentierung und -synchronisation). Die *Maximalkraft* wird untergliedert in die Teilfähigkeiten *Schnellkraft*, *Reaktivkraft* und *Explosivkraft*. *Schnellkraft* ist die Fähigkeit des neuromuskulären Systems, einen möglichst großen Impuls (Kraftstoß) innerhalb einer verfügbaren Zeit zu entfalten (GÜLLICH / SCHMIDTBLEICHER, 1999). Diese Größe ist durch die Impulsdauer, die Steilheit des Kraftanstieges und durch die Höhe des realisierten Kraftmaximums bestimmt. Da in den meisten Situationen (bspw. Überwinden einer kurzen Wegstecke in maximalem Tempo bei gleichzeitigem Mitführen von Ausrüstungslasten; vgl. Beobachtungen u.a. von ROHDE et al. 2007; siehe Kapitel 2.1) die Impulsdauer bzw. der Beschleunigungsweg begrenzt ist, sind die hauptsächlichen Einflussgrößen der *Schnellkraft* das Kraftmaximum und der -anstieg. Der Kraftanstieg ist beschrieben als die Kraftzunahme pro Zeiteinheit, der wiederum durch die *Explosivkraft* erzeugt wird. Physiologisch betrachtet handelt es sich um die Fähigkeit zur schnellen Kontraktion, deren Voraussetzung die Synchronisation der motorischen Einheiten ist. Die *Explosivkraft* ist darüber hinaus abhängig von der Muskelfaserstruktur, d.h. der Verteilung von schnell- und langsamzuckenden Fasern im beteiligten Muskel. Ein hoher Anteil an Typ-II Fasern (schnell zuckend, hohes Kraftpotential, schnelle Ermüdbarkeit) ist eine Voraussetzung für eine hohe *Explosivkraft*. Diese wird umso wichtiger, je kürzer die Kontraktionszeit ist. GÜLLICH / SCHMIDTBLEICHER (1999) geben Kontraktionszeiten von bis zu 200 ms (Millisekunden) als Obergrenze an, unterhalb derer v.a. die *Explosivkraft* leistungslimitierend ist. Bei einer Impulsdauer von über 200 ms ist die Höhe des realisierten Kraftmaximums und damit die der *Maximalkraft* entscheidend. Gerade solche Kraftspitzen werden beim Landefall, beim schnellen Bewegen mit gleichzeitig hohen Traglasten im Feuergefecht oder aber beim Bergen einer Person aus der Gefahrenzone abverlangt. Oft treten Kombinationen von Kontraktionsformen auf, eine sehr häufige Kombination ist die der exzentrisch-konzentrischen (nachgebenden bzw. sich dehnenden und überwindenden) Form, die als Dehnungs-Verkürzungszyklus (DVZ) bezeichnet wird (GROSSER et al., 2001) und beim Absorbieren des in Kapitel 2.1 beschriebenen Landefall (Fallschirmsprung automatisch) auftreten bzw. notwendig ist. Sämtliche Lauf- und Sprungformen und auch viele Wurf- und Stoßbewegungen arbeiten im DVZ – demnach ist diese Kontraktionsform sehr alltagsrelevant. Die *Reaktivkraft* wird als die Fähigkeit beschrieben, in einem schnell ablaufenden DVZ einen möglichst hohen konzentrischen Kraftstoß produzieren zu können. Dies ist beispielsweise neben dem Landefall (Fallschirmsprung) auch beim Überwinden von Hindernissen oder aber im Orts-/Häuserkampf gegeben. Diese muskulären Beanspruchungsformen, die Intensitäten und Bewegungen werden im IST-Zirkel durch die möglichst schnellkräftigen Ausführungen, den koordinativ anspruchsvollen und funktionellen Bewegungsmustern (mit zusätzlichen Lasten) und Übungen wie *Sprünge* (Plyometrie) und *Sprints* versucht abzubilden – oftmals in Verbindung mit Traglasten um die neuromuskuläre Leistung zu trainieren (vgl. Beschreibungen in Kapitel 4.3.1). Diese Übungskomplexe sollen einen Transfer zu den realen Bedingungen in Einsatz und Ausbildung darstellen um einen entsprechenden Anpassungseffekt zu erwirken.

Bezogen auf die motorische Fähigkeit „Kraft" sind Trainingsformen zum Aufbau der von EßFELD (2006A, S.8) geforderten „...Maximalkraft der Extremitäten und des Rumpfes..." der „...maximalen muskulären Kurzzeitleistungsfähigkeit (Peak Power)...", einer „...zyklischen und azyklischen Bewegungsschnelligkeit..." und einer Verbesserung der „...lokalen muskulären Ausdauerleistungskomponenten..." in den Vordergrund zu stellen. Wie ROHDE et al. (2007) dargestellt haben, sind die Belastungsprofile der einzelnen Verwendungsreihen durch unterschiedliche Belastungs- und Ausprägungsformen der motorischen Fähigkeiten *Kraft*, *Ausdauer* und *Koordination* geprägt.

- die sportmotorische Erscheinungsform „Kraftausdauer"

„Die Kraftausdauer ist abhängig von den Komponenten Kraft und Ausdauer und kann definiert werden als die von der Maximalkraft abhängige Ermüdungswiderstandsfähigkeit gegen lang andauernde sich wiederholende Belastungen bei statischer oder dynamischer Muskelarbeit." (EHLENZ et al.,1998, S.71). Zur Abgrenzung des Kraft- vom Ausdauerverhalten liegen beim Kraftausdauertraining die Lasten bei mindestens 50 % der individuellen *Maximalkraft* (GÜLLICH / SCHMIDTBLEICHER, 1999; SCHMIDTBLEICHER, 2003A). Die gegebene Belastungszeit liegt bei einem Kraftausdauertraining innerhalb von 120 Sekunden, so dass länger andauernde Belastungen nicht mehr in den Bereich der *Kraftausdauer* fallen sondern die motorische Fähigkeit (muskuläre) „Ausdauer" beanspruchen. (SANDIG et al., 2006). Bezogen auf die Belastungsdauer und neuromuskulären Anforderungen führt SCHMIDTBLEICHER (1989, S.13) aus: *„Mit Kraftausdauer wird die Fähigkeit des neuromuskulären Systems bezeichnet, eine möglichst große Impulssumme in einem definierten Zeitraum (längstens 2 Minuten bei maximaler Auslastung) gegen höhere Lasten (mehr als 30% der Maximalkraft) zu produzieren und dabei die Reduktion der produzierten Impulse im Verlauf der Belastung möglichst gering zu halten."*

Hiermit wird der elementare Einfluss der *Maximalkraft* auf die *Kraftausdauer* bzw. die militärspezifischen Anforderungen deutlich.

- die motorische Fähigkeit „Beweglichkeit"

Beweglichkeit ist nach Definition von MARTIN et al. (1993, S.213) die *„...Fähigkeit, Bewegungen willkürlich und gezielt mit der erforderlichen bzw. optimalen Schwingungsweite der beteiligten Gelenke ausführen zu können."* Eine gut ausgeprägte *Beweglichkeit* (Ausnutzung des physiologischen Gelenkradius) bedeutet einen ökonomischen Einsatz der an der Bewegung beteiligten Muskeln und wird wiederum durch eintretende Ermüdung (v.a. durch hohe Traglasten herbeigeführt) limitiert. Dies zeigen die in Kapitel 2.1 dargestellten Studien (MARTIN / NELSON, 1985; HAN et al., 1993 etc.), welche auch auf das damit verbundene Verletzungspotential verweisen, denn die unter Belastung eintretenden Einschränkungen der Beweglichkeit *„...reduzieren die natürlichen* und *physiologischen Bewegungsmöglichkeiten und führen zu Einschränkungen in der Alltagsbelastbarkeit..."* da auch *„...andere motorische Fähigkeiten (...) hierbei dann nicht voll ausgeschöpft werden..."* (JÄGER/KRÜGER, 2012, S.281) können. Bedingt durch die funktionellen und mehrgelenkigen Bewegungsabläufe mit einem möglichst maximalen (physiologischen) Gelenkbewegungsradius soll dies im zu untersuchenden Trainingsprogramm (durch den gleichzeitigen Ausbau der Kraftfähigkeiten) gefördert werden.

Neben diesen motorischen Fähigkeiten wird von BROWN (2005) ebenso eine optimale Körperzusammensetzung gefordert, die Resultat eines leistungsfähigen Trainings- bzw. Aktivitätsstatus ist bzw. durch die Höhe des Anteils der Körpermuskelmasse beeinflusst wird.

Die Körperzusammensetzung beschreibt das Verhältnis von Muskelmasse und Körperfett. Die Körperfettwerte sollten für Männer (Alter: 20 – 39 Jahre) unterhalb von 20 % der Gesamtkörpermaße/-gewicht liegen (GALLAGHER, et al. 2000). Entsprechend ist eine möglichst hohe fettfreie Körpermasse (*lean body mass*) durch Muskelaufbau bei gleichzeitigem Körperfettabbau (durch ein entsprechendes Training und ausgewogene Ernährung) anzustreben. Die Körperkomposition (hoher Anteil fettfreier Masse) ist entscheidend für die Leistungsfähigkeit, denn Soldaten mit einem höheren Anteil an fettfreier Masse sind belastbarer und leistungsfähiger (HARMAN / FRYKMAN, 1992; FRIEDL, 1992; BILZON et al., 2001; LYONS et al., 2005). Sie beziehen sich damit wie KNAPIK et al. (1996 und 1999) auf die biometrischen Gegebenheiten (Körperfettanteil und Anteil der Muskelmasse), also die elementare Bedeutung von Aktivzellmasse auf die *Maximalkraft* und Kraftausdauerleistungsfähigkeiten.

Nach LEYK et al. (2010A) ist der Gewichtsstatus der mit Abstand beste Prädiktor für die körperliche Leistungsfähigkeit (vgl. auch Kapitel 2.4). Auch VOGEL / FRIEDL (1992) und MAYHEW et al. (1993) stellten fest, dass bei einem Vergleich von Personen mit gleichem Körpergewicht immer diejenigen mit dem höheren Anteil an fettfreier Masse bessere physische Leistungen erbrachten. Probanden mit günstigen Körperkompositionen und einem guten Fitnessniveau wiesen eine höhere Leistungskapazität bei körperlichen Belastungen (GOLDMAN et al., 1962; DATTA et al., 1971; BORGHOLS, 1978) auf. Es konnte darüber hinaus eine Korrelation zwischen der Leistungsfähigkeit beim Marschieren mit Lasten und einem hohen Anteil an fettfreier Körpermasse gezeigt werden (DZIADOS et al., 1987). Mögliche Effekte von Trainingsprogrammen, ähnlich dem IST-Zirkel in Bezug auf den Einfluss auf die Körperkompositionen (Muskelmasseauf- und Körperfettabbau), sind in Kapitel 2.4 und 6.2.4 dargestellt.

Alle diese aufgezeigten Eigenschaften und Erscheinungsformen sollten ausgeprägt – und je nach soldatischem Aufgabenfeld durch ein Trainingsprogramm / Ausbildungskonzept weiter optimiert werden. Ziel eines sinnvollen Trainings ist die Verfolgung eines ganzheitlichen Konzeptes, dass verschiedene und grundlegende körperliche Fähigkeiten berücksichtigt. In der Befragung von Soldaten und Ausbildern der österreichischen Infanterie- Spezialeinheit *Jagdkommando* wurden die folgenden Fähigkeiten von EISINGER et al. (2006) skizziert bzw. für eine optimierte *military fitness* als unabdingbar benannt:

- **anaerobe Ausdauer,** was die Fähigkeit beschreibt, eine maximale Belastung / körperliche Arbeit / Tätigkeit über eine Zeitspanne von bis zu 2 Minuten zu vollziehen ohne dabei an Leistung zu verlieren (GROSSER et al., 2001).

- **aerobe Ausdauer** mit einer Belastungsdauer von über 30 Minuten, erfahrungsgemäß jedoch über mehrere Stunden bis Tage, und die Fähigkeit sich von diesen extremen Belastungen / Ermüdungserscheinungen schnell zu erholen (GROSSER et al., 2001; WEINECK, 2007).

- **Kraftausdauer** als eine Subkategorie der motorischen Fähigkeit "Kraft", was als Widerstandsfähigkeit im Krafttraining bei hohen Wiederholungszahlen (über 15) zu verstehen ist (SCHROEDER et al., 1979).

- **Maximalkraft** als die Basisfähigkeit der Kraftfähigkeiten, die eine maximale Kontraktionsfähigkeit und -schnelligkeit bei sehr hohen bis maximalen Intensitäten bedeutet (WEINECK, 2007).

- **Schnelligkeit,** definiert als die Fähigkeit, Bewegungen in möglichst kurzer Zeit zu vollziehen. Des Weiteren die Reaktionsschnelligkeit, welches als eine möglichst schnelle Reaktion auf externe Gegebenheiten zu verstehen ist (MEINEL/SCHNABEL, 1987).

- **Koordination,** was eine nervale Anpassung und Feinsteuerung der muskulären Aktivitäten (SCHELLHAMMER, 2002) ausdrückt und eine Bewegungsökonomisierung und schnelle Lern- bzw. Anpassungsfähigkeit an Techniken und Gegebenheiten bedeutet (FREY, 1977).

Als Grundlage der Bewegungsausführung unter Belastung bzw. für einen ökonomischen Bewegungsablauf wird v.a. die koordinative Fähigkeit gefordert, weshalb diese als Basis der Bewegungsfähigkeiten anzusehen ist. Nach Definition von HOLLMANN / HETTINGER (2000, S.143) wird die Koordination *„...aus neuromuskulärer Sicht als das Zusammenwirken von Zentralnervensystem und Skelettmuskulatur innerhalb eines gezielten Bewegungsablaufes..."* verstanden. Demnach sollte diese ein fundamentaler Bestandteil eines Programms zur Steigerung der oben genannten motorischen Fähigkeiten sein.

2.2.2 Effekte existierender militärspezfischer Trainingsprogramme

Die folgenden Darstellungen sollen einen weiteren Überblick hinsichtlich bestehender Erkenntnisse im Bereich *military fitness* geben und die Effekte und Hinweise zur Durchführung solcher militärspezifischer Trainingsprogramme umreißen. Intensitätsorientierte Zirkeltrainingsprogramme, in denen *Kraft-*, *Ausdauer-* und *koordinative* Trainingsübungen kombiniert und integriert wurden, sind bereits erfolgreich in der *U.S. Army* eingesetzt (MYERS, 2000; BARRERA, 2010; MCMILLAN, 2007; SNYDER, 2007; STEPHENSON, 2007; PAINE et al., 2010). Bereits 1975 hat PETERSON von der *USMA* (United States Military Academy, West Point) nachgewiesen, dass durch die Kombination von hochintensivem Kraft- und Ausdauertraining (Zirkelprogramm bestehend aus abwechselnden Kraft- und Ausdauertrainingsübungen welche intervallartig durchgeführt wurden; vgl. IST Kapitel 4.1.5 und 4.3.1), sich beide Parameter (*Kraft-* und *anaerobe Ausdauerfähigkeit*) deutlich steigern ließen. Außerdem konnte eine Zunahme der Beweglichkeit nach dieser sechswöchigen Trainingsphase belegt werden. Ein achtwöchiges kraftorientiertes Trainingsprogramm führte zu einer deutlichen Verbesserung der militärspezifischen physischen Leistungsfähigkeit (HARMAN et al., 2008; siehe auch Kapitel 6.2.1). Ein 7-wöchiger Trainingszirkel erbrachte eine Steigerung der Fitness (aerob), Geschicklichkeit und geistig kognitiven Komponenten (HOFSTETTER et al., 2012) bei jungen Rekruten (mit jedoch relativ geringen Ausgangsleistungsleveln). Ein solches Training im Zirkel ist nach Erkenntnissen von HICKEY et al. (2012) und HEINRICH et al. 2012 (siehe auch Kapitel 6.2.1) sehr gut geeignet für eine Optimierung der militärspezifischen Anforderungen.

Das optimale Training für diese Zielgruppe scheint demnach aus einer Kombination von Krafttraining, Ausdauertraining und spezifischen Übungen (z.B. Marschieren mit Last) auch laut Erkenntnissen von KRAEMER (1987 und 2004) und KNAPIK et al. (2001A) zu bestehen, da für diese eine solche Verknüpfung die besten Anpassungen (Transferwirkung) und Effekte für die militärspezifischen Anforderungen (siehe Kapitel 2.1) darstellten. KRAEMER et al. (1987) wiesen eine um bis zu – 14 % geringere Zeit für eine Strecke von 3,2 km (mit einer Traglast von 44,7 kg) durch eine spezifische Trainingsintervention nach, was von noch besseren Ergebnissen der Forschergruppe um HARMAN et al. (1997) durch eine um + 33 % verbesserte Testzeit übertroffen wurde. Hier wurde ein 24- wöchiges Training, bestehend aus Krafttraining, Laufen, Marschieren (mit 34,7 kg Traglast) intervallartig absolviert. In einer weiteren Studie verdeutlichten KNAPIK et al. (2012), dass v.a. durch Kraft- und Ausdauertraining die hohen Belastungen durch Traglasten kompensiert werden müssen. Als hauptsächlich involvierte Muskelgruppen während des Marsches mit Traglasten wird von NEMETH (1984) die *mm. erector spinae*, der *m. gluteus maximus* und *m. adductor magnus*, sowie die *ischio-crurale* Muskelgruppe beschrieben. Diesen Muskeln (vgl. auch Darstellungen Kapitel 2.1) gilt im Rahmen eines spezifischen Konditionsprogrammes eine besondere Trainingsreizung mit dem Ziel der Leistungssteigerung. Durch ein solches Krafttraining zur Steigerung der Rumpfstabilität, welches v.a. koordinative / funktionsorientierte Übungen umfasste, konnte die Verletzungsrate (trainingsbedingte Überlastungsschäden) innerhalb der *U.S. Army* um 32 % verringert werden (VICKERS, 2007), was vor allem unter Betrachtung der Verletzungsbilder eben dieser Bereiche (siehe Darstellungen von COHEN et al., 2009; CHILDS et al., 2010; SCHOENFELD et al. 2009, 2012 und 2013 in Kapitel 2.1) von besonderem Interesse hinsichtlich der Verletzungsprävention ist.

In Bezug auf die Effizienz eines Trainings mit Übungen, bei denen Traglasten als progressive Belastungssteigerung Anwendung fanden, resümierten KNAPIK et al. (2012), dass bei Trainingsprogrammen (mit Traglast- Übungen), die Effekte besonders evident waren. Sie stellten weiter fest, das die Kombination von spezifischen Übungen im Konditionstraining die Leistungsfähigkeit der Soldaten bei Tests mit Traglasten deutlich zu steigern verhalfen. KNAPIK et al. (1996) empfahlen schon seit langem ein Training mit zusätzlichen Traglasten, da hierbei v.a. die *mm. erector spinae*, eine durch EMG Messung nachgewiesene höhere Aktivierung erfuhren, und somit ein effektiveres Rumpftraining vollzogen werden konnte. In der o.g. Untersuchung zeigten KNAPIK et al. (2012) darüber hinaus, dass diese Effekte v.a. durch regelmäßiges und progressives Training mit hohen Traglasten noch potenziert wurden. KRAEMER et al. (1995 und 2004) sprechen sich für eine Kombination von Kraft und Ausdauertraining aus, da ein solches Programm sehr eindeutige Steigerungen bei den *U.S. Army Physical Fitness Test (PFT)* Ergebnissen zeigte. Gleichzeitig verwiesen sie aber auf die *interferrence effects*, die als konkurrierende Anpassungseffekte eines kombinierten Kraft- und Ausdauertrainings (*concurrent training*) bezeichnet werden und eine mögliche Beeinträchtigung der maximalen Ausprägung einer der trainierten motorischen Fähigkeiten bedeuten könnten.

Da der IST-Zirkel eine solche Kombination aus kraft- und ausdauerorientierten Übungen umfasst, soll nun diese Kombination und dessen mögliche Auswirkungen (*concurrent effects*) durch wissenschaftliche Erkenntnisse dargestellt werden.

Das Vorbereitungstraining für Rugbyspieler beispielsweise besteht aus der Kombination von Krafttrainings- (mit hohem Volumen) und anaeroben Ausdauertrainingseinheiten (ARGUS et al., 2010). Diese Kombination führte binnen vier Wochen zu positiven Entwicklungen der Kraftfähigkeit und Körperkomposition (Muskelaufbau/Körperfettabbau; vgl. hierzu auch die Zusammenhänge und Schlussfolgerungen in Kapitel 2.2.1 und von LEYK etc. in Kapitel 2.4). Mögliche Stör- bzw. Konkurrenzeffekte wurden in einer Studie (SANTILLA et al, 2009A) durch ein geringeres Schnellkraft- und Kraftwachstum (bei gleichzeitiger militärischer Ausbildung) als Nachweis für eine niedrigere gleichzeitige Entwicklungsmöglichkeit eben dieser Fähigkeiten aufgezeigt. Diese *interference effects* beschreiben beispielsweise, dass die Skelettmuskelhypertrophie durch gleichzeitiges Ausdauertraining eingeschränkt wird (BELL et al., 1991; CHROMIAK et al., 1990; DUDLEY / DJAMIL, 1985; DUDLEY / FLECK, 1987). Auch HORTOBAGYI et al. (1991) sahen eine Einschränkung der Kraftzuwächse bei gleichzeitigem Ausdauertraining, da deren Studienergebnisse bei einem alleinigen Krafttraining größere Zuwächse ergaben. SANTILLA et al. (2008) beschrieben hingegen bei einem gleichzeitigen Kraft- und Ausdauertraining, in Kombination mit der militärischen Grundausbildung, die besten Effekte auf die Ausdauerleistungsfähigkeit (maximale Sauerstoffaufnahme) und Kraftsteigerung der Muskulatur im Bereich der unteren Extremitäten. Neuronale Effekte (Bewegungsökonomie, Schnellkraftfähigkeit etc.) werden durch Krafttraining bei Ausdauersportlern gefördert was Studien von KRAEMER et al. (1995), PAAVOLAINEN et al. (1999) und HÄKKINNEN et al. (2003) belegen. Bezogen auf die primär ausdauernden Belastungen und den Darstellungen von EßFELD et al. (2006B) und EISINGER et al. (2006) können die hier untersuchten Soldaten mit Ausdauersportlern hinsichtlich der militärspezifischen Anforderungen gleichgesetzt werden.

Den Ergebnissen von FERRAUTI et al. (2010) zur Folge gab es keinen signifikanten Nutzen eines kombinierten Kraft- und Ausdauertrainings. Trotz einer deutlichen Steigerung der Beinkraft schlussfolgern diese, dass die Untersuchungsperiode mit 8 Wochen zu kurz angesetzt war, und die Probandenstichprobe (Ausdauerathleten) zu eingeschränkt / einseitig selektiert wurde. Die Tatsache, dass die Probanden während der Marathonvorbereitung an dieser Studie teilnahmen, und demnach das Krafttraining eine nur untergeordnete Rolle spielte, bzw. die zu hohen Ausdauertrainingsumfänge eine ausreichende Regeneration verhinderten, kann als Erklärungsansatz für die geringen Effekte dienen. HENNESEY / WATSON (1994) fanden wiederum weder positive noch negative Auswirkungen auf die sportliche Leistungsfähigkeit bei einer Trainingskombination von Kraft- und Ausdauertraining, zeigten aber, dass die Sprungkraft und Sprintleistungsfähigkeit bei der Gruppe *Krafttraining* besser war. Zu einem anderen Ergebnis kamen MIKKOLA et al. (2011). Sie empfehlen, dass Ausdauersportler intensives

Krafttraining in ihr Trainingsprogramm implementieren sollten, um die Ausdauerleistung (v.a. anaerobe Leistungskapazitäten) und Sprintfähigkeit zu verbessern. Sie erklären die Leistungszuwächse mit einer Steigerung der neuromuskulären Anpassungen (intramuskuläre Koordination) und der Erhöhung der *Maximalkraft*, welche durch ein solches Maximal- bzw. Schnellkrafttraining erwirkt wurde. Einige weitere Studien (JUNG, 2003; MIKKOLA et al., 2007; YAMAMOTO et al., 2008) verweisen auf eine Optimierung der Lauf- bzw. Bewegungsökonomie, und unterstreichen damit ebenfalls die neuronalen Effekte des sportartspezifischen funktionellen Krafttrainings. Auch MILLET et al. (2002) zeigten, dass ein zusätzliches intensives Krafttraining die Kraftfähigkeiten und Laufökonomie steigerten. Anpassungen an der VO_{2max} wurden nicht nachgewiesen. Die Wirkungen eines ergänzenden Krafttrainings werden auch von diesen auf neuronale Adaptionen zurückgeführt. Diese Tatsache, dass gerade die motorische Fähigkeit "Kraft" die Laufleistungen der Ausdauerathleten verbessert wird durch mehrere Studien (MARCINIK et al., 1991; LEVERITT et al., 1999; MCCARTHY et al., 2002; KRAEMER et al., 2004; SANTILLA et al., 2008 und 2009A) gezeigt.

Die festgestellten deutlichen Verbesserungen der Kurzzeit- und Langzeitausdauerleistung beruhen auf den innerhalb der Studien durchgeführten Maximalkraft-, Schnellkraft-, und / oder Explosivkrafttrainingsprogrammen und deren verursachten positiven Anpassungen. Sie lassen sich durch eine verbesserten Muskeleffizienz sowie neuronalen Anpassungen erklären.

Bei der verbesserten Muskeleffizienz agrumentieren verschiedene Forschungsgruppen (v.a. HICKSON, 1988; MARCINIK et al. 1991), dass es durch ein maximalkraftorientiertes Training zu einer Veränderung der Typ I- Fasern kommt, was sich in einer durch die höhere einwirkende Kontraktionskraft und damit bedingende Faserflächenvergrößerung, zeigt. Weitere Anpassungen durch ein intensitätsorientiertes Krafttraining werden mit einer Veränderung des Subtyp II- Faserverhältnisses (Ausdifferenzierung in Fasertyp IIa), sowie über einer Hypertrophie v.a. der Typ-II und einem dadurch angehobenen Maximalkraftniveau begründet. Durch die Anpassungen beider Subtypen wird außerdem laut weiterer Argumentation von HICKSON (1988) und MARCINEK et al. (1991) eine Reduktion des relativen Krafteinsatzes (z.B. Abstoß beim Laufschritt etc.) erreicht. Die Höhe des notwendigen Krafteinsatzes ist wiederum von der Höhe der Traglast (vgl. Kapitel 2.1) abhängig, was auch in den dort beschriebenen verfrühten Ermüdungserscheinungen (vgl. PANDOLF et al., 1977; EßFELD et al. 2006B) ersichtlich wurde. Da der Einsatz (Rekrutierung) des jeweiligen Fasertyps von der Höhe des relativen Krafteinsatzes abhängt (langsam zuckende Typ I- Fasern mit aerobglykolytischem Stoffwechsel, oder schnell zuckende Typ II- Fasern mit anaerob-laktazidem Stoffwechsel), kommt es bei einem verringerten relativen Krafteinsatz demnach auch zu einer reduzierten bzw. späteren Rekrutierung der weniger öko-nomisch arbeitenden (hoher Glykogenverbrauch, hohe Laktatproduktion bzw. -anhäufung) Typ II- Muskelfasern. Hierdurch sind v.a. langandauerende Bela-stungen mit weniger Substratverbauch (Glykogen = limitierte Speicherkapazität) durchführbar. Der Kraft- und Energieaufwand bei gegebener Belastung wird so-mit ökonomischer, was dann zur Folge hat, dass langandauernde intensive Aus-dauerarbeit nahe der individuellen anaeroben Schwelle (oder leicht darüber) län-ger aufrechterhalten werden kann, weil es später zu einer mit der Rekrutierung von Typ II- Fasern verbundenen Laktatanhäufung kommt. Damit erklären sich die Ergebnisse von MIKKOLA et al. (2011), die zeigten, dass die Gruppe welche zusätzliches intensives Krafttraining durchführte, als einzige die maximale Lauf-geschwindigkeit beim anaeroben Lauftest (bis zur Ausbelastung) steigerten.

Auch die von HICKSON et al. (1980 und 1988) und MARCINIK et al. (1999) fest-gestellte Verlängerung der (primär anaeroben) Ausdauerarbeit bis zur physischen Erschöpfung (maximale willkürliche Ausbelastung) ist durch diese Anpassungen bei diesen Subtypen zurückzuführen. Diese war, verglichen mit der Arbeitsdauer einer nur die (aerobe) Ausdauer trainierenden Gruppe, deutlich länger und zeigt, dass v.a. bei intensiven Belastungen (vgl. militärspezifische Belastungsprofile und Intensitäten; Kapitel 2.1) eine Erschöpfung später bzw. geringer eintritt. Das ver-änderte und optimierte Rekrutierungsverhalten (v.a. der Typ I Fasern) führt dazu, dass der Aktivierungsgrad pro motorischer Einheit und Muskelfaser geringer ist und damit weniger motorische Einheiten und Muskelfasern (v.a. Typ II) aktiviert werden, was eine ökonomischere muskuläre Arbeit gleichkommt (TANAKA / SWENSEN 1998). Denn mit einer geringeren Anzahl motorischer Einheiten kann somit die gleiche Kraftleistung erzeugt werden (Ökonomisierung). Diese geringe-re Anzahl von aktivierten motorischen Einheiten (und geringere Anzahl aktivier-ter TypII-Muskelfasern), bedeutet schließlich einen reduzierten glykolytischen Substratverbrauch. Hierdurch wird eine längere Arbeit unter Last bzw. bei hohen Intensitäten erwirkt. Diese Verlängerung der Ausdauerarbeit bis zur Erschöpfung (durch die gesteigerte Muskeleffizienz) bedeutet bei Kraftausdauereinsätzen in einem gleichen Zeitraum höhere absolute, aber relativ zur nun gesteigerten Ma-ximalkraft gesehen, gleich große Kraftstoßwerte. Diese gesteigerte Kraftstoßsum-me innerhalb eines begrenzten Zeitraums ergibt eine verbesserte (Kraft-) Ausdau-erleistung (höhere Arbeitsleistung bei gegebener gleicher Zeit), was die verbesser-ten Laufzeiten in einigen Studien (PAAVOLAINEN et al., 1999; CHTARA et al.,

2005) erklärt. Da die *Maximalkraft* eine Basisfähigkeit aller anderen Kraftfähigkeiten (z.B. *Kraftausdauer* etc.), darstellt (EHLENZ, 1998), führt folglich die Verbesserung der *Maximalkraft* bei intensiven, anaerob- aeroben Kraftausdauereinsätzen auch zu einer Verbesserung der Kraftausdauerleistung. Neben dieser Erklärung führt aber auch ein Schnellkrafttraining (BASTIAANS et al. 2001), ein in Kombination aus Schnellkraft- und plyometrischem Training (PAAVOLAINEN et al. 1999, CHTARA et al. 2005) und ein Explosivkrafttraining (HOFF et al. 2002) zu einer Optimierung der primär anaeroben oder anaerob / aeroben KZA (Kurzzeitausdauer) und der hauptsächlich vollzogenen (moderaten) aeroben Langzeitausdauer (LZA). Andere Forschungsprojekte wiesen Verbesserungen für die Ausdauer beim Lauf bzw. Skilanglauf, auch durch eine Leistungssteigerung der Oberkörpermuskulatur (Anm.: was wiederum ein Argument für ein Ganzkörpertraining mit Schwerpunkt Rumpfkraft ist), nach (THOMPSON / COBB, 2007; SATO / MOKHA, 2009). Bei diesen Studien kam es weniger zu einer Verbesserung der *Maximalkraft*, sondern eher zu neuronalen Verbesserungen, die wiederum in einer effizienteren Arbeitsweise der Muskulatur (intramuskuläre Koordination) bzw. Muskelgruppen untereinander (intermuskuläre Koordination), resultierten. Auch ist hier wieder der Zusammenhang von koordinativen (funktionsorientierten) Übungen, bei der das Zusammenspiel von Agonisten und Antagonisten (Anm.: geringere muskuläre Hemmung durch koordinative Anpassungen der Agonisten und Flexibilitätssteigerung der Antagonisten) optimiert wird, zu verdeutlichen. Intramuskuläre Anpassungen, wie eine verbesserte Rekrutierung, Frequentierung und Synchronisierung, die sich wiederum in einem schnelleren Kraftanstieg bemerkbar machten (vgl. auch Darstellung Kapitel 2.2.1) wurden als Argument für die erbrachten Leistungsanstiege von HOFF et al. (2002) herangeführt. Diese Ausführungen verdeutlichen welchen immensen Nutzen ein spezifisches Krafttraining für Soldaten in Bezug auf die Verbesserung der körperlichen Leistungsfähigkeit hat. Es führt somit zu einer verlängerten und höheren einsatzbezogenen Kapazität. Nach bzw. während diesen Belastungen wird die Ermüdung und damit Verletzungsgefahr (auf Grund von Überlastungsschäden) abgemildert und die Regeneration beschleunigt. Diese Erkenntnisse sind besonders unter Berücksichtigung der in Kapitel 2.1 beschriebenen militärspezifischen Belastungen interessant.

Generell ist jedoch, in Hinblick auf die Trainingsausführung, zu beachten, dass die Anpassungen durch Krafttraining geschwindigkeitsspezifisch sind, ein Transfer von Wirkungen eines Trainings mit langsamen Bewegungsausführungen (Kontraktionen) kann nicht zwingend Verbesserungen der *Maximal-*

kraft/Schnellkraft oder *Explosivkraft* (durch schnellere Kontraktionsformen) erwirken (BEHM / SALE 1993). Dies bedeutet, dass neben den Bewegungsmustern, auch das Tempo der Ausführungen an die alltäglichen Gegebenheiten angepasst werden sollte, und ist ein Argument für ein entsprechendes Training (Verbesserungen des DVZ z.B. beim Lauf). Durch eine verbesserte *Reaktivkraft* konnten bei der Untersuchung von YAMAMOTO et al. (2008) kürzere Bodenkontaktzeiten und somit ein effizienterer Laufstil erreicht werden – was den in Kapitel 2.1 dargestellten – durch Traglast/Ermüdung verursachten – verlängerten Bodenkontaktzeiten (HAN et al., 1993; DANIELS, 1985 etc.) entgegenwirken kann. Alle diese genannten Studien und die hieraus ersichtlichen Erkenntnisse zeigen zum einen, dass ein zusätzliches Krafttraining kaum einen negativen Einfluss auf die Ausdauerleistung hat. Ganz im Gegenteil wird zum anderen verdeutlicht, dass zielgruppenspezifisches kombiniertes Krafttraining eine Effizienz- und Leistungssteigerung erbringt und v.a. unter Betrachtung der militärspezifischen Belastungen (Kapitel 2.1), eine absolute Notwendigkeit darstellt.

Da die Reihenfolge der Übungen variabel ist (vgl. Kapitel 4.1.5) und die Kombination aus kraft-, koordinativ- und ausdauerorientierten Übungen innerhalb einer Trainingseinheit vorgenommen wird, sind entsprechende *interference effects* nicht relevant, da eine breite und homogene Ausprägung aller motorischen Fähigkeiten angestrebt wird und auch alltagsspezifischer (als ein isoliertes Ausprägen einzelner Fähigkeiten) ist. Bezogen auf die im militärischen Alltag eintretenden Wechselwirkungen und Beanspruchung (siehe Kapitel 2.1) der motorischen Fähigkeiten wäre ein Spezialisierung (auf nur eine Fähigkeit) ineffizient. Wie im realen Einsatzspektrum selbst, ist es Aufgabe, hohe und teilweise unhandliche Lasten in möglichst kurzer Zeit zu bewegen – technisch korrekte Ausführung vorausgesetzt. Neben Übungsauswahl und -ausführung sind demnach die Progression / Intensität und die Trainingssteuerung (zeitliche Planung) der Hauptfaktor der Trainingsprogrammführung. Auch MATTES (2006) resümiert in seiner Übersichtsarbeit, dass gerade die Kombination von Kraft- und Ausdauertraining zu einer Leistungssteigerung bei ausdauernden Belastungen führt.

Darüber hinaus weisen eine Vielzahl von Untersuchungen darauf hin, dass eine ausreichende Kraftfähigkeit der Muskulatur die Voraussetzung für den Erhalt und Ausbau der Struktur- und Funktionsfähigkeit des Stütz- und Bewegungsapparates darstellt, und allgemein Gelenk- bzw. Wirbelsäulenbeschwerden vorbeugen kann (u.a. HOOGENDORN et al., 1999; NACHEMSON / JONSSON, 2000; KÖSTERMEYER et al., 2003). Zur Verletzungsprophylaxe haben VOLPIN et al. (1989), KNAPIK et al. (1989, 1990C, 1997, 1999, 2000 und 2012) und ROSS (1993) auf die große Bedeutung eines gezielten Krafttrainings für Soldaten hingewiesen (v.a. für die Verletzungsregionen LWS und untere Extemitäten; vgl. Kapitel 2.1). Die besten Ergebnisse zur allgemeinen Prävention von Überlastungsschäden des Bewegungssystems leisten Bewegung bzw. Training, was auch MÜLLER et al. (2005) in ihrem Review belegten. So beschreiben BIGOS (2009) und KÖSTERMEYER et al. (2003), dass Aktivität – am dienlichsten eine Kombination aus Kraft- und Ausdauertraining – die effektivste und nachhaltigste Form der Prävention von Rücken- bzw. Gelenkverletzungen darstellen. BROLL-ZEITVOGEL (2002) verweist darüber hinaus noch auf die, besonders für die Alltagsbelastbarkeit, sinnvolle Implementierung von Schnellkraft- und Koordinationstrainingsübungen in ein Training mit der Zielsetzung einer Verletzungsprophylaxe. Neben den Faktoren *günstige Körperkompositionen* stellen CARLSON / JAENEN (2012) heraus, dass v.a. die Kraftfähigkeiten (Bein- und Rumpfkraft) eine entscheidende Rolle hinsichtlich eines erfolgreichen Absolvierens von Aufnahmetests und speziellen Lehrgängen beim Militär sind.

Ein weiterer interessanter Aspekt in Bezug auf die militärspezifische Fitness ist die Förderung der Griffkraft, welche z.B. STEVENSON et al. (1992 und 1994), ROHDE et al. (2007), LEYK (2005) und EßFELD (2006A) als eine elementare Leistungsfähigkeit von Soldaten ansehen. Das Greifen einer Trage beim Verwundetentransport (beispielsweise einer 75 kg schweren Person mit Uniform etc. auf einer Trage zu transportieren) erfordert eine maximale Greifkraft von über 330 N (Newton) pro Trageholm. Diese Belastungen führten nach Messungen von LEYK et al. (2010A) dazu, dass bis zu 72 Stunden vergingen, bevor die Testpersonen wieder ihr ursprüngliches Kraftniveau erreichten, und zeigen erneut die Bedeutung der Steigerung der maximalen (Griff)- Kraft auf, um solche Anforderungen mit einer geringeren Ermüdungsreaktion zu vollbringen.

Wie bereits in Kapitel 2.1 dargestellt, führt eine Reduktion der posturalen Kontrolle zum Verlust der ökonomischen Bewegungsausführung zu einem Einbruch der Leistungsfähigkeit (DANIELS, 1985). Dieser Faktor spricht für ein Training, was sich an den typischen Belastungen und Bewegungsabläufen des Einsatzes orientiert und ähnliche Belastungsparameter aufzeigt. So skizziert SAMMITO (2011, S.91) das *„...Überwinden der Hindernisbahn ist nach wie vor der „Goldstandard" zur Erlangung der infanteristischen Grundfertigkeiten. Diese mit hohen militärischen Anteilen versehene Ausbildung ist spezifischer zur Steigerung einer Einsatzfitness geeignet als zum Beispiel eine Sportausbildung..."* und unterstreicht damit die Forderung einer möglichst funktionsorientierten Übungsauswahl, da diese *„...Einsatzfitness..."* (ebd.) mit geringeren Transferverlusten (ULMER, 1999;

RESTORFF, 1994), als beispielsweise der klassische Dienstsport in Bezug auf die Leistungssteigerung (RASCH / WILSON, 1964; KNAPIK, 1998) einhergeht. Auch LISMAN et al. (2013) stellten fest, dass neben einer schlechten Laufleistung v.a. koordinative Defizite (schlechtes Abschneiden bei funktionellen Bewegungstestungen) ein Prädiktor für Verletzungen ist. Entsprechend fordern diese, dass neben (dem bestehenden Ausdauertraining) v.a. die spezifischen und inkonsistenten Bewegungsmuster und damit ein koordinativ- funktionelles Training, integraler Bestandteil eines militärspezifischen Trainings sein sollte.

Um den Anforderungen des Gefechtes / Einsatzes (in Bezug auf die hohen Traglasten – vgl. Kapitel 2.1) auf physischer Ebene gewachsen zu sein hat die niederländische Armee einen *weight loaded marching*-Test und ein entsprechendes Training mit spezifischen Inhalten (u.a. Traglasten) eingeführt (DIJK et al., 1994 und 1996; KOERHUIS et al., 2004). Die Handhabung und der Transport zusätzlicher Lasten (persönliche Ausrüstung, Munition, Schutzbekleidung, Wasser, Verpflegung etc.) gilt neben der Greifkraft als wesentlicher leistungslimitierender Faktor (vgl. Kapitel 2.1) und wird in diesen Programmen durch entsprechende Übungen nachgestellt und trainiert.

Wie bereits dargestellt, ist eine Hauptanforderung an ein spezifisches Trainingsprogramm, die physische Belastbarkeit der Soldaten zu steigern um Verletzungen zu verhindern, gleichzeitig dieses Programm so zu gestalten, dass hiervon keine Verletzungsgefahr ausgeht. Wichtige Aspekte für diese Forderungen sind laut dem Review von BULLOCK et al. (2010) Ausbildung der militärischen Führer und Ausbilder, Aufklärung bzgl. Verletzungsrisiken in Ausbildung / Training und eine vorherige Anamnese der Soldaten um abzusichern, dass die Trainingsintensitäten keine Überlastungen bedeuten. In Untersuchungen von LAUDER et al. und KAUFMANN et al. (beide 2000) wird das Ignorieren eben dieser Forderungen als Hauptfaktor für das Auftreten von ausbildungsbezogenen Verletzungen genannt. LAUDER et al. (2000) sahen in der hohen Quote von Verletzungen der LWS-Region das *Physical Fitness Training* der U.S. Army als einen Hauptverursacher. Eine akute Verletzungsgefahr bzw. Überlastung war lt. EVANS et al. (2005) jedoch durch den Fitnesstest der U.S. Army nicht zu prognostizieren. Vor allem Programme wie *Crossfit®* u.Ä. werden hier aus dem Grund der unterstellten unspezifischen bzw. unadäquat hohen Belastungen für die Individuen (v.a. diejenigen mit geringen Trainingserfahrungen) angeführt, was beispielweise die Studie von HADEED et al. (2007) darstellt. Hinweise auf Verletzungen durch ein solches Training sind nach einer siebenwöchigen Interventionsstudie an der kanadischen Infanterieschule nicht genannt worden. Hier erzielte die Experimentalgruppe

(Crossfit® -Training) in den meisten Fitness-Kategorien bessere Ergebnisse, verglichen mit dem bis dahin absolvierten Trainingsprogramm. Bei der Kategorie *vertikaler Sprung* erbrachte jedoch die Experimentalgruppe eine Reduktion der durchschnittlichen Sprunghöhe um 0,7 cm, während die Kontrollgruppe einen leichten Anstieg in der getesteten Sprunghöhe erzielte. Außerdem gab es in der Experimentalgruppe keine Erhöhung bei der Testung *Klimmzüge*, während die Kontrollgruppe einen leichten Anstieg verzeichnen konnte (GLASSMAN et al., 2008).

Trotz der nachweisbaren leistungssteigernden Effekte (PAINE et al., 2010) stehen Trainingsprogramme mit Inhalten, die als *ECP (extreme conditioning protocolls)* beschrieben werden, in der Kritik, da ihnen eine hohe Verletzungsquote und Überlastung der Trainierenden nachgesagt wird (BERGERON et al., 2011). Ebenfalls zeigten SMITH et al. (2013), dass diese teilweise sehr effizienten Trainingsmethoden gleichzeitig eine hohe Belastung und damit verbundene Verletzungsanfälligkeit bedeuten. Bei der Überprüfung dieser Trainingsmethoden wurde neben einer Steigerung der VO_{2max} von 13,6 % (binnen 10 Wochen Training) auch bei 16 % der Probanden trainingsbedingte Verletzungen ermittelt. Diese Quoten sollen aber nicht darüber hinwegtäuschen, dass nur ein solches Training eine allgemeine Verletzungsgefahr darstellt, da die Angaben im Vergleich zu den Verletzungsquoten im Dienstsport verdeutlichen, dass hier ein deutlich höheres Verletzungsrisiko herrscht. Laut ULMER (1999) treten 44 % aller Dienstunfälle bei der Bundeswehr beim Dienstsport auf, 51 % hiervon ereignen sich z.B. beim Fußball. Demnach sind einzelen Trainingskonzepte nicht *per se* als ungeeignet zu definieren, eine vorherige Selektion der Teilnehmer bzw. eine spezifische Auswahl der Übungen und v.a. Intensitäten scheint hier sinnvoller. Gleiches gilt für eine individuelle, den Belastungen und Leistungsentwicklungen der Trainierenden angepasste Progression der Intensitäten. Diese Ausführungen verdeutlichen darüber hinaus die Notwendigkeit einer Betreuung bzw. Überprüfung der korrekten Bewegungsausführung beim Training, um die Verletzungsanfälligkeit bei diesen erschöpfenden und koordinativ hoch anspruchvollen Übungen zu unterbinden. Andererseits ist es primäres Ziel, eine erhöhte Einsatzbelastbarkeit und ein Training mit Bezug zu diesen Einsatzanforderungen (schnelle Bewegung mit hohen Traglasten) umzusetzen. Daher finden Übungen, in denen Lasten mit möglichst schneller Fortbewegung (keine Sprints) getragen werden, Berechtigung und werden durch diverse Übungen im IST-Zirkel realisiert.

2.2.3 Darstellung der Inhalte ähnlicher Zirkeltrainingsprogramme

Die Zusammenstellung der Übungen, die Intensität, Dauer und Häufigkeit des Trainings beruht, neben dem dargestellten wissenschaftlichen Forschungsstand, auf Erkenntnissen einer vorangegangenen Studienarbeit, welche die Trainingsstruktur und -anforderungen von spezialisierten Infanteriekräften der Bundeswehr untersuchte (KAPTAIN, 2010). Das Überleiten von funktionellen bzw. inkonsistenten (alltagsnahen) Bewegungsmustern, das Verwenden von ungeführten (freien) Gewichtslasten / Gegenständen und die Integration von möglichst vielen Gelenken innerhalb der Bewegung führen nach Erfahrungen zahlreicher Experten (BOYLE; 2004; RADCLIFFE, 2007; HOFFMAN / RATAMESS, 2008; RICHARDS / DAWSON, 2009) zu den besten Effekten und der breiten Ausprägung aller motorischen Fähigkeiten, wobei auch von diesen die *Koordination* als das Bindeglied zwischen den motorischen Fähigkeiten verstanden wird. Ein gezielter Alltagstransfer wird demzufolge am effektivsten erwirkt, wenn durch das Trainieren der Stabilisierungs- und Balancefähigkeit (*Koordination*) die Kontrolle der einwirkenden Reize / Störgrößen erreicht wird, weshalb ein Training in Muskelketten (intermuskuläre Koordination) als alltagnaher erachtet wird als isolierte und geführte Übungen beispielsweise beim Gerätetraining. Übungen mit unilateralen bzw. instabilen Gewichtslasten, mehrdimensionale Bewegungsmuster, Ausführungen über mehrere Bewegungsachsen und die stetige Kombination und Integration von kraft-, ausdauer- und koordinationsorientierten Übungen sollen diesen Alltagstransfer sichern und finden im IST-Programm Verwendung (siehe Kapitel 4.3.1). Nahezu alle Übungen dieses Trainingsprogramms trainieren bzw. beanspruchen die Rumpfmuskulatur bzw. alle Segmente und Gelenkstrukturen der LWS, die hier für eine ausreichende und notwendige Stabilität sorgen und die Beanspruchungen und Belastungen, die in Kapitel 2.1 dargestellt wurden, zu kompensieren vermögen (vgl. Kapitel 6.2.3). Dies ist auch der Grund für eine spezielle Untersuchung der Leistungsfähigkeit der Rumpfmuskulatur mittels des McGill-Testverfahrens (vgl. Kapitel 4.3.4), da diese von vielen Experten als das *„Kraftzentrum"* (u.a. GAMBETTA, 2007, S. 207) bezeichnet wird. Die Leistungsfähigkeit der Rumpfmuskulatur ist für die Übertragung der auf die Extremitäten einwirkenden oder durch diese zu erwirkenden Kraftimpulse leistungsbestimmend und muss darüber hinaus sehr hohe Belastungen (vgl. Kapitel 2.1) ausgleichen, was durch die in Kapitel 2.1 gezeigten Verletzungsbilder /-quoten ersichtlich wurde.

Die Bedeutung einer ausgeprägten Rumpfstabilisierung wird durch Ergebnisse von EMG-Messungen (beispielsweise für die Übung Schulterabduktion / Seitheben) untermauert (HODGES et al., 2003A). Diese zeigen, dass beim Abduzieren des Armes *der m. transversus abdominis* der erste ist, der aktiviert wird, sogar noch bevor der eigentliche primäre Agonist dieser Übung, der *m. deltoideus*, einsetzt. Der *m. transversus abdominis* wirkt als einer der Hauptstabilisatoren der Lendenwirbelsäule und hat die Aufgabe, Rotations- und Translationskräfte (die beispielsweise beim Bewegen von unterschiedlich schweren oder flexiblen Lasten auftreten; vgl. Übungsbeschreibungen von *Farmerswalk I; Kettlebell Militarypress, Seesacklauf* etc.; Kapitel 4.3.1 und 6.2.3) zu kontrollieren. Eine Voraktivierung dieses Muskels funktioniert bei untrainierten/Personen mit Kraftdefiziten und Dysbalancen (vgl. Testinhalte McGill-Verfahren und Erläuterungen in Kapitel 4.3.4) meist jedoch nicht. Es gibt keinen *feed-forward*-Mechanismus des *m. transversus abdominis*, so dass die Lasten ohne ausreichende muskuläre Stabilisierung und Schutz auf die passiven Strukturen der Wirbelsäule einwirken, was zu den in Kapitel 2.1 dargestellten Überlastungen und Verletzungen in diesem Segment (LWS) führen kann und durch teilweise sehr hohe Drehmomentbelastungen noch intensiviert wird. Laut HODGES et al. (2003B) korrelierte daher die fehlende Voraktivierung der Rumpfstabilisatoren mit dem Schmerzauftreten bei den Probanden aus seiner Studie. Ergebnisse einer Forschungsarbeit (HOPPE et al., 2012) aus dem Leistungssport (Fußball) ergaben jedoch keinen eindeutigen Zusammenhang zwischen der allgemeinen Rumpfkraft und einer sportartspezifischen Leistungsfähigkeit. Bei keiner der untersuchten Testübungen konnten signifikante Zusammenhänge gezeigt werden. Inwieweit ein spezielles Rumpfkrafttraining jedoch auch zur Verletzungsprophylaxe nutzt, blieb aus Sicht dieser Untersuchergruppe unklar. Auch dies verdeutlicht, dass Trainingsmethoden bedarfsspezifisch selektiert und dosiert werden sollten. KIBLER et al. (2006) und WILLARDSON (2007) wiederum stellten fest, dass gerade die verbesserte Rumpfstabilität eine Leistungssteigerung der Kraftentwicklung in den unteren sowie oberen Extremitäten zur Folge hat. Zur Verbesserung der Rumpfstabilität ist eine ausreichende Muskelspannung und -stabilisierung der Bauchmuskulatur unabdingbar. Um in alle drei Bewegungsachsen (Transversal, Saggital und Longitudinal) der Wirbelsäule eine Stabilisierung zu erwirken, ist das Zusammenspiel eben aller an diesen Bewegungen beteiligten Muskeln gefordert. Deshalb bringen isolierte Bewegungen in nur eine Richtung (bspw. Extension / Flexion an einem Trainingsgerät) wenig Vorteile und entsprechen auch in keiner Form einer alltagsspezifischen Aktivität bzw. den natürlichen Bewegungsmustern. Ebenso ist eine Stabilisierung nur über ein effektives Zusammenwirken aller beteiligten Muskeln möglich. Für den Bereich der Lendenwirbelsäule wird die zentrale Stabilität über den Bindegewebsmantel *fascia thorakolumbalis* gesichert. Hier verlaufen und verbinden sich die Rumpfmuskeln und diverse Muskeln des Hüft- und Schultergürtels bzw. Brustkorbes in diesem Faszienmantel. Die Bedeutung der *fascia thorakolumablis* wird u.a. von GOTTLOB (2001, S.199) unter dem Aspekt aufgegriffen, dass es für ein umfassendes Rumpfstabilisationstraining notwendig ist, *„...alle in diese einmündenden Muskeln zu kräftigen, im Speziellen der m. transverus abdominis...“* (s.o.) *„...und die tiefliegenden Rückenmuskeln...“* (*medialer / autochtoner* Trakt der *mm. erector spinae*) zu kräftigen. Laut seinen Darstellungen handelt es sich hierbei um drei Stabilisierungssysteme: den vertikalen Strang, welcher primär über die *mm. erector spinae* stabilisert wird, den horizontalen Strang mit dem *mm. obliquus externus* und *internus abdominis* und dem diagonalen Vergurtungsstrang, welcher u.a. vom *m. latissimus dorsi* und dem *m. gluteus maximus* stabilisiert wird. Diese Ausführungen sollen verdeutlichen, dass ein Training der Rumpf- / LWS-Stabilisierung immer über diese drei Achsen vollzogen werden sollte und aus möglichst komplexen (koordinativen) und mehrgelenkigen Trainingsübungen bestehen sollte. Gerade auf Grund der vielschichtigen Ganzkörperübungen bzw. inkonsistenten Ausführungen mit bspw. instabilen Gegenständen (Seesäcke, Seile / Schlingentrainer etc.) müssen permanent antirotatorisch wirkende Muskelgruppen den Rumpf festigen, um eine optimale Stabilität und Kraftübertragung von den unteren zu den oberen Extremitäten (und umgekehrt) zu ermöglichen. Auch dynamische und schnellkräftige Übungen (Kettlebell-, Sprint- und Sprungübungen) erfordern von der Rumpfmuskulatur eben diese Stabilisierungsfähigkeiten. Im Kontext zu den Belastungen des militärischen Alltags und den damit verbundenen Verletzungshäufigkeiten (bspw. COHEN et al., 2011 und 2012 und weitere Darstellungen im Kapitel 2.1) ist diese Notwendigkeit nachvollziehbar und gleichzeitig Beweis für den vollzogenen Transfer von Trainingsbelastung und Alltagsanforderungen.

Das in dieser Arbeit untersuchte Trainingsprogramm soll ein für alle Lehrgangsteilnehmer einheitliches Konditions- und Krafttraining mit diversen Inhalten im Lehrgangsbetrieb darstellen. Auf Grund der Tatsache, dass die meisten militärischen Ausbildungsinhalte (Marschieren etc.) eher schwerpunktmäßig die Fähigkeitskomponente „aerobe Ausdauer" beanspruchen, ist davon auszugehen, dass die Soldaten – vornehmlich jene der Truppengattung Infanterie – auch hauptsächlich diese motorische Fähigkeit innerhalb der Ausbildung trainiert haben. Daher ist es Ziel dieser Studie zu untersuchen, inwieweit ein zusätzliches Training (mit dem Schwerpunkt auf Kraftimpulse) für eine solche Klientel geeignet ist bzw. welche Vorgehensweisen laut wissenschaftlichen Erkenntnissen sinnvoll erscheinen. Die Erfordernis einer Maximierung der muskulären Rumpfstabilität, Beinkraft und Sprintfähigkeit (teilweise mit zusätzlichen Traglasten) v.a. für infanteristisch eingesetzte Soldaten wurde anhand der (simulierten) Gefechtsbelastungen durch mehrere Studien und Berichte (vgl. EßFELD et al., 2006A; ROHDE et al., 2007; Kapitel 2.1) belegt.

Absolut unerlässlich bei einem militärspezifischen Konditionssprogramm ist ein Krafttraining, da alle diesbezüglichen Untersuchungen (SEDLOCK et al., 1989; GELIEBTER et al., 1997; WILLIAMS / WOOD, 2006; MCTIERNAN et al., 2007; IRVING et al., 2008) zeigen, dass Krafttraining neben vielen anderen positiven Gesundheitswirkungen größere Effekte erzielt als aerobes Ausdauertraining, da es zusätzlich zur *Kraft* auch die *Gelenkstabilität* und *Koordination* erhöht. Die Auswirkungen und Bedeutungen einer möglichen Leistungssteigerung durch die Treatments auf die Prophylaxe von den hier (und in Kapitel 2.1) genannten Verletzungen bzw. Überlastungsschäden werden abschliessend in Kapitel 6.2.8 aufgegriffen und beurteilt.

GETTMAN et al. (1978) zeigten, dass Zirkeltraining (Krafttraining) die besten Effekte bzgl. Kraftsteigerung und Fettreduktion erzielten, jedoch nur einen geringen Effekt auf die aerobe Ausdauer erbrachte. FAFF / KORNETTA (2000) weisen Veränderungen der Körperzusammensetzung (Reduktion Körperfett, Zunahme Muskelmasse), Steigerung der anaeroben und Stagnation der aeroben Leistungsparameter nach. Des Weiteren zeigten die untersuchten Soldaten (Fallschirmjäger) Verbesserungen in den Bereichen *Kraftausdauer, Schnelligkeit* und *Agilität*. Alle diese Anpassungen entsprechen den hauptsächlichen physischen Belastungen im infanteristischen Gefecht und betonen damit die Effekte dieses Trainingsprogramms (Kraft-/Ausdauerzirkel) und denen der einsatzspezifischen Anforderungen (vgl. Kapitel 2.1 und 2.2.1). Die positiven Wirkungen eines Krafttrainings zeigen auch FOLLAND / WILLIAMS (2007) und verweisen v.a. auf die neuronalen und morphologischen Effekte, wobei die neuronalen Anpassungen hauptsächlich in der Phase zu Beginn eines neuen Trainingsplanes erfolgten. Dies wiederum unterstreicht die Bedeutung einer Periodisierung und Zyklisierung des Programms (maximale Dauer eines Programms: ca. 8 – 12 Wochen), um eben diese neuronalen Anpassungseffekte immer wiederkehrend zu erlangen. Eine möglichst schnellkräftig explosive Bewegungsausführung bzw. -geschwindigkeit führt nach Studienergebnissen von MAZETTI et al. (2007) neben den bereits beschriebenen neuronalen Anpassungen auch zu einem erhöhten Energieverbrauch in der Regenerationsphase nach dem Training, welches die Optimierung der Körperzusammensetzung (Körperfettreduktion: Zusammenhang zwischen militärspezifischen Anforderungen und Körperkomposition – siehe Kapitel 2.2.1 und 2.4) zu steigern verhilft.

MCCARTHY et al. (1995) stellten heraus, dass für trainierte Ausdauersportler (wovon bei der Probandengruppe bedingt durch die bisherige Ausbildung und die Auswertungen in Kapitel 4.2.1 und 4.2.2 bzw. 6.2.1 und 6.2.2 ausgegangen werden kann bzw. dies dort überprüft wird) ein Krafttraining die ausdauerspezifische Leistungsfähigkeit unterstützt und sogar verbessert (siehe auch Darstellungen in Kapitel 2.2.1). Aus diesen Erkenntnissen empfehlen sie eine Kombination aus Sprint- und Krafttrainingsübungen, welche im IST-Zirkel so auch umgesetzt wird.

Eine unspezifische Trainingssteuerung und das Verwenden zu hoher Lasten bzw. Gewichten ist jedoch unzweckmäßig, da Sprintübungen mit einer zusätzlichen Gewichtslast den Untersuchungsergebnissen von CLARK et al. (2010) und HYRSOMALLIS (2012) zufolge keinen Mehrwert hinsichtlich der Leistungssteigerung in dieser Disziplin erbrachten. Ebenso weisen ALCARAZ et al. (2012) darauf hin, dass Sprintübungen mit Gewichtslast keinen positiven Einfluss auf die Ergebnisse der Sprunghöhe erbrachten, weshalb dieses Verfahren (Sprints mit Zusatzgewicht) im IST-Zirkel auch keine Verwendung findet. Die Intensität sollte vielmehr wohl dosiert werden und den Belastungen des Alltags entsprechen, denn eine zu hohe Zusatzlast bei Sprint-/Laufübungen kann (ähnlich wie bei den extremen Traglasten – vgl. Kapitel 2.1) zur Veränderung der Bewegungsabläufe führen (u.a. ALCARAZ et al., 2009). Eine mögliche Erklärung hierfür mag darin liegen, dass die Kinematik und die Gelenkstellung durch die Gewichtslasten beeinflusst bzw. die Gelenkwinkel unphysiologisch eingeschränkt werden. Daher wurden im zu untersuchenden IST- Programm submaximale Traglasten (im Training maximal 50 kg; vgl. dazu Gewichtsl-/Traglasten im Einsatz ca. 60 kg und mehr; vgl. Kapitel 2.1) verwendet.

BRUGHELLI et al. (2008) berichten von Verbesserungen der Sprungkraft durch Krafttraining, jedoch keiner Einflussnahme auf die Agilität und Reaktionsfähigkeit aber gleichzeitig deutlichen Leistungszuwächsen bezogen auf die Sprintschnelligkeit (v.a. durch Steigerung der Startkraft). Diese wurden auch von HARRISON / BOURKE (2009) nachgewiesen. Beide Fähigkeiten sind im militärischen Alltag sehr essentiell, wie die Darstellungen in Kapitel 2.1 und die Forderungen und Erkenntnisse führender Experten (EßFELD et al., 2006A/B; ROHDE, 2007) erkennen lassen.

Bezüglich der Wahl der Organisationsform des Trainingsprogramms (Zirkeltraining) sind neben den organisatorischen Aspekten v.a. die positiven Erkenntnisse hierzu aus wissenschaftlichen Untersuchungen wie beispielsweise von CHTARA et al., 2008; ABEL et al., 2011; GAMBLE et al., 1993 etc., maßgebend gewesen.

GETTMAN / POLLOCK (1981) beschreiben die hohen Effekte des Zirkeltrainings und stellen v.a. die Effizienz hinsichtlich der aerob-anaeroben Anpassungen heraus. Organisatorisch ist der Vorteil eines Zirkeltrainings, dass man eine relativ hohe Anzahl an Probanden an den unterschiedlichen Stationen (IST = 15) gleichzeitig trainieren kann (in diesem Fall bis zu 30 Probanden = 1 Hörsaal). Alle Teilnehmer erfahren so die gleiche Trainingsgegebenheit und damit auch eine gleich spezifische Vorbereitung auf die militärspezifischen Anforderungen, wie in Kapitel 2.1 und 2.4 dargestellt und gefordert wird.

Innerhalb des IST-Zirkels wird primär die anaerobe Stoffwechsellage beansprucht (Belastungszeiten und HF- Profile; siehe Grafiken 01 und 17 und Darstellungen Kapitel 5.1.4), ein begleitendes aerobes Ausdauerprogramm ist demnach notwendig bzw. förderlich (z.B. zur Unterstützung der Regeneration). Im Zeitraum dieser Studie konnte dies aus zeitlichen bzw. organsiatorischen Aspekten (siehe Kapitel 2.5) jedoch nicht durchgeführt werden.

Die Anpassungseffekte bzgl. der Steigerung der aerob-anaeroben Leistungsfähigkeit ist Inhalt vieler Untersuchungen. Vor allem der Wechsel von intensiven Belastungen und Pausen (Intervall- bzw. Intermittent-Training) führte laut Untersuchungen von MACPHERSON et al., 2004 und 2010; GIBALA, 2006 und 2009; GOTSHALK et al., 2004; TABATA et al., 1996; TASKIN, 2009; BURGOMASTER et al., 2008; KUBUKELI et al., 2002; LAURSEN / JENKINS, 2002 und RAKOBUWSHUK et al., 2008 zu einer Steigerung der Enzymkapazität, der mitochondrialen Leistung, der Steigerung der Laktatpuffer- und Eliminierungsfähigkeit, der Vergrößerung der kardiopulmonalen Leistungsfähigkeit (Anhebung der VO_{2max}) und der längeren Belastbarkeit unter anaerober Stoffwechsellage (siehe auch Kapitel 2.2.1). Angaben zu den Effekten und Auswirkungen werden anhand der in dieser Studie zu untersuchenden Resultate auf die (anaerobe Ausdauer etc.) in Kapitel 6.2.4 erneut aufgegriffen und reflektiert.

Durch den systematischen Wechsel von Übungen (integrativer Mix aus Kraft- /Koordination und Ausdauerkomponenten alle mit hohen kardiopulmonalen / anaeroben Anforderungen) und Pausen (durchgehend 45 Sekunden) wird der Stoffwechsel und das Herz-Kreislaufsystem wieder (teilweise) erholt und auf die nachfolgende neue Übung (Belastungsphase) vorbereitet. Diese Intervallstruktur ermöglicht entsprechend hohe und häufige Belastungsspitzen (siehe Grafiken 01 und 17) mit den nachgewiesenen Effekten und einen Transfer zur Einsatzrealität (vgl. Darstellungen von EßFELD, 2006A; ROHDE et al., 2007 etc.; siehe Kapitel 2.1) und den Dokumentationen (Herzfrequenzen beim Training, Fallschirmsprung und während der Gefechtsübung; Kapitel 5.1.4; Tabellen 36, 39 und 40 bzw. Tabelle 56 in Kapitel 6.2.4). SANTILLA et al. (2012) zeigten eine Zunahme der VO_{2max} und der isometrischen Arm- und Beinkraft innerhalb der ersten acht Wochen durch eben solch ein militärspezifisches (intervallartiges) Kraft- und Ausdauertraining. Die Leistungszuwächse ereichten danach jedoch ein Plateau, das erneut die Forderung nach einer Periodisierung (nach 8 – 12 Wochen) und einer stetigen Anpassung des Trainings unterstreicht. Diese Ansichten und Erfahrungen haben – neben der Dauer des Lehrgangs – dazu veranlasst, nach einer Dauer von 8 bis 12 Wochen neue Trainingsstimuli zu setzen. So betrachtet ist eine Lehrgangsdauer von 7 Wochen ideal zur Umsetzung eines solchen Programms.

2.2.4 Darstellung der Strukturierung von Zirkeltrainingseinheiten

Gemäß der klassischen Strukturierung einer ganzheitlichen Trainingseinheit, wird auch bei dem zu untersuchenden Programm eine Unterteilung der Trainingseinheit in Aufwärm-, Haupttrainings- und Abwärmteil (siehe Kapitel 4.3.1) vollzogen.

Das allgemeine moderate Aufwärmen hat zur Folge, dass *„...die Durchblutung angeregt wird und sich die Temperatur im Muskel-Skelettsystem erhöht..."* (WALKER, 2009, S.19). Dies soll nach GUNDLACH (2010, S.49) *„...auf die bevorstehende körperliche Aktivität vorbreiten..."*. Auf ein isoliertes und intensives Dehntraining im Rahmen des Aufwärmens wurde verzichtet, da die Studienlage hierzu keinen nennenswerten positiven Effekte angibt (HERBERT / GABRIEL, 2002) bzw. einige Studien sogar auf eine Reduzierung der Kraft- und Koordinationsparameter hinweisen (WIEMEYER, 2002A, 2003 und 2007). Da die Übungen des *Warm-Ups* in einem größtmöglichen Bewegungsradius vollzogen werden und damit eine ausreichende Mobilisierung vor Beginn des Training ermöglichen, werden zusätzliche isolierte Dehnmethoden daher als nicht notwendig erachtet bzw. die *Beweglichkeit* auch ohne solche Dehnmethoden im *Warm-Up* erzeugt bzw. gefördert. Aufwärmsequenzen sollen vielmehr eine Verletzungsprophylaxe und Leistungssteigerung erwirken, dies durch eine Erhöhung der Körperkerntemperatur, einer physisch und psychischen Einstimmung auf die folgenden Trainingsbelastungen und einer langsamen Erhöhung der Stoffwechselparameter für eine unter Belastung optimal funktionierende Blutzirkulation und damit Nährstoffversorgung (NOONAN et al., 1992 und 1993; ÜCKERT / JOCH, 2006A und 2006B). Moderates Laufen als Teil des allgemeinen *Warm-up* hat nach ROSENBAUM / HENNING (1997) eine positive Beeinflussung der Reaktionsfähigkeit bewirkt, was diese zum Teil mit neuromuskulären und zentralnervösen Mechanismen erklären, sodass sie in Sportarten, in denen die Reaktionsfähigkeit entscheidend ist, ein allgemeines Aufwärmen anraten.

Die Intention des speziellen *Warm-up* ist es, möglichst alle Gelenke durch die funktionellen Bewegungsformen und -richtungen und das Herz-Kreislauf-System auf die kommenden Trainingsbelastungen adäquat vorzubereiten und die Probanden auf die Hauptübungen einzustimmen. Durch eine direkte Abfolge der Übungen ohne Pause und eine möglichst zügige Ausführung erwirkt das spezielle *Warm-up* bereits eine kardiovaskuläre Belastung und damit, durch das Anheben der Herzfrequenz, bereits einen moderaten trainingswirksamen Reiz.

Die Notwendigkeit und die positiven Effekte hinsichtlich der Verletzungsprophylaxe (MAGALHAES et al., 2010; WOODS et al., 2007), die Sensibilisierung der Koordination (BARTLETT / WARREN, 2002) und der allgemeinen körperlichen Leistungsfähigkeit (MCMILLIAN et al., 2006; HERMAN / SMITH, 2008; CURRY et al., 2009; NEEDHAM et al., 2009; AGUILAR et al., 2012) durch ein solches „Aufwärmen" sind entsprechend nachgewiesen worden und belegen die Vorteile des dynamisch-funktionellen *Warm-up* unmittelbar vor dem eigentlichen Training. Eine mögliche Verletzungsprophylaxe wurde jedoch nicht eindeutig durch ein funktionelles *Warm-up* nachweisbar (WIEMEYER, 2002B; THACKER et al. 2004; NELSON et al., 2005), was den o.g. Erkenntnissen teilweise widerspricht. Auch wenn SANDER et al. (2013) keinen Mehrwert funktioneller Übungen im *Warm-up* auf beispielsweise die Sprintleistungsfähigkeit nachweisen konnten, so ist es doch unter dem zeitlichen Aspekt und der koordinativen Schulung bzw. Vorbereitung zweckmäßig, die dargestellten (Kapitel 4.3.1) und durchgeführten Übungen und damit verbundenen Effekte (siehe oben) zu erwirken. Dieser Aspekt wurde auch von VERSTEGEN / WILLIAMS (2004) und RADCLIFFE (2007) unter dem Gesichtspunkt der neuromuskulären Vorbereitung auf komplexe Trainingsinhalte verdeutlicht.

Nach dem Absolvieren des *Warm-up* folgt der Hauptteil des Trainings, der die in Kapitel 4.3.1 dargestellten Übungen umfasst und die eigentlichen trainingswirksamen Reize erzeugt.

Nach Beedingung des Trainingsprogramms folgt der *Cool-down*-Teil, der die primäre Aufgabe einer Beschleunigung und Unterstützung der Regeneration hat. Dies geschieht hauptsächlich durch den erhöhten Abbau von Stoffwechselendprodukten (z.B. Laktat), da durch das Aufrechterhalten einer gesteigerten Herzfrequenz bei nun moderater Belastung die Blutzirkulation erhöht und dadurch der Sauerstofftransport zur Zelle und der Abtransport von diesen Stoffwechselendprodukten bzw. die mitochondriale Kapazität zum Laktatabbau gesteigert wird. Laut WEINECK (2010, S.788) wird durch ein *Cool-Down „...die Laktateliminationszeit gegenüber passiver Erholung auf ein Drittel verringert...“*. Dies ist besonders wichtig, da die vorhergehenden Belastungen primär im anaerob-laktaziden Energiestoffwechsel stattgefunden haben, was die Herzfrequenzwerte und Trainingszonen in Grafik 01 und 17 veranschaulichen. Somit wird die Regeneration aktiv unterstützt und damit beschleunigt, da innerhalb der Lehrgangsphase generell wenige Regenerationszeiten gegeben sind (siehe Kapitel 2.5).

Hinsichtlich der Belastungsdauer des IST- Programms wird sich ebenfalls an den Vorgaben und Erfahrungen der Trainingslehre orientieren. Da die Belastungsdauer der einzelnen Übungen zwischen 60 bis 90 Sekunden beträgt wird primär die motorische Fähigkeit bzw. Ausprägung „Kraftausdauer“ beansprucht. Für die optimale Belastungsdosierung und -dauer eines Kraftausdauertrainings werden von GÜLLICH / SCHMIDTBLEICHER (1999) und SCHMIDTBLEICHER (1989 und 2003A) moderate Trainingslasten (40 – 60 % des 1 RM) mit Belastungszeiten von 90 – 120 Sekunden empfohlen, wobei die Pausendauer unter 90 Sekunden (FRÖHLICH, 2003) betragen sollte. Auch DE SALLES et al. (2009) sehen in Pausenlängen von 30 – 60 Sekunden die besten Effekte und einen positiven Einfluss auf die Steigerung der "Kraftausdauer" bzw. eine ausreichende Regeneration, solange die Trainingsintensitäten eine (bezogen auf die Maximalkraft) geringe Intensität aufweisen. Ebenso empfehlen IOSIA / BISHOP (2008) und RHEA et al. (2006) Pausenintervalle von 20 – 50 Sekunden als ideale Zeitfenster bei Trainingsprogrammen mit der Zielsetzung einer Optimierung der aeroben und anaeroben Stoffwechselkomponenten. Kurze Pausenintervalle von 30 – 60 Sekunden zwischen den Übungen werden lt. WILLARDSON (2006) mit einem Anstieg von Wachstumhormonen und damit einem anabolen / hypertrophen Trainingseffekt in Zusammenhang gebracht. Wenn die muskuläre Ausdauer verbessert werden soll, ist die gewählte Trainingsform (Zirkel) ideal und wird entsprechend mit geringeren Pausenlängen (45 Sekunden) empfohlen. WILLARDSON / BURKETT (2008) zeigten jedoch auf, dass hinsichtlich der Kraftsteigerungen die Pausendauer eine eher untergeordnete Rolle spielt, da die Ergebnisse der dort untersuchten beiden Probandengruppen keine signifikanten Unterschiede aufwiesen. Im IST-Programm werden durchgehend 45 Sekunden Pausenintervalle zwischen den Übungen vollzogen.

Zusammenfassend lässt sich feststellen, dass die Bedeutung und Notwendigkeit eines zielgruppenspezifischen Kraft- bzw. Kraftausdauertraining gegeben ist, die

Umsetzung und Intensitätsgestaltung jedoch von dem Leistungszustand und den zur Verfügung stehenden zeitlichen Ressourcen abhängt um eine ideale Kombination aus Belastung und Regeneration zu gewährleisten. Somit muss für eine zielgerichtete Trainingsumsetzung eine konzeptionelle Trainingsstruktur zur langfristigen Sicherstellung gegeben sein.

2.3 Darstellung Zeptoring / SRT (stochastische Resonanztherapie)

Eine besondere Form des apparativen koordinativ-/propriozeptiven Trainings stellt die stochastische Resonanztherapie (SRT) dar. Das Ziel dieser Art des Trainings ist die Verbesserung der Informationsverarbeitung der kinästhetischen Analysatoren und die schnellere Reizverarbeitung dieser Impulse durch das ZNS (zentrales Nervensystem) – also die Förderung der sensomotorischen Leistungsfähigkeit. Diese kann als eine durch externe Reize (z.B. SRT) bewirkte Gesamtaktivität in den sensorischen und motorischen Teilen des Organismus bezeichnet werden. Nach LEPHART / FU (2000) beinhaltet die sensomotorische Funktion des Körpers die Aufnahme von sensorischen Informationen (durch Gelenkrezeptoren) und deren Weiterleitung als neuronales Signal innerhalb des Nervensystems. Die dadurch ausgelöste Muskelaktivität führt zur Ausführung einer zielgerichteten Bewegung. Die Wirkung dieser Methodik (SRT) wird vor allem durch die permanent stochastisch vibrierenden Standflächen erzielt.

Die Absicht, bei der Verwendung des Zeptoring-Verfahrens, ist es zu untersuchen, in wie weit Maßnahmen zur Aktivierung des Rezeptorenpotentials Auswirkungen auf die Leistungsfähigkeit und spezifische Koordination (Optimierung der neuromuskulären Leistungsfähigkeit bzw. Interaktion) der untersuchten Population (Experimentalgruppe) haben. Die Intention ist es, durch diese Methode in möglichst kurzer Zeit einen höchstmöglichen Effekt zu erwirken. Das Zeptoring Verfahren ermöglicht dies, da in kürzester Zeit Impulse an die Rezeptoren gelangen, die nervale Effekte vergleichbar mit einem vielfach umfangreicheren und mechanisch stärker belastenden Stimulus (bspw. Reaktivsprünge), erwirken. Für die Überprüfung dieses Verfahrens wurde ein Teil der Experimentalgruppe durch Parallelisierung (Kapitel 4.1.2) selektiert. Unmittelbar vor den Trainingseinheiten vollzogen diese Probanden für jeweils 60 Sekunden (beidbeinig frontal / lateral; vgl. Abbildung 01 und 02) das SRT-Vefahren. Die Hintergründe, Erkenntnisse und Besonderheiten dieser Methode und die apparativen Eigenheiten des Zeptors (im Vergleich zu herkömmlichen Vibrationsgeräten) werden im folgenden Abschnitt thematisiert.

Beim Zeptoring handelt es sich um ein Ganzkörperschwingungsverfahren, welches stochastische Schwingungs- bzw. Vibrationsreize, mittels zwei unabhängig voneinander laufenden bzw. vibrierenden Fußplatten, erzeugt. Bei diesem Verfahren spricht man deshalb von einer Vibration mit Ganzkörperschwingung (GKS), da die Probanden auf dem Gerät stehen und somit die Schwingungen auf den gesamten Bewegungsapparat wirken. Differenzierungskriterium ist hier der Anteil des Körpergewichts – besteht ein hoher Gewichtsanteil (z.B. beim Stehen auf einem vibrierenden Untergrund – vgl. Abbildung 01 und 02), liegen eben diese GKS vor.

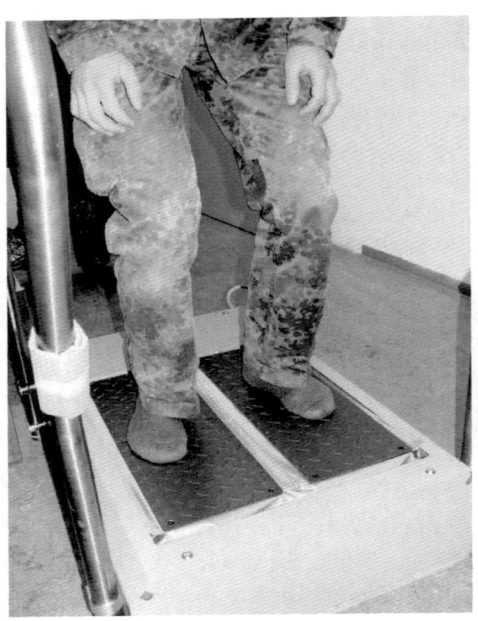 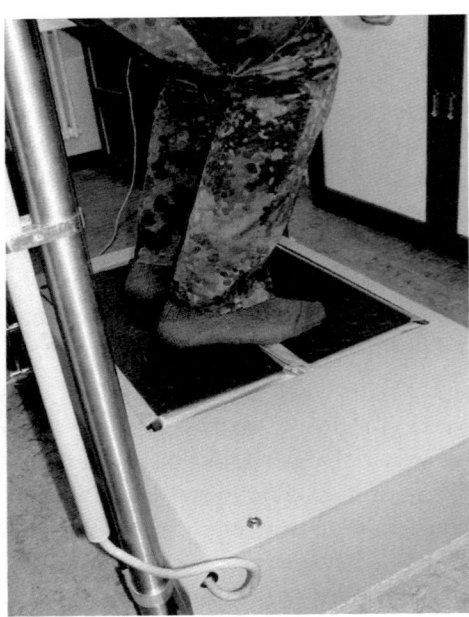

Abbildung 01: Zeptor Stand frontal

Abbildung 02: Zeptor Stand lateral

Die beiden, unabhängig voneinander schwingenden, Bodenplatten führen hierbei neben einer vertikalen Auf- und Abwärtsbewegung, eine horizontale und eine gleichzeitig seitenalternierende Kippbewegung (diagonal) aus. Durch die vertikalen Bewegungen fängt der Körper diese Reize in der transversalen Achse durch Stimuli der Rezeptoren im oberen Sprunggelenk (Dorsalextension / Plantarflexion), Knie (Flexion / Extension) und dem Hüftgelenk (Flexion / Extension) auf bzw. dämpft diese Vibrationen ab (EBING, 2008). Die seitenalternierenden Wechsel, erwirkt durch die unabhängig agierenden Bodenplatten, und die diagonalen Schwingungsamplituden entsprechen den natürlichen Bewegungsmustern des aufrechten Gehens (abwechselnde Innervierung von Agonist und Antagonisten der unteren Extremitäten). Hierbei wirken die Vibrationen ähnlich wie beim vertikalen Bewegungs- bzw. Vibrationsmuster. Im Hüftgelenk kommt zusätzlich eine Bewegung in Abduktion und Adduktion hinzu, welche mit einer Hüftrotation einhergeht (EBING, 2008). Durch das seitliche Kippen des Beckens werden darüber hinaus Bewegungsmuster der Wirbelsäule (Lateralflexion) erzeugt (BURKHARDT, 2006). Andere Verfahren weisen diese drei Schwingungsdimensionen zwar auch auf, aber nicht in dieser abfolgenden und stochastischen Kombination. Die dadurch entstehende Wirkung ist am ehesten mit dem Laufen in unebenem Gelände zu vergleichen. Die hierbei erzeugten Impulse können vom zentralen Nervensystem nicht von denen beim Laufen im Gelände differenziert werden und bewirken damit Anpassungseffekte ohne die Gefahr von Verletzungen bzw. Überlastungen. Auch hier sind v.a. die militärspezifischen Belastungen zu nennen (bspw. Nachtsprung vgl. Kapitel 2.1) und die Aussagen der Befragungen von KAPTAIN (2010, S.57), in der die Einheitsführer v.a. „...*das Bewegen im unbekannten Gelände mit hoher Traglast und in teilweise ungünstigen Geländegegebenheiten unter Witterungs- und/oder Sichteinschränkung, da die meisten Einsätze nachts durchgeführt werden, fordert höchste Beanspruchungen und steigert das Verletzungsrisiko...*" beschreiben, die ein hohes Maß an sensomotorischen Fähigkeiten im Sinne der Auftragsausführung bei gleichzeitiger Notwendigkeit einer Verletzungsprävention erkennen lassen. Durch ein solches Verfahren lernt der Körper diese auftretenden Schwingungen schnellstmöglich zu verarbeiten. Die somit verbesserte nervale Informationsverarbeitung führt zu einer Bewegungsregulation und einem schnelleren Feedback eventuell auftretender Störgrößen (beispielsweise sich ändernde Umgebungsverhältnisse etc.), was in einer separaten Untersuchung (Kapitel 6.2.6) hinsichtlich der Effekte des Zeptoring auf diese Reaktionsfähigkeit der kinästhetischen Analysatoren noch nachgeprüft wird. Hierdurch wird eine sehr effiziente Ansteuerung des „Nerv-Muskel-Systems" erzeugt, welches positive Verbesserungen in der nervalen Qualität (Reizleitungsgeschwindigkeit, Koordination, beschleunigte Reaktion bei plötzlich auftretenden Impulsen wie z.B. Pro- / Supination am Sprunggelenk) mit sich bringt. Diese Impulse beeinflussen verschiedenen Gelenkrezeptoren wie die Muskelspindel und Golgi- Sehnenorgane. Die Afferenzen der Sehnen- und Muskelspindel liefern dem ZNS Informationen über die Stellung, Spannung / Dehnung und die Bewegung der Muskeln und Sehnen bzw. der jeweiligen Gelenke und ermöglichen somit eine differenzierte Wahrnehmung, Ansteuerung und Kontrolle der muskulären Aktivität und Gelenkstellung was als Propriozeption (sensorische Rückmeldung des Gelenkes) verstanden wird. Durch die ständigen stochastischen Vibrationen und die damit erwirkten Spannungs- und Längenveränderungen der Muskeln der unteren Extremitäten werden besonders die dortigen Muskelspindel stimuliert, denn diese nehmen Spannungsänderungen war. Kommt es demnach zu einer plötzlichen muskulären Längenänderung (Dehnreiz) durch Vibrationseinwirkung, vollzieht neben Muskel und Sehne auch der Muskelspindel eine Reaktion, welche durch afferente Signale zum ZNS geleitet werden. Dieser Schutzreflex zur Verhinderung einer Überdehnung (und damit Verletzung) wird durch reflexartige Kontraktion der entsprechenden Muskelspindel veranlasst, um einer solchen Überlastung entgegenzuwirken. Dieser Muskeldehnungsreflex verläuft monosynaptisch und verschaltet Afferenzen und Efferenzen (monosynaptischer Reflexbogen). Durch die Aktivierung der agonistisch wirkenden Muskulatur (Kontraktion) werden darüber hinaus die direkt antagonistisch wirkenden Muskeln reflektorisch gehemmt um den Bewegungsablauf nicht negativ (durch entgegenwirkende Anspannung) zu beeinträchtigen und sichern so eine ökonomische Bewegung. Eine progressiv überschwellige Reizung dieser Mechanismen führt demnach zu einem schnelleren Innervierungsverhalten und damit effizienteren Bewegungsverlauf und Gelenkstabilisierung. Diese Effekte bleiben darüber hinaus länger aufrechterhalten, was einer durch Training bedingten Ermüdung (und damit Herabsetzung der neuromuskulären Leistungsfähigkeit) entgegenwirken kann, und somit trainingsbedingte Verletzungen verhindern hilft. Ein Abschwächen oder gar Ausbleiben dieser neuromuskulären Aktivität kann zu einer Instabilität des Gelenkes führen, da die Gelenksensoren zeitlich verzögert bzw. herabgesetzt die Reizaufnahme und -weiterleitung vollziehen.

Das Wirkungsprinzip der überlagernden dreidimensionalen Vibrationsbelastungen beruht, nach Auffassung von BOSCO (1998) auf der Auslösung einer verstärkten Rekrutierung und Aktivierung motorischer Einheiten durch die Auslösung eines Muskeldehnungsreflexes, der als Resultat die Abfolge von Dehnung und Verkürzung (DVZ) schließlich überlagert und zu einer nahezu andauernden Kontraktion des Muskels führt. Durch die bereits beschriebene Aktivierung der Muskelspindel durch Vibrationsreize wird die Kontraktionsenergie (wie beim DVZ) gesteigert und damit eine muskuläre Leistungssteigerung bzw. erhöhte Kraftentwicklung erzielt. Ein Teil der in der Bindegewebsstruktur gespeicherten kontraktilen Energie wird bei der anschließenden konzentrischen Kontraktion freigesetzt. Darüber hinaus wird die Kraftentwicklung durch die gleichzeitig reziproke Antagonistenhemmung mit geringerem Kraftaufwand erzielt bzw.

„...somit bei gleichem Aufwand eine höhere Leistung ermöglicht..." (DE MAREES, 2003, S.181).

BERSCHIN et al. (2003) sprechen in diesem Kontext vom sogenannten *Tonic Vibration Reflex* (TVR) und führen die deutlichen Leistungsverbesserungen ihrer Probanden (Rugbyspieler) bzgl. *Schnellkraft* und *Agilität* auf ein zusätzliches Vibrationstraining zurück. Entscheidend bei einem Vibrationstraining ist die jeweilige Schwingungsfrequenz und die Ausprägung dieser Schwingungen. Stochastische und mehrdimensionale Vibrationsreize (Schwingungen) erfordern vom arthroneuronalen System ein stetiges und schnelles Anpassen und Ausgleichen dieser Schwingungsamplituden und -reize. Die Stimulierung der Rezeptoren und Muskeln führt bei niedrigen Frequenzen (< 15 Hz) laut EBING (2008) zu einer Anpassung der intermuskulären Koordinationen, bei hohen Frequenzen (20 – 27 Hz) zu einer intramuskulären. Bei niedrigen Frequenzen dämpft die Muskulatur die Vibrationskräfte mittels Längenveränderung durch Bewegung der betreffenden Gelenke. Bei hohen Frequenzen wird dies durch eine Spannungsänderung erreicht, wobei zu hohe Frequenzen (> 30 Hz) nach BURKHARDT (2006) zu einer Abnahme der Muskelspannung führt, was eine Herabsetzung der Leistungsfähigkeit nach sich zieht.

Die Schwingungsamplituden und -frequenzen sind beim Zeptoring so gewählt, dass die Reize an den entscheidenden Stellen wirksam werden, ohne Schädigungen hervorzurufen. Frequenzen sind beim Zeptor zwischen 1,0 und 12,0 Hz fein abgestuft und selektierbar. Sie orientieren sich an Schwingungen und Schwankungen, die beim Menschen beispielsweise im aufrechten Stand und bei maximalen Anspannungen auftreten. Liegen die Frequenzschwingungen darüber, können Schädigungen entstehen, wie langjährige Erfahrungen aus dem Arbeitsschutz (Beispiel: LKW Fahrer) belegen (FISCHER, 2002).

Durch das stochastische Vibrationsmuster besteht keine sinusförmige Schwingung, es gleicht daher keine Schwingung der anderen. Durch die spezielle Konstruktion entsteht diese „chaotische" (stochastische) und für den Zeptor charakteristische Schwingungsstruktur, die einer schnellen Reizsättigung entgegenwirkt. Dadurch, dass die beiden Standflächen unabhängig voneinander be- und entlastet werden können besteht die Möglichkeit eines einbeinigen Trainings, womit auch mögliche Seitenunterschiede schnell deutlich sichtbar gemacht werden können. Das Zusammenspiel der beteiligten Muskeln soll durch die SRT verbessert werden, was u.a. in einen besseren Muskeltonus resultiert, wodurch effizientere Bewegungsabläufe möglich sind. Eine Kraftsteigerung wie bei anderen Systemen ist zwar wünschenswert, aber diesbezüglich zweitrangig, denn es gilt die Maxime:

Koordination vor Kraft. Aus diesem Grund wird das Zeptoring-Verfahren auch unmittelbar vor der Trainingseinheit (IST-Zirkel) in dieser Studie absolviert.

Mit der SRT kann eine neuromuskuläre Aktivierung im Rahmen des *Warm-up* vor sportlichen Aktivitäten sowohl als Vorbeugung vor Verletzungen als auch zur Verbesserung der Leistungsfähigkeit eingesetzt werden. Neben dem Aufwärmen des Körpers ist v.a. die Aktivierung des Nerv-Muskel-Systems (siehe Kapitel 2.2.4), die diese beschriebenen Effekte hervorbringt, relevant. Durch den Einsatz einer variablen Reizgebung sollten gleichzeitig die Durchblutung der Muskulatur und die Muskelaktivität gesteigert werden, um die Effekte eines zusätzlichen *Warm-up* (u.a. neuronale Voraktivierung, Erhöhung der Körpertemperatur etc.; vgl. Kapitel 2.2.4) zu intensivieren. Eine erhöhte neuronale Leistungsfähigkeit vor einer Trainingseinheit wiederum ermöglicht eine bessere und intensivere Reizdichte im Training und eine erhöhte sensorische Leistungsfähigkeit als Prävention von Überlastungserscheinungen. Dies stellt die Grundlage für eine effizientere Trainingswirkung bei gleichzeitiger Reduktion von Überlastungsschäden dar und sichert damit einen langfristigen Leistungszuwachs. Die trainingsbedingt anfallenden Stoffwechselendprodukte werden durch die erhöhte Körpertemperatur und Durchblutung rascher abtransportiert, und die Wiederherstellung und Regeneration erfolgt schneller, was v.a. bei permanenten körperlichen Anforderungen und kurzen Erholungsphasen im Rahmen der militärischen Ausbildung ein deutlicher Vorteil ist.

Durch die bereits benannte Anregung der Rezeptoren in Muskeln, Sehnen, Bändern und Gelenkstrukturen kommt es zu einer Optimierung der Nervenleitgeschwindigkeit zwischen Bewegungsorganen (Rezeptoren in Gelenken) und dem ZNS (Efferenz / Afferenz). Durch beispielsweise beidbeiniges und / oder einbeiniges Stehen in unterschiedlich gebeugter Knie- und Hüftposition wird für eine solche Feinabstimmung, d.h. ein reibungsloses Zusammenspiel zwischen allen beteiligten Strukturen, gesorgt. Mit zunehmendem Training können immer höhere Reizfrequenzen verarbeitet werden, da eine stufenlose individuelle Dosierung die Frequenz regelt und jederzeit (in Schritten von 0,1 Hz) vorgenommen werden kann, was eine sehr genaue und individuelle Trainingssteuerung ermöglicht. Diese hochgradige Sensibilisierung der Muskulatur ermöglicht, dass Körperschwankungen früher wahrgenommen und rascher kompensiert werden können. Die Resultate einer solchen Trainingswirkung sind ein flüssigerer Bewegungsablauf, eine größere Bewegungspräzision sowie ein schnelleres und leichteres Bewegungslernen und somit kennzeichnend für eine optimal ausgeprägte spezifische koordinative Leistungsfähigkeit. Diese Koordinationsleistung (z.B.

Regulation des Gleichgewichts) erfolgt durch schnelle Korrekturen der Körperschwankungen mit Hilfe der sensomotorischen Leistungskapazitäten der Gelenkstrukturen der unteren Extremitäten, da somit die dortigen Strukturen schneller reagieren (schneller Informationsaustausch mit ZNS) und die Muskeln früher innervieren; somit fällt die Körperauslenkung seitwärts, vorwärts bzw. rückwärts geringer (vgl. Kapitel 4.3.5, 5.1.3 und 6.2.6) aus. Dies bedeutet bei ein- und beidbeiniger Anwendung eine hochgradige Sensibilisierung der Muskulatur. Da in kürzester Zeit ständig wechselnde Reize auf den Muskel einwirken, kommt es zu sehr schnellen Anpassungen auch im Bereich der intramuskulären Koordination.

Vor allem die stochastischen Vibrationen erzwingen hierdurch eine sich immer neu zu entwickelnde Reaktion der Rezeptoren auf diese Vibrationsimpulse, welche durch Interaktionen (Bewegungsdurchführungen / Stellungsänderungen des Probanden auf dem Zeptor) noch potenziert werden können. Diese Interaktionsmöglichkeit bedeutet, dass die trainierende Person nicht nur reagieren muss, sondern auch selbst agieren und das persönliche Bewegungsverhalten (z.B. Sprünge, Kniebeugen etc.) somit den Verlauf der Schwingungen beeinflusst. So entstehen unterschiedliche Schwingungen, die von der Belastung auf den Standflächen erwirkt werden. HÄFELINGER / SCHUBA (2007, S.23) beschreiben, dass *„...bei komplexen Bewegungen multiple Reize pro Sekunde auf das propriozeptive System einwirken..."*, was durch zusätzliche Bewegungen somit noch gesteigert wird. Propriozeptoren in Muskeln und Gelenken lösen ihrerseits automatische posturale (d.h. haltungsstabilisierende) Reaktionen aus (Feedback-Mechanismen). Durch die sehr hohe Anzahl der Schwingungen bzw. Vibrationen bei der SRT wird eine höhere Reizverdichtung (als vergleichsweise beim konventionellen propriozeptiven Training), und damit eine erhebliche Zeiteffizienz ermöglicht. Die entsprechenden posturalen Effekte (Propriozeption) haben nach QUANTE / HILLE (1999, S.306) *„...die bewusste und unbewusste Verarbeitung afferenter Informationen über die Gelenkstellung, -bewegung und -kraft durch das zentrale Nervensystem..."* zur Folge, was einem automatischen Reagieren und Anpassen der Körperstabilität auf die sich ändernden Gelenkstellungen gleichkommt. Somit bildet diese die allgemeine Grundlage der (senso)-motorischen Kontrolle des menschlichen Bewegungssystems und erhöht damit die Bewegungsökonomie im Sinne der Steigerung der Leistungsfähigkeit und der Verletzungsprophylaxe. Denn, je besser die Bewegungen beherrscht werden, umso weniger Gelenksysteme müssen willentlich muskulär stabilisiert werden, was neben der Verletzungsprävention v.a. eine Reduktion der muskulären Arbeit, und damit eine Ökonomisierung (Leistungssteigerung) bedeutet. Diese Sensomotorik wird von RÖTHIG / PROHL (2006, S.471) als „...*enger Zusammenhang von Wahrnehmung bzw. Sinnesempfindungen und Körperbewegungen...*" definiert. Durch eine Optimierung der automatisch ablaufenden sensomotorischen Kontrolle kann die Konzentration des Soldaten, während des Marschierens in unwegsamen Gelände, beispielweise mehr auf das Beobachten des Umfeldes, als auf das Stabilisieren/Kontrollieren der Extremitäten (beim Fortbewegen) gerichtet werden.

Als Schutz vor einer Reizüberflutung registrieren die Rezeptoren immer wiederkehrenden (und damit gleichen Reize) kaum noch. Jede Reizänderung (Änderung der Bewegungsrichtung etc.) wird jedoch neu wahrgenommen und durch das Herstellen der Bewegungs- und Gelenkkontrolle durch anregende oder hemmende Impulse der Sensoren (u.a. Muskelspindel, Golgi-Sehnenorgane) zur muskulären Gelenkstabilisierung beantwortet, was die Besonderheit und Effizienz der stochastischen Resonanztherapie (SRT) begründet. Arbeitet dieses System von Sensoren und Muskeln zur Erfassung und Verarbeitung von Reizen sensibel und schnell, so kann die Muskulatur optimal koordiniert / angesteuert werden, und die Gelenke werden über die muskuläre Stabilisierung schneller entlastet. Ist diese reaktiv neuromuskuläre Kontrolle nicht ausgeprägt und reagiert auf externe Reize zu spät, wirken auftretende Scherkräfte auf die passiven Gelenkstrukturen (bspw. Kapsel- Bandapparat) bevor eine muskuläre Schutzfunktion einsetzt, was dann häufig zu Überlastungen / Verletzungen am Gelenkapparat führt. Ein Aktivieren und Ausprägen dieser reflektorischen Schutzmechanismen wird durch die stochastischen Vibrationsreize erzielt. Im Gegensatz dazu stehen bei anderen Systemen die maximale Anspannung entsprechender Muskelgruppen oder das schlichte Absolvieren nur einer Belastungssituation im Vordergrund, was nicht den beschriebenen Nutzen bringt.

Die hier beschriebenen Stimuli und involvierten Gelenksysteme (der unteren Extremitäten) sind im Hinblick auf die in Kapitel 2.1 beschriebenen Belastungen und die daraus resultierenden Verletzungsbilder des militärischen Alltags von besonderem Interesse, da eine Voraussetzung zur Verletzungsprophylaxe eine gut geschulte Tiefensensibilität (Sensomotorik) ist. Störungen der propriozeptiven Fähigkeiten reduzieren den motorischen Kontrollprozess und „...*führen damit zu einem geringeren bzw. verlangsamten muskulären Gelenkschutz und dadurch veränderten (unökonomischen) Bewegungsmustern...*" (HÄFELINGER / SCHUBA, 2007, S. 47). Dies machen auch die Ergebnisse von REBEL (2000) deutlich, der zeigte, dass Probanden mit (verletzungsbedingt) geschädigten Gelenkrezeptoren auch eine geringere muskuläre Aktivität (reduzierte neuromuskuläre Aktivierung) und damit Gelenkfunktionalität/-stabilisierung hatten.

In vielen Studien wurden die Effekte eines Vibrationstrainings bzw. Trainings mit mechanischen Schwingungsreizen untersucht. Die Effekte wurden in kurzzeitige (*ad hoc Effekte*; vgl. Untersuchungsdesign in Kapitel 6.2.6) und langfristige unterteilt. Mehreren Untersuchungen zeigen leistungssteigernde Reaktionen durch mechanische Schwingungsvorgänge (BOSCO et al., 1999A und B, 2000; BOVE et al., 2001), die unmittelbar nach dieser Reizeinwirkung nachweisbar waren. So zeigte sich eine signifikante Verbesserung der *Maximalkraft* und Bewegungsschnelligkeit der Beinstreckerkette in Höhe von + 4 % bis + 7 % (BOSCO et al., 1999A und 2000). Auch die Kraft in den oberen Extremitäten konnte um + 8 % (BOSCO et al., 1999B) gesteigert werden. Die *Maximal-* und *Schnellkraft* (KAJI et al. 2002; NISHIHIRA et al., 2002) konnten ebenfalls erhöht werden. Viele Studien zeigen eine Verbesserung in den Sprungleistungen in Höhe von + 4 bis + 10% (BOSCO et al., 2000; CARDINALE, 2003; DELECLUSE et al., 2003; SARABON et al., 2003).

Als Erklärung für diese positiven Effekte führten ISSURIN et al. (1994) und BOSCO et al. (1999A und B) v.a. (die oben bereits aufgezeigten) neuromuskulären Anpassungen in Form einer gesteigerten intramuskulären Aktivität und einer größeren Anzahl rekrutierter motorischer Einheiten auf. Bereits MATTHEWS (1966) und HAGBARTH / EKLUND (1966) diskutierten die durch das Auftreten des Tonic-Vibration-Reflex (TVR) verbundene Erhöhung efferenter Signale. Diese Erklärung wird jedoch von vielen Forschern nicht geteilt (BONGIOVANNI et al., 1989; KASAI et al., 1992; KOUZAKI et al., 2000; SCHLUMBERGER et al., 2000). Diese führen hormonelle und enzymatische Einflüsse als Erklärungsansätze für die Verbesserung der motorischen Fähigkeit *Kraft* an, da BOSCO et al. (2000) signifikante Anstiege von Testosteron und Wachstumshormonen nachweisen konnten. Keine eindeutigen Effekte erbrachten Untersuchungen von DELECLUSE et al. (2003), die zwar eine deutliche Verbesserung der *Sprungkraft* und *Maximalkraft* zeigen, aber keinen Effekt bei der maximalen Bewegungsschnelligkeit nachweisen konnten. VACZI et al. (2003) und SARABON et al. (2002 und 2003) fanden positive Auswirkungen im Hinblick auf die *Reaktivkraft*, gleichzeitig aber auch reduzierte *Explosivkraftwerte*. Außerdem stellten MARKITZ et al. (2000) nach einem 6-wöchigen Trainingsprogramm reduzierte *Maximalkraftwerte* in den Kniegelenkextensoren fest, allerdings ebenso eine Erhöhung der Kraftwerte der Kniegelenkflexoren. Eine Reduktion der Sprungkraftleistung wurde von RITTWEGER et al. (2000) gezeigt, hier wurde jedoch ein erschöpfendes Ganzkörpervibrationstraining durchgeführt, das als Erklärung für die Verringerung der Leistungsfähigkeit (durch Überbeanspruchung des neuromuskulären Systems) gedeutet werden kann und daher vermieden werden sollte.

Im Hinblick auf Langzeiteffekte mechanischer Schwingungsreize liegen ebenfalls unterschiedliche Untersuchungsergebnisse vor. Nach ISSURIN et al. (1994) erhöhte sich die Maximalkraft um bemerkenswerte + 49,8 % (bei untrainierten Probanden) nach nur 3 Trainingswochen. BOSCO et al. (1998) fanden Verbesserungen in der Sprungkraft nach 10 Trainingseinheiten. Eine 3 %ige bis 10 %ige Verbesserung der isometrischen und statischen Maximalkraft zeigten DELECLUSE et al. (2003), wie auch Einzelfallstudien von SPITZENPFEIL et al. (1999) und WEBER (1997). Andere Studien (BECERRA MOTTA et al., 2001 und 2002) wiesen Verbesserungen der *Kraftausdauer* nach. Diese führen einen reduzierten Reibungswiderstand in der Muskulatur infolge des Vibrationstrainings an und gehen davon aus, dass bereits ermüdete motorische Einheiten *re-rekrutiert* werden können. CARDINALE et al. (2003) diskutieren ferner neben den peripheren Effekten auch Veränderungen auf zentralnervöser Ebene: das optimierte Zusammenspiel zwischen Muskeln und ZNS.

Die Tatsache, dass diese Schwingungsreize auf viele Teilsysteme des Bewegungsapparates (ZNS, Muskel- und Gelenkstrukturen) einwirken und somit auch multiple biologische Ebenen beeinflussen, welche darüber hinaus sehr stark von dem jeweiligen Leistungsstatus der Untersuchungspopulation abhängig sind, kann die sehr unterschiedlichen Studienergebnisse ebenfalls nachvollziehbar bzw. erklärbar machen. Aber auch unterschiedliche Treatmentmethoden und Studiendesigns (Ganzkörpervibrationen oder Teilkörper- vs. direkte Muskelapplikation; Anwendungsdauer etc.) verwendete Frequenzen, unterschiedliche Amplituden, Dauer und Anzahl der Serien etc. unterscheiden sich teilweise erheblich. So werden bei Untersuchungen mit Sportlern bzw. trainierten Personen Frequenzen von 6 Hz (HAAS, 2002; SARABON et al., 2002 und 2003) bis 44 Hz (ISSURIN et al., 1994) und Amplituden von 2 mm (KÜNNEMEYER et al., 1997) bis 14 mm (HAAS, 2002) angegeben. Das in dieser Studie verwendete Trainingsgerät (Zeptor) ermöglicht eine fein abgestufte Frequenzbreite zwischen 1,0 und 12,0 Hz und orientiert sich an Schwingungen und Schwankungen, die beim Menschen beispielsweise im aufrechten Stand und bei maximalen Anspannungen auftreten. Zu hohe Frequenzen können – wie bereits erwähnt – zu Störungen/Überlastungen führen. Die stochastischen und dreidimensional verlaufenden Amplitunden bzw. Schwingungen (medial-lateral, anterior-posterior) beim Zeptoring werden mit Hubbewegungen (± 3 mm) bei einer Pedalauslenkung von 4° in sich stetig ändernden und damit unvorhersehbaren Mustern erzeugt. Dies sichert eine stetige Adaptation der Rezeptoren und beständige Stimuli für das Nerv- Muskel-System.

In vielen neurophysiologisch orientierten Studien wurde aufgezeigt, dass mechanische Schwingungsreize die Ausführung von Zielbewegungen bzw. die Aufrechterhaltung des Gleichgewichts massiv positiv beeinflussen können und somit die Bewegungskoordination und -ökonomisierung (und damit Leistungssteigerung) erwirken kann. Dennoch resultiert HAAS et al. (2004, S.41) in seiner Übersichtsarbeit mit dem Schlusssatz „...im Hinblick auf sport- und leistungssportorientiertes Krafttraining kommt einem Vibrationstraining nur eine ergänzende Funktion zu...".

Untersuchungen an Fußballspielern (Jugendkader und Profispieler) zeigten die überaus positiven Effekte des Zeptoring-Verfahrens bezüglich der beschleunigten Rehabilitation nach Verletzungen des Kreuzbandes (TURBANSKI / SCHMIDTBLEICHER, 2009). Die sich aus den beschleunigten Heilungsverläufen der Sportler ergebenden Einsparpotentiale wiegen besonders im Profisport immens: Laut den mündlichen Mitteilungen der Verantwortlichen eines Fußball-Bundesligisten reduzierte sich die verletzungsbedingte Pausendauer der mit diesem Verfahren therapierten Profispieler um durchschnittlich 50 %. Ähnliche Ergebnisse zeigten auch die Forschungen von SARABON et al. (2002 und 2003), welche die Bedeutung der Verbesserung der sensomotorischen Fähigkeiten, der muskulären Innervierung und der Verbesserung der Stabilisierung der Gelenke belegen. Seit Jahren nutzen daher erfolgreiche Leistungsathleten den Zeptor zum gezielten Aufbau der Leistungsfähigkeit und Steigerung der Propriozeption. Die Darstellungen von HAAS et al. (2002, 2003 und 2004) und SCHMIDTBLEICHER (2003B) verweisen auf die Möglichkeiten einer präventiven Stabilisierung und Stärkung des Nerv-Muskel-Systems zur Reduzierung von bspw. sportartspezifischen Verletzungen im Bereich der unteren Extremitäten (bspw. Supinationstraumata) bzw. den positiven Einfluss des Zeptorings auf die Regeneration des Nervensystems. Aus diesen Aspekten und Erkenntnissen wird mit der Effektmessung des SRT versucht herauszufinden, inwieweit die koordinativen und sensomotorischen Wirkungen dieses Treatments die Leistungsfähigkeit (Schnellkraft-/ Kraftausdauer und Gleichgewicht / Koordination; vgl. Testungen Kapitel 4.3.3 – 4.3.5 und Ergebnisse Kapitel 5.1.1 bis 5.1.3) der untersuchten Probanden positiv beeinflussen.

2.4 Bedeutung physischer Fitness für die Bundeswehr

Die in Kapitel 2.1 beschriebenen Belastungen machen den Bedarf an einer Trainingsintervention deutlich, um die physische Belastbarkeit der Soldaten an diese Anforderungen anzupassen. Die bisherigen Erfahrungen und Effekte solcher Programme wurden in Kapitel 2.2.2 dargestellt und verdeutlichen deren Effizienz, aber auch den Anspruch an diese Trainingssysteme. Um einen genauen Ist-Zustand in Bezug auf die körperliche Leistungsfähigkeit und die Folgen für die Bundeswehr zu geben, sind in diesem Kapitel Fakten und hieraus resultierende Probleme dargestellt, die den Handlungsbedarf untermauern.

Seit Jahren bestehen Erkenntnisse und Erhebungen bzgl. der körperlichen Fitness bei der Bundeswehr, welche die sich stetig verschlechternde allgemeine physische Leistungsfähigkeit der Soldaten verdeutlichen. Bereits seit den 1970er Jahren belegen Untersuchungen und Berichte, dass *„...das körperliche Leistungsvermögen der Offiziere, Unteroffiziere und Soldaten der Bundeswehr (...) nur zum Teil befriedigend..."* ist (KIRCHHOFF et al., 1979, S.171). Eine Studie über Ausdauerleistungsfähigkeit aus dem Jahr 1983 zeigte, dass nur 42,7 % der Wehrdienstleistenden (n = 4760) die Normleistungen des *DSA* (Deutsches Sportabzeichen) im 5000-m-Lauf (max. 23:00,00 Minuten) erfüllten (BMVg, 1986).

Eine weitere Auswertung von Laufleistungen (2000-m-Lauf) ergab, dass die Laufzeiten der Probandengruppe der Jahre 1988 – 1991 (n = 8823) um 2 Sekunden schlechter waren als die von Probanden im Jahr 1981 (n = 1681) – dies obwohl 1983 das *GAT* (gemeinsames Ausdauer-Training)-Konzept mit dem Ziel einer Verbesserung der (Ausdauer-)Leistungsfähigkeit eingeführt worden war, *„...und damit die nur geringen Effekte dieser Maßnahme aufzeigt..."* (ANTON, 2000, S.23) bzw. die nicht ausreichenden Effekte einer einseitigen Ausrichtung auf die motorische Fähigkeit „Ausdauer" belegt. Eine Befragung von Wehrpflichtigen aus dem Jahr 1989 ergab, dass *„...nur 26 % eine Verbesserung ihrer körperlichen Leistungsfähigkeit während ihrer Dienstzeit angaben..."* (ebd., S. 24).

In einer statistischen Überprüfung der absolvierten *PFTs* (*physical fitness test*) der Jahre 1998 bis 2002 fand MAURER (2003) heraus, dass lediglich 68 % der Heeressoldaten diesen Test erfolgreich absolvierten. In einer Sichtung von 824 Sportleistungsakten von Soldaten des Jahres 2002 konnten SAMMITO et al. (2006) zeigen, dass nur 55 % dieser Soldaten die Anforderungen des *PFTs* erfüllt hatten. LEYK et al. (2005) gibt in einer Auswertung von 15.000 *PFT*-Ergebnissen der Jahre 2000 bis 2004 an, dass nur 60 % der Bewerber die Mindestanforderungen erfüllten. Aus diesem Grund wurde die Bewertung dahingehend geändert, dass die Mindestpunktzahl zum Bestehen herabgesetzt wurde. Diese Ausführungen zeigen den Handlungsbedarf bei den aktiven Soldaten zum Ausbau bzw. Erhalt der physischen Leistungsfähigkeit. Ähnliche Tendenzen offenbaren sich in puncto Nachwuchslage, denn auch hier ist eine stetig abnehmende körperliche Fitness dokumentiert, da das WEISSBUCH DER BUNDESWEHR (BMVg, 1994, S.97) eine „...Quote von 25 – 30 % nicht wehrdienstfähig..." gemusterten Wehpflichtigen beziffert. Von den 2006 gemusterten 451.286 Männern waren 41,9 % nicht wehrdienstfähig und 3,2 % vorübergehend nicht wehrdienstfähig (WEHRBEAUFTRAGTER DES DEUTSCHEN BUNDESTAGES, 2008). 7,7 % bzw. 5138 der einberufenen Wehrpflichtigen mussten wegen Dienstunfähigkeit (gesundheitliche Defizite) vorzeitig aus dem Grundwehrdienst entlassen werden (ebd.). Ein ähnliches Bild zeigt sich für das Folgejahr, in dem 43,7 % als nicht wehrdienstfähig, 3,0 % als vorübergehend nicht wehrdienstfähig eingestuft und 5210 Wehrpflichtige aus gesundheitlichen Gründen vorzeitig entlassen wurden (WEHRBEAUFTRAGTER DES BUNDESTAGES, 2009). Betrachtet man die hier dargestellten Angaben, so ist eine Zunahme der nicht wehrdiensttauglich gemusterten Wehrpflichtigen von 1994 bis 2009 um ca. 15 – 20 % zu verzeichnen, die die Folgen einer „...zunehmend zivilisationsgeschädigten Gesellschaft..." (ANTON, 2000, S. 9) für die Bundeswehr verdeutlicht. In seinem Bericht für das Jahr 2007 spricht der Wehrbeauftragte von „...eklatanten Defiziten..." in Bezug auf Sport in der Bundeswehr und einem „...besorgniserregenden Fitnesszustand der Soldaten..." (WEHRBEAUFTRAGTER DES DEUTSCHEN BUNDESTAGES, 2008, S. 21). Die Soldaten beklagten v.a., "...dass zu selten und zu wenig strukturiert Sport getrieben werde..." (ebd.). Die größten Probleme scheinen darin zu liegen, dass "...qualifiziertes Personal sachfremd eingesetzt wird..." (ebd., S. 22) bzw. „...Sport oftmals anderen Ausbildungen und Diensten zum Opfer fällt..." (ebd.). Zweifelsfrei ist dies mitursächlich für den Umstand, „...dass es mehr Übergewichtige in der Alterskohorte der 19- bis 29-Jährigen bei der Bundeswehr als im Zivilbereich gibt..." (ebd.). LEYK (2005) führt den signifikanten Rückgang der körperlichen Leistungsfähigkeit bei gleichzeitig signifikanter Zunahme des Körpergewichts auf die Folgen des zivilisationsbedingt inaktiven (vgl. auch HOLMAN, 2001; MENSINK, 2003) Lebensstils zurück (siehe auch Ausführung Kapitel 2.2). Die Folgen für die Bundeswehr sind bereits seit Jahren anhand von Musterungsergebnissen (BERICHTE DES WEHRBEAUFTRAGTEN DES BUNDESTAGES FÜR 2008, 2009) nachweisbar und verknappen die Auswahl an körperlich geeigneten Bewerbern v.a. für Truppengattungen mit hohen physischen Anforderungen, wie dies bei den Fallschirmjägern und/oder Infanteristen (Probanden dieser Studie) der Fall ist. Die Konsequenzen dieses zivilisationsbedingten passiven Lebensstils, der in den letzten Jahren bei der heranwachsenden

Generation immer augenscheinlicher wurde, wird als Hauptfaktor für die Zunahme des Übergewichts und für den Rückgang der körperlichen Fitness, verantwortlich gemacht. LEYK (2007A) stellte im Rahmen der *Fit fürs Leben*-Studie fest, dass der Energieumsatz / das Aktivitätsniveau (bei einem gleichzeitigen Anstieg der Kalorienaufnahme) bei Berufseinsteigern (Alterskohorte 18 – 28 Jahre) sich deutlich reduziert, was eine verstärkte Gewichts- bzw. Körperfettzunahme zur Folge hat. Bei Jugendlichen wurde darüber hinaus eine deutliche Reduktion in Bezug auf die Kraft-, Ausdauer- und Koordinationsleistungen beobachtet (KLAES et al., 2003; LOBSTEIN et al., 2004; LEYK et al., 2005). Wie gravierend die Defizite der körperlichen Leistungsfähigkeit bei jungen Erwachsenen in Deutschland ist, zeigt eine weitere Arbeit von LEYK et al. (2012). Die Mehrzahl der hierbei untersuchten 18- bis 25-jährigen Deutschen weist laut dieser Studie mindestens einen der drei Risikofaktoren *Übergewicht, Rauchen* oder *Bewegungsmangel* auf. Nur bei einer Minderheit der erwachsenen Studienteilnehmer (n = 8000) lag nach den Erkenntnissen dieser Untersuchung kein Risikofaktor vor, was auf eine wenigstens durchschnittliche physische Fitness schließen lassen kann. Die betrachteten jungen Erwachsenen konnten beim 1000-m-Lauf oft nicht mehr mit Schülern mithalten, obwohl der Höhepunkt der körperlichen Leistungsfähigkeit erst zwischen dem 25. und 35. Lebensjahr erreicht wird und damit die jungen Erwachsenen theoretisch leistungsfähiger sein sollten. Diese Tatsache unterstreicht die Probleme der Bundeswehr v.a. für die in Kapitel 2.1 beschriebenen körperlich fordernden Tätigkeiten, geeigneten Nachwuchs zu rekrutieren.

Die Auswirkungen der geringen Leistungsfähigkeit der jungen Rekruten, der daraus resultierende Nachwuchsmangel und die ungünstigen Trainingsbedingungen sind in einer Befragung von Zugführern der Luftlandetruppe dokumentiert (KAPTAIN, 2010). In dieser Befragung gaben die Einheitsführer an, dass „...der Anteil der Bewerber, die auf Grund physischer Leistungen das Aufnahmeverfahren nicht bestehen, bei 60 – 80 %..." liegt (ebd., S. 64 ff). Als Grund für diese hohen Ausfall- bzw. Nichtbesteherquoten wurde hauptsächlich „...die unzureichende physische (Trainings)Vorbereitung..." benannt. Trotzdem sind „...Hinweise/Trainingstipps für Bewerber (...) derzeit nicht im Umlauf bzw. geplant..." (ebd.). Bewerbern und Anwärtern, die eine Zugehörigkeit zu solchen Einheiten (Anm.: Fallschirmspezialzüge – FschSpezZg) anpeilen, dient demnach nur die „Probezeit" in dieser Einheit und der dort durchgeführte Dienstsport bzw. ein Training basierend auf dem Erfahrungswissen der Angehörigen als Vorbereitung. Somit ist nur durch zusätzliches privates Training, oft außerhalb der Dienstzeit und ohne strukturierte fachliche Betreuung, als Testvorbereitung möglich.

Die befragten Soldaten äußerten „...dringenden Bedarf an einem Trainingsleitfaden für Bewerber...", um die „...motorischen Fähigkeiten, die bedingt durch eine schlechte/mangelhafte Testvorbereitung nicht ausgeglichen wurden...", vor einem solchen Auswahlverfahren gezielt zu fördern (ebd., S.65). Des Weiteren ergaben die Auswertungen der Befragungen, dass sich „...die Leistungsfähigkeit von jungen Soldaten und Rekruten innerhalb der letzten 10 Jahre deutlich verschlechtert hat..." (ebd.), was bereits durch die Darstellungen von KLAES et al. (2003), LOBSTEIN et al. (2004) und LEYK et al. (2005) benannt wurde und die Auswirkungen auf die Nachwuchslage innerhalb der Bundeswehr verdeutlicht (s.o.). Die Befragten Ausbilder und Einheitsführer bezogen sich hierbei auf eigene Erfahrungen und die Erkenntnisse aus den Ergebnissen der Fitness-Tests, die im Rahmen einer jeden *AGA (allgemeine Grundausbildung)* erhoben wurden. Weiterhin wurde bemängelt, dass der Zugehörigkeit zu „...einer elitären Einheit wie den Fallschirmjägern ohne vorherige Selektion entsprochen wird..." (ebd., S. 66) – auch hier sind die Darstellungen bzgl. einer geeigneten Vorauswahl bzw. der negativen Folgen von ungeeignetem Personal (siehe oben) zu benennen. Vor diesem Hintergrund ist die Aussage der Befragten, dass die „...körperliche Leistungsfähigkeit teilweise entsprechend gering..." sei, da „...nur ca. 10 – 20 % der Rekruten in der AGA entsprechend den Vorgaben und Ansprüchen der FschSpezZg..." genügen, nachvollziehbar (KAPTAIN, 2010, S.67 ff.). Da aus einem somit sehr geringen Personalbestand geeignetes Personal für spezielle Verwendungen ausgewählt werden muss, sind demnach gezielte Maßnahmen für eine physische Ausbildung und Leistungssteigerung als ein Mittel zur Vergrößerung des Bewerberpools notwendig, um ein Herabsetzen der Anforderungen (zur Erreichung der Personalsollzahlen; s.o.) zu vermeiden. Auch wenn die Anforderungen an die Verwendung in diesen Teileinheiten insgesamt deutlich über denen der anderen Truppengattungen liegt, so sind doch die Tendenzen auch bei den „normalen" Einheiten als ähnlich gravierend zu betrachten. Die Ausführungen von LEYK (2005), der beschreibt, dass sich innerhalb der Bundeswehr die Quote der Soldaten, die die Anforderungen der Fitnesstests nicht erfüllen, zwischen 2000 und 2004 um + 35 % erhöht hat, bestätigen dies. Auch die Erkenntnis von EßFELD (2006A), dass beispielsweise Traglasten von 40 kg (welche für Infanteristen realistisch und alltäglich sind – vgl. Darstellungen Kapitel 2.1) „.... für den überwiegenden Teil der Bundeswehrangehörigen (...) zu einer nicht kompensierbaren, dramatischen Handlungseinschränkung ...", führen und seiner Ansicht nach „.... voraussichtlich weniger als 20 % der Bundeswehrangehörigen diesem Profil entsprechen ..." (ebd., S. 126), verdeutlichen die Notwendigkeit einer gezielten Trainingsvorbereitung für eben solche Belastungen. Bezogen auf die in Kapitel 2.1 für Infanteristen im Einsatz und Übung üblichen Traglasten (über 60 kg) wird die Problematik der Personalknappheit, gerade an diesem Belastungsfaktor gemessen, deutlich.

Neben den von LEYK et. al (2006) in einer Tätigkeitsanalyse bzgl. Griffkraft und Tragedauer (Kranken- / Verwundetentransport) festgestellten Ergebnissen, dass 2 % der männlichen und 60 % der weiblichen Bewerber für diese Tätigkeit nicht verwendbar waren, geben auch die Zentren für Nachwuchsgewinnung der Bundeswehr an, zunehmend Schwierigkeiten zu haben, geeignete Bewerber zu rekrutieren, weil diese die Mindestanforderungen an die körperliche Leistungsfähigkeit nicht erfüllen (SPITZER, 2005).

Die geringen körperlichen Ausgangsleistungswerte der jungen Rekruten zu Beginn der Grundausbildung sind in den letzten Jahren auch NATO-weit beobachtet worden (MYLES et al., 1979; DIBENEDETTO, 1989; O′CONNOR et al., 1990; LEYK et al., 2006 und 2010A).

Neben den sich immer weiter reduzierenden Leistungsindikatoren stellten KNAPIK et al. (2006) außerdem eine Zunahme des Körperfettanteils der getesteten Rekruten fest. Ein geringer Körperfettanteil ($< 12,9$ %) wird von CUDDY et al. (2011) wiederum als ein Hauptfaktor für ein erfolgreiches Bestehen des *SOF PFT* (Fitnesstest der *US Special Forces*) genannt. Soldaten mit einem geringeren Anteil an Körperfett steigerten ihre aerobe und anaerobe Leistungsfähigkeit und Kraft und zeigten in 7 von 10 Fitnesstest-Übungen bessere Resultate als Probanden mit einem höheren (> 18 %) Körperfettanteil (CRAWFORD et al., 2011). Diesbezüglich weisen viele Forscher und Studienprojekte (TREMBLAY et al., 1994; TABATA et al., 1996; IAIA et al., 2009) darauf hin, dass die Effekte der Köperfettoxidation und damit -reduktion durch ein intensives (im aerob-anaeroben Stoffwechselbereich befindliches) *Intervall-/Intermittet*-Training (vergleichbar den Intensitätsbereichen von Teilen des IST-Zirkels) im Vergleich zum reinen aeroben Training deutlich höhere Effekte (je Zeiteinheit) erbringt. Neben den eindeutig geringeren Trainingsumfängen sind die Auswirkungen, welche durch den *EPOC (excess postexercise oxygen consumption* = Nachbrenneffekt) zu erklären sind, zu nennen. Die Höhe der im *EPOC* verbrannten Energie hängt von der Trainingsintensität und dem in der Trainingseinheit aktivierten Muskelmasseanteil ab, was nach BECKHAM / ERNEST (2000) und CATERISANO (2007 und 2008) v.a. durch ein Krafttraining (Organisationsform: Zirkeltraining) maßgeblich positiv beeinflusst bzw. verstärkt wird. Eine Erklärung für die Ausprägung des *EPOC* ist die erhöhte Sympathikusaktivität und die verstärkte Sauerstoffaufnahme nach solchen Trainingseinheiten, was von HALTOM et al. (1999) nachgewiesen wurde.

BECKHAM / ERNEST verweisen jedoch darauf, dass Trainingslasten von > 10,5 kg und eine individuelle HFmax. von mindestens ca. 60 % erreicht bzw. Verwendung finden sollten, damit ein nachweislicher Effekt auf die Steigerung der kardiorespiratorischen und metabolischen Parameter erwirkt wird (was im IST-Zirkel gegeben ist; siehe HF Parameter: Grafik 17). Solche Effekte sind auch in Anbetracht der in diesem Kapitel (und in Kapitel 2.2.1 bzw. 6.2.4) dargestellten Zusammenhänge von Körperkomposition und Leistungsfähigkeit zu nennen.

Die in diesem Kapitel geschilderten Tendenzen verschärfen sich seit Wegfall der Wehrpflicht, da die Bundeswehr ihren Nachwuchs nun ausschließlich aus Freiwilligen rekrutiert und somit in Konkurrenz zu anderen Agitatoren auf dem Arbeitsmarkt steht. Neben den Faktoren *physische Leistungsfähigkeit/Gesundheit* treten die limitierenden Faktoren *demografischer Wandel* und *Fachkräftemangel* hinzu.

Eine Besetzung definierter Tätigkeitsfelder im Vorfeld auf Grund einer Selektion für diese Aufgabenbereiche ist nach Expertenmeinung (FRIEDL, 1992; HOGDON, 1992) empfehlenswert. Die These, dass Rekruten mit geringer Leistungsfähigkeit zu einem hohen Verletzungsrisiko neigen und dass ein strukturiertes Training ein solches Verletzungsrisiko mindert, wird u.a. von KNAPIK et al. (2002), MORAN et al. (2011) und MOLLOY et al. (2012) bestätigt. Weitere Studien, die eine geringe körperliche (Ausgangs-)Fitness und hohe allgemeine körperliche Belastung (vgl. Kapitel 2.1) während der Ausbildung als Hauptursachen für das erhöhte Verletzungsaufkommen belegten, sind die von PIANTIDA et al., 2000; REYNOLDS et al., 2000; SNEDECCOR et al., 2000 und KNAPIK et al., 2001A, B und 2002.

MOLLOY et al. (2012) erklärten ebenfalls den Zusammenhang zwischen einem geringem Fitnesslevel und der Verletzungsanfälligkeit und plädieren daher für die Durchführung eines spezifischen Trainings zur Leistungssteigerung und Verletzungsprävention. Sie sehen v.a. die hohen Umfänge von Läufen, ein geringes Maß an Fitness und einen Mangel an Beweglichkeit als Hauptursachen für Verletzungen und verweisen gleichzeitig darauf, dass eine Verminderung der Laufbelastungen das Verletzungsrisiko (z.B. Ermüdungsfrakturen) deutlich reduziere.

Als Risikofaktoren geben auch KAUFMANN et al. (2000) die geringe körperliche Fitness und eine mangelhafte Ausgangsleistungsfähigkeit (Fitnesslevel vor Beginn des Militärdienstes) bei gleichzeitig hohen Laufanforderungen (-distanzen) und einer hohen Trainingshäufigkeit an. Aus diesem Grund wird auch von diesen eine Selektion der Risikopopulation empfohlen und ein wohl dosiertes und geplantes und strukturiertes Trainingskonzept zur Heranführung an die geforderten Leistungen nahegelegt (ebd.).

Die Diskrepanz zwischen individuellem Leistungsvermögen und den körperlich fordernden Einsatzaufgaben, denen die Soldaten gewachsen sein müssen, wird noch weiter zunehmen. Daher ist eine genaue Analyse der Einsatzgebiete und Tätigkeitsprofile – v.a. aus präventiver Sicht – angebracht, um je nach Aufgabenspektrum die geeigneten Soldaten zu selektieren und auf diese Aufgaben körperlich vorzubereiten. LEYK (2010B, S.277) verdeutlicht: *„Für die Bundeswehr bedeutet das stetige Nachlassen der körperlichen und mentalen Fitness von jungen Erwachsenen auch einen wachsenden Kostenfaktor: Verschiebt sich das Leistungsniveau weiter nach unten, wird zwangsläufig mehr Zeit und Aufwand in Ausbildung, Training und Prävention notwendig sein, um überhaupt ein Mindestmaß für die militärische Aufgabenwahrnehmung erreichen und unterhalten zu können."*

Festzuhalten ist also, dass die Bundeswehr durch die physischen Folgen des Bewegungsmangels der zivilen Gesellschaft negativ beeinflusst wird, da v.a. die Jugend immer mehr körperlich degeneriert bzw. ihre vollen motorische Fähigkeiten nicht ausprägt. Maßnahmen seitens der Bundeswehr wurden und werden zwar erwirkt, der Erfolg ist jedoch häufig mäßig. Auch wenn die untersuchte Probandengruppe einen vergleichbaren Leistungslevel (im Vergleich zur Referenzgruppe) in Bezug auf den Durchschnitt hat (vgl. Kapitel 6.2.2; Tabellen 53 und 54), besteht dennoch – v.a. wegen Nachwuchsmangel und der deutlich höheren Anforderungen – Handlungsbedarf. In Anbetracht der immensen körperlichen Anforderungen (Kapitel 2.1) ist demnach eine ebenso überdurchschnittlich höhere Leistungsfähigkeit durch ein zielgerichtetes Training herzustellen und aufrechtzuerhalten.

2.5 Ausbildungsstruktur und Lehrgangsdarstellung

Die Lehrgangsteilnehmer der Experimentalgruppe befinden sich in der *Kommandofeldwebel*-Ausbildung, die nun genauer dargestellt wird. Diese 3-jährige Ausbildung wird von allen Teilnehmern der Experimentalgruppe durchlaufen.

Die Eignungsfeststellungen für diese Laufbahn werden in den Zentren für Nachwuchsgewinnung (ZNwG) durchgeführt. Dieses Prüfverfahren hat dabei den Zweck, die charakterliche, geistige und körperliche Eignung der Bewerber für die jeweilige Laufbahn zu beurteilen.

Nachdem die Bewerber das Eignungsfeststellungsverfahren erfolgreich abgeschlossen haben, nehmen diese an einem verbindlich vorgeschriebenen Truppenbesuch am Ausbildungszentrum Spezielle Operationen (*AusbZSpezlOp*) teil. Im

Rahmen dieses Truppenbesuches wird ein ergänzender Sporttest (BFT – Basis Fitness Test – siehe Kapitel 4.3.4) absolviert.

Mit Bestehen dieses Tests erhalten die Anwärter eine verbindliche Einstellungszusage als Kommandofeldwebelanwärter und die nun folgende Ausbildung zum Fallschirmjägerfeldwebel. In späteren Verlauf dieser Ausbildung findet die entscheidende Überprüfung der körperlichen, geistigen und charakterlichen Eignung für eine mögliche Kommandoverwendung beim KSK (*Kommando Spezial Kräfte*) statt. Sollte das Auswahlverfahren nicht bestanden werden, wird die Ausbildung zum Fallschirmjägerfeldwebel in der *Division Schnelle Kräfte* (DSK) fortgesetzt. Nach Angaben der Übersicht *KdoAnw Modell* (Kommandoanwärter-Modell) des Heeresamtes (Abteilung II 1 4) befinden sich die Lehrgangsteilnehmer dieser Studie (Experimentalgruppe) im Regelfall seit mindestens 19 Monaten in der militärischen Ausbildung. Soldaten, welche die Feldwebelausbildung im Laufe ihres militärischen Dienstes angetreten haben, verfügen über entsprechend längere Verwendungszeiten. In einer genauen Darstellung der Lehrgangsinhalte gliedert sich dieser *Fw Lg MFT TrD Inf AK: FschJg* (Feldwebellehrgang Militärfachlicher Teil Truppendienst Infanterie Ausbildungsklasse: Fallschirmjäger) nach Angaben des Hörsaalleiters wie folgt:

Lehrgangsinhalt FA Lg LL-LTS 2011/12	
Lehrplaninhalt	Unterrichtsstunden (gesamt)
1. Pionierdienst aller Truppen	2
2. Sanitätsdienst aller Truppen	5
3. Sport	**21**
4. allgemeine Truppenkunde	2
5. lebenskundlicher Unterricht	4
6. Politische Bildung	8
7. Luftverladeausbildung	45
8. Gefechtsdienst der Fallschirmjägertruppe	180
9. Waffen- und Geräteausbildung	20
10. Technischer Dienst	12

11. Innendienst	2
12. Organisiationszeit	6
Gesamtstundenanzahl:	**307**

Tabelle 01: Darstellung Ausbildungsinhalte Lehrgangs *Fw Lg MFT TrD Inf AK: FschJg*

Bezogen auf *körperlich fordernde* Inhalte sind ca. 39 Unterrichtseinheiten (Punkte 2. /4. /5. /6. /10. – 12.) als eher theoretisch und nicht körperlich belastend einzustufen. Demnach sind ca. 90 % des Lehrgangs mit Gefechtsausbildung bzw. körperlich beanspruchenden Tätigkeiten versehen, die in der Regel im Gelände bzw. auf Übungsplätzen versehen werden.

Als Schwerpunkte der Ausbildung sind lt. Lehrgangsbefehl des GENERAL INFANTERIE (2005, Absatz 104) folgende genannt:

- *„Beherrschen der Einsatzgrundsätze der Teileinheit unterhalb der Zugebene oder vergleichbar"*

- *„Beherrschen von Waffen und Gerät der Teileinheit unterhalb der Zugebene oder vergleichbar"*

- *„Festigen der Bereitschaft, in Haltung, Auftreten und Können ein Beispiel zu geben"*

- *„Steigerung der sportlichen / körperlichen Leistungsfähigkeit (Robustheit)"*

Vor allem der letztgenannte Punkt soll durch den in dieser Arbeit untersuchten und beschriebenen Trainingszirkel erfüllt bzw. intensiviert werden.

Festzuhalten bleibt, dass die Ausbildung der Probanden körperlich fordernd ist und der Sport – mit unter 7 % am Gesamtlehrgangsinhalt – eine untergeordnete Rolle spielt bzw. die Schwerpunkte sachgemäß auf der Ausbildung der militärisch relevanten Aspekte liegen. Daher konnten für die Trainingszeit nur wöchentlich zwei Zeitfenster von jeweils 90 Minuten Gesamtzeit verwendet werden. Diese Zeitfenster wurden wie folgt verplant:

1. **Vorbereitungszeit:** 15 Minuten
   a. Lauf zum Trainingsgelände (alle)
   b. Aufbau der Station (nur Teilgruppe „IST")
   c. Trainingszeit Zeptoring (nur Teilgruppe „IST+SRT"; 15 Minuten)
2. **Trainingszeit:** 40 - 50 Minuten (1. - 14. Trainingseinheit, progressive Steigerung der Belastungszeit; vgl. Kapitel 4.1.5; Tabelle 06 und Kapitel 4.3.1)
   a. *Warm Up*
   b. Haupttrainingsteil
   c. *Cool - Down*
3. **Nachbereitungzeit:** 25 Minuten
   a. Abbau der Stationen / Lauf zu Unterkunft
   b. Nachbereitung und Vorbereitung (Körperpflege etc.) für folgende Lehrgangsinhalte

Bezogen auf die Inhalte des Lehrgangs der Kontrollgruppe *OL 3 – InfZgFhr Teil B – AK: FschJgOffz* (Zugführerlehrgang für Offiziere / Offizieranwärter der Fallschirmjägertruppe) ist zu sagen, dass die Inhalte dieses Lehrganges lt. Aussagen des zuständigen Hörsaalleiters dem der Feldwebelanwärter (Experimentalgruppe) – bezogen auf Inhalte, Dauer, Anforderungen und Ausbildungsdichte – entsprechen, daher die gewünschte Vergleichbarkeit der Bedingungen (Lehrgangsbelastungen) gegeben ist. Hinsichtlich der 72-stündigen Abschlussübung (in der vorletzten Lehrgangswoche; vgl. Kapitel 4.4.4) wurde diese von Angehörigen beider Lehrgänge gemeinsam durchgeführt. Daher sind die physischen Auswirkungen der Ausbildung bei beiden Lehrgängen gleichwertig anzusehen.

3 Hypothesen

Diese Arbeit möchte Erkenntnisse bezüglich der Wirkungsweise von einem spezifischen Training für Fallschirmjäger / Infanteristen der Bundeswehr erbringen.

Neben der Effektmessung steht die Dokumentation der Implementierung eines solchen Programms im Vordergrund. Relevant sind vor allem die Leistungsentwicklungen während der Studiendauer, ein Vergleich der Gruppen zueinander ist bedingt durch nicht beeinflußbare Faktoren (z.B. Trainingszustand der einzelnen Probanden, v.a. der Kontrollgruppe) nicht Kern der Arbeit. Entsprechend lassen sich folgende Hypothesen, die es zu untersuchen gilt, aufstellen:

1. Das untersuchte und dargestellte Trainingsprogramm führt zu einer Leistungssteigerung der motorischen Fähigkeiten *Kraft*, *Ausdauer* und *Koordination* bei den teilnehmenden Probanden der Experimentalgruppe

2. Das SRT- Verfahren verstärkt zusätzlich die Leistungssteigerung bzw. hat eine positive Wirkung auf die Testergebnisse der Probanden der Experimentalgruppe

3. Eine Durchführung eines solchen Trainingsprogramms lässt sich nach Ansicht der Probanden und Ausbilder erfolgreich in den Lehrgangs- bzw. Ausbildungsalltag implementieren

4. Generell ist die Leistungsfähigkeit der Trainingsteilnehmer (Experimentalgruppe) auf das Trainingsprogramm zurückzuführen, da die Kontrollgruppe keine Steigerung der körperlichen Leistungsfähigkeit im Lehrgangszeitraum erfahren hat

Diese Hypothesen werden in Kapitel 5.2 erneut aufgegriffen, geprüft und je nach Erkenntnissen der Ergebnisdarstellung angenommen oder verworfen.

4 Methodik

4.1 Darstellung des Untersuchungsaufbaus und -ablaufs

Insgesamt wurden 2 Gruppen (Experimental- und Kontrollgruppe) gebildet. Die Experimentalgruppe absolvierten den IST-Trainingszirkel und die SRT, welche in Kapitel 4.3.1 und 4.3.2 genauer vorgestellt werden, die Kontrollgruppe führte den innerhalb des Lehrgangs nur den üblichen Dienstsport durch.

Die Experimentalgruppe wurden aus den Lehrgängen *Feldwebelanwärter Fallschirmjägertruppe* (FA Lg 2011 und 2012) gebildet. Der erste Lehrgang fand vom 24.09. – 18.11.2011, der zweite Lehrgang vom 09.01. bis 02.03.2012 statt. Alle Teilnehmer beider Lehrgänge nahmen freiwillig an der Untersuchung teil.

Die dritte Gruppe fungierte als Kontrollgruppe. Diese wurde aus Teilnehmern des *Zugführerehrgangs für Offiziere / Offizieranwärter der Fallschirmjägertruppe* (OA Lg) gebildet, der parallel zum Lehrgang *Feldwebelanwärter Fallschirmjägertruppe* von Anfang Januar bis Anfang März 2012 durchgeführt wurde.

Die Inhalte dieser Lehrgänge wurden in Kapitel 2.5 dargestellt, beide Lehrgänge waren stark praxisorientiert, so dass die meiste Zeit (90 %) des Lehrgangs mit Gefechtsübungen im Gelände, Fallschirmsprungdienst und Gefechtsschießen usw. verbracht wurde (vgl. Kapitel 2.5).

Insgesamt umfasste die Experimentalgruppe – also die beiden Lehrgänge zusammengefasst – 46 Probanden, von denen 38 den Lehrgang abgeschlossen haben bzw. die Untersuchung vollständig (Test/Re-Test) durchlaufen haben, so dass diese als verwertbare Daten zur Verfügung stehen.

Bei der Kontrollgruppe (zum Studienbeginn 34 Probanden) konnten 26 Probandendaten vollständig für eine Auswertung verwendet werden.

Die Experimentalgruppe wurde neben dem Trainingszirkel mit einem weiteren Treatment versehen: dem in Kapitel 2.3 dargestellten Zeptoring-Verfahren (SRT). Die mittels Parallelisierung selektierten Probanden (siehe Kapitel 4.1.2) absolvierten dann vor jedem Training ein 1-minütiges „Zeptoring" und vollzogen dann unmittelbar mit den restlichen Teilnehmern den IST-Zirkel.

4.1.1 Aufbau und Ablauf der Testungen

Der organisatorische, inhaltliche und zeitliche Ablauf der Testungen wurde im Vorfeld der Untersuchung mit dem Hörsaal-Leiter und den Ausbildern besprochen und abgestimmt.

Für die Experimentalgruppe A (FA Lg 2011) wurden als Eingangstest der 27. September (also der zweite Tag des Lehrgangs) gewählt. Begonnen wurde mit der Koordinationstestung (*Testor*; Kapitel 4.3.5), gefolgt vom Basis Fitness Test (Kapitel 4.3.3) und abschließend mit dem McGill-Test (Kapitel 4.3.4). Beide letztgenannten Testungen wurden in der Sporthalle (mit Ausnahme des *BFT-1000-m-Laufs* – dieser wurde auf der 400-m-Aussenlaufbahn der LL-LTS) durchgeführt. Die Re-Testung fand am 16.11.2011 unter den gleichen standardisierten Abläufen (siehe dazu Darstellungen Kapitel 4.3.3 und 4.3.4) statt.

Der zweite Hörsaal (Experimentalgruppe B: FA Lg 2012) wurde am 10.01.2012 gestestet (identischer Ablauf wie FA Lg 2011), der Re-Test fand hier am 01.03.2012 – ebenfalls mit der gleichen o.g. Reihenfolge der Testungen – statt.

Die Kontrollgruppe wurde parallel zum FA Lg 2012 – am 09. und 11.01.12 (Eingangstest; jeweils 2 Teilgruppen) und 01.03.2012 (Re-Test) mit denselben Reihenfolgen und Abläufen (wie bei der Experimentalgruppe) gestestet.

Da die Lehrgänge 2012 im Januar/Februar von den klimatischen Wetterverhältnissen (vgl. Tabelle 05) beeinflusst wurden, mussten die *1000-m-Lauf*-Testungen (PRE und POST) dieser beiden Hörsäle in der Sporthalle der LL-LTS ausgeführt werden.

Bei allen Testdurchführungen wurden die Werte von den Ausbildern dokumentiert und mittels Zeitmesser festgehalten. Im Vorfeld wurden die Tester in die Ausführungskriterien bzw. Abbruchkriterien der Testdurchführung, v.a. der Beurteilung der McGill-Testungen (korrekte Haltepositionen, Beurteilung und Messung), eingewiesen, um eine neutrale und den Vorgaben entsprechend gleiche Bewertung sicherzustellen. Der Untersuchungsleiter überwachte die Ausführungen, Messungen und Dokumentation der Ergebnisse und Abläufe.

Der Ablauf der Koordinationstestungen (nur für Experimentalgruppe) wurde im Unterkunftsgebäude zusätzlich durch einen Ingenieur der Universität Frankfurt unterstützt bzw. durchgeführt. Die Inhalte, Zielsetzung und Hintergründe sind in Kapitel 4.3.5 genauer dargestellt.

Die Probanden wurden bei der Testaufgabe *1000-m-Lauf* des BFT mit einem Herzfrequenzmesser (POLAR® Team²-System) ausgestattet. Somit wurde die jeweilige individuelle Herzfrequenz aufgezeichnet, dem jeweiligen Probanden zugeordnet und damit dokumentiert. Gleiches wurde beim Re-Test wiederholt. Die Angehörigen der Experimentalgruppe wurden darüber hinaus bei den Trainingseinheiten des IST-Zirkels (1./2./3. und 14. TE) mit diesem System (Darstellung Kapitel 4.3.6) ausgestattet, um die Herzfrequenzen zu ermitteln und deren Verlauf innerhalb der Studiendauer zu dokumentieren. Um die Belastungen der Lehrgangsausbildung ebenfalls zu skizzieren, wurden einige Probanden beim automatischen Fallschirmsprungverfahren und bei der Gefechtsübung (Abschlussübung) Ende Februar 2012 mit Herzfrequenzmeßgeräten ausgestattet (vgl. Tabellen 39 und 40; Kapitel 5.1.4). Alle personenbezogenen Daten und Werte wurden anonymisiert dargestellt und ausgewertet. Generell wurden die Testergebnisse den Teilnehmern erst nach Absolvieren des Re-Tests (zum Lehrgangsende) mitgeteilt bzw. ausgehändigt, um zu vermeiden, dass eine Orientierung an den Ausgangswerten die Testdurchführungen (mental) beeinflussen könnte.

4.1.2 Parallelisierungsverfahren der Experimentalgruppe

Da eine Intention dieser Studie die Untersuchung des Einflusses der SRT auf die körperliche Leistungsfähigkeit ist, wurde die Experimentalgruppe in zwei vergleichbare Untergruppen aufgeteilt.

Um sicherzustellen, dass diese Aufteilung leistungshomogen verlief, wurde die Parallelisierung anhand der Testergebnisse der Einstiegstests (BFT) vorgenommen. Es wurde sich auf diese Testung bzw. deren Ergebnisse beschränkt, da der BFT bzgl. der Zielgruppe evaluiert bzw. auf diese motorischen Anforderungsprofile hin entwickelt und ausgerichtet ist (EßFELD et al. 2006A). Daher wird durch die Ergebnisdarstellung erwartet, eine Katergorieisierung der Leistungsfähigkeit der einzelnen Probanden darstellen zu können. Werden hier keine signifkanten Unterschiede festgestellt, so ist eine Vergleichbarkeit der Gruppen (bezogen auf die Ergebnisse dieser Testung) gegeben (was in Kapitel 5.1.1 überprüft wird).

Dazu wurden die Testergebnisse der drei Disziplinen (*Klimmhang, 11 x 10-m-Sprint, 1000-m-Lauf*) kategorisiert und nach Ergebnis hierarchisch gegliedert. Es wurden Punkte je erbrachtem Testergebnis vergeben, so dass der Leistungsstärkste die geringste Punktzahl (1 Punkt) für die jeweilige Testdisziplin und der Leistungsschwächste entsprechend die höchste Punktzahl (entspricht der Anzahl der Testteilnehmer, z.B. 22) erhielt. Dies wurde für alle 3 Testkategorien umgesetzt. Darauf folgte die Addition der jeweiligen Punkte pro Teilnehmer. Diese wurden erneut aufsteigend hierarchisch gegliedert, so dass der leistungsstärkste Proband die geringste, der leistungsschwächste die höchste Gesamtpunktzahl erhielt. Beispielsweise erhielt Teilnehmer „A6" insgesamt 33 Punkte. In der Testung *Klimmhang* erhielt er 7 Punkte (da er das siebtbeste Ergebnis hatte), beim *11 x 10-m-Sprint* 20 Punkte (als 20ter von 22) und beim *1000-m-Lauf* 6 Punkte (als 6ter); dies ergibt zusammenaddiert 33 Punkte. Wenn Teilnehmer die gleiche Gesamtpunktzahl erhielten, wurde derjenige als „leistungsstärker" eingestuft, der in mehr Disziplinen eine „bessere" Leistungsfähigkeit (Ergebnisse) aufzeigte. Dieser Proband wurde dann entsprechend über denjenigen mit der gleichen Punktzahl gelistet, der weniger Disziplinen mit einem besseren Ergebnis vorweisen konnte.

Nun wurde anhand der Punktereihenfolge abwechselnd die Teilnehmer in die jeweilige Subgruppe „IST+SRT" (Gruppe A) bzw. „IST" (Gruppe B) aufgeteilt. Somit war der Leistungsstärkste in der einen, der Zweitstärkste in der anderen Gruppe usw. Den Lehrgangsteilnehmern wurde am Tag der ersten Trainingseinheit mitgeteilt, in welcher Gruppe sie sich befanden, bzw. die Teilnehmer „IST+SRT" wurden informiert, sich 10 Minuten vor Trainingsbeginn am *Zeptor-Raum* (Räumlichkeit im Unterkunftsblock) einzufinden.

Die folgenden Tabellen verdeutlichen das Vorgehen des Parallelisierungsverfahrens:

FA Lg Sept-Nov 2011 - Parallelisierung			
Probandenanzahl	Name - anonymisiert	Scoring BFT	Zuordnung in Gruppe
1	A1A	17	1A
2	A1B	17	1B
3	A2A	18	1A
4	A2B	19	1B
5	A3A	23	1A
6	A3B	25	1B
7	A4A	26	1A
8	A4B	28	1B
9	A5A	32	1A
10	A5B	32	1B
11	A6A	33	1A
12	A6B	34	1B
13	A7A	34	1A
14	A7B	39	1B
15	A8A	41	1A
16	A8B	44	1B
17	A9A	45	1A
18	A9B	47	1B
19	A10A	47	1A
20	A10B	47	1B
21	A11A	52	1A
22	A12B	56	1B
A= Zeptoring			
B = KEIN Zeptoring			

FA Lg Jan-Mrz 2012 - Parallelisierung			
Probandenanzahl	Name - anonymisiert	Scoring BFT	Zuordnung in Gruppe
1	B1A	10	1A
2	B1B	10	1B
3	B2A	22	1A
4	B2B	23	1B
5	B3A	26	1A
6	B3B	26	1B
7	B4A	28	1A
8	B4B	28	1B
9	B5A	30	1A
10	B5B	33	1B
11	B6A	35	1A
12	B6B	35	1B
13	B7A	36	1A
14	B7B	36	1B
15	B8A	37	1A
16	B8B	40	1B
17	B9A	43	1A
18	B9B	43	1B
19	B10A	46	1A
20	B10B	53	1B
A= Zeptoring			
B = KEIN Zeptoring			

Tabelle 02: Parallelisierung Experimentalgruppe FA Lg Sept – Nov 2011

Tabelle 03: Parallelisierung Experimentalgruppe FA Lg Jan – Mrz 2012

4.1.3 Verschlüsselung der Teilnehmerdaten (Anonymisierung)

Die Anonymisierung wurde anhand der Ergebnisse / Kategorisierung aus diesem Parallelisierungsverfahren vorgenommen, so dass jedem Teilnehmer eine

Nummern-Ziffern-Kombination zugeordnet wurde. Diese setzte sich wie folgt zusammen:

A1A:

A = Lehrgangsteilnehmer „FA Lg. 2011"; 1 = lfd. Nummer entsprechend Scoring BFT; A = Gruppe „IST+SRT"

A4B:

A = Lehrgangsteilnehmer „FA Lg. 2011"; 4 = lfd. Nummer entsprechend Scoring BFT; B = Gruppe „IST"

B5A:

B = Lehrgangsteilnehmer „FA Lg. 2012"; 5 = lfd. Nummer entsprechend Scoring BFT; A = Gruppe „IST+SRT"

B7B:

B = Lehrgangsteilnehmer „FA Lg. 2012"; 7 = lfd. Nummer entsprechend Scoring BFT; B = Gruppe „IST"

Die Teilnehmer der Kontrollgruppe wurden nur mit der Ziffer „C" und einer fortlaufenden Nummerierung (z.B. C1, C2 etc.) versehen, da hier kein Treatment (IST/IST+SRT) untersucht wurde, und somit keine Differnzierung in Subgruppen notwendig war.

4.1.4 Vorbereitung zur Trainingsdurchführung

Neben der bereits dargestellten Einweisung der Teilnehmer und v.a. der Ausbilder wurde das Material beschafft. Dieses wurde größtenteils aus Ressourcen der Schule gestellt und umfasst die folgenden Utensilien:

Bestand Trainingsequipement (IST - Trainingsprogramm)

lfd. Nr.	Beschreibung	Anzahl
1	Kettlebell 8 kg	2
2	Kettlebell 12 kg	2
3	Kettlebell 16 kg	2
4	TRX System (mit Netz)	2
5	Palette (Stahl)	2
6	Palette (Holz)	1
7	Hantelscheibe 10 kg	2
8	Hantelscheibe 5 kg	4
9	Seesack	4
10	Sandsack (gefüllt)	12
11	Box (Aufbewahrung)	2
12	Vorhängeschloss (inkl. 1 Schlüssel)	2
13	Traktorreifen (klein) 60-70 kg	4
14	Traktorreifen (groß) 220 – 250 kg	2
15	Tau (schwarz) / 4 Teilstücke	1
16	Kette	2
17	Griffstücke (Rohr) – 5cm Druchmesser	2
18	Karabiner	2
19	Schilder – laminiert- Nr. 1-18	18
20	Stoppuhr	2

Tabelle 04: Trainingsequipment zur Durchführung des Trainingsprogramms

Die Materialien wurden wetterfest an der Trainingsstätte eingelagert und zu jedem Training hervorgeholt. Der Gesamtwert des Equipments belief sich auf ca. 600 Euro, da viele Teile (Reifen, Paletten, Sandsäcke) kostenneutral beschafft wurden.

Neben einer Übungsbeschreibung erhielt der verantwortliche Hörsaalausbilder eine Teilnahmeliste (zur Dokumentation der Trainingsteilnehmer – siehe Tabelle 06) und eine Aufbauskizze, so dass sichergestellt wurde, dass die Trainingseinheiten gemäß Planung einheitlich vollzogen wurden und eine lückenlose Dokumentation der Durchführung stattfinden konnte.

4.1.5 Durchführung des Trainingsprogramms

Die Trainingseinheiten wurden auf der Rasenfläche der Hindernisbahn der LLTS, einem Areal von ca. 200 × 200 Meter durchgeführt. Die Begründung zur Struktur und Übungsauswahl wurden in Kapitel 2.2.3 bzw. 2.2.4 dargestellt.

Der Lauf vom Unterkunftsgebäude zur Trainingsstätte wurde als allgemeines *Warm-up* verwendet. Zu Beginn bauten die Teilnehmer die Stationen unter Anleitung der Ausbilder auf.

Nach dem ca. 5-minütigen, speziellen funktionellen Aufwärmen (vgl. Kapitel 4.3.1) verteilten sich die Probanden (2er-Teams) an die 15 Stationen. Nach Zuruf des Ausbilders begann die Trainingszeit (Übungsdurchführung), zwischen den Stations- bzw. Übungswechseln gab es eine festgelegte Pause (45 Sekunden; vgl. Kapitel 2.2.4). Danach erfolgte die nächste Übung. Die Stationen wurden nummeriert und markiert. Alle Übungen wurden einmal je Trainingseinheit durchgeführt. Die Ausführungsgeschwindigkeit der Übungen sollte nach eigenem Ermessen, jedoch so zügig wie möglich (soviele Wiederholungen pro Zeiteinheit wie möglich – vorausgesetzt eine korrekte Technik wurde vollzogen) erfolgen. Für beides waren die Ausbilder (nach vorheriger Einweisung durch den Studienleiter) hinsichtlich Kontrolle und Ansprache und ggf. Korrekturhinweis(e) verantwortlich.

Nach Abschluss aller 15 Trainingsstationen erfolgte der gemeinsame Abbau der Kleingeräte und der Lauf zurück zur Unterkunft (= *Cool-down*).

Alle Trainingseinheiten fanden gemeinsam statt, diejenigen Teilnehmer die aus gesundheitlichen Gründen am Außendienst nicht teilnehmen durften (ärztliches Attest / Sportbefreiung), wurden von der Trainingseinheit freigestellt, dies wurde dokumentiert und ausgewertet (Tabelle 06).

Das Training fand zweimal wöchentlich statt, so dass insgesamt 14 Trainingseinheiten (TE) innerhalb der jeweiligen siebenwöchigen Lehrgänge durchgeführt wurden.

Beigefügte Tabelle zeigt die Witterungsverhältnisse, die innerhalb der Lehrgangs- bzw. der Studiendauer (Zeitpunkte der HF-Messungen während Testungen und Trainingseinheiten 1./2./3. und 14.) vom Wetterdienst der Luftlandeschule gemessen und aufgezeichnet wurden.

Tages-/Monatsmitteltemperatur(en) & Niederschlag Altenstadt (LL-LTS)

Sep 11

Datum	Messung / Aktion	TM [°C]	Tmax [°C]	Tmin [°C]	Emin [°C]	RR24 [mm]	dd Wind [°]	ffmax	Mittelwert (Monat) 14,1 °C
28. Sep 11	Eingangstest Gruppe A	13,9	20,6	7,3	6,5	.	40	11	
30. Sep 11	1. TE Grp A	12,9	18,1	8,1	6,2	.	95	13,3	

Okt 11

Datum	Messung / Aktion	TM [°C]	Tmax [°C]	Tmin [°C]	Emin [°C]	RR24 [mm]	dd Wind [°]	ffmax	Mittelwert (Monat) 9,9 °C
05. Okt 11	1. TE Grp A	14,2	20,9	8,3	7,4	0	280	15,3	
08. Okt 11	3. TE Grp A	5,5	15,8	2,8	2,2	20,3	260	35,7	

Nov 11

Datum	Messung / Aktion	TM [°C]	Tmax [°C]	Tmin [°C]	Emin [°C]	RR24 [mm]	dd Wind [°]	ffmax	Mittelwert (Monat) -1,3 °C
15. Nov 11	14. TE Grp A	-0,7	3,7	-4,3	-4,4	.	70	9,8	
17. Nov 11	Re Test Grp A	-1,8	-0,2	-3	-2,6	.	75	8,2	

Jan 12

Datum	Messung / Aktion	TM [°C]	Tmax [°C]	Tmin [°C]	Emin [°C]	RR24 [mm]	dd Wind [°]	ffmax [kt]	Mittelwert (Monat) 0,3 °C
10. Jan 12	Eingangstest Gruppe B	0,8	1,8	-0,1	-0,8	3,7	260	22,5	
11. Jan 12	Eingangstest Gruppe C	1,3	2,3	-1,6	-2	1,6	260	24,7	
12. Jan 12	Eingangstest Gruppe C	-0,8	4,2	-4,6	-5	.	325	9,2	
14. Jan 12	1. TE Grp B	0	2,6	-4,2	-5,7	0,9	280	29,5	

Feb 12

Datum	Messung / Aktion	TM [°C]	Tmax [°C]	Tmin [°C]	Emin [°C]	RR24 [mm]	dd Wind [°]	ffmax	Mittelwert (Monat) 1,7 °C
06. Feb 12	TE abgesagt	-16,4	-12,7	-23	-24,2	0,03	40	10,1	kältester Tag
22. Feb 12	Gefechtsübung Grp B	-4,5	4,5	-12,5	-14,1	.	40	9,2	
23. Feb 12	Gefechtsübung Grp B	2,6	5,8	-6,4	-9,1	.	275	24,5	
28. Feb 16	14. TE Grp B	0,5	4	-3,2	-3,8	1,3	295	11,8	
29. Feb 12	Fsch Spr	3,5	6,3	-1,1	-1,5	.	270	17,5	
01. Mär 12	Re Testung Grp B+C	6,4	11,8	1	-0,6	.	65	10,5	

Tabelle 05: Darstellung Klima LL-LTS während Studienzeitraum / Datenerhebung

Diese Darstellungen ermöglichen einen genaueren Blick auf die klimatischen Bedingungen und zeigen die unterschiedlichen Verhältnisse zwischen den Zeiträumen der Lehrgänge.

Erkennbar ist, dass die Temperaturdifferenzen zwischen Einstiegstestung bzw. 1. TE und 14. TE/Re-Testung v.a. bei der Experimentalgruppe A (September bis November 2011) mit ca. 14° C Differenzen relativ hoch ist. Die Unterschiede zwischen den Temperaturen zum Beginn der Trainingsphase und deren Ende bei Experimentalgruppe B und Kontrollgruppe C (Januar bis Anfang März 2012) war mit ca. 5° C Differenz relativ konstant. Dennoch sind die hohen Minusgrade während der Trainingseinheiten in dieser Phase der Studie (siehe Februar 2012 mit Werten von teilweise unter – 24° C) zu berücksichtigen.

Beschreibung der Trainingsprogrammdurchführung:

Einweisung der Ausbilder und Teilnehmer zu Beginn des Trainingszyklus:

Vor der ersten Trainingseinheit wurden alle Teilnehmer und Ausbilder mit den Abläufen und Vorgaben vertraut gemacht und geschult. Dabei wurden die Übungen und die korrekte Ausführung durch den Untersuchungsleiter eingewiesen und vertieft. In den ersten drei Trainingseinheiten wurde dies wiederholt, um eine sichere und korrekte Umsetzung der Trainingsmaßnahme zu gewährleisten.

Das Training wurde nur unter Anleitung des / der Ausbilder durchgeführt. In der vorgegebenen Belastungszeit sollten so viele Wiederholungen wie möglich abgeleistet werden. Den Probanden wurde nahegelegt, die jeweiligen Ausführungen zu verinnerlichen und den Anweisungen / dem Feedback der Ausbilder Folge zu leisten.

Um die eigene Leistungsentwicklung nachzuvollziehen, sollten die Wiederholungen eines Durchganges vom Probanden selbst gezählt werden. Ziel des Trainings sollte es aber nicht sein, eine totale Erschöpfung zu erlangen oder zu provozieren, sondern einen überschwelligen Trainingsreiz zu setzen. Anhand der Ausführung (Tempo und Ausführungsqualität der Übung) konnte eine generelle Fitness und Leistungsbereitschaft bzw. Willenskraft der Probanden durch die Ausbilder abgeleitet werden. Im Vordergrund standen jedoch immer die korrekte Ausführung und die physische Fähigkeit, diese auch aufrechtzuerhalten. Solche Aspekte und Optionen wurden im Vorfeld mit den Ausbildern besprochen und vertieft.

Ein begleitendes intensives Krafttraining während der Lehrgangszeit sowie ein begleitendes Ausdauertraining wurden nicht durchgeführt.

Um eine möglichst effiziente Trainingsstruktur sicherzustellen, sind im Vorfeld Grundlagen der Trainingssteuerung (Kapitel 2.2.2 bis 2.2.4) berücksichtigt worden. Diese Erfahrungen und Expertenansichten wurden für die Planung und Strukturierung des IST-Zirkels zugrunde gelegt.

Trainingsaufbau (*Warm-Up* / Hauptteil / *Cool-Down*):

Das Trainingsprogramm gliedert sich in einen Aufwärm-, Haupt- und Abwärmteil. Die Intention und Inhalte sind in Kapitel 2.2.3 und 2.2.4 erläutert. Die Trainingsdauer belief sich somit auf ca. 40 - 50 Minuten abhängig von der progressiv ansteigenden Belastungsdauer.

Intensitätssteuerung

Im Rahmen der Durchführung (1. – 14. TE) wurden die Belastungszeiten der einzelnen Übungen von 60 auf 90 Sekunden gesteigert, diese Schritte (jeweils 10 Sekunden) wurden alle 3 – 4 Trainingseinheiten vollzogen, um eine progressive Belastungssteigerung mit gleichzeitig ausreichenden Anpassungszeiträumen zu gewährleisten (vgl. Tabelle 06). Des Weiteren wurden die Teilnehmer aufgefordert, jede Trainingseinheit eine andere Übungsreihenfolge vorzunehmen bzw. mit einer anderen Übung zu beginnen. Somit wurden in jeder Trainingseinheit andere Belastungsreize (Variabilität) gesetzt bzw. der Gewöhnungseffekt unterbunden, was den realen Bedingungen im Einsatz entspricht, da auch hier kaum vorhersehbaren Belastungen auftreten.

Trainingshäufigkeit:

Hinsichtlich der Häufigkeit und der Inhalte empfiehlt das *American College of Sport Medicine* (ACSM, 2009) ein 2- bis 3-mal wöchentliches Absolvieren eines Trainingsrogramms, was gemäß der in Kapitel 2.5 dargestellten Vorgaben und Zeitbudgets entspricht.

Das Training wurde daher in der Regel am Wochenbeginn (Montag) und zum Wochenende (Freitag) durchgeführt. Dies lag an der Dienstplangestaltung, um ein Korrelieren mit anderen Inhalten (Übungen außerhalb der Kaserne etc.) zu verhindern und v.a. um eine ausreichende Regenerationszeit einzuhalten. Diese sollte mindesten 48 Stunden betragen, was auch für die Zeitplanung zwischen der letzten Trainingseinheit und dem Re-Test eingehalten wurde. Die Zielsetzung war, eine dosierte Trainingsbelastung zu sichern, welche jedoch mit einer ausreichenden Regenerationszeit in Einklang zu bringen war. Aus diesem Grund war ein zweimaliges Training/Woche innerhalb eines solchen Lehrgangs (Ausbildungsdichte und -intensität; vgl. Tabelle 01, Kapitel 2.5) das Maximum. Diese zusätzlich durch die militärischen Ausbildungsinhalte erwirkte physische Belastung war immer mit einzukalkulieren, da die intensiven Ausbildungsabschnitte einen erhöhten Regenerationsbedarf bedeuteten bzw. die Belastbarkeit im Regenerationszeitraum beeinträchtigten (vgl. Darstellungen GÜLLICH, 2007; Kapitel 1). Da das Trainingsprogramm eine flankierende Maßnahme innerhalb des Lehrgangs darstellte (ca. 7 % Ausbildungszeit; vgl. Kapitel 2.5), musste eine hiervon ausgehende zusätzliche Ermüdung (mit entsprechend negativen Auswirkungen auf die Ausbildung) in jedem Fall vermieden werden.

Belastungs- und Pausendauer:

Wie bereits dargestellt, können und sollen keine individuellen Trainingslasten für jeden Probanden ermittelt werden, da dies in Bezug auf die einheitlichen Traglasten im Einsatz auch nicht vorgenommen werden kann. Eine Verwendung von „submaximalen" Lasten und entsprechend fixierten Zeiten (60 – 90 Sekunden) soll eine Überschneidung von Kraft- und Kraftausdauerreizen erwirken. Die Pausendauer und -gestaltung blieben unverändert. Die Dauer von 45 Sekunden sollte eine teilweise Erholung erwirken, so dass der Sauerstoffschuld partiell entgegengewirkt werden konnte bzw. eine relative Wiederherstellung des Atemrhythmus mit ausreichender Sauerstoffversorgung entsprochen wurde. Ziel sollte es hierdurch sein, dass übermäßige Laktatkonzentrationen bzw. ein vorzeitig stark ansteigender Laktatspiegel unterdrückt werden konnten (siehe auch Darstellungen Kapitel 2.2.4). Die Pausen sollten vorwiegend zum Stationswechsel genutzt werden und durch eine möglichst moderate Bewegung gekennzeichnet sein. Zur genauen Nachvollziehbarkeit der Häufigkeit der Trainingsdurchführung und Anwesenheit der Probanden an den festgelegten Trainingseinheiten ermöglicht die Übersicht der folgenden Tabelle die quantitative Umsetzung des Trainings. Dargestellt werden die Teilnahmequoten der Probanden der Experimentalgruppe am IST- Zirkel.

Trainingsplan -Übersicht (Experimentalgruppe)

	1	2	3	4	5	6	7	8	9	10	11	12	13	14	Anzahl TE	% Anteil
Belastungszeit	60	60	60	70	70	70	70	80	80	80	90	90	90	90		
Pausezeit	45	45	45	45	45	45	45	45	45	45	45	45	45	45		
Durchgänge	1	1	1	1	1	1	1	1	1	1	1	1	1	1		
1	1	1	1	0	1	1	1	1	1	1	1	1	1	1	13	92,86%
2	1	1	1	1	1	1	0	1	1	1	1	1	1	1	13	92,86%
3	1	1	1	1	1	1	1	1	1	1	1	1	1	1	14	100,00%
4	1	1	1	1	1	1	1	1	1	1	1	1	1	1	14	100,00%
5	1	1	1	1	1	1	1	1	1	1	1	1	1	1	14	100,00%
6	1	1	1	1	1	1	1	1	1	1	1	1	1	1	14	100,00%
7	1	1	1	1	1	1	1	1	1	1	0	0	1	1	12	85,71%
8	1	1	1	1	1	1	1	1	1	1	1	1	1	1	14	100,00%
9	1	1	1	1	1	1	1	1	1	1	1	1	1	1	14	100,00%
10	1	1	1	1	1	1	1	1	1	1	1	1	1	1	14	100,00%
11	1	1	1	1	1	1	1	1	1	1	1	1	1	1	14	100,00%
12	1	1	1	1	1	1	1	1	1	1	1	1	1	1	14	100,00%
13	1	1	0	1	0	1	1	1	1	1	1	1	1	0	11	78,57%
14	1	1	1	1	1	1	1	1	1	1	1	1	1	1	14	100,00%
15	1	1	1	1	1	1	1	1	1	1	1	1	1	1	14	100,00%
16	1	1	1	1	1	1	1	1	1	1	1	1	1	1	14	100,00%
17	1	1	1	0	0	0	0	0	0	0	1	1	1	1	8	57,14%
18	1	1	1	1	1	1	1	1	1	1	1	1	1	1	14	100,00%
19	1	1	1	1	1	1	1	1	1	0	0	0	1	1	11	78,57%
20	1	1	1	1	1	1	1	1	1	1	1	1	1	1	14	100,00%
21	1	1	1	1	1	1	1	1	1	1	1	1	1	1	14	100,00%
22	1	1	1	1	1	1	1	1	1	1	1	1	1	1	14	100,00%
23	1	1	1	1	1	1	1	0	1	1	1	1	1	1	13	100,00%
24	1	1	1	1	1	1	1	0	1	1	1	1	0	1	12	92,31%
25	1	1	1	1	1	1	1	0	1	1	1	1	1	1	13	100,00%
26	1	1	1	1	1	1	1	0	1	1	1	1	1	1	13	100,00%
27	1	1	1	0	0	1	1	0	1	1	1	1	1	1	11	84,62%
28	1	1	1	1	1	1	1	0	1	1	1	1	1	1	12	92,31%
29	1	1	0	0	0	0	0	0	1	1	1	1	1	1	8	61,54%
30	1	1	1	1	1	1	1	0	1	1	1	1	1	1	13	100,00%
31	1	1	0	0	0	1	1	0	1	1	1	1	1	1	10	76,92%
32	1	1	1	1	0	1	1	0	1	1	1	1	1	1	12	92,31%
33	1	1	1	1	1	1	1	0	1	1	1	1	1	1	13	100,00%
34	1	1	1	0	0	1	1	0	1	1	1	1	1	1	11	84,62%
35	1	1	1	0	0	1	1	0	1	1	1	1	1	1	11	84,62%
36	1	1	1	1	1	1	1	0	1	1	0	1	1	1	12	92,31%
37	1	1	1	1	1	1	1	0	1	1	1	1	1	1	13	100,00%
38	1	1	1	1	1	1	1	0	1	1	1	1	1	0	12	92,31%
39	1	1	1	1	1	1	1	0	1	1	1	1	1	1	13	100,00%
40	1	1	1	0	0	0	1	0	1	1	1	1	1	1	11	84,62%
41	1	1	0	1	1	1	1	0	1	1	1	1	1	1	12	92,31%
%-Anteil	100,00%	100,00%	87,80%	82,93%	78,05%	95,12%	92,68%	51,22%	97,56%	97,56%	92,68%	95,12%	95,12%	95,12%	12,61	90,07%

1 = anwesend   o = abwesend

Tabelle 06: Übersicht Trainingseinheiten Experimentalgruppe

Insgesamt sollten 14 Trainingseinheiten je Lehrgangsdauer durchgeführt werden, auf Grund der extremen Witterungsverhältnisse (– 24 ° C, am 6. Februar 2012; vgl. Tabelle 05) wurde aus gesundheitsprotektiven Aspekten eine Trainingseinheit beim zweiten Lehrgang abgesagt.

Teilnehmerzahl bzw. -häufigkeit

Bezogen auf die Gesamtanzahl der Trainingseinheiten wurden die Teilnehmer hinsichtlich ihres tatsächlich absolvierten Trainings dokumentiert. Durchschnittlich nahm jeder Teilnehmer an 12,6 Trainingseinheiten (entspricht 90,07 % vom

Gesamtumfang) teil. Diese Quote verdeutlicht die hohe Teilnahmedichte je Trainingseinheit (vgl. Tabelle 06) bzw. Lehrgangszeit.

Weiterführende Informationen und Erläuterungen zu den Zielsetzungen, Inhalten und Abläufen des IST-Zirkels sind in Kapitel 2.2.3 und 2.2.4 dargestellt und werden erneut zur Erklärung der untersuchten Effekte in Kapitel 6.2.3 bis 6.2.5 aufgegriffen und diskutiert.

4.2 Darstellung Untersuchungsteilnehmer

Beide Lehrgänge (FA Lg. 2011 und FA Lg. 2012) der Experimentalgruppe wurden in eine Gruppe zusammengefasst, um die Ergebnisdarstellung und -bewertung zu vereinheitlichen. Bei der Kontrollgruppe wurden nur die Testungen (BFT und McGill) als Vergleichsdaten für die Ergebnisanalyse der Experimentalgruppen verwendet. Gleiches gilt für die Ergebnisse (BFT) der Referenzgruppe (Tabellen 53 und 54; Kapitel 6.2.2). Diese Werte sollen die physische Leistungsfähigkeit der Studienteilnehmer (Experimental- und Kontrollgruppe) objektivieren.

4.2.1 Fragebogendarstellung und -zielsetzung

Zur Beurteilung des Ist-Zustandes und subjektiven Einschätzung der gegenwärtigen Leistungsfähigkeit bzw. zur Schaffung eines generellen Überblicks wurde jeder Studienteilnehmer mittels Fragebogen aufgefordert, entsprechende Angaben zu machen.

Die Zielsetzung, Bewertung und Darstellung der einzelnen Fragen wird folgend erörtert. Angaben zu den Fragen, welche rückblickend zum Ende des Lehrgangs von den Teilnehmern beantwortet wurden, werden in Kapitel 5.1.5 (Ergebnisdarstellung) aufgegriffen und ausgewertet.

Die in diesem Abschnitt beschriebenen Angaben beziehen sich auf den Zustand der Teilnehmer zu Beginn des Lehrgangs bzw. vor Aufnahme des/der zu untersuchenden Treatments und der (Einstiegs-)Testungen.

Die Befragung wurde freiwillig durchgeführt, die Intention dieser Befragung wurde den Probanden im Vorfeld erläutert. Die Auswertung und die Darstellung erfolgten anonymisiert, der Fragebogenrücklauf betrug bei allen Gruppen 100%. Hauptziel sind die Darstellung der Probanden und deren subjektives Empfinden sowie die Informationsgewinnung zum derzeitigen und früheren Aktivitätsverhalten (*Trainingsalter, bisher ausgeübte Sportarten* etc.).

Fragebogen Trainingsuntersuchung LL-LTS

01 **Alter:**_____Jahre 02 **Gewicht:**_____kg 03 **Körpergröße:** _____m 04: **BMI**
(wird autom. errechnet)

04a **Name:**_____

derzeit ausgeübte Sportarten:

Sportart	05 seit wie viel Jahren	wie oft / Woche	06 Dauer / Trainingseinheit (Min)

07 derzeitiges (subjektives) Leistungsempfinden (entsprechendes bitte ankreuzen):

1 2 3 4 5 6 7 8 9 10

(Erläuterung:1=sehr gut bis 10= sehr schwach) 08 Datum:_____

Tabelle 07: Darstellung Fragebogen (Fragen 01-08)

4.2.2 Zusammenfassung der Darstellung der Versuchsgruppen

Zu beachten gilt es hier, dass die dargestellten Werte eine andere Stichprobengrö-
ße und damit Ergebnisse aufweisen, als dies bei den Auswertungen in Kapitel
5.1.5 der Fall ist. Die in diesem Kapitel dargestellten Angaben beziehen sich auf
den Zeitraum vor der Studiendurchführung (PRE) und umfassen 46 Probanden
(Experimentalgruppe) und 34 Probanden der Kontrollgruppe. In den abschlie-
ßenden Ergebnisauswertungen (POST) in den Kapiteln 5.1.5 und 6.2.7 wurden
nur die Probandendaten verwertet, die vollständig waren bzw. vollständig die
Test, Re-Test und Trainingseinheiten absolvierten. Dies waren zum Zeitpunkt
POST 38 Probanden der Experimental- und 26 Probanden der Kontrollgruppe.

Experimentalgruppe:

Experimentalgruppe FA									
46	Alter	Gewicht	Größe	BMI	Trainingsmin/Woche	Trainingsalter	Subj. Anf.	Subj. Ende	Subj 1. TE	Subj 14. TE
MW	23,22	79,71	1,81	24,35	267,58	5,30	4,83	4,76	7,02	5,20
STABW	2,17	8,25	0,06	2,18	184,29	4,71	1,48	1,83	1,93	2,29
MAX	28	98	1,98	29,37	750	18	8	9	10	9
MIN	19	63	1,68	20,06	0	0	3	2	3	2
	ohne Angaben:				3	3	0	0	3	5

Tabelle 08: Auswertung Fragebogen Experimentalgruppe *FA 2011/ 2012* (PRE)

Kontrollgruppe:

Kontrollgruppe OA									
34	Alter	Gewicht	Größe	BMI	Trainingsmin/Woche	Trainingsalter	Subj. Anf.	Subj. Ende	Subj IG
MW	24,85	83,50	1,82	25,05	228,93	6,77	5,93	5,56	6,72
STABW	2,05	8,79	0,06	1,66	172,06	5,27	2,23	1,53	1,90
MAX	28	103	1,94	28,73	600	20	9	8	9
MIN	20	62	1,7	21,45	0	0	2	3	3
	ohne Angaben:				6	5	0	9	9

Tabelle 09: Auswertung Fragebogen Kontrollgruppe *OL3 2012* (PRE)

Frage 01: Lebensalter

Skalierung:

entsprechendes Lebensalter in Jahren.

Zielsetzung:

Darstellung des derzeitigen Alters (zum Befragungszeitpunkt).

Ergebnis Experimentalgruppe:

Der Mittelwert lag bei 23,22 ± 2,17 Jahren, der älteste Proband war 28, der jüngste 19 Jahre alt.

Ergebnis Kontrollgruppe:

In dieser Gruppe lag der Mittelwert bei 24,85 ± 2,05 Jahre, die entsprechenden Werte lagen im Maximum bei 28, im Minimum bei 20 Jahren.

Beurteilung/Vergleich:

Beide Gruppen weisen in etwa eine gleichaltrige Population auf, wobei die Teilnehmer der Kontrollgruppe im Mittel ca. 1,5 Jahre älter sind. Dies kann eventuell an der Tatsache liegen, dass diese bedingt durch ihre schulische Ausbildung und die Verwendung als Offizier/-anwärter eine längere Laufbahnausbildung und demzufolge ein leicht höheres Lebensalter aufweisen.

Frage 02: Körpergewicht

Skalierung:

Entsprechendes Körpergewicht des Befragten in Kilogramm (Eigenangabe).

Zielsetzung:

Grobe Darstellung der biometrischen Daten, um einen generellen Überblick bzgl. der Probanden zu erhalten.

Ergebnis Experimentalgruppe:

Das durchschnittliche Körpergewicht der Befragten lag bei 79,71 ± 8,25 kg, der höchste Wert lag bei 98 kg, der niedrigste bei 63 kg.

Ergebnis Kontrollgruppe:

Hier lag das Körpergewicht im Mittelwert bei 83,50 ± 8,79 kg, so dass eine Spanne zwischen 103 kg (MAX) und 62 kg (MIN) lag.

Beurteilung / Vergleich:

Bei beiden Gruppen ist die Spannbreite – durch die Standardabweichung und MIN/MAX Werte ersichtlich – recht hoch. Generell sind die Unterschiede zwischen den Werten beider Gruppen aber wiederum relativ gering (ca. 4 kg).

Frage 03: Körpergröße

Skalierung:

Körpergröße in m (Eigenangabe).

Zielsetzung:

Erfassung der Körpergröße zur Darstellung der Probanden.

Ergebnis Experimentalgruppe:

Die Angehörigen der Experimentalgruppe waren im Durchschnitt 1,81 ± 0,06 m groß, der Maximalwert lag bei 1,98 m, der Minimalwert bei 1,68 m.

Ergebnis Kontrollgruppe:

Die Werte der Kontrollgruppe ergaben eine durchschnittliche Körpergröße von 1,82 ± 0,06 m mit dem Max-Wert bei 1,94 m, dem Minimal-Wert bei 1,70 m.

Beurteilung / Vergleich:

Hier ergeben sich ebenfalls kaum Unterschiede zwischen den Gruppen.

Frage 04: BMI (Body-Mass-Index)

Skalierung:

Der Body-Mass-Index ist eine Maßzahl für die Bewertung des Körpergewichts eines Menschen in Relation zu seiner Körpergröße. Er ist lediglich ein grober Richtwert, da er weder Statur und Geschlecht bzw. die individuelle Zusammensetzung der Körpermasse (Fett- und Muskelgewebe bzw. Aktivzellmasse) eines Individuums berücksichtigt. Er ist jedoch ein einfaches und schnelles Mittel zur Darstellung bzw. Klassifizierung der betrachteten Personen hinsichtlich ihres Körperbaus (jedoch nicht der Zusammensetzung Fett / Aktivzellmasse o.ä.). Diese Klassifizierung sieht wie folgt aus:

Kategorie / Klassifizierung	BMI (kg/m²)	Bewertung
starkes Untergewicht	< 16,0	
mäßiges Untergewicht	16,0 – 17,0	Untergewicht
leichtes Untergewicht	17,0 – 18,5	
Normalgewicht	**18,5 – 25,0**	**Normalgewicht**
Präadipositas	25,0 – 30,0	Übergewicht
Adipositas Grad 1	30,0 – 35,0	
Adipositas Grad 2	35,0 – 40,0	Adipositas
Adipositas Grad 3	≥ 40,0	

Tabelle 10: BMI – Darstellung und Klassifizierung (nach WHO)

Zielsetzung:

Mit dem BMI soll dargestellt werden, ob und inwieweit das Körpergewicht in Bezug zur Körpergröße ausgeprägt ist. Gerechtfertige Kritikpunkte an diesem Wert sind nicht Bestandteil dieser Arbeit, aus organisatorischen / zeitlichen Gründen wurden ergänzende Messverfahren (z.B. Erhebung des Taille-Hüft-Quotienten oder gar Körperfettmessungen o.Ä.) nicht durchgeführt. Lediglich die Überprüfung, ob die Probanden *normalgewichtig* sind (oder nicht), ist hier Gegenstand der Frage.

Ergebnis Experimentalgruppe:

Hier liegt der BMI im Mittel bei 24,35 ± 2,18 und ist damit als *Normalgewicht* (lt. Tabelle 10) zu bewerten. Jedoch waren bei 14 Probanden (entspricht 30,43 %) BMI-Werte von über 25 gegeben, was zeigt, dass die Probanden sehr heterogen bzgl. des Körperbaus waren (MAX: 29,37; MIN: 20,06).

Ergebnis Kontrollgruppe:

Bei den Angehörigen der Kontrollgruppe lag der durchschnittliche BMI bei 25,05 ± 1,66. Hier waren 16 Probanden (entspricht 47,05 %) mit einem Wert von über 25 zu nennen, wobei der MAX-Wert bei 28,73 und der MIN-Wert bei 21,45 lag.

Beurteilung / Vergleich:

Auch wenn bei der Kontrollgruppe der Mittelwert nach Darstellungen der Tabelle 10 als *Übergewicht* zu definieren wäre, ist dies keine verbindliche Aussage bzgl. der Körperzusammensetzung bzw. gar Leistungsfähigkeit. Denn die Werte lassen keinen Rückschluss auf den Anteil der Muskelmasse zu. Demnach dient der Vergleich bzw. die Beurteilung nur dazu zu zeigen, dass die Populationen in etwa ähnliche Werte haben

Frage 04a: Name

Aus organisatorischen Fragen wurde nach dem Namen des Probanden gefragt, um den Fragebogen bzw. das jeweilige Datenblatt zuzuordnen. Die Namen wurden danach anonymisiert und einer entsprechenden Nummer und Bezifferung zugeordnet (vgl. Kapitel 4.1.3).

Frage 05: Trainingsalter

Gefragt wurde nach den Jahren des aktiven und regelmäßigen Ausübens einer sportlichen Aktivität. Hier beziehen sich die Angaben auf den Zeitraum ab der letzten Woche vor Befragung bis in die Vergangenheit (retrospektiv).

Skalierung:

Trainingsalter (Zeitraum der Ausführung von Sport / Training) der Teilnehmer in Jahren.

Zielsetzung:

Ziel ist die Darstellung der Dauer der Ausübung von Sport / Training, gemessen vom Zeitpunkt der Befragung (retrospektiv), um zu erkennen, wie lange die Befragten Sport treiben bzw. in welchem Trainingsstatus die Befragten einzustufen sind. Auch hier waren Mehrfachnennungen zu den jeweiligen Sportarten möglich. Wenn dies geschah, wurde aus den genannten Antworten ein Mittelwert gebildet, der das durchschnittliche Trainingsalter (Jahre mit sportlicher Aktivität) darstellt. Die Darstellungen sollen als Indikator für eine physische Leistungsfähigkeit dienen.

Ergebnis Experimentalgruppe:

Die Angehörigen der Experimentalgruppe übten im Durchschnitt seit 5,30 ± 4,71 Jahren Sport aus, wobei der MAX- Wert 18, der MIN-Wert 0 Jahre (kein Sport) war. Letztgenannte Angabe wurde von 3 Teilnehmern (6,52 %) gemacht, da diese eigener Angabe zufolge keinen Sport / kein Training betrieben. Ergänzend hierzu wurde befragt, welche Sportart ausgeübt wurde / wird. Hier gaben 13,04 % *Fitness (Ø Häufigkeit/Woche:* 2,5mal), 54,35 % *Krafttraining (Ø Häufigkeit/Woche:* 3,36mal), 50,00 % *Ausdauertraining (Ø Häufigkeit/Woche:* 2,43mal) und 8,70 % Spielsportarten (Ø Häufigkeit/Woche: 2,63mal) an.

(Anmerkung: Mehrfachnennungen waren möglich)

Ergebnis Kontrollgruppe:

Hier lag das Trainingsalter im Mittelwert bei 6,77 ± 5,27 Jahren, der MAX-Wert bei 20 Jahren, der MIN-Wert (insgesamt 5 Teilnehmer; entspricht 6,8 % der Befragten) bei 0 Jahren, so dass diese als *Nichtsportler* anzusehen sind. Bezogen auf die Angaben zur ausgeübten Sportart gaben 5,88 % *Fitness* (Ø *Häufigkeit/Woche*: 2,00mal), 50,00 % *Krafttraining* (Ø *Häufigkeit/Woche*: 2,35mal), 61,76 % *Ausdauertraining* (Ø *Häufigkeit/Woche*: 1,93mal) und 20,93 % *Spielsportarten* (Ø *Häufigkeit/Woche*: 1,93mal) an.

(Anmerkung: Mehrfachnennungen waren möglich)

Beurteilung / Vergleich:

Gemessen an den Mittelwerten beider Gruppen ist der Großteil der Probanden als *sport- bzw. trainingserfahren* einzustufen (> 3 Jahre Sportausübung). Da die Angehörigen der Kontrollgruppe ein leicht höheres Lebensalter vorweisen (siehe oben), sind die Daten bzgl. des Trainingsalters entsprechend höher bzw. diese höheren Werte (als bei der Experimentalgruppe) demnach nachvollziehbar. Bezogen auf die ausgeübten Sportarten zeigt sich, dass die höhere Zahl an Probanden der Experimentalgruppe gleichzeitig auch häufiger Krafttraining ausübten, während eine größere Anzahl an Befragten der Kontrollgruppe Ausdauer- und Spielsport durchführten. Generell fällt jedoch auf, dass bei allen Sportarten die Trainingsdauer und -häufigkeit/Woche bei den Angehörigen der Experimentalgruppe höher liegt als dies für diejenigen der Kontrollgruppe (laut deren Angaben) der Fall war.

Wie alle hier gegebenen Antworten und Angaben können diese nicht zur pauschalen Beurteilung der Leistungsfähigkeit herangezogen werden, Auffälligkeiten aber dennoch Grund für eventuelle Leistungsdifferenzen bzw. -unterschiede sein, was dann zu überprüfen wäre. Generell lassen sich jedoch die Unterschiede in der physischen Fitness (fast) ausschliesslich durch die Tests (BFT, McGill etc.) feststellen.

Frage 06: Trainingsdauer / Woche (in Minuten)

Skalierung:

Angabe der durchschnittlichen Trainingsdauer (der letzten 4 Wochen) der Teilnehmer in Minuten (Eigenangabe). Die Werte wurden durch Addition der Angaben zu den entsprechenden Sportarten zusammengetragen, so dass eine Gesamtdauer ermittelt werden konnte.

Zielsetzung:

Die Quantifizierung des ungefähren Sport- bzw. Trainingspensums, um neben Angaben zur subjektiven Empfindungen der derzeitigen Leistungsfähigkeit einen Überblick bzgl. des Aktivitäts- und Leistungsniveaus zu erhalten, ist Intention dieser Frage.

Ergebnis Experimentalgruppe:

Der Mittelwert lag bei 268 ± 184 Minuten, die maximale Dauer wurde mit 750 Minuten, die minimale mit 0 Minuten (kein Sport / Training) angegeben, wobei 3 Teilnehmer anführten, keinen Sport / kein Training zu betreiben (= 0 Minuten).

Ergebnis Kontrollgruppe:

Hier lag der Mittelwert bei 228 ± 172 Minuten – der MAX-Wert bei 600 Minuten, der MIN- Wert bei 0 Minuten; sechs Probanden gaben an, aktuell keinen Sport / kein Training zu betreiben (0 Minuten), wovon 1 Proband dies auf einen Krankheitsfall bezog.

Beurteilung/Vergleich:

Auch hierzu ist zu sagen, dass der Großteil der Befragten beider Gruppen ein recht hohes Trainingspensum bewältigt. Geht man von den Optimalwerten für eine Leistungserhaltung durch Aktivität nach Definition der WHO (WHO Leitlinien 2004, 2006 und 2007) aus, so sind 3,5 Stunden (210 Minuten) wöchentliche Aktivität (Sport / Training) das Ziel. Gemessen an den Mittelwerten der Probanden wird dieses Ziel bei beiden Gruppen vom Großteil der Teilnehmer erfüllt. Bei diesem Vergleich kann festgehalten werden, dass die Angehörigen der Kontrollgruppe zwar ein höheres Trainingalter haben, jedoch ein zeitlich geringeres Trainingspensum (wöchentlich) absolvieren. Festzuhalten sind die recht hohen Standardabweichungen der Werte, was bei beiden Gruppen anzeigt, dass die Umfänge, Trainingsdauer und das -alter innerhalb der Untersuchungsgruppen sehr unterschiedlich / heterogen sind.

Frage 07: Derzeitiges subjektives Belastungsempfinden

Skalierung:

Die Skala zur Abschätzung des subjektiven Belastungsempfindens reicht von 1 bis 10, wobei die Angabe „1" = *sehr gut* bis „10" = *sehr schwach* vom Probanden nach dessen eigenem Empfinden und Beurteilen auszufüllen war (vor dem jeweiligen Test; ohne von / durch die Testausführung beeinflusst zu werden).

Zielsetzung:

Hiermit soll die derzeitige individuelle wahrgenommene Leistungsfähigkeit dargestellt werden. Neben den ärztlichen Untersuchungen, die als Voraussetzung zur Lehrgangsteilnahme von allen Lehrgangsteilnehmern mit *körperlich voll belastbar / keine körperlichen Einschränkungen* erfüllt sein müssen, dient diese Angabe zur Kontrolle / Bewertung vor Durchführung der Testungen und des Trainings und zur Darstellung der empfundenen Leistungsfähigkeit am Tag der Testung.

Ergebnis Experimentalgruppe:

Hier lag der Mittelwert bei 4,83 (± 1,48), der MAX-Wert bei 8, der MIN-Wert bei 3.

Ergebnis Kontrollgruppe:

Die Angaben in dieser Gruppe wurden im Durchschnitt mit 5,93 (± 2,23), MAX-Wert bei 9, MIN-Wert mit 2 angegeben.

Beurteilung/Vergleich:

Bei beiden Gruppen liegen die Angaben im durchschnittlichen Bereich (durchschnittliche subjektiv wahrgenommene körperliche Leistungsfähigkeit bzw. Belastungsempfinden). Die Daten der Angehörigen der Kontrollgruppe zeigen, dass sich diese mit einer vergleichweise geringeren Leistungsfähigkeit einschätzen. Auch diese Aussagen können und sollen nur im Kontext der objektiv ermittelten Testergebnisse gewertet bzw. ergänzend analysiert werden, was in Kapitel 5.1.5 und 6.2.7 erfolgt.

Frage 08: Datum

Diese Darlegung soll sicherstellen, dass alle Befragten den Bogen zum selben Zeitpunkt – in diesem Falle zu Beginn des Lehrgangs, also vor Testung und Trainingsintervention (Experimentalgruppe) – ausgefüllt haben.

Die Angaben zeigen, dass zum einen hinsichtlich der Vergleichbarkeit der Gruppen zueinander relativ geringe Unterschiede gegeben sind (mit Ausnahme Trainingalter und -häufigkeit), zum anderen Aspekte wie Körperbau und Trainingsstatus bzw. -häufigkeit (Woche) gewisse Unterschieden gruppenintern zeigen bzw. eine heterogene Zusammensetzung der Probanden innerhalb der Gruppen gegeben ist. Diese Tatsache verwundert jedoch nicht, da es keine einheitliche Sportausbildung bis dato gab, sondern diese nach Vorlieben und Vorerfahrung der Probanden und Ausbilder (kraft- oder ausdauerorientiert; *Sport nach Neigungsgruppen*) strukturiert wurde (vgl. hierzu auch Darstellung Kapitel 2.4).

Generell ist jedoch anzumerken, dass auf die Ausprägungen der physischen Fitness und des bis dato ausgeübten Sports / Trainings kein Einfluss genommen werden kann und damit die aufgezeigten heterogenen Faktoren immer als ein variable Ausgangskomponente zu verstehen sind.

4.3 Darstellung Versuchsplan

Die folgenden Darstellungen sollen einen Überblick über die Gegebenheiten der Untersuchungsdurchführung gewähren. Da die Studie im laufenden Lehrgangsbetrieb durchgeführt wurde, waren gewisse Störgrößen und Einflussnahmen (Witterung, Verringerung der Regenerationszeiten durch laufende Ausbildungsinhalte usw.) entsprechend gegeben. Gemäß den in Kapitel 2.5 dargestellten Zeitansätzen zur Ausführung des Trainings ist ersichtlich, dass es sich um eine den primären Ausbildungszielen unterzuordnende Maßnahmen handelte. Dennoch wurden (fast) alle Trainingseinheiten und Testungen gemäß den Planungen durchgeführt (vgl. Tabelle 06) und die Umsetzung konnte nahezu ungehindert vollzogen werden.

4.3.1 Das Trainingsprogramm IST

In diesem Kapitel werden die Übungsauswahl und der Trainingsaufbau des zu untersuchenden Trainingskonzeptes (IST) vorgestellt. Neben den Aspekten des Alltagstransfers (vgl. Darstellung Kapitel 2.1 und 2.2.3 und 2.2.4) sind v.a. organisatorische Punkte (die in Kapitel 2.5 thematisiert wurden) maßgebend zur Gestaltung des Programms gewesen.

Die Tatsache, wie elementar körperliche Fitness v.a. für Soldaten (Kampftruppe / Infanterie) ist, wurde durch die Aussagen in den Kapiteln 2.1, 2.2.1 und 2.4 verdeutlicht. Auch die Notwendigkeit einer bedarfsträgerorientierten und somit spezifischen Trainingsplanung wurde dort thematisiert. Die individuellen Belastungen im militärischen Alltag stellen spezielle Anforderungen an ein Trainingsprogramm und zeigen die belastungsbedingten Parameter für ein Training je nach Bedarfsträger (z.B. *Infanterist, Kraftfahrer, Stabsdienstsoldat*) auf. Dies führt gleichzeitig zu differenzierten Anforderungen an die entsprechend eingesetzten Soldaten, aber auch an das Trainingsprogramm, die Trainingsstruktur (Umfang, Intensität, Übungsauswahl etc.) und -ausstattung. Ein zweckorientiertes Training mit dem Fokus auf die im Einsatz abverlangten Bedingungen ist demnach das Ziel, welches mit dem zu untersuchenden Programm verfolgt wird.

Untersuchungsverfahren, Erkenntnisse und Trainingsgrundsätze aus dem Spitzensport können auf die Betreuung von Soldaten mit entsprechend adaptiertem Anforderungsprofil übertragen werden. Die umfangreichen militärischen Anforderungen in der Ausbildung und die vielfachen Abwesenheiten der Soldaten vom Standort erschweren jedoch die langfristige, regelmäßige und systematische Trainingsdurchführung und machen räumlich und materiell flexibel umsetzbare Trainingsprogramme notwendig. Aus diesem Grund wurden Erfahrungen und Hinweise aus verschiedenen militärischen Trainingsprogrammen anhand der Analyse der gängigen Belastungsparameter der Zielgruppe (Kapitel 2.1) verwendet (siehe Kapitel 2.2.2).

Diesen Tatsachen wird durch die Zusammenstellung der Übungen und die Höhe der Belastungsintensität entsprochen. Ein kombiniertes Zirkeltraining mit Übungsinhalten, welche die motorische Fähigkeit *Kraft, Ausdauer* (aeorob / anaerob) und *Koordination* (Funktionalität) fördern, entsprechen der Devise nach BOYLE (2004), dass funktionelles Training als ein zweckorientiertes Training verstanden werden sollte und demnach die Übungen im Training den Bewegungen und Belastungen des Alltags (vgl. Kapitel 2.1) nachempfunden sein sollten. Funktionalität soll als Anforderungsorientierung verstanden werden und demnach *funktionelles Training* als aufgabenspezifisches Training. Die Grundlage dafür ist zum einen das spezifische Anforderungsprofil der alltäglichen Anforderungen (in diesem Fall die in Kapitel 2.1 beschriebenen infanteristischen Belastungsanforderungen) genau zu kennen, und zum anderen die individuellen Voraussetzungen der Soldaten darauf abzustimmen. Entsprechend bezeichnet der Begriff *funktionell* alles, was zu einer Leistungsverbesserung der *military fitness* führt. Daher wurde bei der Auswahl der Übungen nach dem *SAID-Prinzip* (specific adaption to imposed demand) nach SALE / MACDOUGALL (1981), übersetzt als „spezifische Anpassung an die aktuellen Anforderungen", verfahren.

Das Ziel des Trainings ist es, durch die erschwerten Bedingungen, wie das Verwenden von (variablen / instabilen) Lasten, das Ausführen von inkonsistenten Bewegungsaufgaben und die Abfolge verschiedener Bewegungsmuster, ein hohes Maß an Stabilisierungsfähigkeit, Balance und Bewegungskontrolle zu erwirken, was die hohen Anpassungs- und Lerneffekte der Koordination ausprägen soll. Diese Bedingungen und Gegebenheiten wurden durch die intensiven intervallartig erfolgenden Belastungsreize durch einsetzende (muskuläre) Ermüdung zusätzlich erschwert und somit die Probanden an diese Bedingungen gewöhnt (Trainingsreiz).

Die Analyse der Belastungen und Beanspruchungen und die Inhalte bereits erfolgreich implementierter Trainingsprogramme (Kapitel 2.2.2 - 2.2.4 und 2.4) ergaben einen Trainings- und Übungsschwerpunkt für die Bereiche:

- <u>untere Extremiäten</u> (Tragen, Laufen mit Lasten, Sprints und Sprünge)
- <u>Rumpfmuskulatur</u> (Stabilisieren des Rumpfes / Wirbelsäule; bei parallel auszuübenden Bewegungen wie Laufen etc.; Heben von schweren, teilweise unhandlichen / variablen Gegenständen zur Förderung der Autostabilisation / -mobilisation des neuromuskulären Systems)
- <u>obere Extremitäten</u> (Zug und Druckbewegungen von Lasten bzw. dem eigenen Körpergewicht; Griffkraft)

Alle diese aufgeführten Bewegungsmuster sollten unter hoher Intensität in einem Zeitraum von bis zu 90 Sekunden (vgl. Kapitel 4.1.5) permanent ausgeführt werden, so dass die Komponente der allgemeinen aerob / anaeroben (Kraft-) Ausdauer einen weiteren zentralen Beanspruchungsfaktor (metabolische Konditionierung) darstellt. Wie die Übungsbeschreibungen im Verlauf dieses Kapitels verdeutlichen werden, haben die meisten Übungen die Gemeinsamkeit, dass sie Ganzkörperbewegungen darstellen bzw. mehrere Muskelschlingen und damit Gelenk- bzw. Muskelgruppen beanspruchen. Um den in Kapitel 2.1 dargestellten Überlastungen des Bewegungsapparates entgegenzuwirken bzw. eine muskuläre / funktionelle Stabilisierung herzustellen, soll die Steigerung der konditionellen Fähigkeiten *Kraft* und spezifischen *Koordination / Sensomotorik* durch diese Form des integrativen Krafttrainingszirkels erreicht werden. Die Optimierung der Kraftfähigkeiten, der Kondition und Koordination soll die Bewegungsökonomie der alltagsspezifischen Bewegungsmuster über die Beanspruchungszeiträume fördern.

Die verschiedenen motorischen Fähigkeiten beeinflussen und ergänzen sich gegenseitig; auch wenn die Trainingslehre klare Definitionen festlegt (vgl. Kapitel 2.2.1), so verschmelzen die motorischen Fähigkeiten im militärischen Alltag oder bei sportartspezifischen Belastungen oft ineinander. In der Regel treten im Alltag kraft- oder ausdauerorientierte Belastungen in Kombination mit koordinativen Anforderungen wechselnd und/oder kombiniert auf und beanspruchen daher selten nur *eine* motorische Fähigkeit isoliert. Entsprechend der Darstellung aus Kapitel 2.1 sind diese Bewegungsabläufe im Einsatz- bzw. Übungsszenario in der

Regel mehrdimensional bzw. inkonsistent. Der motorischen Fähigkeit Koordination kommt somit eine fundamentale Bedeutung in Bezug auf die Bewältigung von Alltagsbelastungen zu.

Intention des Trainings ist daher die Überführung von Kraftqualitäten in funktionelle, alltagsnahe Bewegungsmuster. Übungen mit freien Gewichten, variablen Widerständen oder dem eigenen Körpergewicht erfordern höhere koordinative Anforderungen, v.a. wenn diese in mehreren Bewegungsebenen bzw. über mehrere Bewegungsachsen ausgeübt werden. Zur Verbesserung der Bewegungsökonomie und damit zur Leistungssteigerung und Verletzungsprophylaxe wird die Bewegungsausführung und nicht das isolierte / eindimensionale Training einzelner Muskeln im IST-Zirkel vollzogen, da bei den alltäglichen Belastungen (Lauf / Marsch mit Traglast etc.) ebenfalls keine isolierten Gelenkbewegungen stattfinden, sondern komplexe Bewegungsmuster, die das Zusammenwirken von Muskelschlingen/-ketten erfordern.

Ein weiterer Bestandteil sind Übungen mit alltagsnahen Gewichten / Gegenständen, da auch hier die Alltagssituationen ein Bewegen mit bzw. von unterschiedlichen, variablen Lasten (Ausrüstungsgegenstände, Bergen einer Person etc.) ein Kompensieren und Stabilisieren divergierender Belastungen und damit bedingter Intensitäten erfordern.

Diese vielfältigen Bewegungsmuster und Anforderungen an die motorischen Fähigkeiten werden durch die Aufeinanderfolge (mit kurzen Belastungspausen) von unterschiedlichen Bewegungsaufgaben intensiviert. Diese integrieren somit die kraftorientierten und unterschiedlichen Bewegungsaufgaben (Kombination von Kraft- und Koordinationstraining) in das Ausdauertraining. Hierbei treten v.a. intervallartige Belastungen und Beanspruchungen auf, was durch die Darstellung der im Training erzielten Herzfrequenzen (Grafiken 01 und 17) belegt wird.

Durch die verwendeten Trainingsgewichte/-gegenstände werden die hohen Traglasten des militärischen Alltags (Kapitel 2.1) nachgestellt und damit entsprechende Reize an die beanspruchten Muskelgruppen und Gelenksysteme gesetzt. Je nach Aufgabenstellung sollen diese Lasten stabilisiert (Übungen wie *Farmerswalk I/II* etc.) und/oder überwunden / bewegt (Übungen wie *Tire Flip* etc.) werden, was zur einer Steigerung der konzentrischen Kraftparameter und der Belastbarkeit der Gelenkstrukturen führen soll.

Diese komplexen und kombinierten Anforderungen an alle motorischen Fähigkeiten erfordern eine korrekte Ausführung, v.a. bei einsetzender Ermüdung des Trainierenden. Dieser Umstand stellt wiederum hohe Ansprüche an die Trainingsbetreuung, Einweisung und Kontrolle der Übungs- und Trainingsdurchführung – vor allem unter dem Aspekt der hohen neuromuskulären Anforderungen und der Tatsache, dass eine Ermüdung dieser Komponten mit einem Verlust der Bewegungsqualität und damit Stabilisierung der beanspruchten Strukturen einhergeht. Um Überlastungen im Vorfeld zu vermeiden, ist demnach eine vorzeitige Intensitätsreduktion bei einsetzendem Verlust der Ausführungsqualität vorzuehmen. Daher wurde auf eine fundierte und intensive Einweisung der Ausbilder in die Ziele, Bewegungsmuster, Indikationen und Kontraindikationen, (eventuellen) Fehlerbilder und Korrekturhinweise besonderer Wert gelegt (vgl. Darstellungen Kapitel 4.1.4).

Da räumlich und materiell keine Möglichkeit für ein Gruppentraining an Geräten o.Ä. bestand und v.a. der benannte Aspekt der Funktionalität durch ein derart geführtes Training nicht gegeben ist, wurden Übungen selektiert, die mit geringem materiellen Aufwand (vgl. Tabelle 04) durchführbar sind.

Da die Inhalte dieses Trainingszirkels bewusst sehr breit gestreut sind (Kraft-, Ausdauer-, Koordinationsübungen) und auch die jeweiligen Intensitäten individuell unterschiedlich ausfallen (in Abhängigkeit der konditionellen Fähigkeiten der einzelnen Probanden), ist eine direkte Ausrichtung auf eine bestimmte motorische Fähigkeit nicht einheitlich möglich und auch nicht beabsichtigt. Vielmehr ist der Fokus auf einen realitätsnahen Tranfer der in Kapitel 2.1 dargestellten Belastungen (Bewegungsmuster und Intensitäten) gerichtet – um gemäß der Anpassungsfähigkeit des Organismus eine möglichst hohe und zielgerichtete (bedarfsträgerorientierte) Adaption zu erwirken. Aus der Tatsache heraus, dass die Belastungen, wie beispielsweise die individuellen Ausrüstungs- und Traglasten, für alle Soldaten (unabhängig vom jeweiligen Körpergewicht) in der Realität gleich hoch sind, werden auch die Trainingslasten unabhängig von Gewicht, Leistungszustand etc. der Probanden gleich angesetzt und nicht individuell zugeordnet.

Da die Zeitvorgaben je Übung (zwischen 60 Sekunden in der ersten Trainingseinheit auf 90 Sekunden in der letzten Einheit) fix sind, kann der Proband entsprechend seiner Leistungskapazität (und Motivation) die Wiederholungszahl und -geschwindigkeit frei variieren. Die Ausbilder sind angehalten, dass jeder Teilnehmer seine individuelle Leistungsfähigkeit weitestgehend abruft. Da die Lehrgangsteilnehmer auf eine Verwendung als Kommandofeldwebel (siehe Kapitel 2.5) hinarbeiten, wird eine entsprechende Motivation zur Maximierung der individuellen körperlichen Leistungsfähigkeit erwartet bzw. vorausgesetzt. Die Ausbilder haben jedoch auch auf eine korrekte Ausführung der jeweiligen Übungen zu achten, um eine Verletzungsgefahr zu unterbinden. Des Weiteren soll darauf geachtet werden, dass die Durchführung im Gruppenrahmen die Motivation zur Leistungsfreisetzung sichert, jedoch ein unkontrollierter „Wettkampfgeist", der oft zu überhöhter Intensität (und damit möglicher Überlastung) führt, vermieden wird.

Korrekte Ausführungen, mögliche Fehlerbilder und entsprechende Korrekturmaßnahmen wurden vor den ersten Einheiten mit den Ausbildern und Teilnehmern an jeder Übung besprochen. Zielsetzung der gesamten Einführung war es, dass eine Durchführung (ab der 5. Trainingseinheit) auch ohne den Untersuchungsleiter sichergestellt ist. Regelmäßiges Feedback mittels standardisierter Protokolle zur Dokumentation der Trainingsdurchführung (siehe Tabelle 06) und Gespräche mit den Ausbildern stellten eine reibungslose Durchführung sicher.

Im Folgenden werden die Trainingsübungen und deren Zielsetzungen dargestellt, eine genauere Betrachtung und Reflexion der Übungen in Bezug auf mögliche Effekte wird in Kapitel 6.2.3 - 6.2.5 vorgenommen.

Trainingsinhalte und Zielsetzung der einzelnen Übungen:

Der wissenschafltiche Kenntnisstand der zur Auswahl der einzelnen Übungen und Programmstruktur beschrieben wurde ist in Kapitel 2.2.3 und 2.2.4 dargestellt worden. Wie bereits erwähnt, ist bei solch einem zusätzlichen Training (neben der fordernden militärischen Ausbildung) besonders darauf zu achten, dass die Regenerationsphasen (die durch ein intensives Training notwendig sind) eingehalten bzw. nicht gestört werden. Zur bildlichen Veranschaulichung der Intensitäten innerhalb der Trainingseinheiten soll die exemplarische Herzfrequenzaufzeichnung eines Probanden während der Durchführung des Trainingsprogramms (hier 3. TE vom 07.10.2012) dienen:

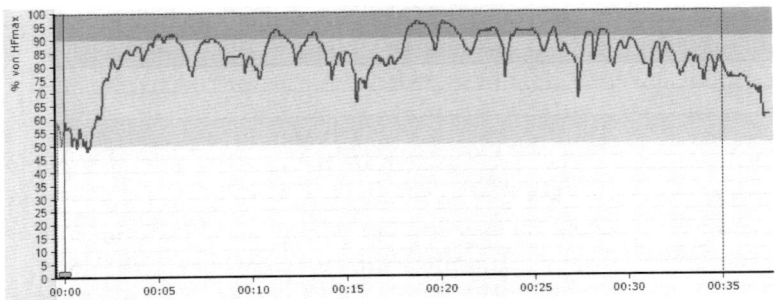

Grafik 01: Herzfrequenz-/Belastungsprofil während der 3. Trainingseinheit
(© POLAR Deutschland)

Diese Grafik visualisiert die hohen Belastungen gemessen an der HF und zeigt die intervallartige Struktur bzw. den ständigen Wechsel von Belastungs- und Pausenphasen während des Programms. Im folgenden Abschnitt werden nun die einzelnen Übungen dargestellt und die Zielsetzung (Nutzen der Übung) verdeutlicht. In Kapitel 6.2.3 bis 6.2.5 werden die Effekte in Bezug auf Übungen und die Kombination der motorischen Fähigkeiten erneut reflektiert.

Übungsbeschreibung Trainingsprogramm „IST – Infanteriespezifisches Training":

<u>Trainingsaufbau:</u>

Teil 1: Aufwärmen /Trainingsvorbereitung

1. Allgemeines Aufwärmen

<u>Ausführung:</u>

Das allgemeine *Warm-up* bestand aus einem moderaten Lauf von ca. 3 – 5 Minuten Dauer mit einer Distanz von ca. 500 m (siehe Kapitel 2.2.4 und 4.1.5).

2. Spezielles Aufwärmen

Ausführung:

Zu Beginn der eigentlichen Trainingseinheit wurde ein *Warm-up* mit dynamischen und funktionellen Übungen durchgeführt.

1. Übung: Ausfallschritte (je 15 Wiederholungen re + li)

Abbildung 03: *Ausfallschritt* Anfangsposition   Abbildung 04: Ausfallschritt Endposition

Zielsetzung:

Diese Übung bewirkt ein spezielles dynamisches Aufwärmen der unteren Extremitäten mit Schwerpunkt der Knie- und Hüftgelenkstabilisatoren. Die einbeinige Ausführung fordert darüber hinaus die Koordination (Gleichgewicht). Diese Übung dient als Vorbereitung auf alle folgenden Trainingsinhalte, welche die unteren Extremitäten beanspruchen. Da das Training im Großteil Übungen im Stehen / Laufen umfasst, sind die hierbei einbezogenen Strukturen besonders an diese Belastungen und Anforderungen zu gewöhnen.

2. Übung: Burpees / Strecksprünge (20 Wiederholungen)

Abbildung 05: *Burpee* Start-position

Abbildung 06: *Burpee* Hockposition

Abbildung 07: *Burpee* Strecksprung

Zielsetzung:

Bei dieser Übung handelt es sich um eine muskulär beanspruchende Ganzkörperübung, mit folglich hohen Anforderungen an die intermuskuläre *Koordination* und *Schnelligkeit*. Aus diesen Gründen ist auch die Beanspruchung des Herz-Kreislauf-Systems relativ hoch.

3. Übung: Jumping Jack (30 Wiederholungen)

Abbildung 08: *Jumping Jack* Startphase   Abbildung 09: *Jumping Jack* Endphase

Zielsetzung:

Ähnlich der Übung *Strecksprünge/Burpees*, dient diese dynamische Übung der Beanspruchung des kardiovaskulären Systems und der Vorbereitung der muskulären Interaktion zwischen den oberen und unteren Extremitäten. Des Weiteren werden die Sprung- und Kniegelenke (laterale Belastungen bei Bodenkontakt durch Scherkräfte) mit moderaten Reizen an die Beanspruchungen des Trainings gewöhnt.

4. Übung: Kniebeugen (20 Wiederholungen)

Abbildung 10: *Kniebeuge* Ausgangsposition   Abbildung 11: *Kniebeuge* Endposition

<u>Zielsetzung:</u>

Die hier angesprochenen Muskelgruppen der unteren Extemitäten werden in der nachfolgenden Trainingseinheit durch mehrere Übungen stark beansprucht. Ein entsprechend funktionelles Aufwärmen der Muskulatur und Gelenkstrukturen über den vollen Bewegungsradius (v.a. Knie- und Hüftgelenk) mit dieser separaten Übungen ist entsprechend zweckmäßig.

5. Liegestütz (jeweils 15 Wiederholungen re + li vorwärts bewegend)

Abbildung 12: *Liegestütz* Ausgangsposition   Abbildung 13: *Liegestütz* Endposition

Zielsetzung:

Hierbei werden hauptsächlich die Gelenkstrukturen und Muskelgruppen der oberen Extremitäten moderat belastet. Darüber hinaus wird – auf Grund der Rumpfspannung zur Vermeidung einer übermäßig ausgeprägten Lendenlordose – die Autostabilisation der Rumpfmuskulatur gefördert.

Teil 2 – Hauptteil: Trainingsübungen

1. Übung: *Pikes (Rumpf-Flexoren)*

Abbildung 14: *Pike* Anfangsposition   Abbildung 15: *Pike* Endposition

Zielsetzung:

Der Trainingsfokus liegt auf der Stärkung der Rumpfmuskulatur mit Schwerpunkt der geraden Bauchmuskulatur (*m. rectus abdominis*) und der Hüftbeuger (*m. iliopsoas*). Die Vorteile dieser Variation bzw. des Einsatzes des Schlingentrainers beruht auf der stetig zu stabilisierenden Bewegungsausführung, die durch das Einhängen der Beine in die frei schwebenden Schlingen bewirkt wird und dadurch das Pendeln der unteren Extremitäten durch muskuläre Stabilisation unterbinden soll. Somit wird eine gleichzeitige statische und überwindende dynamische muskuläre Arbeit der Bauchmuskulatur (und Huftbeugemuskulatur) forciert, was die Übungsausführung im Vergleich zu einem herkömmlichen Sit-up erschwert und v.a. durch die vergleichsweise langen Hebelarme noch intensiviert. Dies ermöglicht eine höhere Wirkung bezogen auf die Trainingszeit und optimiert damit die Zeiteffizienz und Trainingswirkung

2. Übung: *Gewichtsschlitten-Ziehen*

Abbildung 16: *Gewichtsschlitten* Zug rückwärts - Var. A

Abbildung 17: *Gewichtsschlitten* Zug vorwärts - Var. B

Zielsetzung:

Diese Aufgabe beansprucht primär die Bein- und Rumpfmuskulatur unter Ausübung des normalen Bewegungs-/Gangbildes. Generell bietet der Positionswechsel innerhalb dieser Übung den Vorteil, dass bei der Variante A (vgl. Abbildung 16 – Blick auf den Schlitten gerichtet) im Schwerpunkt die Beanspruchung auf der Streckerkette (Kniegelenkextensoren) liegt; in der Variante B (Abbildung 17 – Rücken zum Schlitten, Blick in Zugrichtung) verstärkt die ischiocrurale Muskelgruppe beansprucht wird – beide Varianten werden im Wechsel durchgeführt. Bei dieser Übung (Schlittengewicht ca. 80 kg) werden die Muskeln der unteren Extremitäten dynamisch, die Rumpfmuskulatur und die Muskeln der oberen Extremitäten / Schultergürtel statisch beansprucht. Somit stellt diese Übung (beinahe) ein Ganzkörpertraining dar und intensiviert damit die kardiale Beanspruchung, da das Herz die gesamte arbeitende Muskulatur versorgen muss.

3. Übung: _Lauf mit Traglast (Seesacklauf)_

Abbildung 18: _Seesacklauf_ Last rechts

Abbildung 19: _Seesacklauf_ Last links

Zielsetzung:

Auch bei dieser Mehrgelenksübung ist der Effekt und damit Alltagstransfer sehr hoch, da mehrere Gelenke und damit auch mehrere Muskeln simultan beansprucht werden. Solche Bewegungsmuster ähneln denen des (militärischen) Alltags, beispielsweise Tätigkeiten wie das Heben von Ausrüstungslasten und das Tragen / Bewegen mit dieser Traglast. Die koordinativen Anforderungen des Laufens werden durch die zu schulternde Traglast (ca. 40 kg) entsprechend intensiviert. Das jeweilige Aufnehmen des Seesacks schult darüber hinaus die Bewegungsmuster und trainiert die Muskeln der Hüft- und Rückenregion. Die Trainingsbelastungen entsprechen somit denen bei Marsch- und Laufbewegungen mit Traglast.

4. Übung: *Tire Flip*

Abbildung 20: *Tire Flip* 01   Abbildung 21: *Tire Flip* 02   Abbildung 22: *Tire Flip* 03

Abbildung 23: *Tire Flip* 04   Abbildung 24: *Tire Flip* 05

Zielsetzung:

Durch die Ausführung Anheben, Überwinden und Wegstoßen eines so hohen Widerstandes (ca. 200 kg) ist ebenfalls ein hoher Bezug zum Alltag ersichtlich. Dadurch, dass sich neben dem Anheben der Last ein Griffwechsel ergibt (Abbildungen 21-23) und sich generell die dynamische und statische muskuläre Arbeit abwechseln, sind die koodinativen Anforderungen hoch. Auch bei dieser Übung wird erneut beinahe die gesamte Muskulatur des Körpers eingesetzt, was den Trainingseffekt hinsichtlich intermuskulärer Koordination, kardialer Effekte und dynamischer Muskelarbeit potenziert.

5. Übung: *Klimmzug (Kommandogriff)*

Abbildung 25: *Klimmzug Kommando* Startposition   Abbildung 26: *Klimmzug Kommando* Endposition

Zielsetzung:

Bei dieser Übung ist ebenfalls ein hoher Bezug zu den Anforderungen des militärischen Alltags gegeben, nicht nur deshalb, da eine ähnliche (statische) Variante Bestandteil des BFT ist.

Die bei der Übung *Klimmzug Kommando* trainierten Muskeln des Schultergürtels (v.a. *m. deltoideus, m. trapezius*), Rückenmuskulatur (*m. latissimus dorsi*) sowie der Ellenbogengelenkflexoren (u.a. *m. biceps brachii* etc.) dienen im Alltag bei einer Vielzahl von Bewegungsmustern als leistungslimitierend. Neben den genannten Muskeln (dynamische Komponente) ist es permanente Aufgabe des neuromuskulären Systems von Rumpf und den Beckengürtel, für eine statische Stabilität zu sorgen, um ein „Pendeln" des Körpers (und damit den Verlust der Bewegungsökonomie und -kontrolle) zu unterbinden (statische Komponente). Bei allen Tätigkeiten, bei denen der Körper an bzw. über einen Gegenstand hochgezogen werden muss (z.B. Überwinden einer Mauer oder Eindringen in ein hohes Fenster – bspw. beim Häuserkampf), werden diese Muskeln und Bewegungsabläufe benötigt. Eine entsprechend hohe Kraftleistungsfähigkeit ist auch notwendig, da bei diesen Bewegungsabläufen in der Einsatzrealität die Ausrüstungslast zusätzlich noch mitgeführt werden muss. Der weitere Vorteil einer solchen Ausführung – wie auch der anderen funktionellen / spezifischen Bewegungen – ist die trainingsbedingte Zeiteffizienz, da mit nur einer Übung eine Vielzahl von verschiedenen Muskeln belastet und trainiert werden.

6. Übung: *Farmers Walk I* (Griffhantel / Kette + Sandsack)

Abbildung 27: *Farmers Walk I* (Position 01)   Abbildung 28: *Farmers Walk I* (Position 02)

Zielsetzung:

Die variablen sich stetig bewegenden / instabilen Gewichte / Gegenstände wurden bewusst gewählt. Somit müssen die dynamischen Kräfte durch muskuläre (isometrische) Kontrolle und Fixierung (Griffkraft, Rumpfstabilität), v.a. bei der gleichzeitig stattfindenden Laufbewegung, stabilisiert und kontrolliert werden. Auch hier ist beinahe die gesamte Muskulatur des Körpers statisch und / oder dynamisch involviert. Im realen Einsatz finden ähnliche Ausführungen und Belastungen beim Tragen von Ausrüstung bei gleichzeitig möglichst schnellem Fortbewegungstempo statt.

7. Übung: *Farmers Walk II* (Reifen)

Abbildung 29: Farmers Walk II a

Abbildung 30: Farmers Walk II b

Abbildung 31: Farmers Walk II c

Zielsetzung:

Wie bei der Übung Farmers Walk I wird auch hier die Griffkraft (v.a. Handgelenkflexoren; Abbildung 30 bzw. 31), die Rumpf- und Schultergürtelmuskulatur (statisch) und die unteren Extremitäten (dynamisch) trainiert. Die zu tragende Gewichtslast ist mit ca. 60 kg etwas höher als bei der Übung Farmers Walk I (dort ca. 2 x 15 bzw. 20 kg), jedoch in sich stabiler als bei der vorherigen Übung. Auch hier ist das Aufnehmen und Absetzen (Abbildung 29) des Gewichts Bestandteil der Übungsausführung, um die Rumpfaufrichtung und Hüftstreckung (ischiocrurale Muskulatur) bzw. das Anheben von Lasten zu trainieren.

8. Übung: *Klimmzug horizontal*

Abbildung 32: *Klimmzug horizontal*
Anfangsposition

Abbildung 33: *Klimmzug horizontal*
Endposition

Zielsetzung:

Diese zweite Zugübung im Programm zielt neben der Rücken-, Schultergürtel-
und Armbeugemuskulatur auch auf die Rumpfmuskulatur ab. Besonders die statische Stabilisierung der Wirbelsäule wird durch die Rumpf- und die Hüftstreck-
muskeln erwirkt. Zugübungen sind v.a. zur Fixierung / Kräftigung der wirbel-
säulen- und schultergürtelumgebenden Muskeln notwendig und stellen einen erneut hohen Transfer zu Alltagsübungen und -anforderungen, v.a. beim Überwinden von Gegenständen, wie dem Hochziehen an einem Hindernis (vgl. Übung
Klimmzug Kommando), beispielsweise im Orts- und Häuserkampf etc., dar.

9. Übung: *Liegestütz* (Füße erhöht)

Abbildung 34: *Liegestütz* (Füße erhöht) Anfangsposition

Abbildung 35: *Liegestütz* (Füße erhöht) Endposition

Zielsetzung:

Als Ausgleich bzw. zur Vorbeugung von muskulären Dysbalancen und den daraus resultierenden Fehlbelastungen der Gelenkstrukturen (vornehmlich Schultergürtel) wird diese Übung mit der primären Beanspruchung der Brust-, Schulter-
und Armstreckmuskeln durchgeführt, da bereits zwei Zugübungen mit Fokus auf
die dorsalen Muskelgruppen der oberen Extremitäten im Programm enthalten
sind. Hier hat die Rumpfmuskulatur die Aufgabe, durch Autostabilisation die
Wirbelsäule / Hüftgelenk im physiologischen Lot zu halten, was durch die Kontraktion der Hüftstreckmuskulatur unterstützt wird.

10. Übung: Seesack Kniebeuge

Abbildung 36: *Kniebeuge* Variante I (Startposition)

Abbildung 37: *Kniebeuge* Variante I (Endposition)

Abbildung 38: *Kniebeuge*Variante II (Startposition)

Abbildung 39: *Kniebeuge* Variante II (Endposition)

Zielsetzung:

Die hier angesprochenen Muskelgruppen werden bei fast allen Tätigkeiten im militärischen Alltag, beispielsweise beim Marschieren, Laufen (alles mit entsprechender Ausrüstungslast – vgl. Kapitel 2.1) etc., benötigt. Vor allem diese hohen Traglasten beanspruchen, neben der wirbelsäulenstabilisierenden Muskulatur,v.a.

die Muskelgruppen der unteren Extremitäten (vgl. Kapitel 2.1, 2.2.2 und 2.4). Der mit mehreren Sandsäcken befüllte Seesack (ca. 40 kg Gewicht) erwirkt einen Trainingimpuls der Halte- und Stützfunktion der Arm- und Rumpfmuskulatur. Durch die Verwendung dieser instabilen Gewichtskomponenten (Anm.: die Sandsäcke rutschen im Seesack bei der Übungsausführung permanent hin und her – eine solche Dynamik soll durch ein stetiges Austarieren reduziert werden) werden darüber hinaus erneut die Rumpfmuskeln (Autostabilisation und Kompensation von Rotations- und Scherkräften) beansprucht, da diese die Bewegungen durch Gegenstabilisation kompensieren und eine gleichmäßige Ausführung sichern. Des Weiteren lassen sich durch die Verformbarkeit des Seesacks die Tragepositionen am Körper leichter variieren und das Gewicht damit besser handhaben und am Körper halten. Ein durch diese variablen Gewichtslasten stetiges Verschieben des Lastschwerpunktes ergibt sich v.a. bei den schnellen Laufbewegungen; die dadurch erzeugte kinetische Energie führt somit zu hohen Reizen der zu stabilisierenden Muskulatur (vornehmlich Rumpfstabilisatoren).

11. Übung: *Kettlebell Swings* mit 16 kg

Abbildung 40: *Kettlebell Swing* Anfangsphase   Abbildung 41: *Kettlebell Swing* Endphase

Zielsetzung:

Die Eigenart eines Trainings mit Kettlebells ist die Wirkung des Schwungmomentes, welches die Kugelhantel bei Übungen wie dem *Kettlebell Swing* erzeugt und eine muskuläre Kontrolle und Stabilisierung (Schwerpunkt Rumpf- und Hüftstreckmuskulatur) fordert und fördert. Gemäß den Grundsätzen eines funktions-orientierten Trainings erfolgt gerade bei solchen Übungen ein Training der Muskelketten und nicht einzelner Mukeln isoliert, was einem besseren Alltagstransfer entspricht und damit höhere Effekte (mehr Muskeleinsatz, höhere koordinative Anforderungen) bedeutet. Bei der Übung *Kettlebell Swing* erwirken diese mechanischen Belastungen (hoher Lastarm, großes äußeres Dreh- und Schwungmoment in der Endposition; vgl. Abbildung 41) ein Stabilisieren und Gegenwirken nicht nur der dorsalen, sondern auch der ventralen Muskelgruppen, welche der Wirkungsrichtung der Hantel (Abbildung 41 – vom Körper wegführend) im Umkehrpunkt der Bewegung entgegenwirken müssen. Neben den genannten Muskelpartien müssen ebenso die Handgelenkstabilisatoren (Handgelenkflexoren und -extensoren) diese Kräfte kompensieren helfen, was einen zusätzlichen Effekt auf die Steigerung der Griffkraft (vgl. Darstellungen Kapitel 2.1 und 2.4) mit sich bringt.

Neben der schnellkräftigen und damit koordinativ anspruchsvollen Ausführung ist der Effekt auf die Kniebeuge- und Hüftstreckmuskulatur das Kernziel dieser Übung. Die Hüftstrecker werden bei allen Laufübungen bzw. bei jeder Fortbewegung eingesetzt und durch Zusatzlasten (Traglasten wie Munition, Ausrüstung etc., vgl. Kapitel 2.1) zusätzlich zur dynamischen Arbeit auch statisch belastet. Demnach stellen leistungsfähige (kräftige und ausdauernde) Hüftstrecker (v.a. *m. gluteus maximus*) die Basis für alle Laufbewegungen dar und steigern die hier erforderlichen Leistungsfähigkeiten bzw. reduzieren ein vorzeitiges Ermüden und erwirken somit eine Vermeidung von Überlastungsschäden bzw. Verletzungen (u.a der Lendenwirbelsäule).

12. Übung: *Kettlebell Military Press* mit alternierenden Lasten (8 / 12 kg)

Abbildung 42: *Kettlebell Military Press*

Abbildung 43: *Kettlebell Military Press* (Endposition)

Zielsetzung:

Auch bei dieser Übung werden bewusst unterschiedliche Gewichte (8 und 12 kg) verwendet. Daher wird, neben den Schultermuskeln, auch die Rumpfmuskulatur trainiert. Auch hier müssen die Lateralflexoren der Lendenwirbelsäule das Gleichgewicht durch eine statische Fixierung der Wirbelsäule im vertikalen Lot sichern. Die Anpassungseffekte bei der dynamisch arbeitenden Muskulatur zeigen sich in einer Zunahme der Kraft der Schulteraußenrotatoren und Schulterblattstabilisatoren. Letztere sind beispielsweise beim Tragen von Rucksackgewichten statisch stark beansprucht. Wird die konzentrische Kraft (wie in dieser Übung) trainiert und gesteigert, hat dies auch einen Zuwachs der isometrischen Kraft zur Folge, welches beim Marsch mit hohen Lasten (Rucksackgewicht) wiederum zu geringeren (relativen) isometrischen Beanspruchungen führt. Um eine gleichmäßige Anstrengung zu sichern, wird bei allen Übungen mit unterschiedlichen Gewichtslasten (z.B. *Farmers Walk I*) oder Positionen (Übung *Gewichtsschlitten ziehen*) zur Hälfte der Belastungszeit ein Wechsel vollzogen.

13. Übung: *Bear Walk*

Abbildung 44: *Bear Walk* (Startposition)   Abbildung 45: *Bear Walk* (Bewegungsphase)

Zielsetzung:

Diese Übung stellt die Bewegungsform *tiefste Gangart* dar, welche zum Annähern bzw. Bewegen unter Feindbeschuß im realen Gefecht verwendet werden kann. Demnach ist eine Leistungssteigerung der hierbei beteiligten Muskelgruppen zielführend. Dadurch, dass erneut beinahe die gesamte Muskulatur beansprucht wird (Schwerpunkt Autostabilisation Rumpf, Dynamik und koordinatives Zusammenspiel der unteren/oberen Extremitäten), sind entsprechende Belastungen und daraus resultierende Effekte zu erwarten.

14. Übung *Sprint Intervall*

Abbildung 46: *Sprint* (Startposition)   Abbildung 47: *Sprint* (dynamische Phase)

Zielsetzung:

Hier stehen die anaeroben Stoffwechselbelastungen und die schnellkräftigen Innervierungsmuster der Zielmuskulatur (untere Extremitäten) im Fokus. Im militärischen Alltag ist eine maximale Laufgeschwindigkeit über kurze und mittlere Distanzen elementar (vgl. Kapitel 2.1 und 2.2.1), um möglichst schnell Distanzen in einer Gefahrenzone (z.B. Gefechtsfeld etc.) zu überwinden. Das stetige Wiederholen der Kurzsprints stellt außerdem hohe Anforderungen und Belastungen für das Herz-Kreislauf-System und den Energiestoffwechsel (anaerobe Belastungen) dar, was es wiederum durch entsprechende Anpassungen auszubauen gilt.

15. Übung *Sprünge*

Abbildung 48: *Sprung*
Startposition

Abbildung 49: *Sprung*
Endposition

Abbildung 50: *Sprung*
Ausgangsposition

Zielsetzung:

Neben der Beanspruchung der Muskulatur der unteren Extremitäten steht hier der Effekt zur Steigerung der Sprungkraft (DVZ / *Reaktivkraft*) im Vordergrund. Dies stellt damit einen weiteren Trainingsinhalt dar, denn neben den Übungen mit Schwerpunkt auf ein Training zum Ausbau der *Kraftausdauer, Schnelligkeit* und *Koordination* wird hier die Sprungkraft (vgl. Kapitel 2.2.2) trainiert. Die Effekte sollen einen Transfer für alle Lauf- und Sprungbewegungen liefern.

Teil 3 – Cool-down

Ausführung:

Stationsabbau und allgemeines Auslaufen (ca. 5 Minuten) mit moderatem Lauftempo vom Trainingsplatz zurück zur Unterkunft (Strecke wie beim *Warm-up*).

4.3.2 Das Verfahren SRT/Zeptoring

Die Umsetzung des Treatments SRT für die Probanden der entsprechenden Subgruppe (Gruppe „IST+SRT") erfolgte direkt vor den Trainingseinheiten. Auf Grund der organisatorischen bzw. zeitlichen Vorgaben konnte nur ein geringes Zeitfenster (siehe Kapitel 2.5) für dieses Treatment verwendet werden, so dass pro

Teilnehmer dieser Subgruppe nur 1 Minute Anwendungszeit (bei ca. 12-15 Minuten Gesamtdauer; entsprechend der Anzahl Teilnehmer Gruppe „IST+SRT") je Trainingseinheit möglich waren. Der erste Durchlauf (30 Sekunden) wurde beidbeinig mit frontaler Ausrichtung auf dem Gerät (jeweils ein Fuß auf der linken der andere auf der rechten Platte; Abbildung 51), der zweite beidbeinig in lateraler Standposition (Ferse auf der rechten / linken und Vorfuß auf der linken/rechten Platte; Abbildung 52) durchgeführt. Die Standposition auf dem Gerät wurde in einer leichten Hockposition (Kniewinkel ca. 70° Flexion) eingenommen, diese Position wurde statisch gehalten. Zur Intensivierung der Vibrationsreize für die Rezeptoren der Fußgelenke wurde die Durchführung jeweils ohne Schuhe vollzogen.

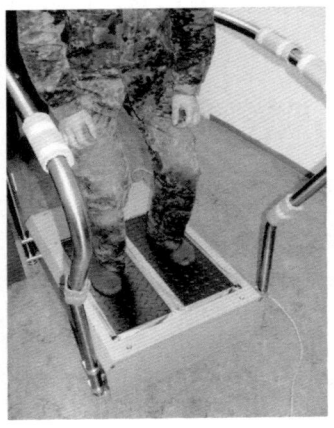 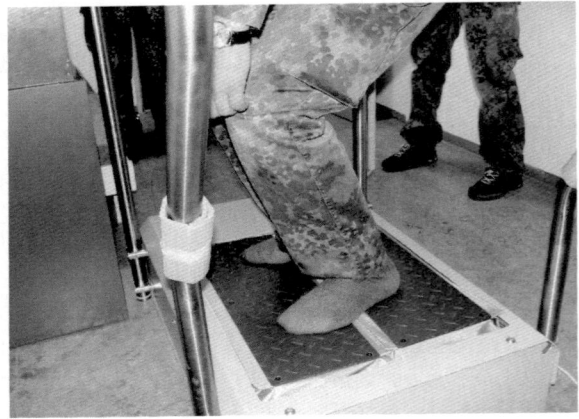

Abbildung 51: Zeptoring – frontale Standposition   Abbildung 52: Zeptoring – laterale Standposition

Durch die unterschiedlichen Standpositionen sollte eine erhöhte Anforderung an die Sensomotorik gestellt werden, um somit mehr Mechanorezeptoren in den Füßen, die auf diese Reize reagieren, zu aktivieren. Durch die Hockposition werden höhere Einwirkungen auf die Muskulatur der unteren Extremitäten erzielt; dies führt neben einer muskulären Innervierung (Kniegelenksbeuge und -streckmuskulatur, Hüftgelenkstreckmuskulatur etc.) ebenfalls zu einer Aktivierung der dortigen Rezeptoren (in den Gewebs- unnd Gelenkstrukturen), was in Kapitel 2.3 thematisiert wurde.

Ein Ausbilder war ständig vor Ort, um die Steuerung und Kontrolle der Durchführung zu gewährleisten. Die Belastungsdosierung wurde folgendermaßen vorgenommen:

1. – 3. Einheit: *Stärke* 4 / *Noise* 5

4. – 7. Einheit: *Stärke* 6 / *Noise* 5

8. – 11. Einheit: *Stärke* 8 / *Noise* 5

12. – 14. Einheit: *Stärke* 9 / *Noise* 5

Erklärung der Begrifflichkeit / Kenngröße *Stärke*:

Diese Kenngröße gibt die Schwingung der Bodenplatte des Zeptors in Hertz (Hz) an.

Erklärung der Begrifflichkeit / Kenngröße *Noise*:

Hiermit wird die Oberschwingung beschrieben, welche die Grundschwingung der Platten überlagert.

4.3.3 Der Basis Fitness Test (BFT)

Als Test zur Überprüfung der körperlichen Leistungsfähigkeit absolvieren alle Teilnehmer der Studie den Basis Fitness Test (BFT) der Bundeswehr (BMVg – Fü S I 5 – Az 32-01-05 vom 19.06.2009). Der genaue Testablauf ist entsprechend den dargestellten Ablaufvorgaben mit Hilfe der Hörsaalausbilder jeweils vor Beginn (PRE / Einstufungstest) und nach Beendigung der Trainingsintervention (POST / Re-Test) durchgeführt worden (vgl. Kapitel 4.1.1).

Die Ergebnisse und Daten sind in Kapitel 5.1.1 und 5.2 dargestellt.

Das Testverfahren:

Jeder Soldat der Bundeswehr muß mindestens einmal jährlich als Nachweis für seine physische Basisfitness den Basis Fitness Test (BFT) absolvieren. Dieser Test kontrolliert die primären motorischen Grundfähigkeiten *Ausdauer, Kraft, Schnelligkeit* und *Koordination*. Der BFT wurde nach wissenschaftlichen Kriterien (EßFELD et. al, 2006A) definiert und evaluiert.

Er besteht aus den Testdisziplinen *11 × 10-m -Sprinttest, Klimmhang* und *1000-m-Lauf*.

Zielsetzung des BFT:

Diese drei Testübungen setzen kaum technische Fertigkeiten voraus, noch wird ein vorbereitendes Training notwendig. Mit den Resultaten dieser Testung können mögliche sportmotorische Defizite aufgedeckt und durch zielgerichtete Trainingsmaßnahmen im Rahmen der sportlichen Ausbildung reduziert bzw. beseitigt werden. Daher soll der BFT als Grundlage für die individuelle Trainingsplanung im Rahmen der militärischen Ausbildung dienen und findet (wegen der Vergleichbarkeit; siehe Kapitel 6.2.2) daher in dieser Studie Verwendung.

Durchführungsbestimmungen:

Der Basis Fitness Test soll von ausgebildeten Übungsleitern (Ausbildern) durchgeführt werden. Die Testaufgaben *11 × 10-m-Sprint* und *Klimmhang* wurden in der Sporthalle, der *1000-m-Lauf* im Freien bzw. wegen der sehr schlechten Witterung (z.B.: extreme Kälte / Schnee – vgl. Temperaturwerte Jan. – Feb. 2012; Tabelle 05) in der Sporthalle (Lehrgänge 2012) absolviert.

Die Soldaten wurden zu Beginn über den Zweck der Testung und die Verwendung der Testergebnisse und Angaben im Rahmen dieser Studienarbeit informiert und aufgeklärt. Nach einem allgemeinen Aufwärmen wurden die einzelnen Testübungen durchgeführt und die jeweiligen Zeiten durch die Ausbilder ermittelt und dokumentiert.

Die Reihenfolge der Testausführung:

Zur Sicherstellung der einheitlichen Testbedingungen wurde die Reihenfolge der Teildisziplinen einheitlich und schematisch beim Test und Re- Test vorgegeben:

- *11 × 10-m-Sprint*
- *Klimmhang*
- *1000-m-Lauf*

Die Testaufgaben des Basis Fitness Test (*Quelle: Bundeswehr*):

Testaufgabe 1: *11 × 10-m-Sprint*

Die Testperson startet aus der Bauchlage (der Kopf ist in Laufrichtung ausgerichtet; Abbildung 53) und umläuft (Abbildung 54) so schnell wie möglich eine in 10 Meter Entfernung aufgestellte Pylone. Sobald der Proband wieder den Startpunkt ereicht hat, legt er sich erneut kurzzeitig in Bauchlage auf die Matte, klatscht die Hände hinter dem Rücken zusammen, springt wieder auf und spurtet die nächste Runde. Ziel ist es, schnellstmöglich fünfeinhalb Runden (entspricht 11 × 10 m) zu laufen. Bei Erreichen dieses Wendepunktes wird die Zeit vom Tester gestoppt.

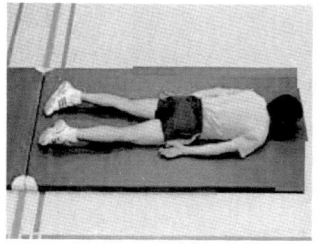

Abbildung 53: *BFT Sprint* Start Abbildung 54: *BFT Sprint* Laufphase Abbildung 55: *BFT Sprint* Wende

Testaufgabe 2: *Klimmhang*

Zur Einnahme der Startposition steht die Testperson zunächst auf einem kleinen Kasten und greift im Kammgriff (Handrücken zeigt vom Körper weg) an die vor ihr befindliche Reckstange. Dabei soll die Griffweite der Hände etwa der Schulterbreite des Probanden entsprechen. In dieser Anfangsposition befinden sich die Schultern ungefähr auf gleicher Höhe mit der Reckstange. Die Unterarme sind möglichst weit in Richtung der Oberarme gebeugt (Abbildung 56). Der Start erfolgt unmittelbar nach Aufforderung durch den Prüfer. Hierzu verlässt die Testperson den Sprungkasten und verharrt in der Endposition des Klimmhangs (Ellenbogengelenk maximal gebeugt, Schultern sind auf Höhe der Reckstange). Die Zeitnahme beginnt, sobald die Füße den Kontakt zum Sprungkasten verloren haben. Sie endet, wenn diese Ausgangsposition so weit verlassen wurde, dass das Kinn unter die Reckstange sinkt (Abbildung 57). Die erreichte Zeit wird dokumentiert und im Datenblatt des jeweiligen Probanden eingetragen.

Abbildung 56: *BFT Klimmhang* – korrekte Testposition

Abbildung 57: *BFT Klimmhang* – Abbruchkriterium

Testaufgabe 3: *1000-m-Lauf* (Laufbahn)

Die zu testende Person absolviert die vorgegebene Strecke von 1000 m so schnell wie möglich (Abbildung 58). Die Zeiten werden beim Zieldurchlauf von den Ausbildern gestoppt und notiert.

Abbildung 58: BFT 1000-m-Lauf

Bewertung des Basis Fitness Tests

Mindestleistungen:

- *11 × 10-m-Sprinttest* < 60 Sekunden
- *Klimmhang* > 5 Sekunden
- *1000-m-Lauf* < 390 Sekunden

128

(Textquellen und Bildnachweise überarbeitete Abbildungen 53 – 58: Sportschule der Bundeswehr Lehre / Ausbildung: Handbuch für den Sportausbilder, Sportschule der Bundeswehr Warendorf, 2012,S.79 ff.)

Referenz-/Vergleichsgruppe „BFT"

Um die Werte des BFT der Probanden dieser Studie (Experimental- und Kontrollgruppe) hinsichtlich der hierbei gemessenen Leistungsfähigkeit einzuordnen, wurden mehrere BFT Ergebnisse von Teilnehmern anderer Lehrgänge herangezogen. Diese Daten wurden so weit zusammengefasst, selektiert und anonymisiert, dass sie hinsichtlich Geschlecht (männlich) und der Alterskohorte (20 – 30 Jahre) denen der Studienteilnehmer entsprachen.

	Proband	Alter	Größe	Gewicht	BMI
Referenzgruppe					
n =35	MW	25,13	1,86	84,13	24,70
	StAbw	2,59	0,06	12,51	2,49
	MIN	22	1,74	62	19
	MAX	29	1,94	106	30
Experimantalgruppe					
n =46	MW	23,22	1,86	79,71	24,35
	StAbw	2,17	0,1	8,25	2,18
	MIN	19	1,68	63	20,1
	MAX	28	1,98	98	29,4
Kontrollgruppe					
n = 34	MW	24,85	1,82	83,50	25,05
	StAbw	2,05	0,06	8,79	1,66
	MIN	20	1,70	62	21,5
	MAX	28	1,94	103	28,7

Tabelle 11 : Personenbezogene Daten Referenz-, Experimental- und Kontrollgruppe

Die Daten beziehen sich auf die Angaben der Befragten zum Zeitpunkt der Eingangsmessung (PRE; vgl. Kapitel 4.2.2) und sollen aufzeigen, inwieweit diese drei Gruppen bzw. die Probanden zu diesem Zeitpunkt zueinander vergleichbar sind.

Hinsichtlich der Parameter Alter und BMI gibt es keine groben Divergenzen zwischen den Gruppen. In Bezug auf das Durchschnittsalter liegen die Werte der Referenzgruppe mit 25,13 ± 2,59 Jahren am höchsten, das Alter der Probanden der

Kontrollgruppe (24,85 ± 2,05 Jahre) liegt noch etwas über dem der Experimentalgruppe, welche mit einem Durchschnittsalter von 23,22 ± 2,17 Jahren die jüngsten Probanden umfasst. Die BMI-Werte liegen bei der Kontrollgruppe mit 25,05 ± 1,66 am höchsten, gefolgt von der Referenzgruppe (24,70 ± 2,49). Die Werte der Experimentalgruppe sind hier entsprechend am geringsten, mit Durchschnittswerten von 24,35 ± 2,18 (vgl. Tabelle 11).

Bezogen auf die genannten Werte sind die Daten der Referenz-, Experimental- bzw. Kontrollgruppe ähnlich, so dass eine Vergleichbarkeit dieser Werte zulässig ist. Die Ergebnisse werden in Kapitel 6.2.2 mit denen der Studiengruppen dieser Arbeit verglichen um eine Einstufung der körperlichen Leistungsfähigkeit der Studienteilnehmer zu geben.

4.3.4 Testung der Rumpfmuskulatur (McGill-Test)

Die Besonderheit des McGill-Testverfahrens (funktionsgymnastischer Krafttest) ist, dass nicht nur die reine Haltezeit (isometrische Muskelspannung in der entsprechenden Testposition) als alleiniges Beurteilungskriterium relevant ist, sondern eben auch das Verhältnis der Leistungswerte der getesteten Muskelgruppen (Rumpfflexoren, -extentsoren und -lateralflexoren) zu- bzw. untereinander. Treten hier von den Anforderungen abweichende Haltezeiten auf, ist dies ein Indikator für ein muskuläres Ungleichgewicht und damit als Risikofaktor für mögliche Verletzungen / Überlastungen anzusehen. Diese Unterschiede bzw. Dysbalancen der Kraftausdauerwerte lassen sich für die seitliche Rumpfmuskulatur (Lateralflexoren) im Rechts-Links-Vergleich, im Vergleich Rumpfextensoren zu -flexoren und Lateralflexoren (jeweils rechts und/oder links) zu Extensoren finden (MCGILL et al., 1999 und 2003). Die Veränderungen hinsichtlich der Leistungsfähigkeit (Haltezeiten) aber auch der Balance / Dysbalance, bezogen auf die Werte der Übungen untereinander, sind Bestandteil der Ergebnisauswertung (Kapitel 5.1.2) und Gradmesser bezogen auf die Effektivität des untersuchten Trainingsprogramms in Anbetracht einer zweckorientierten gleichmäßig ausgeprägten hohen Rumpfstabilität.

Des Weiteren ist dieser Test aus organisatorischen Aspekten interessant, da er ohne großen zeitlichen/materiellen Aufwand überall – z.B. in Kombination mit dem BFT – angewandt werden konnte. Ein weiteres Entscheidungskriterium für die Auswahl war, dass dieser Test wissenschaftlich evaluiert (MCGILL, 2007) und demnach aussagekräftig erscheint.

Testablauf:

Es werden je Studienteilnehmer insgesamt vier Testpositionen zur Bestimmung der Ausdauerleistungsfähigkeit der jeweiligen Muskelgruppen durchgeführt. Die Reihenfolge ist einheitlich und standardisiert vorgegeben. Es handelt sich dabei um die:

1. *Lateralflexion* (Seitneigung jeweils rechts und links) – Testausführung:

Der Proband befindet sich in einer Seitstützposition, die Füße stehen so aufeinander, dass nur der untere Fuß Bodenkontakt hat. Der freie Arm ist auf der oben liegenden Hüfte abgelegt. Die Wirbelsäule wird gerade gehalten und muskulär fixiert, so dass Kopf / HWS, Brustbein, Beckenmitte und Knie eine einheitlich diagonale Linie bilden (Abbildung 59). Nähert sich die untere Hüftseite dem Boden an, wird der Test beendet.

 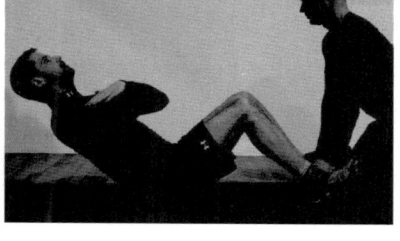

Abbildung 59: McGill-Testposition *Lateralflexion*   Abbildung 60: McGill-Testposition *Rumpfflexion*

2. *Rumpfflexion* (Beugung) – Testausführung:

Der Proband befindet sich in der statischen Sit-up-Position (30° aus der Vertikalen nach hinten geneigt, Knie- und Hüftgelenk jeweils im 90°-Flexionswinkel). Die Hände werden vor der Brust gehalten, die Schulterblätter zurückgezogen (Abbildung 60); Kopf in Verlängerung der HWS. Wird diese Position nicht mehr gehalten, wird diese Testdisziplin abgebrochen bzw. beendet.

3. *Rumpfextension* (Streckung) – Testausführung:

Der Proband befindet sich im Überhang auf einer Hantelbank oder einem Kasten, wobei die vordere Spitze der Darmbeinschaufel noch Kontakt zur Unterlagefläche hat. Die Arme sind vor der Brust verschränkt (Abbildung 61) – diese Position wird statisch gehalten. Sobald der Proband die horizontale Position (Kopf – Brustbein – Hüfte = eine Linie) statisch nicht mehr halten kann, wird dieser Test abgebrochen.

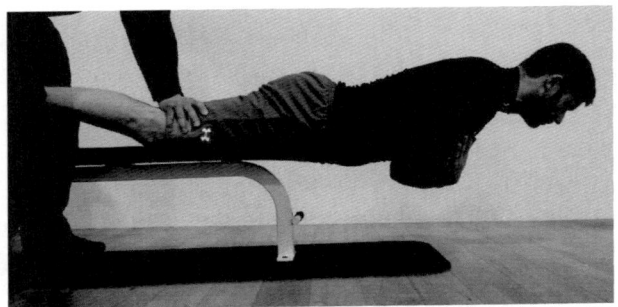

Abbildung 61: McGill-Testposition *Rumpfextension*

Beurteilung:

Es wird bei allen beschriebenen Positionen (*Lateralflexion* rechte und linke Seite, *Rumpfflexion* und *-extension*) die Zeit der isometrischen Haltephase gemessen. Der Proband muss die beschriebene Position selbst beibehalten und auf Anweisung des Testers den Test beenden, wenn die vorgegebene Position nicht mehr korrekt eingehalten werden kann. Gerade bei Personen mit Defiziten im Bereich der Rumpfkraft und/oder Rückenschmerzen bzw. -problemen treten hier oft neben geringen Leistungswerten (Haltedauer) die oben (und in Kapitel 2.1) beschriebenen muskulären Dysbalancen auf. Häufig nimmt dabei die Kraftausdauerleistungsfähigkeit der Rumpfstreckmuskulatur im Vergleich zur Rumpfbeugung und -seitneigung ab (MCGILL, 2007). Daher kann ein solches Untersuchungsverfahren als Frühindikator für Rückenbeschwerden angesehen werden und dient entsprechend einer differenzierten und präventiven Trainingsplanung. Diese Ansätze einer Verletzungsprophylaxe werden in Kapitel 6.2.8 erneut besprochen.

Wenn folgende Faktoren bzgl. der Abweichungen zwischen den Muskelgruppen nachgewiesen werden, spricht man laut Vorgaben von MCGILL (2007) von einer muskulären Dysbalance in dem entsprechenden Wirbelsäulensegment (in diesem Fall der Lendenwirbelsäule):

- Verhältnis *Lateralflexion* im rechts / links-Vergleich > 0,05 (bzw. 5 %)

- Verhältnis *Flexion / Extension* > 1,0 (bzw. 100 %)
- Verhältnis *Lateralflexion* (rechts und / oder links) / *Extension*: > 0,75 (bzw. 75 %)

Die Ergebnisse der Probanden (Experimental- und Kontrollgruppe) und die Referenzwerte nach MCGILL (2007) werden in Kapitel 5.1.2 (Tabellen 21 - 27) dargestellt und verglichen.

4.3.5 Die Koordinationstestung (*Testor*-Verfahren)

Die Probanden der Experimentalgruppe wurden im Rahmen der Einstiegs- und Re-Testungen einer Überprüfung ihrer posturalen Kontrolle unterzogen, um die trainingsbedingten Effekte auf die motorische Fähigkeit Koordination zu untersuchen (Gleichgewichtstestung). Dieser Test bewertet die Körperstabilität im Stehen auf einer instabilen (horizontal frei schwingenden) Standfläche unter Berücksichtigung der Gleichgewichts- und sensomotorischen Regulationsfähigkeit.

Neben dieser sensomotorischen Regulationsfähigkeit werden die Quantität und Qualität der Ausgleichsbewegungen sowie deren Verlauf während der Messung (ermittelt in mm / Spannweite) überprüft. Außerdem bewertet und dokumentiert er Bewegungsabweichungen von der Sagittalebene (rechts / links- Erhebung) und Abweichungen von der Frontalebene bei Vorwärts- / Rückwartsbewegungen, da durch die freie Aufhängung der Messplatte diese in alle Richtungen frei beweglich ist.

Gestestet wird demnach, wie schnell die Afferenzen der Gelenkrezeptoren auf sich ändernde Positionen, Gelenkstellungen und Bewegungen (ausgelöst durch die in alle Bewegungsrichtungen horizontal sich frei bewegende Messplatte) reagieren und diese Informationen (Stellungsänderungen der Gelenke) an das ZNS übermitteln. Diese Informationsaufnahme und -weitergabe der Mechanorezeptoren über die jeweilige Gelenkstellung, die Reaktionen der Muskeln (Längen- und Spannungsänderungen; gesteuert durch das ZNS) und die Beschleunigung / Phasen der Bewegungen wird als Tiefensensibilität (vgl. Kapitel 2.3) bezeichnet. Eine solche Messung ermöglicht somit die quantitative Darstellung und Bewertung dieser Fähigkeiten des jeweilig getesteten Probanden.

Die posturale Kontrolle ist für die Stabilisierung des Gleichgewichts verantwortlich, darunter versteht man jede synergistische Muskelaktivierung an tragenden und peripheren Gelenken. Diese Schwankungen und Bewegungen, die entstehen, wenn die Regionen des Becken- und Schultergürtels nicht ausreichend stabilisiert werden können, werden mit dem Testor-Messverfahren erfasst und gemessen.

Die Auslenkung der Messplatte (Standfläche; vgl. Abbildungen 62 und 63) des Testor wird durch die Sensoren (an den Seilzügen) als Wegstrecke registriert und in einer Auflösung von 0,1 mm für die Messdauer aufsummiert. Das Messsystem bedingt, dass die alternierenden Richtungen durch „+" bzw. „–" gekennzeichnet sind. In der späteren Auswertung und Darstellung (Kapitel 5.1.3) werden die Messwerte vor dem Aufsummieren um die Vorzeichen bereinigt. Das aufsummierte Ergebnis wird dann auf Millimeter gerundet als *mittlere Auslenkung / Weg medial – lateral* beziehungsweise als *Weg ante – post* bzw. *Spannweite* (für die größte zurückgelegte Wegestrecke) dargestellt. Die Messungen umfassten 2000 Messwerte (Abtastrate beträgt 2000 Hz) je Sekunde, die Messungen umfassten jeweils 32 Sekunden (vgl. FICHTE, o.J.).

Jeder Teilnehmer stellte sich auf diese Platte mit der Aufgabe, mögliche Bewegungen auf der Messplatte / Standfläche durch Ausgleichsbewegungen zu reduzieren, um somit das Gleichgewicht zu halten. Je geringer die motorische Stabilisierungsfähigkeit, desto größer die reaktive Beschleunigung der Testor-Plattform (desto größer die gemessene Auslenkung bzw. Wegstrecke), welche mittels Beschleunigungssensoren erfasst werden.

Ablauf der Testung:

Diese Testung wurde jeweils zu Beginn und am Ende der Studie vollzogen und am jeweiligen Testtag vor den sportmotorischen Testungen (BFT / MCGILL) durchgeführt. Diese Testung wurde nur bei den Probanden der Experimentalgruppe vollzogen.

Dazu wurden die Teilnehmer einzeln in den Testraum gerufen und in den Versuchsablauf eingewiesen. Die Ausführung erfolgte barfuß.

Zielsetzung des Durchgangs „1" war eine Gewöhnung an die durch die Schwungplatte erwirkte Bewegung und das damit verbundene Ungleichgewicht, welches es auszugleichen galt, diese Testphase wurde jeweils für 30 Sekunden, zuerst beidbeinig (Abbildung 62), dann rechts und links im Einbeinstand (Abbildung 63) absolviert. Nach dem ersten Durchgang konnte jeder Proband selbst entscheiden, auf welchem Standbein er die Testung vollziehen wollte. Auch hier dienten die Durchgänge einer Gewöhnung und Anpassung der posturalen Kontrolle. Ausgewertet wurde der Durchgang „4" (siehe Tabelle 12), um ein genaues Ergebnis zu erhalten.

Es wurden jeweils nur die Probanden, welche Test und Re-Test absolvierten, für die spätere Bewertung (PRE und POST- Werte) herangezogen.

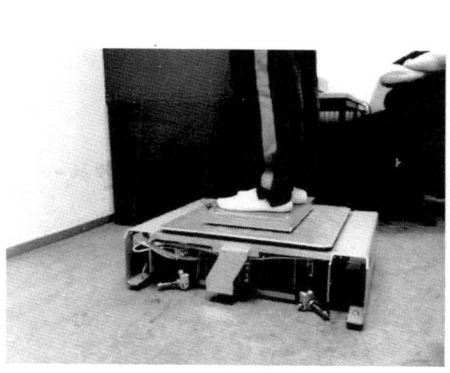 

Abbildung 62: Koordinationstest – beidbeinig   Abbildung 63: Koordinationstest – einbeinig

Versuchsaufbau Koordinationstestung			
Durchgang	Aufgabe	Zeit	Bewertung
1	beidbeinig - Gleichgewicht halten	30 Sekunden	mittels computergestützter Datenaufzeichnung wurden die ausgelösten Schwingungen gemessen / dokumentiert
2	bevorzugtes Bein - Gleichgewicht halten	30 Sekunden	
3	bevorzugtes Bein - Gleichgewicht halten	30 Sekunden	
4	bevorzugtes Bein - Gleichgewicht halten	30 Sekunden	

Tabelle 12 : Versuchsaufbau Koordinationstestung

Als eingesetztes Messprogramm wurde *DasyLAB©* (Data Acquisition System Laboratory) für das Aufzeichnen und Auswerten der Ergebnisse in der Version 11.0 verwendet.

4.3.6 Messung und Dokumentation der Herzfrequenzen

Um die Probanden sowohl bei der Testung (*BFT 1000-m-Lauf*) als auch in den Trainingseinheiten bzgl. der kardialen Belastung (Herzfrequenz) zu überwachen bzw. die HF zu dokumentieren, wurde für diese Studie von der Firma Polar©

Deutschland das Messsystem Polar Team[2] (Abbildungen 64 und 65) zur Verfügung gestellt.

Ziel der Aufzeichnungen ist eine möglichst objektive Darstellung der Belastungen des Herz-Kreislauf-Systems, um mögliche Veränderungen (von BFT Einstiegs- zu Re-Test bzw. von Trainingseinheit 01 zu 14) darzustellen. Diese Ergebnisse und Darstellungen werden in den Kapiteln 5.1.4 und 6.2.4 gezeigt.

Des Weiteren ermöglicht dieses System eine Darstellung der Belastungen einzelner Trainingseinheiten, welche in den Grafiken 01 und 17 dargestellt sind.

Abbildung 64: Polar System bei der HF Aufzeichnung der Trainingseinheiten

Abbildung 65: Polar System bei der Aufzeichnung *BFT 1000-m-Lauf* (in der Halle)

Die Integration der Herzfrequenz-Messung in die Test- und Trainingsdurchführung (von bis zu 20 Probanden simultan) ermöglicht es somit, die aktuellen Trainingsbelastungen zu erfassen (Abbildung 65), darzustellen und mit ähnlichen Studien und Werten (siehe Kapitel 2.1) zu vergleichen, was in Kapitel 6.2.4 (Tabellen 55 und 56) erfolgen wird.

Die Herzfrequenzen werden in Echtzeit von den Pulssendern ermittelt und via Infrarot an die Basisstation gesendet. Die Reichweite zwischen Sender und Basisstation beträgt ca. 500 Meter. Das System dient zur Planung, Aufzeichnung und Speicherung, die Software zur Online-Messung, um das Training zu überwachen und die Daten zu analysieren.

Zu Beginn der Untersuchung (beim Eingangstest) wurde jeder Proband mit einem solchen Sender ausgestattet bzw. einem jeden Probanden ein Sendercode zugewiesen und dieser in das Softwareprogramm eingepflegt. Somit wurden die HF-Daten eines jeden einzelnen Studienteilnehmers für den *BFT 1000-m-Lauf* und die

Trainingseinheiten IST 1, 2, 3 und *14* (nur Experimentalgruppe) direkt erfasst. Darüber hinaus wurden die Herzfrequenzen von 7 Studienteilnehmern während der Abschlussübung (*Gefechtsübung*) aufgezeichnet und ausgewertet. Eine weitere Aufzeichnung der Herzfrequenzdaten (n = 19) wurde beim *Fallschirmsprung* (automatisch) an Probanden der Experimentalgruppe (FA Lg. 2012) vorgenommen (siehe Kapitel 4.4.4).

Generell dienen diese Aufzeichnungen zur Darstellung der innerhalb des Lehrgangs vorherrschenden Belastungen und werden als Vergleichswerte in Kapitel 5.1.4 und 6.2.4 erläutert.

Mess- und Aufzeichnungsfehler wurden berücksichtigt, so dass nur die Daten von korrekt gemessenen Werten im Rahmen der Darstellung verwendet wurden.

Erläuterung *Herzfrequenz:*

Die Herzfrequenz (HF) stellt die Herzschläge pro Minute dar und wurde bei den o.g. Aktivitäten durch dieses System aufgezeichnet.

Erläuterung *HFmax.:*

Diese Darstellung bezieht sich auf den höchsten jeweils gemessenen Herzfrequenzwert in der entsprechenden Trainingseinheit / Testung. Dieser Wert ist nicht mit der willentlich maximal erreichbaren Herzfrequenz des jeweiligen Probanden gleichzusetzen, da eine vollständige Ausbelastung nicht Ziel bzw. Ergebnis der Untersuchung war und damit nicht ermittelt wurde.

Erläuterung *HF Durchschnitt / $\varnothing$:*

Dieser Wert bezieht sich auf die durchschnittlich ermittelte Herzfrequenz die während der Aufzeichnung (Dauer der Trainingseinheit / des *BFT 1000-m-Laufs*) gemessen wurde. Bei beiden Werten (HFmax und HF $\varnothing$) wurde nur die tatsächliche Test- bzw. Trainingszeit als Berechnungsgrundlage verwendet, da die Aufzeichnungen nachträglich mit den Trainings- bzw. Laufzeiten der einzelnen Probanden abgeglichen wurden.

4.4 Datengewinnung

4.4.1 Einstiegstestungen

Die Einstiegstestungen für die Experimentalgruppe wurden an einem Tag vollzogen (27.09.2011 für Experimentalgruppe A; 10.01.2012 für Experimentalgruppe B; die Kontrollgruppe C wurde aus organisatorischen Gründen in zwei Teilgruppen aufgeteilt und an zwei Tagen – dem 09.01. und dem 11.01.2012 getestet).

Zu Beginn durchlief jeder Proband (nur Experimentalgruppe) die *Testor* Koordinationstestung (Kapitel 4.3.5). Danach absolvierten alle Lehrgangsteilnehmer in der Sporthalle zuerst den BFT und dann den McGill-Test (1. Testübung *Lateralflexion rechts/links*; 2. Testübung: *Flexion*; 3. Testübung: *Extension*).

Beim Durchlaufen des BFT wurde zuerst der *11 × 10-m-Sprint*, danach der *Klimmhang* und zum Ende (gemeinsam) der *1000-m-Lauf* absolviert (vgl. Kapitel 4.3.3). Die Lehrgangsteilnehmer wurden in zwei Gruppen aufgeteilt. Die Läufer wurden mit dem Polar Team² Sender zur Erfassung der Herzfrequenz ausgestattet.

Die übrigen Probanden halfen bei der Zählung der Runden und bei der Zeitmessung bzw. Dokumentation des Laufes. Nach Beendigung des Laufes der ersten Gruppe wurden die Sender umprogrammiert, getauscht und der Lauf von der zweiten Teilgruppe vollzogen.

Nach diesem Testtag wurden die Ergebnisse (BFT) für das Parallelisierungsverfahren herangezogen, um die Experimentalgruppe in die Teilgruppen (Trainingsintervention mit Zeptoring und Trainingsintervention ohne Zeptoring; Gruppe „IST+SRT" und Gruppe „IST") aufzuteilen.

4.4.2 Re-Tests/Kontrolltestungen

Der Ablauf der Kontroll Testung (Re-Test) wurde nach denselben Reihenfolgen wie oben beschrieben (Kapitel 4.4.1) durchgeführt. Die Termine für die Re-Testungen waren der 16.11.2011 (Experimentalgruppe A) und der 01.03.2012 (Experimentalgruppe B nachmittags, Kontrollgruppe C vormittags).

4.4.3 Trainingseinheiten

Zur Übersicht bzgl. der klimatischen Bedingungen dient die Liste mit den Wetterdaten (Tabelle 05), der Anwesenheitsnachweis ist als Tabelle 06 in Kapitel 4.1.5 dargestellt.

Die Beschreibung der Inhalte und Abläufe der Trainingseinheiten erfolgte in Kapitel 4.3.1.

4.4.4 Lehrgangsbezogene Ausbildungsinhalte

Um die Belastungen – dargestellt durch die Herzfrequenz – des Lehrgangs zu objektivieren, wurden Herzfrequenzmessungen bei verschiedenen Lehrgangsphasen und -inhalten durchgeführt. Ziel dieser Messungen ist eine Datengewinnung von Werten, welche die realen physischen Belastungen darstellen und dadurch einen Vergleich dieser Beanspruchungen und dem durchgeführten Training ermöglichen (siehe Kapitel 5.1.4).

Dies erlaubt die Definition der Belastungsintensitäten, die einen überschwelligen Trainingreiz erkennbar machen, denn nur durch solche werden die Probanden eine Leistungsanpassung erzielen können. Des Weiteren kann die Trainingsintensität mit den realen Belastungen der Ausbildungsinhalte verglichen werden. Der dritte Aspekt ist ein Vergleich der hier gemessenen HF-Werte zu bereits erhobenen Daten anderer Untersuchungen (vgl. Tabelle 56; Kapitel 6.2.4), um ein realistisches Bild von den tatsächlichen Beanspruchungen dieser Lehrgangsinhalte zu erlangen und die Darstellungen des Kapitels 2.5 (Ausbildungsinhalte und -dichte) mit objektiven Fakten zu ergänzen.

Herzfrequenzmessung *Gefechtsübung* (GÜ)

Diese Messung wurde am 22.02.2012 während der Lehrgangsabschlussübung (Experimentalgruppe B) vollzogen. Dazu wurden mehrere Probanden mit den Herzfrequenzmessgeräten ausgestattet. Diese wurden während der Phase „Angriff – Ausweichen" getragen.

Dokumentation *Gefechtsübung* FA Lehrgang
I. Inspektion LL-LTS 22.02.2012

Anlegen der Pulsmesser um 06:00 Uhr (= Beginn der Messung)
1. Phase: Handstreich: 06:45 – 07:30 Uhr
2. Phase: Ausweichen: 07:30 – 08:30 Uhr
3. Phase: Gewässerüberquerung mit Schlauchboot
des Flusses Lech (Strecke ca. 200m): 08:30 – 09:00 Uhr

4. Phase: Marsch zum Aufnahmepunkt: 09:00 – 10:20 Uhr

Distanz: ca. 1600 m bei zu überwindenden 90 Höhenmetern;

dabei Mitführen eines (fiktiven) Verwundeten inkl. dessen Ausrüstung

(Gewicht; 100 kg; Gewicht Schlauchboot: 80 kg)

5. Phase: Ablegen der Pulsmesser: 10:30 Uhr (= Ende der Messung)

Die Probanden (n = 7) waren vor der Testphase seit ca. 36 Stunden ohne Schlaf bzw. hatten nur sehr geringe und seltene Ruhephasen (ca. 2 – 3 Stunden insgesamt). Die sehr niedrigen Temperaturen (ca. -14,1° C; vgl. Tabelle 05) und der Bodenfrost / Schnee, das unbekannte waldige Übungsgelände und die kaum gegeben Sicht (Nacht) beeinträchtigten die physische und psychische Leistungsfähigkeit zusätzlich. Nach Erreichen des Aufnahmepunktes war die aktive Phase der Abschlussübung beendet, und die Probanden gaben ihre Messgeräte wieder ab. Die Sender wurden in das System (PC) eingelesen und die Herzfrequenzwerte aufgezeichnet und ausgewertet.

Herzfrequenzmessung *Fallschirmsprung* (FS):

Hierzu wurden beim Sprungdienst (automatisches Öffnungsverfahren) am 28.02.2012 von 19 Probanden (Lehrgangsteilnehmer FA Lg 2012) die Herzfrequenzen aufgezeichnet. Die Absprunghöhe betrug ca. 400 m, gesprungen wurde aus dem Luftfahrzeug *Transall* ohne Gefechtsausrüstung / Traglast. Die Probanden legten vor dem Abflug bzw. vor dem Anlegen des Gurtzeugs die Herzfrequenzsender an. Gemessen wurde die Herzfrequenz bei:

Dokumentation Fallschirmsprung automatik

FA Lehrgang I. Inspektion LL-LTS 28.02.2012

1. Phase: Anlegen der Pulsmesser um 08:00 Uhr (= Beginn der Messung)

2. Phase: Besteigen der Maschine

3. Phase: Vorbereitung zum Sprung

4. Phase: Sprung/Verlassen der Maschine

5. Phase: Phase am Schirm

6. Phase: Landephase

7. Phase: Landefall

8. Phase: Sammeln/nach dem Sprung

9. Phase: Ablegen der Pulsmesser um ca. 10:30 (= Ende der Aufzeichnung)

Da aus zwei Maschinen gesprungen wurde, differieren die zeitlichen Angaben um ca. 10 Minuten.

Absprunghöhe: 400 m

Absetzgeschwindigkeit: 230 km/h

Windgeschwindigkeit: 12 m/s

Auch diese Werte dienen zum Vergleich mit den Belastungen im Training bzw. zur Gegenüberstellung zu Werten anderer Untersuchungen (siehe Kapitel 6.2.3; Tabelle 52). Dargestellt sind die maximal erreichten Herzfrequenzen (in der 4. Phase: *Verlassen der Maschine* bis zur 7. Phase: *Landefall*) und die durchschnittliche HF (ermittelt über den gesamten Zeitraum von der 1. Phase – *Anlegen der Pulsgurte* bis zum *Ablegen der Pulsgurte* = 9. Phase). Die Angaben zu den klimatischen Gegebenheiten beider Messungen sind in der Tabelle 05 dargestellt.

4.4.5 Befragung der Untersuchungsteilnehmer

Nach der ersten Trainingseinheit erhielt jeder Teilnehmer den Fragebogen (Abbildung 66) ausgehändigt mit der Bitte um freiwillige Beantwortung der gestellten Fragen 01 – 12. Zum Ende des Lehrgangs (nach Abschluss der Trainings- bzw. Testeinheiten) erhielten die Teilnehmer jeweils erneut die Fragebögen mit der Bitte zur Beantwortung der Fragen 13 – 16 (siehe Abbildung 66), die Angaben zum derzeitigen physischen Befinden, zur Entwicklung der individuellen körperlichen Leistungsfähigkeit während des Lehrgangs und zur Beurteilung der Intensität / Effektivität des Trainings beinhalteten.

Der Fragebogenrücklauf erfolgte über die Ausbilder, der Rücklauf betrug bei allen Gruppen 100 %.

Fragebogen Trainingsuntersuchung LL-LTS

01 Alter:_____ Jahre 02 Gewicht:_____kg 03 Körpergröße: _____m
04 Name:_____

05 derzeit ausgeübte Sportarten:

06 Sportart	07 seit wie viel Jahren	08 wie oft / Woche	09 Dauer / Trainingseinheit (Min)

10 derzeitiges (subjektives) Leistungsempfinden (entsprechendes bitte ankreuzen):

1 2 3 4 5 6 7 8 9 10

(Erläuterung:1=sehr gut bis 10= sehr schwach) 11 Datum:_____

12 subjektives Belastungsempfinden der 1. Trainingseinheit:

1 2 3 4 5 6 7 8 9 10

(Erläuterung:1=sehr leicht bis 10= extrem anstrengend) Datum:_____

13 subjektives Belastungsempfinden der letzten Trainingseinheit:

1 2 3 4 5 6 7 8 9 10

(Erläuterung:1=sehr leicht bis 10= extrem anstrengend) Datum:_____

14 derzeitiges (subjektives) Leistungsempfinden (entsprechendes bitte ankreuzen):

1 2 3 4 5 6 7 8 9 10

(Erläuterung:1=sehr gut bis 10= sehr schwach) Datum:_____

15 Welche Parameter haben sich nach Ihrer Meinung / Gefühl verbessert / verschlechtert (bitte zutreffendes unterstreichen) und folgendes ankreuzen:

0 Kraft   0 Ausdauer   0 beides   0 sonstiges:_____

16 Können Sie sich vorstellen ein solches Training regelmäßig (2mal wöchentlich) durchzuführen?

0 ja   0 nein, warum:_____

Fragebogen Ausbilder / Übungsleiter LL-LTS Jan.-Mrz. 2012 – Version: Lehrgang Fw LL-Truppe

Zutreffendes bitte ankreuzen, ggf. kurze Begründung(en) stichpunktartig formulieren.

01 Die Leistungsfähigkeit / Belastbarkeit der Lehrgangsteilnehmer hat sich während der Trainingsuntersuchung / des Lehrgangs

o verbessert → Beispiel(e):

o verschlechtert → Beispiel(e):

o keine Unterschiede feststellbar

02 Ein solches Training ist – Ihrer Meinung nach – für die Steigerung der körperlichen Leistungsfähigkeit / Robustheit

o geeignet → warum:

o nicht geeignet → warum:

03 Die Durchführung ist– im Vergleich zum bisherigen Dienstsport -

o leichter umsetzbar → warum:

o schwerer umsetzbar → warum:

o kein Unterschied

04 Können Sie sich vorstellen, ein solches Programm fest in den Lehrgang einzuplanen?

o ja   o nein, warum?_____

05 Gibt es Änderungen / Optimierungen die Sie vorschlagen würden:

Abbildung 66: Fragebogen Studienteilnehmer

Abbildung 67: Fragebogen Ausbilder / Übungsleiter

Neben den in Kapitel 4.2.1 dargestellten allgemeinen Angaben (Alter, Größe, Gewicht; Fragen 01 – 11; vgl. Tabelle 07 – 09) wurden weitere Daten (Experimentalgruppen und Kontrollgruppe) erhoben. Es wurden die Angaben bzgl. des derzeitigen subjektiven Belastungsempfindens vor (vgl. 4.2.1) und nach der Untersuchungsphase / Treatment (Fragen 12 – 14; Abbildung 66) erfragt. Damit sollten die subjektiven Empfindungen, der individuelle Leistungsstand und die empfundenen Belastungen (physisch) durch das Trainingsprogramm und den Lehrgang in Erfahrung gebracht werden. Die Darstellungen der Ergebnisse erfolgen in Kapitel 5.1.5.

Diese Angaben sind notwendig, um nicht nur die subjektiv empfundenen physischen Anpassungen / Gegebenheiten der Studienteilnehmer zu ermitteln, sondern hiermit auch die Ergebnisse der Testungen zu vergleichen bzw. zu diskutieren. Des Weiteren wurden Angaben zu Effekt, zu erwartender Nachhaltigkeit etc. des Trainingsprogramms durch Probanden der Experimentalgruppe erfragt (Fragen 15 – 16; vgl. Abbildung 66), um deren Einschätzung bezüglich einer dauerhaften und möglichst zielführenden Umsetzung des Trainings über die Untersuchungsphase hinaus zu erfahren. Da die Probanden zukünftig in den Verbänden selbst als militärische Unterführer und Ausbilder eingesetzt werden, sind diese

Einschätzungen ein wichtiges Kriterium, um die Bewertung des Trainingsprogramms hinsichtlich organisatorischer, struktureller und zielgruppenspezifischer Anforderungen zu ermitteln. Alle Auswertungen und Ergebnisinterpretationen erfolgen in den Kapiteln 5.1.5, 5.2 und 6.2.7 bis 6.2.9.

4.4.6 Befragung der Ausbilder

Neben den Lehrgangsteilnehmern wurden auch die jeweiligen Lehrgangsausbilder befragt (Fragebogen Ausbilder – Abbildung 67). Ziel dieser Befragung war es, die Umsetzung, Wirkung und Effizienz des Trainingsprogramms (Treatment Training IST und SRT bei Experimentalgruppe) bzw. die Beurteilung der lehrgangsbezogenen physischen Komponenten und der Bedeutung des Trainings innerhalb des Befragungszeitraumes (Lehrgangsdauer) darzustellen und zu quantifizieren. Die hier gemachten Angaben sind zur Beurteilung und Weiterentwicklung / Anpassung des Trainingsprogramms wichtig, da die Erfahrung der Ausbilder in vorherigen Ausbildungsdurchgängen, deren Erkenntnisse während der Lehrgangs- und Trainingsdurchführung und die allgemeinen Verbesserungshinweise helfen, mögliche Optimierungspotentiale zu erkennen und durch Anpassungen zu optimieren.

Im Vergleich zu der Befragung der Lehrgangsteilnehmer konzentrieren sich die Fragen an die Ausbilder auf die (eventuell) beobachteten physischen Anpassungen der Lehrgangsteilnehmer (Frage 01; Abbildung 67), die Beobachtungen während der Durchführung des Trainingsprogramms (Frage 02 – 04) und den möglichen Optimierungsbedarf (Frage 05). Die Intention besteht in der Reflexion der Erkenntnisse und Einschätzungen (subjektiv) der Ausbilder, um diese später (Kapitel 6.2.7 und 6.2.9) mit den Testergebnissen zu vergleichen und diese Angaben als möglichen Maßnahmen zur Verbesserung und / oder Anpassung (in Kapitel 8/Ausblick) des Trainingsprogramms zu nutzen. Die Ergebnisse der Befragung der Ausbilder werden in Kapitel 5.1.5 dargestellt.

4.5 Fehlerabschätzung

Die Studie wurde unter realen Bedingungen des Lehrgangs- und Ausbildungsalltags durchgeführt. Externe Faktoren wie Klima, enge zeitliche Vorgaben, Dienstplanverschiebungen auf Grund von ausbildungsrelevanten Aspekten etc. führten zu Änderungen der ursprünglichen Ausführungsplanung. Die Punkte, die hierbei betroffen waren, werden im Folgenden dargestellt, um die Ergebnisse bzw. die Einflüsse dieser Faktoren nachvollziehbar zu machen.

Die Studie wurde in zwei Phasen aufgeteilt. Die Phasen orientierten sich an den Lehrgängen die vom 26.09. bis 16.11.2011 (Experimentalgruppe A; FA Lg. 2011) und vom 09.01. bis 02.03.2012 (Experimentalgruppe B; FA Lg. 2012 und Kontrollgruppe) durchgeführt wurden.

Vor allem der zweite Lehrgangszeitraum war von extremen Witterungsbedingungen geprägt, so dass die Gegebenheiten des Trainingsortes teilweise verschneit bzw. vereist waren (siehe Angaben Tabelle 05). Einmal wurde die Trainingseinheit (vgl. Kapitel 4.1.5) abgesagt. Zum einen waren diese Maßnahmen aus gesundheitsprotektiver Sicht notwendig, zum anderen zeigen sie die Möglichkeit und Notwendigkeit einer flexiblen Trainingsplanung auf.

Auf Grund der o.g. klimatischen Faktoren wurde der *1000-m-Lauf (BFT-Test)* für die Experimentalgruppe B (FA Lg. 2012) und die Kontrollgruppe jeweils in der Halle absolviert (vgl. Kapitel 4.1.1). Bei der Experimentalgruppe A (FA Lg. 2011) wurde bedingt durch Dienstplanverschiebungen dieser Test (Re-Test) unter ungünstigeren Bedingungen (Dämmerung) absolviert, so dass eine optimale Rahmenbedingung (bzw. vergleichbare Testbedingung wie beim Einstiegstest) nicht gegeben war und die Vergleichbarkeit dadurch ggf. negativ beeinträchtigt wurde.

Die Zeitnahmen wurden bei allen Tests gewissenhaft durchgeführt, eine exakte Messung (hundertstel Sekunde) jedoch kann nicht genau und gesichert erreicht werden. Da dies sowohl die Einstiegs- als auch die Re-Tests betraf, bleiben diese Faktoren dennoch vergleichbar und hinnehmbar. Dies gilt auch für die *Freiheitsgrade bei der Durchführung* während der Überprüfung und Begutachtung der Testausführungen. Auch hier hat der Übungsleiter die Ausführungen und Abbruchkriterien instruiert und überwacht und die Zeitnahmen und Messungen genau überprüft; Abweichungen (wie in der Realität auch) sind jedoch nicht ausgeschlossen.

Alles in allem entsprechen diese Gegebenheiten dessenungeachtet den realen Maßstäben und Einflussfaktoren und ermöglichen demnach eine Reproduzierbarkeit bzw. authentische Ergebniserwartung und -darstellung.

Die angewandten Testungen BFT (Kapitel 4.3.3) und McGill- Test (Kapitel 4.3.4) sind wissenschaftlich fundiert und evaluiert (MCGill, 2007; EßFELD et al., 2006A), die Testungen verstehen sich als eine Überprüfung der Leistungsfähigkeiten bezogen auf die Aufgabenstellung (BFT) bzw. eine Überprüfung der Funktionalität der Muskelsysteme. Beide Testverfahren wurden hinsichtlich Validität überprüft und als aussagekräftig befunden (EßFELD et al. 2006A; MCGILL et al. 1999). Diese Arbeit bzw. deren Erkenntnisse beanspruchen jedoch nicht, dass die erhobenen Ergebnisse *per se* Aussage darüber abgeben, dass die Treatments generell und jederzeit die untersuchten motorischen Fähigkeiten beeinflussen, sondern dies nur auf die spezifischen Outcomeparameter unter den beschriebenen Bedingungen dieser Lehrgänge zutrifft.

Zu Gewährung einer ausreichenden Reliabilität muss bei Krafttrainingsstudien vor allem der Einfluss koordinativer Anpassungen eingegrenzt werden, gänzlich eliminiert werden kann diese Störgröße in der Regel nicht. Die verwendeten und durchgeführten Testungen wurden auf Reliabilität untersucht und für ausreichend befunden (MCGILL et al., 1999; TURBANSKI, 2002; EßFELD et al., 2006A). Hier ist zu beachten, dass vor Tests im Optimalfall eine Testgewöhnungsphase stattfinden sollte und dass die Zeitspanne zwischen Testwiederholungen eine komplette Regeneration ermöglicht. Auf Grund der engen Zeitfenster, denen sich das Studien- und Testdesign unterordnen musste (siehe Kapitel 2.5), waren solche Gewöhnungsphasen nicht immer möglich. Da diesen Umständen aber alle Testgruppen unterlagen, haben die Einflüsse kaum Auswirkung auf die interindividuellen Veränderungen (vgl. Darstellungen Grafiken 15 und 16; Kapitel 6.1) sondern höchstens auf die Ausprägungen der Effekte (intraindividuell).

Betont werden muss, dass die Testung BFT den Teilnehmern bekannt war, da diese mindestens jährlich einmal abgelegt werden muss (siehe Kapitel 4.1.2). Der McGill- Test war allen Probanden neu bzw. unbekannt, so dass mögliche Verbesserungen PRE-POST auf die Gewöhnungsprozesse zurückzuführen sein können, bzw. die ggf. geringen Ausgangswerte (Einstiegstestung) der Tatsache geschuldet sein können, dass die Ausführung und jeweilige Leistungsfähigkeit und damit - einschätzung den Probanden unbekannt ist. Da diese Tatsache jedoch alle Probandengruppen gleichermaßen betrifft, sind die Vergleiche der Ergebnisse der Gruppen zueinander davon unberührt. Mögliche Unterschiede hinsichtlich der (positiven) Veränderungen können jedoch aus diesen Gründen beim McGill- Test höher ausfallen, als dies beim BFT der Fall sein wird.

Zur Wahrung der Objektivität wurde die Messwertaufnahme von Ausbildern und Studienleiter gegenseitig geprüft. Den Probanden wurden (wie bereits in Kapitel 4.1.1 dargestellt) deren Testergebnisse/-werte nicht mitgeteilt, um diese Einflussgröße (mögliche Motivation des Probanden das Einstiegsergebnis beim Re-Test zu übertreffen) zu minimieren. Auch Aussagen zu den Werten der Vergleichsgruppe (Experimental- bzw. Kontrollgruppe) wurden nicht gemacht. Dennoch muss bei Trainingsstudien immer berücksichtigt werden, dass bei solchen Überprüfungen

immer die aktuelle Motivation und Tagesform des Probanden leistungslimitierend ist. Dazu diente auch die Befragung (PRE / POST). Um mögliche Störgrößen
zu reduzieren, wurden die Probanden vor den Testungen nach deren aktuellem
körperlichen Zustand befragt (siehe Kapitel 4.4.5), und nur diejenigen getestet, die
angaben aktuell über eine volle Leistungsfähigkeit zu verfügen. Die Bedenken,
die Ergebnisse würden eine Einflussnahme auf mögliche Beurteilungen o.ä. haben, wurden im Vorfeld ausgeschlossen - dies den Probanden auch vorweg so
mitgeteilt.

Weiter muss angemerkt werden, dass die physischen Ausgangswerte (Leistungsfähigkeiten), das jeweilige Trainingspensum und die ausgeübte Sportart/-en (sowie Trainingsalter,-häufigkeit und -dauer) der einzelnen Probanden nicht beein-
flussbar war und somit keine diesbezügliche Homogenität gegeben war (siehe
Darstellungen Tabellen 08 und 09; Kapitel 4.2.2). Diese Tatsachen mussten hinge-
nommen werden, da die Gruppenzugehörigkeit der Probanden abhängig vom
Lehrgang / Hörsaal war und demnach organisatorisch nicht beeinflusst werden
konnte.

4.6 Datenverarbeitung

Bei der deskriptiven statistischen Verarbeitung und Darstellung der Daten aus
den Testungen (BFT, McGill, *Testor*-Koordination) und Dokumentationen (Herzfrequenzen BFT, IST Trainingseinheiten, Ausbildungsinhalte) wurde das Kalkula-
tionsprogramm *MICROSOFT® EXCEL 2008* verwendet. Zur Darstellung und Interpretation der Testergebnisse wurden neben dem Mittelwert, die Standardabweichungen und die jeweiligen MIN/MAX Werte errechnet.

Die grafischen Darstellungen der Ergebnisse wurden mit dem Programm *Origin-
Pro® 8.6* erstellt.

4.6.1 Vorgehensweise bei der Inferenzstatistik

Die Inferenzstatistik erfolgte mittels *SPSS®* (Version 21). Die kritische Irrtumswahrscheinlichkeit wurde bei allen statistischen Berechnungen jeweils mit α =
0,05 festgelegt. Demnach liegt *„...ein signifikantes Ergebnis bei p < 0,05, ein hochsigni-
fikantes Ergebnis bei p < 0,01 und ein höchstsignifikantes Ergebnis bei p < 0,001 vor..."*
(BORTZ, 1999, S.114).

Für die Auswahl der geeigneten Signifikanztests wurden zuerst die abhängigen
Variablen für jede (Sub-)Gruppe auf eine Normalverteilung hin untersucht. Die

Prüfung der einzelnen Datensätze bezogen auf eine Normalverteilung erfolgte bei allen Berechnungen mit dem *Shapiro-Wilk*-Test (BORTZ/SCHUSTER, 2010, S. 198).

Zur Überprüfung der Gleichheit der Populationsvarianzen (Varianzhomogenität) wurde der *Levene*- Test durchgeführt (BORTZ/SCHUSTER, 2010, S.129); eine Varianzhomogenität liegt ebenfalls vor.

War eine Normalverteilung gegeben, diente zur Prüfung der Effekte der unabhängigen auf die abhängigen Variablen die zweifaktorielle Varianzanalyse (ANOVA) mit Meßwiederholung auf einem Faktor (BORTZ, 1999), da sich die ANOVA bei nahezu gleichen Stichprobengrößen und der -umfänge *„...als relativ robust..."* erweist (BORTZ / SCHUSTER, 2010, S. 232). Aufgabe der Varianzanalyse ist die Untersuchung der Mittelwertsunterschiede (zentrale Tendenzen) im Bereich der unabhängigen Variablen. Hierbei wurde mittels Bonferroni- Korrektur sowohl die Inner- (Zeit, 2-fach gestuft) als auch die Zwischensubjektfaktoren (Gruppierungsfaktor „Gruppe" bzw. „Zeptor") getestet.

Bei der mehrfaktoriellen Varianzanalyse werden mehrere unabhängige Variablen (Untersuchungsgruppen) und eine abhängige Variable (Treatment) untersucht (BORTZ, 1999, S. 302). Zusätzlich zur Analyse des Einflusses der einzelnen unabhängigen Variablen auf die abhängige Variable, wurden mit der mehrfaktoriellen Varianzanalyse auch Wechselwirkungen (Interaktionen) der unabhängigen Variablen untersucht.

Da bei den unabhängigen Variablen mehr als zwei Abstufungen gegeben waren, wurde bei einem signifikanten Haupteffekt nach der Durchführung der Varianzanalyse ein Post-Hoc-Test angeordnet.

Da bei der durchgeführten Varianzanalyse nur festgestellt wurde, ob es signifikante Unterschiede zwischen den Mittelwerten der drei Gruppen (IST/SRT; IST- und Kontrollgruppe) gibt, jedoch keine Auskunft darüber gefällt werden kann, welche der drei Gruppen sich signifikant von den anderen unterscheiden (oder ob sich sogar alle drei voneinander signifikant unterscheiden), wurde zur Überprüfung ein Post-Hoc-Test gerechnet (DU PREL et al., 2010). Für jeden paarweisen Vergleich konnte somit das adjustierte Signifikanzniveau verwendet werden, was mit Hilfe des *Bonferroni*-Tests auf dem adjustierten Testniveau durchgeführt wurde (KÄHLER, 2010, S. 436).

Die ANOVA wurde für die folgenden Variablen gerechnet:

• *McGill Lateralflexion rechts*

- *BFT Klimmhang*

für die Gruppen „IST+SRT", „IST" und die Kontrollgruppe (siehe auch Kapitel 6.1.; Grafiken 15 und 16); außerdem die Entwicklungen der Herzfrequenzwerte der Experimenal- vs. Kontrollgruppe beim *BFT 1000-m- Lauf* (Kapitel 5.1.4).

Ebenfalls bei der Überprüfung der *ad hoc*-Effekte (*mittlere Auslenkung* und *Spannweite*) der SRT (Kapitel 6.2.6) wurde die ANOVA angewandt.

Bei allen Variablen, bei denen keine Normalverteilung gegeben war, wurde der *Friedman*- Test zum Vergleich der Entwicklung der abhängigen Stichproben durchgeführt. Dieser ist ein nichtparametrischer Test zur Überprüfung, ob sich die zentralen Tendenzen an zwei Messzeitpunkten unterscheiden.

Es können mit einem *Friedman*-Test auch mehr als zwei Messzeitpunkte untersucht werden. Mit diesem Test wird analysiert, ob sich die Mittelwerte einer Gruppe im Laufe der Zeit signifikant verändern. Durch den durchgeführten *Friedman*-Test wurde festgestellt, dass es signifikante Unterschiede zwischen den Medianen der Messzeitpunkte gibt. Er gibt jedoch keine Auskunft darüber, welcher der Messzeitpunkte sich signifikant von den anderen unterscheidet oder ob sich sogar alle drei voneinander signifikant unterscheiden (DU PREL et al., 2010).

Um dies zu überprüfen wurde auch hier ein Post-Hoc-Test gerechnet. Dazu wurden für alle oder für einzelne Paarvergleiche Vorzeichentests gerechnet. Bei intervallskalierten Daten, für die wegen der Verletzung der Normalverteilungsanahme ein *Friedman*-Test gerechnet wird, wurde als Post-Hoc-Test mehrere *Wilcoxon*-Tests durchgeführt. Um die bei mehrfachen Testungen auftretende α-Inflation zu regulieren bzw. zur Vermeidung einer α-Fehler- Kumulierung wurde auch bei diesen Testungen die *Bonferroni*-Korrektur vorgenommen (KÄHLER, 2010, S. 436).

Dies waren die Vergleiche der PRE / POST-Testungen der abhängigen Stichproben (Gruppen „IST+SRT", „IST" und „Kontrollgruppe") der:

- BFT Disziplinen (Kapitel 5.1.1)
  - *11x10 mSprint*
  - *1000-m-Lauf*
- McGill Testdisziplinen (Kapitel 5.1.2)
  - *Lateralflexion links*
  - *Flexion*

148

o *Extension*

und der Ergebnisse des Fragebogens (*subjektives Belastungsempfinden*; Kapitel 5.1.5) der Experimentalgruppe wie auch der Kontrollgruppe, sowie das *subjektive Intensitätsempfinden* der Probanden bei der 1. und 14. Trainingseinheit IST (ebd.). Außerdem wurde der *Friedman-* Test bei der Überprüfung der *HFmax.* und *HF* ⌀ Werte der Experimentalgruppe (PRE-POST) verwendet. Die Entwicklung der Ergebnisse des Koordinationstestverfahrens *Testor* (Kapitel 5.1.3) der Subgruppe „IST" wurden wegen fehlender Normalverteilung ebenfalls mit dem *Friedman-* Test gerechnet.

Für die Vergleiche der Ergebnisse der Gruppen zueinander (unabhängige Stichproben) wurde der *Kruskall-Wallis-* Test durchgeführt, der nach BORTZ / SCHUSTER (2010, S.214) als verteilungsfreies Verfahren bei fehlender Normalverteilung angewendet werden soll. Da die Effekte zwischen unterschiedlichen Untersuchungsgruppen auf eine mögliche Signifikanz hin untersucht werden sollten, wurde der beidseitige Test für unabhängige Stichproben (U-Test) nach *Mann-Whitney* (vgl. BORTZ / SCHUSTER, 2010, S.133) verwendet. Der Test dient dem Vergleich von zwei Stichproben (Untersuchungsgruppen) zueinander bezüglich ihrer zentralen Tendenz, wobei keine normalverteilten Werte vorliegen müssen (DU PREL et al., 2010).

Hierbei die Mittelwertsunterschiede von mehr als zwei unterschiedlichen Stichproben betrachtet, um die Mittelwertsunterschiede zwischen einer Experimentalgruppe und / oder mehrer Experimental (IST+SRT/IST) und der Kontrollgruppen zu untersuchen.

Zur Überprüfung wurde als Post-Hoc-Test für alle oder für einzelne Paarvergleiche U-Tests nach *Mann-Whitney* gerechnet.

Auch hier wurde durch den *Bonferroni-*Tests die paarweisen Vergleiche auf dem adjustierten Testniveau durchgeführt um die α-Inflation zu regulieren bzw. zur Vermeidung einer α-Fehler- Kumulierung (KÄHLER, 2010, S. 436).

Er wurde bei folgenden Vergleichen angewendet:

- BFT Test (Kapitel 5.1.1 und 6.1)
  - o *11 × 10-m-Sprint* (Experimental- vs. Kontrollgruppe; IST+SRT vs. IST; IST vs. Kontrollgruppe; IST+SRT vs. Kontrollgruppe)
  - o *1000-m-Lauf* (Experimental- vs. Kontrollgruppe; IST+SRT vs. IST; IST vs. Kontrollgruppe; IST+SRT vs. Kontrollgruppe)

- o alle Vergleiche der 3 BFT Testdisziplinen der Referenzgruppe mit denen der Experimental- und Kontrollgruppe (Kapitel 6.2.2)
- McGill Test (Kapitel 5.1.2 und 6.1)
  - o *Lateralflexion links* (Experimental- vs. Kontrollgruppe; IST+SRT vs. IST; IST vs. Kontrollgruppe; IST+SRT vs Kontrollgruppe)
  - o *Flexion* (Experimental- vs. Kontrollgruppe; IST+SRT vs. IST; IST vs. Kontrollgruppe; IST+SRT vs. Kontrollgruppe)
  - o *Extension* (Experimental- vs. Kontrollgruppe; IST+SRT vs. IST; IST vs. Kontrollgruppe; IST+SRT vs. Kontrollgruppe)
- Koordinationstestung *Testor* (Kapitel 5.1.3) für die Subgruppen „IST+SRT" vs. „IST"

Der *Mann-Whitney U-Test* wurde auch zur Überprüfung der in Kapitel 4.1.2 durchgeführten Parallelisierung notwendig, um eine gleiche Leistungsfähigkeit (bezogen auf die BFT- Testergebnisse) der Probanden (Experimentalgruppe) nur zum Zeitpunkt PRE sicherzustellen und die Aufteilung in die Subgruppen (IST und IST+SRT) hieran vollziehen bzw. beurteilen zu können.

War die Normalverteilung und Varianzhomogenität gegeben, wurde der *t-Test* für abhängige Stichproben gerechnet, dieser gilt als robust bei eben diesen Voraussetzungen (BORTZ, 1999, S. 131). Das Vorgehen bei einem *t-Test* ist für unabhängige und verbundene Stichproben identisch.

Durch den Vergleich der Mittelwerte wird überprüft, ob das Treatment (IST/ISR+SRT) einen Einfluss hat.

Der *t- Test* wurde bei folgenden PRE-POST Vergleichen angewendet:

- Koordinationstestung *Testor* (Kapitel 5.1.3) bei Experimentalgruppe (gesamt) und Subgruppe „IST+SRT"
- *HFmax.*- Werte für den BFT 1000-m-Lauf bei der Kontrollgruppe und *HFmax.*- Werte der 1. TE und 14.TE der Experimentalgruppe (Kapitel 5.1.4)
- *HF ∅*- Werte für den BFT 1000-m-Lauf bei der Kontrollgruppe und *HFmax.*- Werte der 1. TE und 14.TE der Experimentalgruppe (Kapitel 5.1.4)

4.6.2 Berechnung der Effektstärke

Um die Frage zu beantworten, wie groß ein Unterschied der Outcomeparameter zum Zeitpunkt POST zwischen zwei Gruppen sein muss um von einem relevanten Unterschied durch das entsprechenden Treatment (IST / IST+SRT) sprechen zu können, wird die Effektstärke dargestellt. Diese gibt an, wie groß der Einfluss des entsprechenden Treatments (IST und / oder IST+SRT) gewesen ist. Um die Gruppenunterschiede quantifizieren zu können wurden die Abstandsmaße der jeweiligen Mittelwerte zueinander bestimmt, was als *Cohens d* bezeichnet wird und die Teststärke beschreibt.

COHEN (1988, S. 40) bezeichnet $d = 0,2$ als kleinen, $d = 0,5$ als mittleren und $d = 0,8$ als großen Effekt. Die Ergebnisse der Tabellen 47 bis 49 (Kapitel 5.2) werden nach diesen Kriterien bewertet.

Die in dieser Arbeit dargestellten Werte beziehen sich auf den Vergleich der Ergebnisse (BFT / MCGILL) der Subgruppen „IST+SRT" und „IST" zu den Ergebnissen der Kontrollgruppe zum Zeitpunkt des Re-Tests (POST). Diese Gegenüberstellungen sollen verdeutlichen, in wie weit die jeweiligen Treatments Auswirkungen auf die Effekte (Leistungsveränderungen) der Populationen der beiden Subgruppen gehabt haben.

5 Ergebnisdarstellung

5.1 Ergebnisauswertung und -darstellung

Die Hauptaufgabe der Studie besteht darin, die Leistungsentwicklungen der Probanden darzustellen, die Effekte zu überprüfen und die Umsetzung der Trainingsintervention zu dokumentieren. Daher ist das Hauptaugenmerk auf die Leistungsentwicklung der Experimental- und Kontrollgruppe gerichtet. Um diese Entwicklungen darzustellen, werden in den folgenden Kapiteln die prozentualen Veränderungen (basierend auf den Ergebnissen der Testungen BFT, McGill, Koordination und der Fragebogenauswertung; vgl. Kapitel 4.3.3 – 4.3.6) dargestellt. Eine Beurteilung und/oder Bewertung des allgemeinen körperlichen Leistungszustandes der Probanden ist nicht Kerninhalt bzw. Intention dieser Arbeit.

5.1.1 Ergebnisse BFT (Basis Fitness Test)

Insgesamt konnten 38 Probandenergebnisse der Experimental- und 26 der Kontrollgruppe komplett ausgewertet und für die Berechnungen verwendet werden. Die Vergleichsgruppen „IST+SRT" und „IST" wurden aus der Experimentalgruppe (als zwei homogene Subgruppen; vgl. Kapitel 4.1.2) gebildet. Beide Subgruppen umfassten jeweils 19 komplett verwertbare Datensätze. Bezüglich der Darstellung der Veränderungen der BFT-Ergebnisse ist im Vorfeld die Darstellungsform zu erläutern: Da bei der Disziplin *Klimmhang* eine Zunahme der Zeit (Haltezeit in mm:ss,hunderstel; PRE zu POST) eine Leistungsverbesserung bedeutet, bei den Disziplinen *11 × 10-m-Sprint* und *1000-m-Lauf* ein solche Zunahme der Zeit (Laufzeiten in mm:ss,hunderstel; PRE zu POST) jedoch ein „negatives Ergebnis" (Verschlechterung der Leistung / Testergebnis) widerspiegelt, wurden zur einheitlichen Darstellung der Gesamtveränderung (durchschnittliche Veränderung aller drei BFT-Ergebnisse von PRE zu POST zusammen) bei den beiden letztgenannten Disziplinen die Vorzeichen der Prozentwertangaben („+"/ „-") umgedreht, um den Durchschnittswert der drei Disziplinen zu ermitteln.

BFT Experimentalgruppe PRE - POST		
PRE		
	Klimmhang	11 x 10 m	1000 Meter
MW	00:55,30	00:42,25	03:46,80
Std.-Abw.	00:16,43	00:01,62	00:23,24
MIN	00:23,00	00:39,08	03:11,29
MAX	01:28,05	00:48,14	04:25,52
POST		
	Klimmhang	11 x 10 m	1000 Meter
MW	01:04,16	00:40,19	03:48,11
Std.-Abw.	00:18,92	00:02,41	00:23,38
MIN	00:27,27	00:34,58	03:11,12
MAX	01:50,20	00:49,17	04:31,00

Veränderung PRE- POST				
MW	16,0%	-4,9%	0,6%	Gesamt: 6,8%

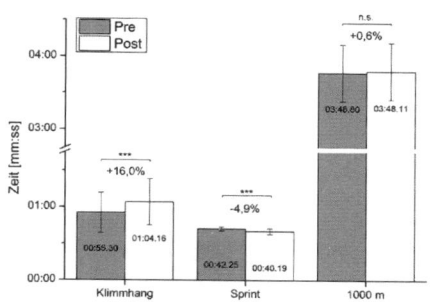

Tabelle 13: Ergebnisse BFT Experimental-gruppe

Grafik 02: Darstellung BFT Ergebnisse PRE – POST Experimentalgruppe

Anmerkung: n.s. = nicht signifikant ; *** = p < 0,001

Die aus der Tabelle 13 und Grafik 02 ersichtlichen Verbesserungen der Experimentalgruppe (n = 38) nach der 7-wöchigen Trainingsintervention ergeben sich hauptsächlich durch die höchstsiginifkanten (p < 0,001) Steigerungen der Leistungen im *Klimmhang* (MW + 16,0 %) und *11 × 10-m-Sprint* (MW – 4,9 %). Beide Disziplin bilden die motorischen Fähigkeiten *„Kraft"* (*Klimmhang*; hier v.a. Griffkraft und Kraft im Bereich der oberen Extremitäten) und *„Schnelligkeit/Agilität"* (*Sprint*; v.a. der unteren Extremitäten) ab (EßFELD, 2006A, S.30 ff.). Eine Stagnation bzw. ein nicht signifikant leichter Rückgang der Ergebnisse ist in der Disziplin *1000-m-Lauf (*„aerob/anaerobe Ausdauerleistungsfähigkeit"*; ebd.) mit + 0,6 % (p = 0,622) gegeben. Die Zusammenfassung der Ergebnisse zeigt eine durchschnittliche Steigerung der drei Testscores um + 6,8 % vom Einstiegs- zum Re- Test der Angehörigen der Experimentalgruppe.

BFT Kontrollgruppe PRE - POST			
	PRE		
	Klimmhang	11 x 10 m	1000 Meter
MW	01:00,00	00:39,18	03:46,83
Std.-Abw.	00:12,80	00:01,54	00:14,22
MIN	00:38,42	00:36,02	03:21,01
MAX	01:23,55	00:42,04	04:10,21
	POST		
	Klimmhang	11 x 10 m	1000 Meter
MW	00:53,20	00:40,92	03:54,88
Std.-Abw.	00:10,22	00:01,98	00:11,27
MIN	00:32,20	00:37,59	03:27,40
MAX	01:06,19	00:46,06	04:22,51
	Veränderung PRE- POST		
MW	-11,3%	4,5%	3,5%
			Gesamt: -6,4%

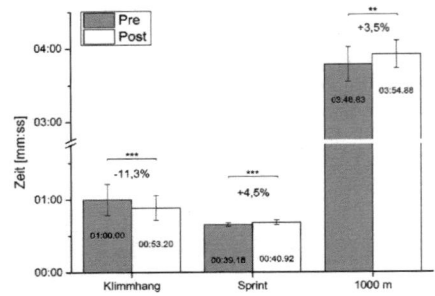

Tabelle 14: Ergebnisse BFT Kontrollgruppe

Grafik 03: Darstellung BFT Ergebnisse PRE- / POST-Kontrollgruppe

Anmerkung: ** = p < 0,01, *** = p < 0,001

Die Darstellungen der Tabelle 14 und Grafik 03 zeigen, dass sich die Werte der BFT-Disziplinen der Kontrollgruppe im Untersuchungszeitraum (7 Wochen) in allen Bereichen verschlechtert haben. Am stärksten ist der Rückgang beim *Klimmhang* mit – 11,3 % (p < 0,001). Ebenfalls zeigen die Laufdisziplinen bzw. die dortigen Testergebnisse eine höchstsignifikante Verschlechterung der Werte um + 4,5 % (*11 × 10-m-Sprint*) bzw. + 3,5 % beim *1000-m-Lauf* (p < 0,01) und verdeutlichen, dass die Teilnehmer während der Dauer des Lehrgangs eine Reduktion der BFT- Ergebnisse um insgesamt durchschnittlich – 6,4 % erfuhren.

BFT Experimental vs Kontroll PRE			
	Experimentalgruppe		
	Klimmhang	11 x 10 m	1000 Meter
MW	00:55,30	00:42,25	03:46,80
Std.-Abw.	00:16,43	00:01,62	00:23,24
MIN	00:23,00	00:39,08	03:11,29
MAX	01:28,05	00:48,14	04:25,52
	Kontrollgruppe		
	Klimmhang	11 x 10 m	1000 Meter
MW	01:00,00	00:39,18	03:46,83
Std.-Abw.	00:12,80	00:01,54	00:14,22
MIN	00:38,42	00:36,02	03:21,01
MAX	01:23,55	00:42,04	04:10,21
	Unterschiede Experimental vs. Kontroll		
MW	- 8,51 %	+ 7,83 %	- 0,01 %

BFT Experimental vs Kontroll POST			
	Experimentalgruppe		
	Klimmhang	11 x 10 m	1000 Meter
MW	01:04,16	00:40,19	03:48,11
Std.-Abw.	00:18,92	00:02,41	00:23,38
MIN	00:27,27	00:34,58	03:11,12
MAX	01:50,20	00:49,17	04:31,00
	Kontrollgruppe		
	Klimmhang	11 x 10 m	1000 Meter
MW	00:53,20	00:40,92	03:54,88
Std.-Abw.	00:10,22	00:01,98	00:11,27
MIN	00:32,20	00:37,59	03:27,40
MAX	01:06,19	00:46,06	04:22,51
	Unterschiede Experimental vs. Kontroll		
MW	+ 17,08 %	- 1,79 %	- 2,88 %

Tabelle 15: Darstellung Leistungsdaten BFT Experimental vs. Kontrollgruppe PRE – POST

Zu erkennen ist, dass zum Beginn der Studie die Ergebnisse der Experimentalgruppe in den Disziplinen *Klimmhang* und *11 × 10-m-Sprint* deutlich schlechter (– 8,51 % bzw. – 7,83 %) als die der Kontrollgruppe ausfielen. Auch die *1000-m-Laufzeiten* waren bei der Kontrollgruppe geringer (leistunggsstärker) als bei der Experimentalgruppe (vgl. Tabelle 15).

Nach Beendigung der Trainingsintervention, zum Zeitpunkt der Re-Testung, wurden die Testergebnisse (POST) beider Gruppen erneut gegenübergestellt. Da bei der Experimentalgruppe ein Leistungszuwachs (vgl. Tabelle 13) und parallel dazu bei der Kontrollgruppe eine Verschlechterung der Ergebnisse (vgl. Tabelle 14) nachgewiesen wurde, sind die Unterschiede intraindividuell erkennbar. Der deutlichste Unterschied liegt in der Disziplin *Klimmhang*; hier liegen nun die Ergebnisse der Experimentalgruppe um + 17,08 % (p = 0,415) über denen der Kontrollgruppe und zeigen einen deutlichen Unterschied. Auch bei den anderen Disziplinen liegen die Werte (mit – 1,79 % beim *Sprint* / p < 0,001 und – 2,88 % bei *1000-m-Lauf* / p < 0,05) bei der Experimentalgruppe über denen der Kontrollgruppe.

BFT Gruppe "IST+SRT" PRE - POST			
	PRE		
	Klimmhang	11 x 10 m	1000 Meter
MW	00:54,97	00:42,69	03:43,42
Std.-Abw.	00:17,79	00:01,70	00:22,94
MIN	00:23,00	00:40,14	03:11,56
MAX	01:28,00	00:48,14	04:19,38
	POST		
	Klimmhang	11 x 10 m	1000 Meter
MW	01:06,80	00:39,84	03:44,63
Std.-Abw.	00:20,68	00:01,71	00:23,20
MIN	00:36,24	00:36,20	03:11,12
MAX	01:50,20	00:43,12	04:20,00

	Veränderung PRE- POST				
MW	21,54%	-6,66%	0,54%	Gesamt:	
				9,2%	

BFT Gruppe "IST" PRE - POST			
	PRE		
	Klimmhang	11 x 10 m	1000 Meter
MW	00:55,62	00:41,80	03:50,18
Std.-Abw.	00:15,44	00:01,45	00:23,66
MIN	00:32,17	00:39,08	03:11,29
MAX	01:28,05	00:45,40	04:25,52
	POST		
	Klimmhang	11 x 10 m	1000 Meter
MW	01:01,52	00:40,53	03:51,78
Std.-Abw.	00:17,13	00:02,96	00:23,65
MIN	00:27,27	00:34,58	03:17,12
MAX	01:35,37	00:49,17	04:31,00

	Veränderung PRE- POST				
MW	10,60%	-3,05%	0,69%	Gesamt:	
				4,3%	

Tabelle 16: Darstellung Leistungsdaten BFT Experimental „IST+SRT" und „IST" PRE-POST

Um die Effekte des ergänzenden Treatments SRT zu überprüfen, werden in Tabelle 16 die Ergebnisse der Subgruppen „IST+SRT" (n = 19) und „IST" (n = 19) vorgestellt und die Leistungsentwicklungen PRE – POST dargestellt. Zur Überprüfung der Vergleiche beider Subgruppen zueinander (BFT Ergebnisse) um die in Kapitel 4.1.2 beschrieben Parallelisierung zu überprüfen wurde für den Zeitpunkt PRE der beidseitige Test für unabhängige Stichproben (U-Test) verwendet. Die durchgeführte Parallelisierung hat wie beabsichtigt zwei gleichwertige Subgruppen gebildet, da alle Ergebnisse zum Zeitpunkt vor Beginn der Trainingsintervention (PRE) keine signifikanten Unterschiede hinsichtlich der Ergebnisse erbrachten. Diese Signifikanzen lagen beim *Klimmhang* bei p = 0,954; beim *11 × 10-m-Sprint* bei p = 0,085 und beim *1000-m-Lauf* bei p = 0,37.

Somit ist sichergestellt, dass statistisch betrachtet eine Gleichheit beider Gruppen vor Durchführung der Trainingsintervention (bezogen auf die Ergebnisse BFT) bestand und demnach beide Subgruppen ein vergleichbares Ausgangsniveau aufzeigten. Der U-Test wurde nur in diesem Fall – zur isolierten Betrachtung der beiden Gruppen zum Zeitpunkt PRE – angewendet.

Generell wurden jedoch die Vergleiche der Entwicklungen der beiden Subgruppen – wie in Kapitel 4.6.1 dargelegt mittels ANOVA (*Klimmhang*) bzw. *Kruskall-Walli- Test* (*11 × 10-m-Sprint und 1000-m-Lauf*) überprüft und sind in Kapitel 6.1 dargestellt.

Die Leistungszuwächse der Zeptorgruppe („IST+SRT") zeigen in den Disziplinen *Klimmhang* (+ 21,5 %) und *11 × 10-m-Sprint* (– 6,66 %) einen höchstsignifikanten Leistungszuwachs und damit nahezu doppelt so hohen Zuwachs im Vergleich zur „IST"-Gruppe, bei der die Verbesserungen ($p < 0,001$) bei + 10,60 % (*Klimmhang*) bzw. – 3,05 % (*Sprint*) lagen. Nur die Veränderungen beim *1000-m-Lauf* sind bei beiden Subgruppen ähnlich gering (+ 0,54 % bei „IST+SRT"-Gruppe; $p = 0,813$; + 0,69 % bei „IST"-Gruppe, $p = 0,637$).

Zusammenfassend kann jedoch hier festgehalten werden, dass die Leistungsentwicklung der Gruppe „IST+SRT" beim BFT mit + 9,2 % mehr als doppelt so hoch ausgefallen ist, wie jene bei der Gruppe „IST" (+ 4,3 %), was die Tabelle 16 und die folgenden Grafiken 04 und 05 nochmals verdeutlichen.

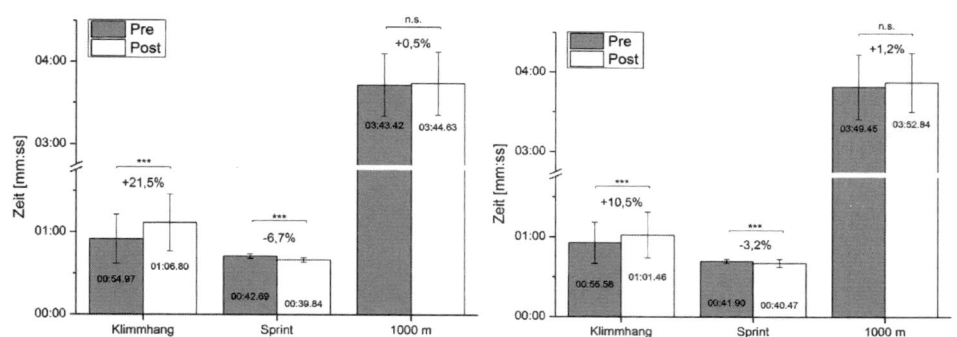

Grafik 04: Darstellung BFT Ergebnisse PRE – POST Subgruppe „IST+SRT"
Anmerkung: n.s. = nicht signifikant; *** = p < 0,001

Grafik 05: Darstellung BFT Ergebnisse PRE – POST Subgruppe „IST"
Anmerkung: n.s. = nicht signifikant; *** = p < 0,001

5.1.2 Ergebnisse McGill Rumpfkraft-Testung

Bei den ausgewerteten Datensätzen konnten für die Experimentalgruppe insgesamt 38 Probandendaten komplett (Einstiegs- und Re-Testung) ausgewertet und entsprechend in diesem Kapitel dargestellt werden. Die Anzahl der Probandenergebnisse der Kontrollgruppe belief sich auf 26 Datensätze mit vollständig verwertbaren Ergebnissen.

McGill Experimentalgruppe PRE - POST				
PRE				
	Lat re	Lat li	Flex	Ext
MW	01:17,61	01:20,88	01:11,78	02:03,51
Std.-Abw.	00:22,17	00:21,88	00:22,64	00:31,26
MIN	00:41,01	00:50,31	00:36,09	01:13,20
MAX	02:31,22	02:11,06	02:15,09	03:06,16
POST				
	Lat re	Lat li	Flex	Ext
MW	01:39,92	01:40,04	01:35,77	02:45,16
Std.-Abw.	00:22,58	00:21,48	00:32,41	00:36,98
MIN	00:54,56	01:02,18	00:41,20	01:41,67
MAX	02:34,42	02:42,08	03:09,20	04:00,43
Veränderung PRE- POST				
MW	28,75%	23,69%	33,41%	33,71%
				Gesamt: 29,89%

Tabelle 17: Ergebnisse McGill Rumpfkraft-Testung Experimentalgruppe PRE – POST

Durch Tabelle 17 wird verdeutlicht, dass die Rumpfkraft der Probanden der Experimentalgruppe in einem (im Vergleich zu den Ergebnissen BFT, vgl. Kapitel 5.1.1; Tabelle 13) noch deutlicheren und einheitlich höchstsignifikanten Maße ($p < 0,001$) gesteigert wurde. Die isometrischen Haltezeiten im Bereich der Lateralflexoren rechts und links wurden um + 28,75 % bzw. + 23,69 % im Verlauf der Untersuchungsperiode (PRE – POST) verlängert. Die Re-Test-Ergebnisse der Überprüfung der Rumpfflexoren lagen um + 33,41 % und die der -extensoren um + 33,71 % über denen des Eingangstests. Zusammengefasst lagen alle Ergebnisse der 38 Probanden der Experimentalgruppe im Durchschnitt um + 29,89 % über denen bei der Eingangstestung.

McGill Kontrollgruppe PRE - POST				
PRE				
	Lat re	Lat li	Flex	Ext
MW	01:38,81	01:43,28	01:38,24	02:36,16
Std.-Abw.	00:22,31	00:19,26	00:32,48	00:34,10
MIN	01:05,55	01:08,41	00:59,34	01:22,32
MAX	02:35,30	02:29,48	03:35,35	03:54,57
POST				
	Lat re	Lat li	Flex	Ext
MW	01:32,35	01:38,16	01:39,31	02:35,24
Std.-Abw.	00:23,88	00:21,01	00:41,04	00:41,54
MIN	00:58,20	01:08,24	00:50,21	01:10,20
MAX	02:37,20	02:24,23	03:07,10	04:10,20
Veränderung PRE- POST				
MW	-6,55%	-4,96%	1,09%	-0,59%
				Gesamt: -2,75%

Tabelle 18: Ergebnisse McGill Rumpfkraft-Testung Kontrollgruppe PRE – POST

Im Vergleich zu den Ergebnissen der Experimentalgruppe zeigt diese Gegenüberstellung (Tabelle 18 und Grafik 06), dass sich die Rumpfkraftwerte der Kontrollgruppe (fast) einheitlich im Verlauf des Lehrgangs bzw. des Untersuchungszeitraums reduziert / verschlechtert haben. Ein Rückgang von − 2,75 % (gesamt) im statistischen Mittel bzw. eine signifikante Reduktion bei der Testung *Lateralflexion rechts* von − 6,55 % (p < 0,05) und bei der *Lateralflexion links* von − 4,96 % (p = 0,117); eine leichte Verbesserung der statischen Kraftausdauer der Rumpfbeuger (*Flexoren*) von + 1,09 % (p = 0,695) und ein ebenfalls (geringer) nicht signifikanter Rückgang der Haltezeiten von − 0,59 % (p = 0,433) bei der Rumpfstreckmuskulatur / *Extensoren* (PRE − POST) wurden hier beobachtet.

McGill Experimentalgruppe vs Kontrollgruppe PRE			
Experimentalgruppe			
	Lat re	Lat li	Flex	Ext
MW	01:17,61	01:20,88	01:11,78	02:03,51
Std.-Abw.	00:22,17	00:21,88	00:22,64	00:31,26
MIN	00:41,01	00:50,31	00:36,09	01:13,20
MAX	02:31,22	02:11,06	02:15,09	03:06,16
Kontrollgruppe			
	Lat re	Lat li	Flex	Ext
MW	01:38,81	01:43,28	01:32,24	02:26,16
Std.-Abw.	00:22,31	00:19,26	00:32,48	00:34,10
MIN	01:05,55	01:08,41	00:59,34	01:22,32
MAX	02:35,30	02:29,48	03:35,35	03:54,57
Unterschiede Experimental vs Kontroll PRE			
	Lat re	Lat li	Flex	Ext
MW	-21,46%	-21,69%	-26,93%	-20,91%

McGill Experimentalgruppe vs Kontrollgruppe POST			
Experimentalgruppe			
	Lat re	Lat li	Flex	Ext
MW	01:39,92	01:40,04	01:35,77	02:45,16
Std.-Abw.	00:22,58	00:21,48	00:32,41	00:36,98
MIN	00:54,56	01:02,18	00:41,20	01:41,67
MAX	02:34,42	02:42,08	03:09,20	04:00,43
Kontrollgruppe			
	Lat re	Lat li	Flex	Ext
MW	01:32,35	01:38,16	01:39,31	02:35,24
Std.-Abw.	00:23,88	00:21,01	00:41,04	00:41,54
MIN	00:58,20	01:08,24	00:50,21	01:10,20
MAX	02:37,20	02:24,23	03:07,10	04:10,20
Unterschiede Experimental vs Kontroll POST			
	Lat re	Lat li	Flex	Ext
MW	8,21%	1,92%	-3,57%	6,39%

Tabelle 19: Ergebnisse McGill Rumpfkraft-Testung Experimental- vs. Kontrollgruppe PRE − POST

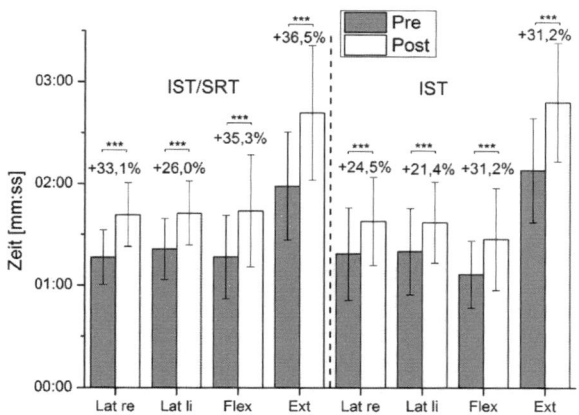

Grafik 06: Darstellung McGill-Testergebnisse PRE − POST Experimental- vs. Kontrollgruppe
Anmerkung: n.s. = nicht signifikant ; * = p < 0,05, *** = p < 0,001

Wie Tabelle 15 (Kapitel 5.1.1) für die Ergebnisse BFT Experimental- vs. Kontroll-gruppe PRE – POST bereits zeigte, waren auch die Werte des McGill-Tests zu Beginn der Untersuchung bei der Experimentalgruppe geringer als bei der Kontroll-gruppe. Diese deutlich geringeren Werte zum Zeitpunkt PRE (Einstiegstestung) der Experimental- im Vergleich zur Kontrollgruppe von – 21,46 % (*Lateralflexion rechts*), – 21,69 % (*Lateralflexion links*), – 26,93 % (*Flexion*) und – 20,91 % (*Extension*) wurden nach Beendigung der Trainingsintervention nachweislich durch die Re-Testergebnisse (fast einheitlich) revidiert. So zeigt sich, dass die vormals geringe-ren Testwerte der Experimentalgruppe nun um + 8,21 % (*Lateralflexion rechts*), + 1,92 % (*Laterlaflexion links*) und + 6,39 % (*Extension*) höher lagen, und nun keine signifikanten Unterschiede zwischen den Gruppen mehr bestanden. Nur die Wer-te der Übung *Rumpfflexion* bei der Experimentalgruppe, die zwar gesteigert wur-den (siehe Tabelle 17), sich bei der Kontrollgruppe im gleichen Zeitraum aber ebenfalls leicht steigern ließen (vgl. Tabelle 18), lagen somit zum Zeitpunkt der Re-Testung um – 3,57 % unter denen der Kontrollgruppe (Tabelle 19). Nach der Trainingsintervention hat sich demzufolge die ehemals geringere Leistungsfähig-keit der Experimentalgruppe soweit verbessern lassen, dass nun (POST) eine An-gleichung an die (jetzt reduzierten) Werte der ehemals leistungsstärkeren Kon-trollgruppe vollzogen wurde, was sich in der Tatsache darstellt, dass gegenwärtig nur geringe Unterschiede hinsichtlich der Rumpfkraftwerte zwischen beiden Gruppen erkennbar sind (vgl. auch Ausführungen in Kapitel 6.1 und Darstellun-gen der Grafik 16).

McGill Experimentalgruppe "IST+SRT" PRE - POST				
	PRE			
	Lat re	Lat li	Flex	Ext
MW	01:16,47	01:21,58	01:16,91	01:58,72
Std.-Abw.	00:16,15	00:18,07	00:24,66	00:31,85
MIN	00:52,13	00:50,31	00:37,14	01:13,20
MAX	01:50,05	02:01,08	02:15,09	03:02,01
	POST			
	Lat re	Lat li	Flex	Ext
MW	01:41,80	01:42,75	01:44,09	02:42,03
Std.-Abw.	00:18,88	00:18,92	00:33,13	00:39,60
MIN	01:17,34	01:13,54	00:49,64	01:41,67
MAX	02:21,30	02:25,89	03:09,20	04:00,43
	Veränderung PRE- POST			**MW Gesamt**
MW	33,13%	25,94%	35,34%	36,48%	32,72%

McGill Experimentalgruppe "IST" PRE - POST				
	PRE			
	Lat re	Lat li	Flex	Ext
MW	01:18,76	01:20,18	01:06,65	02:08,31
Std.-Abw.	00:27,33	00:25,62	00:19,75	00:30,76
MIN	00:41,01	00:51,90	00:36,09	01:22,00
MAX	02:31,22	02:11,06	01:41,20	03:06,16
	POST			
	Lat re	Lat li	Flex	Ext
MW	01:38,05	01:37,34	01:27,45	02:48,29
Std.-Abw.	00:26,16	00:23,97	00:30,25	00:34,96
MIN	00:54,56	01:02,18	00:41,20	01:56,80
MAX	02:34,42	02:42,08	02:32,24	03:47,29
	Veränderung PRE- POST			**MW Gesamt**
MW	24,50%	21,41%	31,20%	31,15%	27,06%

Tabelle 20: Veränderungen McGill-Testwerte PRE – POST Gruppe „IST+SRT" vs. "Gruppe IST"

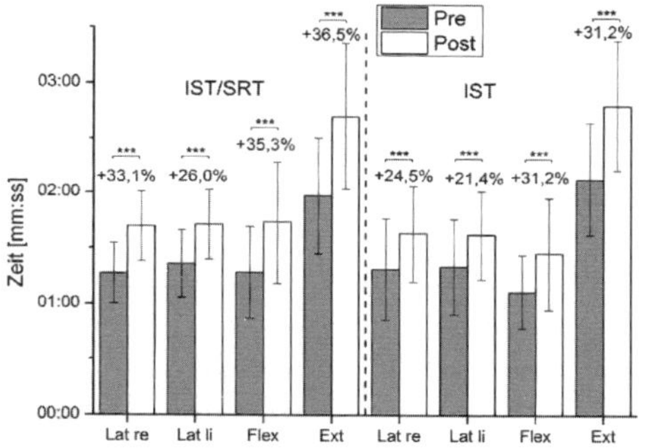

Grafik 07: Darstellung McGill-Testergebnisse PRE – POST Subgruppe „IST+SRT" vs. „IST"
Anmerkung: *** = p < 0,001

Um die Einflussname des Zeptorings auf die Testergebnisse und die entsprechende Leistungsfähigkeit (Rumpfkraftausdauer) darstellen zu können, werden in dieser Gegenüberstellung (Tabelle 20 und Grafik 07) die Testergebnisse PRE – POST verglichen. Auch hier zeigt sich erneut, dass neben der in Tabelle 17 gezeigten allgemeinen Zunahme der Leistungsparameter der Experimentalgruppe die Werte der Gruppe „IST+SRT" höher ausfallen als die der Vergleichsgruppe „IST". Die prozentualen Steigerungen der Gruppe „IST+SRT" bei den Werten *Lateralflexion rechts* liegen bei + 33,13 %, die Werte *Lateralflexion links* um + 25,94 %, bei der Gruppe „IST" mit + 24,50 % bzw. + 21,41 % (jeweils p < 0,001) etwas niedriger. Auch die Steigerungen / Zuwächse (in Prozent) der Haltezeiten *Flexion* und *Extension* liegen um ca. 4 % bzw. ca. 6 % bei der „IST+SRT"-Gruppe höher als bei der Gruppe „IST" (vgl. Tabelle 20). Die Leistungswerte der Gruppen bei Beginn der Studiendurchführung (PRE) ergaben keinen statistischen Unterschied. Auch hinsichtlich der Leistungsentwicklung PRE zu POST bestand zwischen den beiden Subgruppen weiterhin kein signifkanter Unterschied, die Zuwächse bei der Gruppe „IST+SRT" sind jedoch in allen Disziplinen stärker und deutlicher (p <

0,001) als bei der „IST"-Gruppe ausgeprägt, was auch schon bei den Ergebnissen des BFT gezeigt wurde (siehe Kapitel 5.1.1).

Neben den Darstellungen der Leistungsfähigkeit (Kraftausdauer) der rumpfstabilisierenden Muskulatur dienen die Ergebnisse des McGill-Tests zur Überprüfung eines Vorhandenseins möglicher muskulärer Dysbalancen (siehe Ausführungen aus Kapitel 4.3.4). Dazu wurden (wie bei den bisherigen Gegenüberstellungen auch) die Ergebnisse der jeweiligen Gruppen bei Einstiegs- und Re-Testung prozentual verglichen. Zu den Balance-Verhältnissen lässt sich im Allgemeinen sagen, dass im Bereich *Lateralflexion rechts* zu *links* ein Wert von 100 % anzustreben ist (± 5 %), in den Verhältnissen *Flexion* zu *Extension* sind Werte von < 100 % erstrebenswert, was auch auf die Verhältnisse *Lateralflexion rechts bzw. links zu Extension* (< 75 %) zu beziehen ist. Generell gilt die Prämisse, dass ein „niedrigerer" Wert (Reduktion PRE – POST) als das „bessere" Ergebnis anzusehen ist. Die Verhältnisse werden in den in diesem Kapitel gezeigten Tabellen (Tabellen 21 – 27) in Prozentwerten (anders als in den vorherigen Tabellen dieses Kapitels) angegeben. Dies soll die Entwicklung und Veränderungen (PRE – POST etc.) anschaulicher machen. Der Bezug zueinander entspricht den von McGill beschriebenen und geforderten Relationen (vgl. Kapitel 4.3.4).

Mc Gill Rumpf Test Experimental muskuläre Balance				
	Balance LatFlex re/li	Balance Flex/Ext	Balance LatFlex re / Ext	Balance LatFlex li / Ext
Anzahl Balance	4	34	26	26
Anteil v. Gesamt	10,53%	89,47%	68,42%	68,42%
Balance- Verhältnis	97,27%	61,07%	66,61%	69,36%
Norm / Zielwerte	> 95 % und < 105 %	< 100 %	< 75 %	< 75 %

Mc Gill Rumpf Re Test Test Experimental muskuläre Balance				
	Balance LatFlex re/li	Balance Flex/Ext	Balance LatFlex re / Ext	Balance LatFlex li / Ext
Anzahl Balance	18	37	30	30
Anteil v. Gesamt	47,37%	97,37%	78,95%	78,95%
Balance- Verhältnis	100,02%	59,07%	63,17%	62,78%
Norm / Zielwerte	> 95 % und < 105 %	< 100 %	< 75 %	< 75 %

Tabelle 21: Vergleich muskuläre Balance Rumpfkraft (McGill) Experimentalgruppe PRE – POST

Wie diese Tabelle veranschaulicht, gibt es v.a. im Bereich der Testung *Lateralflexoren rechts zu links* nur eine geringe Anzahl (4 von 38) an Probanden, die eine muskuläre Balance in diesem Bereich aufzeigen. Dieser Wert von 10,53 % (PRE) konnte jedoch deutlich gesteigert werden, so dass zum Zeitpunkt der Re-Testung (POST) 47,37 % der Probanden (entspricht 18 Personen) eine Kraftbalance der *Lateralflexoren (rechts/links)* erzielten. Generell ist erkennbar, dass die Werte im Re-

Test bei allen anderen Vergleichen (Balance *Flexion zu Extension*: von 89,47 % auf 97,37 % der Personenstichprobe; Balance *Lateralflexion rechts bzw. links zu Extension*: jeweils von 68,42 % auf 78,95 % der Probanden), die Anzahl der positiv getesteten (d.h. mit einer normalen muskulären Balance), deutlich höher war. Auch die durchschnittlichen Werte (Balance-Verhältnis) verbesserten sich in allen Bereichen vom Einstiegs- zum Re-Test bei der Experimentalgruppe (gesamt).

Mc Gill Rumpf Test Kontroll muskuläre Balance				
	Balance LatFlex re/li	Balance Flex/Ext	Balance LatFlex re / Ext	Balance LatFlex li / Ext
Anzahl Balance	8	25	20	20
Anteil v. Gesamt	30,77%	96,15%	76,92%	76,92%
Balance- Verhältnis	97,10%	65,42%	66,84%	69,36%
Norm / Zielwerte	> 95 % und < 105 %	< 100 %	< 75 %	< 75 %

Mc Gill Rumpf Re Test Kontroll muskuläre Balance				
	Balance LatFlex re/li	Balance Flex/Ext	Balance LatFlex re / Ext	Balance LatFlex li / Ext
Anzahl Balance	5	22	19	18
Anteil v. Gesamt	19,23%	84,62%	73,08%	69,23%
Balance- Verhältnis	95,22%	71,20%	65,06%	68,82%
Norm / Zielwerte	> 95 % und < 105 %	< 100 %	< 75 %	< 75 %

Tabelle 22: Vergleich muskuläre Balance Rumpfkraft (McGill) Kontrollgruppe PRE – POST

Die Werte der Kontrollgruppe (n = 26) zeichnen ein anderes Bild im Vergleich zu den Darstellungen der Experimentalgruppe (Tabelle 21). Bei den Werten der Kontrollgruppe zeigt sich eine Reduktion (wie bei den Haltezeiten; Tabelle 18) der muskulären Balance bzw. der prozentualen Anhaltspunkte hierfür (Tabelle 22). Die Anzahl der getesteten Probanden mit einer muskulären Balance nimmt in allen untersuchten Bereichen/Verhältnissen ab. So sank (PRE – POST) der Anteil der Teilnehmer mit einer muskulären Balance in den Bereichen *Lateralflexion rechts zu links* von 30,77 % (d.h. 8 Probanden) auf 19,23 % (5 Probanden) ab; im Vergleich *Balance Flexion zu Extension* von 96,15 % (25 Probanden) um 3 Probanden auf einen Anteil von 84,62 %. Der Rückgang der Balancewerte *Lateralflexion rechts zu Extension* fiel von 76,92 % (PRE) auf 73,08 % (POST) und *Lateralflexion links zu Extension* von 76,92 % auf 69,23 %. Die Verhältniswerte der *Lateralflexion rechts zu Extension* reduzierten sich von 66,84 % auf 65,06 %; *Lateralflexion links zu Extension* von 69,36 % auf 68,82 %, was pauschal betrachtet als eine Stabilisierung der Balancen bzw. Kraftverhältnisse zu werten ist.

Mc Gill Rumpf Test Experimental muskuläre Balance			
	Balance LatFlex re/li	Balance Flex/Ext	Balance LatFlex re / Ext	Balance LatFlex li / Ext
Anzahl Balance	4	34	26	26
Anteil v. Gesamt	10,53%	89,47%	68,42%	68,42%
Balance- Verhältnis	97,27%	61,07%	66,61%	69,36%
Norm / Zielwerte	> 95 % und < 105 %	< 100 %	< 75 %	< 75 %

Mc Gill Rumpf Test Kontroll muskuläre Balance			
	Balance LatFlex re/li	Balance Flex/Ext	Balance LatFlex re / Ext	Balance LatFlex li / Ext
Anzahl Balance	8	25	20	20
Anteil v. Gesamt	30,77%	96,15%	76,92%	76,92%
Balance- Verhältnis	97,10%	65,42%	66,84%	69,36%
Norm / Zielwerte	> 95 % und < 105 %	< 100 %	< 75 %	< 75 %

Tabelle 23: Vergleich muskuläre Balance Rumpfkraft (McGill) Experimental- vs. Kontrollgruppe PRE

Die relative Anzahl der Probanden mit eindeutigen und den Vorgaben entsprechenden Werten liegt bei der Experimentalgruppe zum Zeitpunkt PRE bei nur 10,53 % (Kontrollgruppe = 30,77 %) für den Vergleich *Lateralflexion rechts* zu *links*, bei 89,47 % (Experimentalgruppe) zu 96,15 % (Kontrollgruppe) für die Gegenüberstellung der Werte *Flexion* zu *Extension* und bei 68,42 % (Experimental) zu 76,92 % (Kontrollgruppe) für die Vergleiche von *Lateralflexion rechts bzw. links zu Extension*.

Mc Gill Rumpf Re Test Test Experimental muskuläre Balance			
	Balance LatFlex re/li	Balance Flex/Ext	Balance LatFlex re / Ext	Balance LatFlex li / Ext
Anzahl Balance	18	37	30	30
Anteil v. Gesamt	47,37%	97,37%	78,95%	78,95%
Balance- Verhältnis	100,02%	59,07%	63,17%	62,78%
Norm / Zielwerte	> 95 % und < 105 %	< 100 %	< 75 %	< 75 %

Mc Gill Rumpf Re Test Kontroll muskuläre Balance			
	Balance LatFlex re/li	Balance Flex/Ext	Balance LatFlex re / Ext	Balance LatFlex li / Ext
Anzahl Balance	5	22	19	18
Anteil v. Gesamt	19,23%	84,62%	73,08%	69,23%
Balance- Verhältnis	95,22%	71,20%	65,06%	68,82%
Norm / Zielwerte	> 95 % und < 105 %	< 100 %	< 75 %	< 75 %

Tabelle 24: Vergleich muskuläre Balance Rumpf (McGill) Experimental- vs. Kontrollgruppe POST

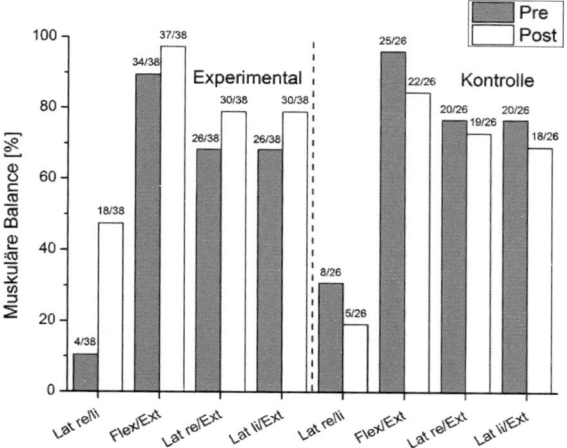

Grafik 08: McGill-Testergebnisse „muskuläre Balance" PRE – POST Experimental- vs. Kontrollgruppe

Anmerkung: Die Angaben bspw. "4/38" beziehen sich auf die Probanden mit muskulärer Balance (Anzahl / von Gesamt)

Die Anteile der Probanden der Experimentalgruppe mit einem ausgeglichenen Verhältnis *Lateralflexion rechts* zu *links* stieg auf 47,37 % (Kontrollgruppe: Rückgang auf 19,23 %); beim Vergleich *Flexion* zu *Extension* Anstieg auf 97,37 % (Experimentalgruppe), bei gleichzeitiger Reduktion der Werte der Kontrollgruppe auf 84,62 %. Die Gegenüberstellung der Werte *Lateralflexion rechts* zu *Extension* bzw. *Lateralflexion links* zu *Extension* stieg in beiden Bereichen auf 78,95 % (Experimentalgruppe), während diese Werte bei der Kontrollgruppe wiederum zurückgingen auf 73,08 % bzw. 69,23 %. Alle Veränderungen beziehen sich auf den Vergleich der Werte Einstiegs- zu Re-Testung (Tabelle 24 und Grafik 08).

Mc Gill Rumpf Test Gruppe "IST+SRT" muskuläre Balance (PRE)				
	Balance LatFlex re/li	Balance Flex/Ext	Balance LatFlex re / Ext	Balance LatFlex li / Ext
Anzahl Balance	2	16	12	12
Anteil v. Gesamt	10,53%	84,21%	63,16%	63,16%
Balance- Verhältnis	95,80%	67,13%	69,49%	72,92%
Norm / Zielwerte	> 95 % und < 105 %	< 100 %	< 75 %	< 75 %

Mc Gill Rumpf Test Gruppe "IST" muskuläre Balance (PRE)				
	Balance LatFlex re/li	Balance Flex/Ext	Balance LatFlex re / Ext	Balance LatFlex li / Ext
Anzahl Balance	2	18	14	14
Anteil v. Gesamt	10,53%	94,74%	73,68%	73,68%
Balance- Verhältnis	98,74%	55,02%	63,73%	65,79%
Norm / Zielwerte	> 95 % und < 105 %	< 100 %	< 75 %	< 75 %

Tabelle 25: Vergleich muskuläre Balance Rumpf (McGill) Gruppe „IST+SRT" vs. „IST"
PRE

Um die Auswirkungen des zusätzlichen SRT-Verfahrens auf die Probanden überprüfen zu können, wurden die Werte der beiden Subgruppen in dieser Tabelle
(25) zum Zeitpunkt PRE (Einstiegstestung) verglichen. Des Weiteren dient diese
Darstellung auch zur Überprüfung, ob und in wieweit sich beide Subgruppen in
Bezug auf die Betrachtung der muskulären Balance unterscheiden.

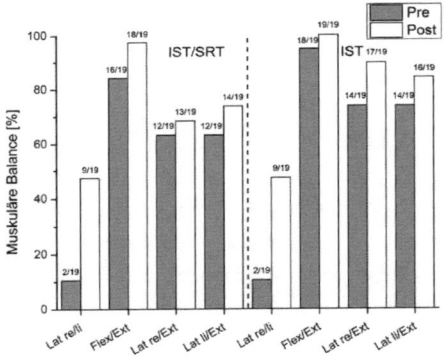

Grafik 09: McGill-Testergebnisse „muskuläre Balance" PRE – POST Subgruppe
„IST+SRT" vs. „IST"

Anmerkung: Die Angaben bspw. "2/19" beziehen sich auf die Probanden mit muskulärer Balance (Anzahl/von Gesamt)

Beim Vergleich der Werte (PRE) beider Subgruppen zeigt sich, dass mit Ausnahme der Balance *Lateralflexion rechts* zu *links* (hier gleiches Verhältnis in beiden
Gruppen) der Teil der Probanden in der Gruppe „IST" mit einem besseren Ergebnis bzgl. der muskulären Balance der Zahl nach höher ist. Im Vergleich der Balan-
ce-Verhältnisse offenbart sich ebenfalls, dass die Zeptor (IST+SRT)-Gruppe im

Durchschnitt ungünstigere Verhältniswerte (zum Zeitpunkt der Einstiegstestung) zeigte. So lagen die Verhältniswerte bei *Lateralflexion rechts* zu *links* bei 95,80 % (Gruppe „IST+SRT") zu 98,74 % (Gruppe „IST"). Die Verhältnisse *Balance Flexion* zu *Extension* waren mit 67,13 % zu 55,02 % höher (also tendenziell ungünstiger). Gleiches galt für die Angaben *Lateralflexion rechts zu Extension* 69,49 % zu 63,73 % und *Lateralflexion links* zu *Extension* mit 72,92 % zu 65,79 % (Gruppe „IST+SRT" vs. „IST"). Auch absolut gesehen wiesen mehr Angehörige der Gruppe „IST" ein positives Balanceergebnis zum Zeitpunkt PRE auf, als dies bei der Gruppe „IST+SRT" der Fall war (außer Testung *Lateralflexion rechts* zu *links*), wie die Werte der Tabelle 25 belegen.

Mc Gill Rumpf Re Test Test Gruppe "SRT+IST" muskuläre Balance (POST)				
	Balance LatFlex re/li	Balance Flex/Ext	Balance LatFlex re / Ext	Balance LatFlex li / Ext
Anzahl Balance	9	18	13	14
Anteil v. Gesamt	47,37%	94,74%	68,42%	73,68%
Balance- Verhältnis	99,58%	65,02%	66,20%	66,16%
Norm / Zielwerte	> 95 % und < 105 %	< 100 %	< 75 %	< 75 %

Mc Gill Rumpf Re Test Gruppe "IST" muskuläre Balance (POST)				
	Balance LatFlex re/li	Balance Flex/Ext	Balance LatFlex re / Ext	Balance LatFlex li / Ext
Anzahl Balance	9	19	17	16
Anteil v. Gesamt	47,37%	100,00%	89,47%	84,21%
Balance- Verhältnis	100,46%	53,11%	60,13%	59,40%
Norm / Zielwerte	> 95 % und < 105 %	< 100 %	< 75 %	< 75 %

Tabelle 26: Vergleich muskuläre Balance Rumpf (McGill) Gruppe „IST+SRT" vs. „IST" POST

Die Ergebnisse dieser Tabelle (Tabelle 26; Zeitpunkt POST) veranschaulichen im Kontext zu den Angaben der Tabelle 25, dass die Werte (Anteil der Probanden mit muskulärer Balance) sich im Zeitraum der Trainingsstudie bzw. im Vergleich Einstiegstest (PRE) zu Re-Test (POST) in allen Bereichen beider Sub-Gruppen optimiert haben. Vor allem die Entwicklung der Balance *Lateralflexion rechts* zu *links* konnte deutlich verbessert werden, so dass sich der Anteil an Probanden beider Sub-Gruppen mit einem positiven Ergebnis vervierfacht hat (10,53 % PRE zu 47,37 % POST). Betrachtet man den Vergleich der Ergebnisse beider Gruppen nach der Trainingsintervention in Tabelle 26, so zeigt sich, dass wie auch zum Zeitpunkt der Einstiegstestung (Tabelle 25) die Ergebnisse der Gruppe "IST" besser bzw. günstiger sind. Da aber ebenfalls gezeigt wird, dass sich beide Subgruppen hinsichtlich der untersuchten und dargestellten Balancewerte verbesserten (vgl. Grafik 09), ergaben sich letztendlich keine relevanten Veränderungen der

Tendenzen bzw. Vergleichbarkeiten der beiden Subgruppen untereinander. Betrachtet man die Entwicklungen der beiden Subgruppen PRE – POST miteinander, so zeigt sich folgendes Bild:

Entwicklung Bewertung Balance (n. McGill) Subgruppe "IST+SRT" PRE POST		Balance LatFlex re/li	Balance Flex/Ext	Balance LatFlex re / Ext	Balance LatFlex li / Ext
Anteil Gesamt	PRE	10,53%	84,21%	63,16%	63,16%
	POST	47,37%	94,74%	68,42%	73,68%
	Differenz PRE- POST	36,84%	10,53%	5,26%	10,53%
Balance Verhältnis	PRE	95,80%	67,13%	69,49%	72,92%
	POST	99,58%	65,02%	66,20%	66,16%
	Diff	3,79%	-2,10%	-3,29%	-6,76%

Entwicklung Bewertung Balance (n. McGill) Subgruppe "IST" PRE POST		Balance LatFlex re/li	Balance Flex/Ext	Balance LatFlex re / Ext	Balance LatFlex li / Ext
Anteil Gesamt	PRE	10,53%	94,74%	73,68%	73,68%
	POST	47,37%	100,00%	89,47%	84,21%
	Differenz PRE-POST	36,84%	5,26%	15,79%	10,53%
Balance Verhältnis	PRE	98,74%	55,02%	63,73%	65,79%
	POST	100,46%	53,11%	60,13%	59,40%
	Diff	1,73%	-1,91%	-3,60%	-6,39%

Tabelle 27: Vergleich McGill „muskuläre Balance" Subgruppe „IST+SRT" vs. „IST" PRE – POST

Wie auch in Grafik 09 veranschaulicht wird, so zeigt sich auch hier, dass die Werte im Gesamten eine Verbesserung hinsichtlich der Kriterien *muskuläre Balance* nach McGill darstellen.

Wirft man einen Blick auf die Veränderungen der Anteile Probanden mit *muskulärer Balance* PRE zu POST, so ist eine relativ ausgewogene Entwicklung bei beiden Subgruppen gegeben. Die Veränderungen PRE – POST sind bei beiden Gruppen in den Bereichen *Balance Lateralflexion rechts* zu *links* und *Balance Lateralflexion links* zu *Extension* (nahezu) identisch. Während die Differenzen PRE – POST bei *Balance Flexion zu Extension* bei der Gruppe „IST+SRT" mit + 10,53 % höher als bei der Gruppe „IST" (+ 5,26 %) ausfiel, zeigt sich wiederum bei der Gruppe „IST+SRT" ein vergleichsweise geringerer Zuwachs bei *Balance Lateralflexion rechts* zu *Extension* – hier lag die Differenz bei + 5,26 %, bei der Gruppe „IST" lag er bei + 15,79 %. Bezogen auf die anderen drei Vergleiche ist aber erneut die Verbesserung bei der Gruppe „IST+SRT" höher als bei der Probandenruppe, in der nur das IST durchgeführt wurde.

5.1.3 Ergebnisse Test Koordination (*Testor*)

Die Überprüfung der Gleichgewichtsfähigkeit mittels *Testor* Messverfahren (siehe Kapitel 4.3.5) wurde nur bei den Probanden der Experimentalgruppe durchgeführt. Ziel der Untersuchung ist es zu überprüfen, ob die Trainingsmaßnahme positive Veränderungen / Verbesserungen der spezifischen Koordination bzw. Gleichgewichtsfähigkeit erwirkten. Auch hier wird gesondert der Einfluss des Treatments SRT betrachtet. Zur Erläuterung der Bewertungen ist festzuhalten, dass die *mittlere Auslenkung* (*Weg medial – lateral* bzw. *ante – post*) den Wert beschreibt, der die Wegstrecke der Druckmessplatte um den Nullpunkt zurücklegt. Mit *Spannweite* werden die Messergebnisse beschrieben, welche die Punkte der maximalen Auslenkung der Bewegung der Messplatte (und der damit definierten Strecke zwischen diesen beiden Punkten in Millimeter) darstellen. Generell ist zu sagen, dass die Werte *mittlere Auslenkung* einen genaueren Wert darstellt, da hier alle Bewegungen / Auslenkungen im Mittelwert betrachtet werden. Vollzog ein Proband hingegen während der Messphase eine verhältnismäßig hohe (ggf. nur einmalige) Auslenkung, so summierte dies den Gesamtwert (Wegstrecke) auf, so dass ein solches Ergebnis ggf. höher und damit weniger repräsentativ ausfiel als jenes der *mittleren Auslenkung*. Generell gilt jedoch: *je geringer beide Werte/Distanzen, desto weniger Bewegung wurde vollzogen*. Dies kann als eine bessere Auslenkung und damit Reaktions- bzw. Gleichgewichtsfähigkeit angesehen werden. Denn durch einen schnelleren Ausgleich der muskulären Gelenkstabilisierung (durch die Mechanorezeptoren der unteren Extremitäten) bzw. ein Verhindern von starken Auslenkungen wird die neuronale / propriozeptive Fähigkeit zur Stabilisation des Gleichgewichts (neuronale Kontrolle) beschrieben. Diese ist durch eine schnelle Anpassungsfähigkeit der motorischen Einheiten auf plötzliche Richtungswechsel charakterisiert und führt zu schnelleren Kontraktionen der gelenkstabilisierenden Muskulatur (vgl. Darstellungen Kapitel 2.3).

Koordinationstestung Experimentalgruppe gesamt				
	Eingangstestung		Re Testung	
	mittlere Auslenkung	Spannweite	mittlere Auslenkung	Spannweite
Mittelwert	1,98	11,16	1,81	11,11
Std. Abw.	0,35	3,73	0,43	4,60
MIN	1,40	3,70	0,98	4,40
MAX	2,83	18,40	3,20	23,79
Verbesserung PRE - POST				
mittlere Auslenkung	-8,63%			
Spannweite	-0,50%			

Tabelle 28: Ergebnisse Koordinationstestung Experimentalgruppe gesamt PRE – POST

Die Ergebnisse der untersuchten getesteten Probanden der Gesamtgruppe (n = 35) zeigen eine siginifikante Verbesserung (p < 0,05) der Koordination PRE – POST. Die Reduktion um – 8,63 % bedeutet, dass die *mittlere Auslenkung* zum Zeitpunkt der Re-Testung geringer als beim Einstiegstest ausfiel (1,81 ± 0,43 mm zu 1,98 ± 0,35 mm). Gleiches gilt für die *Spannweite*, die Unterschiede PRE – POST sind jedoch mit einer Verbesserung (Reduktion) um – 0,50 % (11,16 ± 3,73 mm PRE auf 11,11 ± 4,60 mm POST) deutlich geringer ausgeprägt als die der *mittleren Auslenkung*, was zeigt, dass die Stabilisierung des Gleichgewichts bzw. der sensomotorischen Kontrolle verbessert wurde.

Koordinationstestung Experimentalgruppe "IST+SRT" vs "IST" PRE				
	IST+SRT		IST	
	mittlere Auslenkung	Spannweite	mittlere Auslenkung	Spannweite
Mittelwert	2,00	10,97	1,96	11,37
Std.-Abw.	0,39	3,34	0,31	4,20

Vergleich IST+SRT vs IST PRE	
mittlere Auslenkung	2,04%
Spannweite	-3,55%

Tabelle 29: Ergebnisse Koordinationstestung Gruppe „IST+SRT" vs. „IST" PRE

Wie die Vergleiche der Ergebnisse beider Gruppen zum Zeitpunkt der Einstiegstestung (Tabelle 29) darstellen, liegen die Werte der Gruppe „IST+SRT" (n = 18) im Bereich der *mittleren Auslenkung* mit 2,00 ± 0,39 mm schlechter / höher als die der Gruppe „IST" (n = 17) mit 1,96 ± 0,31 mm. Im Bereich der maximalen Auslenkung bzw. *Spannweite* wiederum zeigen die Ergebnisse der Gruppe „IST+SRT" mit 10,97 ± 3,34 mm ein geringeres und somit günstigeres Ergebnis als die der Gruppe „IST" (MW: 11,37 ± 4,20 mm). Diese Unterschiede sind jedoch sehr gering, so dass die Gruppen als gleichwertig (in Bezug auf die koordinativen Fähigkeiten) anzusehen sind, was Zielsetzung der Parallelisierung (Kapitel 4.2.1) war.

Koordinationstestung Experimentalgruppe "IST+SRT" vs "IST" POST				
	IST+SRT		IST	
	mittlere Auslenkung	Spannweite	mittlere Auslenkung	Spannweite
Mittelwert	1,78	11,00	1,83	11,22
Std.-Abw.	0,41	4,24	0,47	5,08

Vergleich IST+SRT vs IST	
mittlere Auslenkung	-2,70%
Spannweite	-1,90%

Tabelle 30: Ergebnisse Koordinationstestung Gruppe "IST+SRT" vs. „IST" POST

Schaut man nun auf die Ergebnisse der beiden Gruppen zum Zeitpunkt der Re-Testung (POST), so zeigt sich, dass die Werte der Gruppe „IST+SRT" nun in allen Bereichen besser / geringer als die der Kontrollgruppe „IST" sind. Nun ist die *mittlere Auslenkung* mit 1,78 ± 0,41 mm niedriger als bei der Kontrollgruppe (1,83 ± 0,47 mm). Gleiches zeigen die Werte der Spannweite, die bei der Zeptorgruppe nun 11,00 ± 4,24 mm betragen, während die durchschnittlichen Werte der Probanden der Gruppe „IST" Werte von 11,22 ± 5,08 mm ereichten (Tabelle 30). Es hat eine höhere positive Anpassung bei der „IST+SRT"-Gruppe stattgefunden. Entsprechend der schlechteren Werte PRE bei der Zeptorgruppe (IST+SRT) und der zum Zeitpunkt POST besseren (im Vergleich zur Gruppe „IST") hat sich somit eine Angleichung bzw. eine diametrale Verschiebung beider Gruppen PRE-POST ergeben.

Koordinationstestung Subgruppe "IST+SRT"				
	Eingangstestung		Re Testung	
	mittlere Auslenkung	Spannweite	mittlere Auslenkung	Spannweite
Mittelwert	2,00	10,97	1,78	11,00
Std.-Abw.	0,39	3,34	0,41	4,24
Verbesserung PRE - POST				
mittlere Auslenkung	-10,72%			
Spannweite	0,34%			

Tabelle 31: Ergebnisse Koordinationstestung Subgruppe „IST+SRT" PRE – POST

Diese Tabelle dokumentiert die Veränderungen, welche die Probanden der Gruppe „IST+SRT" (n = 18) erfahren haben. Hier zeigt sich im Vergleich zu den Darstellungen der Gesamtgruppe (Tabelle 28), dass die Verbesserungen im Mittelwert noch deutlicher (– 10,72 %; p = 0,065) eine Reduktion der *mittleren Auslenkung* (im Vergleich zu – 8,63 % bei der Gesamtgruppe; siehe Tabelle 28) zeigen. Die Werte der *Spannweite* haben bei dieser Gruppe um + 0,34 % zugenommen, der Re-Test Wert liegt jedoch im Mittelwert (11,00 ± 4,24 mm; vgl. Tabelle 31) immer noch unter dem der Gesamtgruppe (11,16 ± 3,73 mm; siehe Tabelle 28).

Koordinationstestung Subgruppe "IST"				
	Eingangstestung		Re Testung	
	mittlere Auslenkung	Spannweite	mittlere Auslenkung	Spannweite
mittlere Auslenkung	1,96	11,37	1,83	11,22
Std. Abw.	0,31	4,20	0,47	5,08
Verbesserung PRE - POST				
mittlere Auslenkung	-6,37%			
Spannweite	-1,35%			

Tabelle 32: Ergebnisse Koordinationstestung Subgruppe „IST" PRE – POST

Auch die Ergebnisse der Kontrollgruppe (Subgruppe „IST"; n = 17) zeigen die positiven Veränderungen (Verringerung der *mittleren Auslenkung* und *Spannweite*), die im Untersuchungszeitraum durch die Einstiegs- und Re-Testung bei der Experimentalgruppe (siehe Tabelle 28) belegt wurden. Die Verbesserungen PRE – POST der *mittleren Auslenkung* fallen im Vergleich zur Gruppe „IST+SRT" mit – 6,37 % geringer aus (Gruppe "IST+SRT" = – 10,72 %; vgl. Tabelle 31). Der PRE – POST-Vergleich der „IST+SRT"-Gruppe verfehlen knapp den Richtwert einer Signifikanz (p = 0,065), bei der „IST"-Gruppe (p = 0,404) ist dies deutlicher. Die *Spannweise* konnte hier jedoch um – 1,35 % reduziert werden, wohingegen bei der Gruppe „IST+SRT" ein, wenn auch geringer, Zuwachs von + 0,34 % (vgl. Tabelle 31) gegeben war.

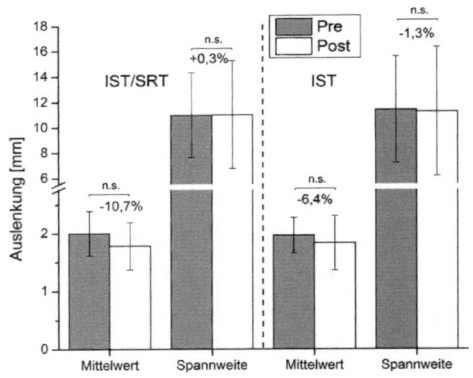

Grafik 10: Ergebnisse Koordinationstestung PRE – POST Subgruppe „IST+SRT" vs. „IST"

Anmerkung: n.s. = nicht signifikant

172

Diese Ergebnisse und die Darstellungen der Grafik 10 verbildlichen, dass die Werte der Gesamtgruppe eine Verbesserung der Parameter Koordination / posturale Kontrolle (*mittlere Auslenkung* und *Spannweite*) aufwiesen, was bei der Gruppe „IST+SRT" sogar noch deutlicher ausfiel.

Als beispielhafte Darstellungen zeigen die Grafiken 11 und 12 jeweils die visualisierte Auswertung der Messung eines Probanden der Gruppe „IST+SRT" (Grafik 11) und einen der Gruppe „IST" (Grafik 12) im Vergleich PRE (schwarz) zu POST (rot). Hier sind die Wegstrecken und Auslenkungen dargestellt, die zeigen, dass der Proband in Grafik 11 („IST+SRT"- Gruppe) eine deutlichere Anpassung (stärkere Reduktion der Ausschläge / Wegstrecken von PRE zu POST) als der Proband aus der Gruppe „IST" (Grafik 12) zeigte. Generell sind bei beiden Grafiken die Abnahme der Wegstrecke / *mittlere Auslenkung* sichtbar, womit sie als exemplarische Darstellung zu den Tabellen 31 und 32 und der Grafik 10 dienen und die Tendenzen (Verbesserung der Koordination durch Reduktion der Wegstrecke / *mittlere Auslenkung* und *Spannweite*) im Allgemeinen (Experimentalgruppe gesamt) erkennbar machen.

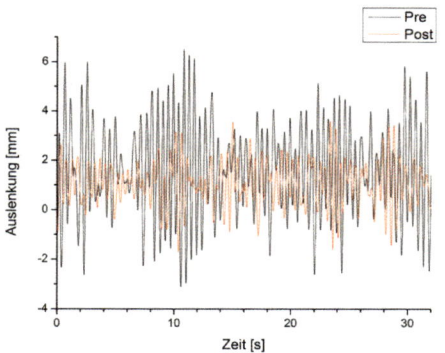 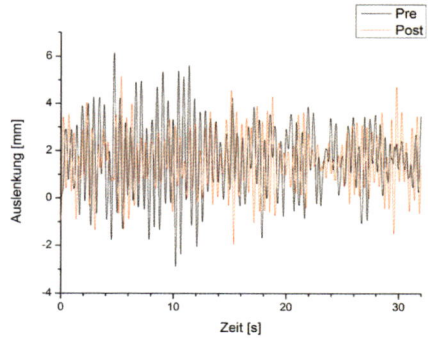

Grafik 11: Exemplarische Darstellung Koordinationstest Proband Gruppe „IST+SRT" PRE – POST

Grafik 12: Exemplarische Darstellung Koordinationstest Proband Gruppe „IST" PRE – POST

5.1.4 Ergebnisse Herzfrequenzmessungen

Im nun folgenden Kapitel werden die Herzfrequenzdaten, die während der Testungen, Trainingseinheiten und Ausbildungsabschnitte ermittelt wurden (siehe Kapitel 4.3.6), ausgewertet und verglichen. Diese Dokumentation soll aufzeigen, wie intensiv (objektiv) die einzelnen Test- bzw. Trainingseinheiten und Ausbildungsabschnitte für die untersuchten Probanden (gemessen an der Herzfrequenz) waren und inwieweit die maximal erreichte Herzfrequenz (HFmax.) und durchschnittlichen Herzfrequenzwerte (HF ∅) im Laufe des Untersuchungszeitraums (Einstiegs- vs. Re-Test; 1. vs. 14. Trainingseinheit) Veränderungen unterlagen (vgl. dazu Tabelle 36). Mit den Aufzeichnungen (Tabelle 33 bis 35) der HF-Werte beim *Fallschirmsprung* (FS) und bei der *Gefechtsübung* (GÜ) werden die Herzfrequenzwerte mit denen im Training / Test (Tabellen 39 und 40) verglichen bzw. eine Relation zwischen Trainings- und realen Belastungen (im Rahmen der Ausbildung) hergestellt.

Vergleich HF Werte BFT Experimentalgruppe 1000 m Lauf PRE - POST						
	HF max PRE	HF ∅ PRE	HF Max POST	HF ∅ POST	Diff HF max	Diff HF ∅
Mittelwert	189,7	169,7	180,6	162,3	-4,82%	-4,36%
Standardabweichung	7,0	12,9	10,8	12,6		
MIN	171	136	151	128		
MAX	202	187	195	184		

Tabelle 33: Vergleich HF-Werte *BFT 1000-m-Lauf* Experimentalgruppe PRE – POST

Bei dieser Darstellung zeigt sich, dass die Herzfrequenzwerte (HF) zum Zeitpunkt der Einstiegstestung sowohl bei der HFmax. (189,7 ± 7,0 S./Min) als auch im HF ∅ (169,7 ± 12,9 S./Min) deutlich höher als zum Messzeitpunkt der Re-Testung beim *BFT 1000-m-Lauf* lagen. Die Reduktion lag bei – 4,82 % (HFmax.) bzw. – 4,36 % (HF ∅), so dass die Werte beim Re-Test bei 180,6 ± 10,8 S./Min (HFmax.) bzw. 162,3 ± 12,6 S./Min lagen. Diese Veränderungen bzw. Reduktionen waren für die HFmax. höchstsignifikant (p < 0,001) bzw. signifikant (p < 0,05) bei der HF ∅. Insgesamt konnten hier 26 komplette Datensätze verwertet werden.

Vergleich HF Werte BFT Kontrollgruppe 1000 m Lauf PRE - POST						
	HF max PRE	HF ∅ PRE	HF Max POST	HF ∅ POST	Diff HF max	Diff HF ∅
Mittelwert	188,2	171,2	188,4	171,7	0,12%	0,32%
Standardabweichung	8,3	12,7	5,5	9,3		
MIN	146	116	180	155		
MAX	202	188	204	188		

Tabelle 34: Vergleich HF-Werte *BFT 1000-m-Lauf* Kontrollgruppe PRE – POST

Bei der Betrachtung der auswertbaren HF-Werte der Kontrollgruppe (n = 13) zeigt sich im Vergleich zur Experimentalgruppe (Tabelle 33) ein anderes Bild. Die HFmax. lag hier beim *BFT 1000-m-Lauf* bei der Einstiegstestung bei 188,2 ± 8,3 S./Min und damit geringfügig niedriger als im Re-Test. Hier (POST) waren die Werte um + 0,12 % mit 188,4 ± 5,5 S./Min höher. Gleiches gilt auch für die Werte HF ∅; der Wert bei der Eingangstestung lag bei 171,1 ± 12,7 S./Min und beim Re-

Test bei 171,7 ± 9,3 S./Min, was einer geringen Zunahme PRE –POST um + 0,32 % entspricht. Diese Veränderungen sind jedoch nicht signifikant, ein Unterschied bzgl. des Herzfrequenzverhaltens PRE-POST ist demnach kaum erkennbar.

Vergleich HF Werte BFT Experimentalgruppe 1000 m Lauf PRE - POST						
	HF max PRE	HF ∅ PRE	HF Max POST	HF ∅ POST	Diff HF max	Diff HF ∅
Mittelwert	189,7	169,7	180,6	162,3	-4,82%	-4,36%
Standardabweichung	7,0	12,9	10,8	12,6		
MIN	171	136	151	128		
MAX	202	187	195	184	n = 26	

Vergleich HF Werte BFT Kontrollgruppe 1000 m Lauf PRE - POST						
	HF max PRE	HF ∅ PRE	HF Max POST	HF ∅ POST	Diff HF max	Diff HF ∅
Mittelwert	188,2	171,2	188,4	171,7	0,12%	0,32%
Standardabweichung	8,3	12,7	5,5	9,3		
MIN	146	116	180	155		
MAX	202	188	204	188	n = 13	

Vergleich HF Werte Experimental vs Kontroll BFT 1000m			
	HF max PRE	HF ∅ PRE	HF Max POST	HF ∅ POST
Differenz	0,84%	-0,82%	-4,14%	-5,45%

Tabelle 35: Vergleich HF-Werte PRE – POST Experimental- vs. Kontrollgruppe *BFT 1000-m-Lauf*

Bei dieser Gegenüberstellung der Werte beider Untersuchungsgruppen wird verdeutlicht, dass die Reduktion der Werte (HFmax. und HF ∅) bei der Experimentalgruppe dazu geführt hat, dass die Werte POST im Vergleich zur Eingangstestung (PRE) besser / niedriger ausfallen als die der Kontrollgruppe. Waren die Werte der Experimentalgruppe (Mittelwert) der HFmax. beim Eingangstest mit 189,7 ± 7,0 S./Min noch um + 0,84 % leicht höher als bei der Kontrollgruppe (188,2 ± 8,3 S./Min), so änderte sich das Verhältnis bei der Auswertung der HFmax. (Mittelwerte) zum Messzeitpunkt POST (Re-Test). Hier lagen nun die Werte bei der Experimentalgruppe um – 4,14 % niedriger als bei der Kontrollgruppe (180,6 ± 10,8 S./Min zu 188,4 ± 5,5 S./Min). Auch diese Entwicklungen decken sich mit denen aus Kapitel 5.1.1 und 5.1.2 (Tabellen 15 und 19).

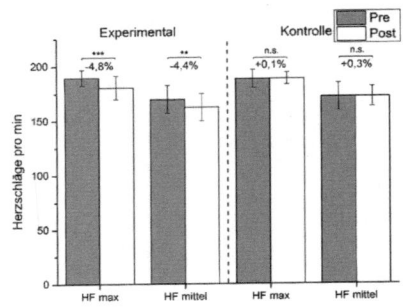

Grafik 13: Darstellung Ergebnisse HF *BFT 1000-m-Lauf* PRE – POST Experimental- vs. Kontrollgruppe

Anmerkung: n.s. = nicht signifikant, ** = p < 0,01, *** = p < 0,001

Diese Grafik verdeutlicht die Entwicklungen der Werte HFmax./HF ∅ bei der Experimentalgruppe und der Kontrollgruppe PRE-POST.

Vergleich HF Werte Experimentalgruppe 1 TE vs 14 TE IST Zirkel						
	HF max 1. TE	HF ∅ 1. TE	HF Max 14. TE	HF ∅ 14. TE	Diff HF max	Diff HF ∅
Mittelwert	175,3	140,0	168,2	130,1	-4,05%	-7,07%
Standardabweichung	10,7	14,0	15,3	17,0		
MIN	146	110	133	101		
MAX	192	165	195	161		

Tabelle 36: Vergleich HF-Werte Experimentalgruppe 1. TE vs. 14. TE IST Zirkel

Diese Gegenüberstellung der HF-Werte der 1. TE (Trainingseinheit) und letzten TE (14. Trainingseinheit) der 30 auswertbaren Daten der Probanden (Experimentalgruppe) zeigt eine hochsignifikante Reduktion der HFmax. (1. TE: 175,3 ± 10,7 S./Min) um – 4,0 % auf 168,2 ± 15,3 S./Min in der 14. TE. Eine noch deutlichere prozentuale Reduktion ist bei den Werten der durchschnittlichen Herzfrequenz (gemessen über die gesamte Dauer der Trainingseinheit) zu erkennen. Die Werte der 1. TE (140,0 ± 14,0 S./Min) wurden um – 7,1 % auf 130,1 ± 17,0 S./Min in der 14. TE verringert (p < 0,05).

Die folgende Grafik veranschaulicht die Veränderungen PRE (1. TE) zu POST (14.TE) der Experimentalgruppe bei den Werten der HFmax. und HF ∅.

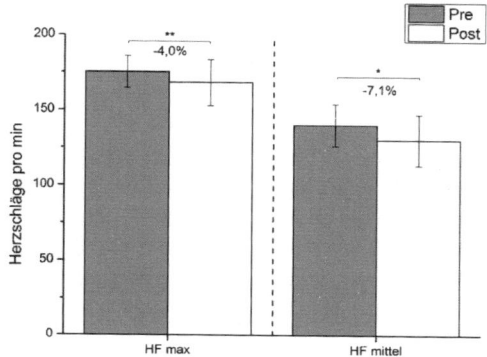

Grafik 14: HF-Werte Experimentalgruppe 1. TE vs. 14. TE

Diese Änderungen sind unter dem Kontext zu betrachten, dass die Belastungszeit, und damit Intensität, im gleichen Zeitraum um + 50% von 60 Sekunden (1. TE) auf 90 Sekunden (14. TE) gesteigert wurde (vgl. Kapitel 4.1.3 und Tabelle 06). Im Vergleich zu den Angaben der Befragten hinsichlich des subjektiven Belastungsempfindens (1. TE vs. 14. TE) unterstreichen die reduzierten HF-Werte die wahrgenommene Anstengung, denn diese wurde nach der 1. TE mit 6,89 ± 2,05 angegeben und lag nach der 14. TE nur noch bei 5,05 ± 2,31 (siehe auch Tabelle 41; Kapitel 5.1.5).

Vergleich HF Werte Experimentalgruppe BFT 1000m PRE vs. 1 TE IST Zirkel						
	HF max PRE	HF ∅ PRE	HF max 1. TE	HF ∅ 1. TE	Diff HF max	Diff HF ∅
Mittelwert	189,7	169,7	175,3	140,0	-7,6%	-17,5%
Standardabweichung	7,0	12,9	10,7	14,0		
MIN	171	136	146	110		
MAX	202	187	192	165		

Tabelle 37: Vergleich HF-Werte Experimentalgruppe *BFT 1000 m Lauf* PRE vs. 1 TE IST Zirkel

Um die Intensitäten des Trainings in Relation zu den Belastungen der Testung (*BFT 1000-m-Lauf*) zu setzen, wurden beide Herzfrequenzwerte in dieser Tabelle verglichen. Hierbei zeigt sich, dass die HFmax. Mittelwerte beim *BFT 1000-m-Lauf* mit 189,7 ± 7,0 S./Min zu 175,3 ± 10,7 S./Min (1. TE) höher ausfielen. Dies entspricht einer um – 7,6 % geringeren HFmax. (Mittelwert) während der 1. TE als beim *BFT 1000-m-Lauf*. Ein noch deutlicherer Unterschied ist in den Werten HF ∅

177

zu erkennen, hier liegen die Werte in der 1. TE um – 17,5 % unter denen im *1000-m-Lauf*. (HF ∅ *1000-m-Lauf*: 169,7 ± 12,9 S./Min zu 140,0 ± 14,0 S./Min in der 1. TE).

Vergleich HF Werte Experimentalgruppe BFT 1000m POST vs. 14 TE IST Zirkel						
	HF Max POST	HF ∅ POST	HF Max 14. TE	HF ∅ 14. TE	Diff HF max	Diff HF ∅
Mittelwert	180,6	162,3	168,2	130,1	-6,87%	-19,84%
Standardabweichung	10,8	12,6	15,3	17,0		
MIN	151	128	133	101		
MAX	205	184	195	161		

Tabelle 38: Vergleich HF-Werte Experimentalgruppe *BFT 1000-m-Lauf* POST vs. 14. TE IST Zirkel

Auch in dieser Vergleichsdarstellung (wie bereits die Darstellungen der Tabellen 35 und 36 zeigten, wo die Werte HFmax. und HF ∅ sowohl im Vergleich PRE – POST beim *BFT 1000-m-Lauf* als auch 1. TE vs. 14 TE geringer waren) fallen die Herzfrequenzwerte im Training vergleichsweise niedriger als im *BFT 1000-m-Lauf* aus. Eine um – 6,87 % geringere HFmax. (*1000-m-Lauf*: 180,6 ± 10,8 S./Min zu 168,2 ± 15,3 S./Min in der 14. TE) und ein um – 19,84 % geringerer HF ∅ -Wert (*1000-m-Lauf*: 162,3 ± 12,6 S./Min zu 130,1 ± 17,0 S./Min in der 14. TE) weisen auf die Unterschiede der Belastungsintensität hin.

In Bezug auf die Werte HF ∅ ist jedoch für beide Auswertungen (Tabellen 37 und 38) zu bedenken, dass die Gesamtzeit des Trainings, und v.a. die Pausendauer (jeweils 45 Sekunden zwischen den Übungen, vgl. Trainingsstruktur Tabelle 06 und Kapitel 4.1.5), die Durchschnittswerte für die Trainingseinheiten verringert. Zu beachten gilt, dass sich die HFmax.-Werte des *BFT 1000-m-Laufes* auf einen Beobachtungszeitraum von ca. 4 Minuten permanenter Belastung beziehen (vgl. *1000-m Laufzeiten BFT*, Tabelle 15), während sich die Dauer der Trainingseinheiten des IST-Zirkels auf 40 – 50 Minuten (1. – 14. TE) Gesamtzeit bzw. Nettobelastung von 15 (1. TE = 15 Übungen je 60 Sekunden Belastungsdauer) bis 22,5 Minuten (14. TE = 15 Übungen je 90 Sekunden Netto- Belastungsdauer) beliefen und damit die Intensitäten im Training über einen deutlich längeren Zeitraum aufrechterhalten werden mussten. Im Training hat somit eine bewusste Verdichtung mit gleichzeitiger Ausweitung der unterschiedlichen Belastungsintensitäten stattgefunden, um einen Trainingseffekt in möglichst kurzer Zeit (mittels Progression) zu erwirken.

Vergleich HF Werte Fallschirmsprung vs HF Werte 1. TE						
	HF max FS	HF Ø FS	HF Max 1. TE	HF Ø 1. TE	Diff HF max	Diff HF Ø
Mittelwert	171,1	99,9	175,3	140,0	2,43%	40,20%
Standardabweichung	12,0	8,2	10,7	14,0		
MIN	150	84	146	110		
MAX	192	112	192	165		

Tabelle 39: Vergleich HF-Werte *Fallschirmsprung* vs. HF-Werte 1. TE

Um die Intensitäten des Trainings und die Belastungen des militärspezifischen Alltags (Ausbildung) zu untersuchen und zu vergleichen, wurden die HF-Werte der 1. Trainingseinheit mit den Werten der gleichen Probandengruppe beim *Fallschirmsprung* (FS) verglichen.

Hier zeigen sich hinsichtlich der HFmax.-Werte geringe Unterschiede. Die HFmax. lag beim *Fallschirmsprung* bei 171,1 ± 12,0 S./Min und damit nur um – 2,43 % unter denen in der 1. TE (175,3 ± 10,7 S./Min).

Die HF Ø Angaben bei der Messung *Fallschirmsprung* (n = 19) sind allein aus dem Grund um –40,20 % geringer als die Werte in der 1. TE (99,9 ± 8,2 S./Min vs. 140,0 ± 14,0 S./Min), da die Herzfrequenzmessung beim *Fallschirmsprung* über 4 Stunden (vgl. Kapitel 4.4.4) andauerte und die Probanden während dieser Zeitspanne keine bzw. kaum psycho-physische Belastungen erfuhren, welche die Herzfrequenzen nachhaltig hätten beeinflussen (steigern) können (Ausnahme: vor / während Sprung). Daher sind v.a. die HFmax.-Werte interessant, bzw. die Sprungbelastungen eher mental bzw. orthopädisch (vgl. Kapitel 2.1) belastend bzw. anspruchsvoll, eine kardiovaskuläre Anforderung ist im Vergleich zu den anderen Messwerten vergleichsweise eher gering.

Vergleich HF Werte Gefechtsübung vs HF Werte 1. TE						
	HF max GÜ	HF Ø GÜ	HF Max 1. TE	HF Ø 1. TE	Diff HF max	Diff HF Ø
Mittelwert	183,6	132,1	175,3	140,0	-4,51%	5,95%
Standardabweichung	14,4	16,1	10,7	14,0		
MIN	166	115	146	110		
MAX	207	161	192	165		

Tabelle 40: Vergleich HF-Werte *Gefechtsübung* vs. HF-Werte 1. TE

Wie auch schon in den Darstellungen der Tabelle 39 ist es auch in diesem Vergleich das Ziel, die realen Belastungen (Übung / Einsatz) mit denen des Trainings zu vergleichen. Da es Ziel eines jeden Trainings ist, den Anforderungen der Zielgruppe hinsichtlich Funktionaliät und Intensität zu entsprechen, sind solche Vergleiche Grundlage zur Überprüfung der Zielorientierung eines spezifischen Trainingsprogramms.

Wie diese Ergebnisse zeigen, sind die Belastungen des Herz-Kreislauf-Systems (dargestellt durch die HFmax. und HF $\varnothing$ Werte) während der 1. TE in Bezug auf die HFmax. um – 4,51 % niedriger als während der *Gefechtsübung* (Beschreibung siehe Kapitel 4.4.4). Die gemessenen HFmax.-Werte der 7 Probanden der Experimentalgruppe während der *Gefechtsübung* lagen bei 183,6 ± 14,4 S./Min, während die Werte innerhalb der 1. TE durchschnittlich eine HFmax. von 175,3 ± 10,7 S./Min erreichten. Die innerhalb der *Gefechtsübung* vergleichsweise geringeren HF $\varnothing$ Werte (132,1 ± 16,1 S./Min) können, wie bereits bei den Beschreibungen der Werte aus Tabelle 40 benannt, auf den längeren Beobachtungszeitraum (3,0 – 4,5 Stunden; vgl. Kapitel 4.4.4) im Vergleich zur Trainingsdauer der 1. TE zurückzuführen sein, liegen diesbezüglich dennoch nur um – 5,95 % unter denen im Training (140,0 ± 14,0 S./Min).

5.1.5 Ergebnisse der Befragungen der Studienteilnehmer und Ausbilder

Zur Überprüfung der Zweckmäßigkeit und der subjektiv wahrgenommenen Intensität des Trainingsprogramms und Lehrgangs wurden jeweils vor und nach der Untersuchungsphase (PRE = Zeitpunkt Eingangstestung bzw. 1. TE; POST = Zeitpunkt nach der Re-Testung und 14. TE) die Probanden (Experimental- und Kontrollgruppe) mittels Fragebogen zu deren jeweiligen aktuellen subjektiven Belastungsempfinden, den physischen Anforderungen des Lehrgangs und den jeweils subjektiven Empfindungen der vorherigen (1. bzw. 14.) Trainingseinheit (nur Experimentalgruppe) befragt.

Darüber hinaus sollten die Erfahrungen, Einschätzungen und Beurteilungen der Ausbilder (Experimentalgruppe) ermittelt und ebenfalls für eine eventuelle Anpassung / Optimierung herangezogen werden.

Die Fragen bzgl. des subjektiven Belastungsempfindens (Fragen 10 – 16, siehe Abbildung 66) wurden durch eine Skalierung (1 – 10) beantwortet. Ein sehr gutes Belastungsempfinden konnte mit maximal „*1*", ein sehr schlechtes mit maximal „*10*" beantwortet / dargestellt werden. (*Erläuterung im Fragebogen: 1 = sehr gut; 10 = sehr schwach*). Gleiches galt für die „Intensität" der Trainingseinheiten und des Lehrgangs (gesamt); hier waren *geringe Belastungen* mit *minimal „1"; sehr hohe/maximale Intensität/Belastung* mit „*10*" anzugeben. (*Erläuterung im Fragebogen: 1 = sehr leicht; 10 = extrem anstrengend*). Die Anzahl der Befragten zum Zeitpunkt POST ist mit n = 38 geringer als die Anzahl der Probanden PRE, die in Kapitel

4.2.2 dargestellt wurden. Die folgenden Vergleiche beziehen sich nur auf die Teilnehmer (n = 38) welche die Studie komplett durchlaufen haben bzw. an allen Testungen und Befragungen teilnahmen.

	Experimentalgruppe (n = 38)				
	Subjektives Belastungsempfinden				
	PRE	POST	Lehrgang ges.	1. TE	14. TE
MW	4,92	4,68	5,31	6,89	5,05
StAbw	1,53	1,82	1,89	2,05	2,31
MIN	3	2	3	2	2
MAX	8	9	10	9	9

Tabelle 41: Befragung subjektives Belastungsempfinden Experimentalgruppe PRE – POST

Die befragten Probanden der Experimentalgruppe zeigten ein durchschnittliches subjektives Belastungsempfinden, die Werte zu Beginn des Lehrgangs (PRE) wurden höher angegeben (4,92 ± 1,53) und lagen entsprechend über denen der Befragung bei Lehrgangsende (POST) mit 4,68 ± 1,82, was als subjektiv wahrgenommene Leistungssteigerung der Probanden gewertet werden kann, jedoch nicht signifikant ist ($p = 0{,}209$). Zu den Angaben der Belastungsintensität der jeweiligen Trainingseinheiten (1. bzw. 14. TE) zeigt sich, dass die Anstrengung bei der letzten Trainingseinheit mit 5,05 ± 2,31 deutlich ($p < 0{,}001$) unter der der 1. TE lagen (6,89 ± 2,05). Die Werte / Angaben der 1. TE und damit die subjektiv empfundene Intensität wurde höher / fordernder als die des gesamtem Lehrgangs empfunden, welcher mit 5,31 ± 1,89 bewertet wurde

	Kontrollgruppe (n = 26)		
	Subjektives Belastungsempfinden		
	PRE	POST	Lehrgang ges.
MW	6,06	5,56	6,68
StAbw	2,14	1,53	1,89
MIN	2	3	3
MAX	9	8	9

Tabelle 42: Befragung subjektives Belastungsempfinden Kontrollgruppe PRE – POST

Die befragten und komplett an der Studie teilnehmenden 26 Probanden der Kontrollgruppe gaben an, dass die subjektiv wahrgenommene Leistungsfähigkeit zu Beginn des Lehrgangs (Befragungszeitpunkt PRE bei der Einstiegstestung) mit 6,06 ± 2,14 „schlechter" bzw. „schwächer" war als zum Lehrgangsende (Befragungszeitpunkt bei der Re-Testung), wo die Werte bei 5,56 ± 1,53 lagen – was ebenso wie bei den Aussagen der Angehörigen der Experimentalgruppen als subjektiv wahrgenommene Leistungs- bzw. physische Befindenssteigerung zu deuten ist (sich jedoch nicht mit den Ergebnissen in den Kapitel 5.1.1 – 5.1.4 deckt und auch nicht signifikant ist: p = 0,108). Die subjektiv bewertete physische Belastung des Lehrgangs gesamt wurde mit 6,68 ± 1,89 bewertet und damit deutlich über den Angaben der Experimentalgruppe (vgl. Tabelle 41; hier: 5,31 ± 1,89) liegt.

Anmerkung: Die Angaben in Tabelle 08 und 09 (Kapitel 4.2.2) weichen von den o.g. Angaben ab, da die dortigen Darstellungen sich auf eine größere Probandenanzahl bezogen, diese lagen bei der Experimental-, als auch bei der Kontrollgruppe um 8 Probanden (n = 46; siehe Tabelle 08 bzw.n = 34; siehe Tabelle 09) über den befragten Probanden zum Zeitpunkt POST (Tabelle 41 und 42) in diesem Kapitel, da entsprechend einige Teilnehmer von den Lehrgängen abgelöst wurden bzw. aus organisatorischen Gründen nicht für den Re-Test verfügbar waren.

Ergebnisauswertung Befragung Lehrgangsteilnehmer FA Lg. 2011 / 2012 (n = 38)									
	Verbesserung				Verschlechterung			weiterführendes Training	
Kraft	Ausdauer	beides	sonstiges	Kraft	Ausdauer	beides	sonstiges	ja	nein
78,95%	52,63%	42,11%	2,63%	2,63%	5,26%	2,63%	5,26%	81,58%	18,42%

Tabelle 43: Ergebnisauswertung Befragung Lehrgangsteilnehmer FA Lg. 2011/2012

Um von den Probanden deren subjektiven Einschätzungen bzgl. der Veränderung ihrer Leistungsfähigkeit während der Studie mitgeteilt zu bekommen und diese messbar zu machen, wurde nach der Beendigung der Trainingsintervention zum Lehrgangsende eine ergänzende Befragung der Trainingsteilnehmer (Experimentalgruppe) durchgeführt (vgl. Abbildung 66; Frage 15; Kapitel 4.4.5). Hierbei gaben 78,95 % an, dass sie eine Verbesserung der *Kraft* und 52,63 % eine Steigerung der *Ausdauer* empfanden. Beides zusammen wurde von 42,11 % der Befragten angegeben. 2,63 % benannten *sonstige* Effekte (Mehrfachnennungen waren möglich). Eine Verschlechterung der Leistungsfähigkeit wurde von 2,63 % für die motorische Fähigkeit *Kraft*, 5,26 % bei *Ausdauer* bzw. 2,63 % für *beides* angegeben. 5,26 % der Befragten gaben an, sich bei *sonstigen* Fähigkeiten verschlechtert zu haben. Die Frage 16 (siehe Abbildung 66; Kapitel 4.4.5) *„Können Sie sich vorstellen, ein solches Training regelmäßig (2-mal wöchentlich) durchzuführen?"* wurde von 81,58 % der Befragten mit *ja* beantwortet. Entsprechend gaben 18,42 % an, ein solches Trainingsprogramm nicht regelmäßig durchführen zu können/wollen.

Ergebnisauswertung Befragung Ausbilder Experimentalgruppe FA Lg. 2011 / 2012 (n = 8)								
Verbesserung der Leistungsfähigketi (= ja / nein)?								keine k. A.
ja	Kraft	Ausdauer	sonstiges	nein	Kraft	Ausdauer	sonstiges	
87,50%	33,30%	33,30%	33,30%	0,00%	0,00%	0,00%	0,00%	12,50%

Leistungssteigerung		Durchführung im Vergleich zu bisherigem Dienstsport			Feste Implementierung wünschenswert?	
		leichter umsetzbar	schwerer umsetzbar	kein Unterschied		
ja	nein				ja	nein
100,00%	0,00%	75,00%	25,00%	12,50%	100,00%	0,00%

Tabelle 44: Ergebnisauswertung Befragung Ausbilder FA Lg. 2011/2012

Neben der Befragung der Lehrgangsteilnehmer zur Gestaltung und Durchführung wurden auch die Ausbilder der beiden Lehrgänge (FA Lg. 2011 und 2012) mittels Fragebogen (Abbildung 67; Kapitel 4.4.5) befragt.

Hier wurde eine Verbesserung der Leistungsfähigkeit (Abbildung 67; Frage 01) der Lehrgangsteilnehmer von 87,50 % der befragten Ausbilder (n = 8) beider Lehrgänge der Experimentalgruppe genannt, 12,5 % (1 Ausbilder) machte hierzu keine Angaben. Eine wahrzunehmende Leistungssteigerung der Lehrgangsteilnehmer wurde von allen Ausbildern (100 %) attestiert (Abbildung 67; Frage 02). Was die Umsetzbarkeit im Vergleich zum bisherigen Dienstsport betraf (Abbildung 67; Frage 03), so gaben 75 % an, dass der IST-Zirkel im Vergleich zum regulären Dienstsport leichter umsetzbar sei. Zwei Ausbilder bzw. 25 % gaben an, dass es schwerer umsetzbar sei. Ein Ausbilder (12,50 %) sah keinen Unterschied. Alle Ausbilder würden das Training weiterführen bzw. fänden eine feste Implementierung (Abbildung 67; Frage 04) dieses Programms wünschenswert.

Anmerkung: Ein Ausbilder gab an, dass das IST hinsichtlich der Vorbereitung (Materialbeschaffung) *aufwendiger* umsetzbar sei; wenn dieses Material jedoch vorhanden sei, sei ein solches Programm wiederum *leichter* durchführbar als der reguläre Dienstsport. Somit ergeben sich die 9 Antworten bei nur 8 befragten Ausbildern. Anhand der Befragungsergebnisse zeigt sich, dass die Ausbilder den Erfolg, Nutzen und Effekt des IST + SRT positiver und deutlicher bewerteten, als es die Teilnehmer taten, obgleich auch hier eine eindeutige Tendenz erkennbar ist, bzw. der Großteil (> 80 %; siehe Tabelle 43) einen Erfolg / positiven Nutzen angaben bzw. empfanden.

5.2 Überprüfung der Hypothesen

Hypothese 1: Das untersuchte und dargestellte Trainingsprogramm führt zu einer Leistungssteigerung der motorischen Fähigkeiten *Kraft, Ausdauer* und *Koordination* bei den teilnehmenden Probanden der Experimentalgruppe.

Betrachtet man die Ergebnisse der Re-Testungen der Experimentalgruppe, so fällt auf, dass sich beinahe alle Parameter höchstsignifikant (und sehr deutlich) verbessert haben. Nur die Ergebnisse des *BFT 1000-m-Laufes* zeigen einen geringen Zuwachs (und nicht signifikanten) der Laufzeiten (Kapitel 5.1.1; Tabelle 13). Da sich jedoch beim *1000-m-Lauf* die Herzfrequenzwerte zwischen Einstiegs- und Re-Testung signifikant verringerten (bei nur minimal schlechteren Ergebnissen / Laufzeiten; siehe Tabelle 13), lässt dies auf eine Verbesserung / Ökonomisierung (weniger Schläge / Min. bei fast gleicher Laufleistung / -geschwindigkeit) des kardiorespiratorischen Systems schließen (Kapitel 5.1.4; Tabelle 33).

Als Überblick zur Veranschaulichung der Verbesserungen der Leistungsfähigkeit und damit als Beweis / Argument zur Annahme der Hypothese 1 dient folgende Tabelle mit der Ergebniszusammenfassung der Experimentalgruppe:

Zusammenfassender Vergleich Testungen Experimentalgruppe					
Testung	**Ergebnis Testung** (mm:ss:ms)		**% Veränderung**	**Signifikanz Werte**	**Bewertung**
	PRE	**POST**			
BFT Klimmhang	00:55,30 ± 00:16,43	01:04,16 ± 00:18,92	16,00%	p < 0,001	verbessert
BFT 11 x 10 m Sprint	00:42,25 ± 00:01,62	00:40,19 ± 00:02,41	-4,90%	p < 0,001	verbessert
BFT 1000 m Lauf	03:46,80 ± 00:23,24	03:48,11 ± 00:23,38	0,60%	p = 0,622	verschlechtert
McGill Lateralflexion re	01:17,61 ± 00:22,17	01:39,92 ± 00:22,58	28,75%	p < 0,001	verbessert
McGill Lateralflexion li	01:20,88 ± 00:21,88	01:40,04 ± 00:21,48	23,69%	p < 0,001	verbessert
McGill Flexion	01:11,78 ± 00:22,64	01:35,77 ± 00:32,41	33,41%	p < 0,001	verbessert
McGill Extension	02:03,51 ± 00:31,26	02:45,16 ± 00:36,98	33,71%	p < 0,001	verbessert
HF max. (BFT 1000m)	189,7 ± 7,0 S./Min.	180,6 ± 10,8 S./Min.	-4,82%	p < 0,001	verbessert
HF ø (BFT 1000m)	169,7 ± 12,9 S./Min.	162,3 ± 12,6 S./Min.	-4,36%	p < 0,05	verbessert
Koordination (mittlere Auslenkung)	1,98 ± 0,35 mm	1,81 ± 0,43 mm	-8,63%	p < 0,05	verbessert

Tabelle 45: Ergebniszusammenfassung Experimentalgruppe

Neben diesen objektivierbaren Ergebnissen zeigen die Auswertungen der Befragungen der Teilnehmer, dass eine Verbesserung der subjektiven angegebenen Leistungsfähigkeit (Verbesserung von *Kraft / Ausdauer / sonstige*) stattgefunden hat, was in Tabelle 41 und 43 (Kapitel 5.1.5) dargestellt ist, jedoch keine eindeutige Signifikanz (p = 0,209) hat. Die Ergebnisse *BFT Klimmhang* und *BFT 11 × 10-m-*

Sprint zeigen eine sehr deutliche Signifikanz (p < 0,001). Keine Signifikanz konnte bei den Ergebnissen *BFT 1000-m-Lauf* gezeigt werden.

Alle Ergebnisse des McGill-Tests (POST) sind höchstsignifikant besser / höher als zum Beginn der Studie (PRE). Auch die höchstsignifikante bzw. signifikante Reduktion der HFmax./HF $\varnothing$ Werte (*BFT 1000-m-Lauf*) innerhalb des Untersuchungszeitraums (Vergleich 1. vs. 14. TE/*BFT 1000-m-Lauf* PRE-POST) zeigen, dass sich Anpassungseffekte am Herz-Kreislauf-System bzw. die Optimierung dieser Parameter bei den Probanden, trotz gleicher Ergebnisse / Laufzeiten, ergeben haben. Die Resultate des *Testor* Messverfahrens (Überprüfung der posturalen Kontrolle) präsentieren ebenso ein besseres Re-Test-Resultat (p < 0,05). Dies verdeutlicht, dass die Ergebnisse einen eindeutigen Bezug zu den durchgeführten Treatments haben bzw. diese Trainingsreize für die dargestellten positiven Effekte (POST) Auslöser waren. Alles dies verdeutlicht die hohen Leistungszuwächse und bestätigt damit diese Hypothese.

Hypothese 2: Das SRT/Zeptoring-Verfahren verstärkt zusätzlich die Leistungssteigerung bzw. hat eine positive Wirkung auf die Testergebnisse der Probanden der Experimentalgruppe.

In der folgenden Tabelle werden die Ergebnisse der beiden Subgruppen („IST+SRT"/„IST"), welche aus der Experimentalgruppe gebildet wurden (Kapitel 4.1.2), in Relation gesetzt.

Zusammenfassender Vergleich Ergebnisse Gruppe "IST+SRT" vs Gruppe "IST"							
Testung	Ergebnis Testungen (in min:ss:ms)				Veränderung PRE - POST		höherer Effekt bei:
	Gruppe "IST+SRT"		Gruppe "IST"		Gruppe "IST+SRT"	Gruppe "IST"	
	PRE	POST	PRE	POST			
BFT Klimmhang	00:54,97 ± 00:17,79	01:06,80 ± 00:20,68	00:55,62 ± 00:15,44	01:01,46 ± 00:17,09	21,50%	10,50%	"IST+SRT" Gruppe
BFT 11 x 10 m Sprint	00:42,69 ± 00:01,70	00:39,84 ± 00:01,71	00:41,80 ± 00:01,45	00:40,47 ± 00:02,96	-6,70%	-3,20%	"IST+SRT" Gruppe
BFT 1000 m Lauf	03:43,42 ± 00:22,94	03:44,63 ± 00:23,70	03:50,18 ± 00:23,66	03:52,84 ± 00:22,40	0,50%	1,20%	"IST+SRT" Gruppe
McGill Lateralflexion re	01:16,47 ± 00:16,15	01:41,80 ± 00:18,88	01:18,76 ± 00:27,33	01:38,05 ± 00:26,16	33,13%	24,50%	"IST+SRT" Gruppe
McGill Lateralflexion li	01:21,58 ± 00:18,07	01:42,75 ± 00:18,92	01:20,18 ± 00:25,62	01:37,34 ± 00:23,97	25,94%	21,41%	"IST+SRT" Gruppe
McGill Flexion	01:16,91 ± 00:24,66	01:44,09 ± 00:33,13	01:06,65 ± 00:19,75	01:27,45 ± 00:30,25	35,34%	31,20%	"IST+SRT" Gruppe
McGill Extension	01:58,72 ± 00:31,85	02:42,03 ± 00:39,60	02:08,31 ± 00:30,76	02:48,29 ± 00:34,96	36,48%	31,15%	"IST+SRT" Gruppe
Koordination mittlere Auslenkung	2,00 ± 0,39 mm	1,78 ± 0,41 mm	1,96 ± 0,31 mm	1,83 ± 0,47 mm	-10,72%	-6,37%	"IST+SRT" Gruppe

Tabelle 46: Ergebnisvergleich PRE – POST-Subgruppen „IST+SRT" vs. „IST"

Es zeigt sich eine deutliche Tendenz hinsichtlich der Ergebnisausprägung zwischen diesen beiden Subgruppen. Bei beiden Gruppen ergaben sich hochsignifikante Verbesserungen (mit Ausnahme *BFT 1000-m-Lauf*; vgl. Tabelle 46), wie aus den Ergebnissen der Gesamtgruppe (Tabellen 13, 17, 21 und 28; Kapitel 5.1.1 und 5.1.2) erkennbar ist (siehe auch Hypothese 1 in diesem Kapitel). Auffallend sind generell die hohen Standardabweichungen der Testergebnisse bei den Probanden. Wenn auch die prozentualen Zuwächse bei den Teilnehmern der „IST+SRT"-Gruppe in allen überprüften Bereichen / Disziplinen höher und eindeutiger ausfielen, sind die Verbesserungen nicht groß genug bzw. die Streuung / Standardabweichung der Ergebnisse ist nicht klein genug. Je geringer die Streuung um die Mittelwerte (Standardabweichung), desto eindeutiger wäre die Signifikanz (vgl. Tabelle 46) gewesen. Man kann sehen, dass die Leistungsfähigkeiten der Teilnehmer durchgängig sehr unterschiedlich ausfallen, neben den Testergebnissen sind hier auch die Unterschiede bei den sportartspezifischen überprüften Disziplinen erkennbar (Standardabweichungen bei den Ergebnissen BFT / McGill; vgl. Tabelle 46). Eine möglichst homogene Ausprägung der motorischen Leistungsparameter bei allen Teilnehmern ist nach den 7 Wochen IST trotz der starken Leistungszuwächse nicht erfolgt, weshalb eine langfristige Trainingsdurchführung und -struktur sinnvoll erscheint.

Betrachtet man die Ergebnisse der beiden (Sub-)gruppen zwischen den Zeitpunkten PRE und POST zueinander, so zeigen sich in beiden Vergleichen zu den jeweiligen Zeitpunkten keine signifikanten Unterschiede (vgl. Kapitel 5.1.1, 5.1.2 und 5.1.4). Die Ausnahme bildet der Unterschied beim *BFT 11 × 10-m-Sprint*, bei dieser Testdisziplin (die als einzige Testdisziplin die *Agilität / Schnelligkeit* überprüft und außerdem die – vergleichsweise zu den anderen Testungen – höchsten Anforderungen an die *Koordination, Kopplungsfähigkeit* und *Bewegungsschnelligkeit* stellt) zeigt sich ein höchssignifikanter Unterschied in der Entwicklung PRE-POST zwischen „IST+SRT" und „IST"-Gruppe. Dies kann als nachweislicher Effekt des Trearments SRT gewertet werden. Es zeigt sich, dass die Einflussnahme des SRT/Zeptoring-Verfahrens auf die Probanden, welche dieses Treatment zusätzlich durchführten (Subgruppe „IST+SRT") am wirkungsvollsten war, da alle getesteten Parameter deutlich stärker ausgeprägt waren als bei denen der Subgruppe „IST". Setzt man die prozentualen Zuwächse in Relation zueinander, so fällt auf, dass die unterschiedlichen Zuwachsraten teilweise bei der Gruppe „IST+SRT" mehr als doppelt so hoch ausfielen (siehe BFT Ergebnisse; Tabelle 46). Die Leistungszuwächse bei der Zeptorgruppe (IST+SRT) lagen beim BFT (gesamt) bei + 9,2 % (Gruppe „IST": + 4,3 %; Tabelle 16; Kapitel 5.1.1) und bei der McGill-Testung (gesamt) bei + 32,7 % (Gruppe „IST": + 27,1 %; Tabelle 20; Kapitel 5.1.2) und damit jeweils höher, was ein Indiz für die positiven Effekte des Zeptorings auf die getestete Leistungsfähigkeit der Probanden ist.

Mit Hilfe der Effektstärkenberechnung (vgl. Kapitel 4.6.2) sollen zusätzlich die Auswirkungen der Treatments auf die jeweiligen Outcomeparameter ersichtlich gemacht werden.

Effektstärke BFT			
	Klimmhang	**11 x 10 m Sprint**	**1000 m Lauf**
Gruppe "IST+SRT"	d = 0,90	d = 0,59	d = 0,61
Gruppe "IST"	d = 0,63	d = 0,16	d = 0,18

Tabelle 47: Effektstärke BFT (Gruppen „IST+SRT"/„IST")

Die Auswertung der Effektstärken (Vergleich der Gruppe „IST+SRT" bzw. „IST" vs. Kontrollgruppe; Tabelle 47) zeigt die stärkeren Effekte / Auswirkungen, wenn zusätzlich zum Treatment IST das SRT / Zeptoring Verfahren durchgeführt wurde. In allen Disziplinen ist die Effektstärke bei der Gruppe „IST+SRT" höher. Per Definition nach COHEN (vgl. Kapitel 4.6.2) ist der Effekt bei der Disziplin *Klimmhang* sehr stark / hoch ($d = 0,90$), bei den anderen beiden Disziplinen ist dieser als mittel zu bewerten (*11 × 10 m Sprint*: $d = 0,59$; *1000-m-Lauf*: $d = 0,61$). Bei der Gruppe „IST" trifft dies nur auf die Disziplin *Klimmhang* ($d = 0,63$) zu. Die anderen beiden Disziplinen verfehlen knapp eine Effektstärke ($d = 0,16$ bei *11 × 10 m Sprint*; $d = 0,18$ bei *1000-m-Lauf*) wenn man die Ergebnisse zum Zeitpunkt POST mit denen der Kontrollgruppe vergleicht. Bei diesen Vergleichen und Darstellungen der Effektstärken muss jedoch beachtet werden, dass zum Zeitpunkt PRE die Werte der Kontrollgruppe höher ausfielen (vgl. Kapitel 5.1.1), und somit die Werte POST (die dann bei der Experimental- bzw. den Subgruppen höher als bei der Kontrollgruppe lagen) damit nicht die Leistungsentwicklung der einzelnen Gruppen (PRE-POST) wiedergeben. Dieser Aspekt wird in Kapitel 6.1 erneut aufgegriffen und erläutert.

Effektstärke McGill			
	LatFlex re	**LatFlex li**	**Flexion**	**Extension**
Gruppe "IST+SRT"	d = 0,44	d = 0,23	d = 0,13	d = 0,17
Gruppe "IST"	d = 0,23	d = 0,04	d = 0,33	d = 0,34

Tabelle 48: Effektstärke McGill Test (Gruppen „IST+SRT"/„IST")

Bei der Gegenüberstellung der Effektstärken bezogen auf die Ergebnisse des McGill Testverfahrens zeigt sich, dass hier die Effekte deutlich kleiner sind als beim BFT (vgl. Tabelle 47). Wie in Tabelle 48 dargestellt ist nur in den Disziplinen *Late-*

ralflexion rechts und *Lateralflexion links* die Effektstärke bei der Gruppe IST+SRT deutlicher (*d* = 0,44 bzw. *d* = 0,23) als bei der Gruppe „IST" (*d* = 0,23 bzw. *d* = 0,04). Bei den Disziplinen *Flexion* mit *d* = 0,33 (Gruppe „IST") zu *d* = 0,13 (Gruppe „IST+SRT") und *Extension* (*d* = 0,34 vs. 0,17 bei „IST+SRT"-Gruppe) sind die Effekte bei der Gruppe „IST" stärker. Bei allen Werten fällt jedoch auf, dass nur kleine bis kaum darstellbare Effektstärken nach COHEN nachweisbar sind. Dies mag auch daran liegen, dass die Werte der Kontrollgruppe (siehe Kapitel 5.1.2) zum Zeitpunkt PRE höher lagen (wie auch schon beim BFT-Vergleich, s.o.), und die Verbesserungen der Experimentalgruppe eine Angleichung zum Zeitpunkt POST an diese vormals besseren Werte erwirkte (vgl. auch Darstellungen Kapitel 5.1.1, 5.1.2 und 6.1). Wenn man die Effektstärke des SRT/Zeptoring isoliert betrachtet und die Effektstärkenberechnung nur als Vergleich der beiden Subgruppen zueinander vollzieht zeigen sich kleine Effektstärken, was die folgende Tabelle darstellt:

Effektstärke BFT Gruppe "IST+SRT"			
	Klimmhang	11 x 10 m Sprint	1000 m Lauf
Effektstärke	*d* = 0,29	*d* = 0,29	*d* = 0,31

Effektstärke McGill Gruppe "IST+SRT"			
	LatFlex re	LatFlex li	Flexion	Extension
Effektstärke	*d* = 0,17	*d* = 0,26	*d* = 0,53	*d* = 0,17

Tabelle 49: Effektstärke Treatment IST+SRT BFT und McGill

Dies bedeutet, dass das zusätzliche Treatment (SRT) kleine (für BFT und McGill *Lateralflexion links*) bis mittlere (*Flexion* nach McGill) Effektsstärken erwirkt, und sich mit den Aussagen der Signifkanzüberprüfung deckt, die darstellt, dass ein positiver (aber nicht signifikanter) Effekt durch das IST+SRT gegeben ist (Kapitel 5.1.1; Tabelle 16). Erneut gilt es auch hier zu bedenken, dass die Vergleiche zwischen den Gruppen bedingt durch die heterogenen Ergebnisse bzw. Leistungslevel (vor allem die der Kontrollgruppe zum Zeitpunkt PRE; siehe Tabelle 19 und Grafik 06; Kapitel 5.1.2) schwierig fassbar bzw. darstellbar sind (s.o.). Die Entwicklung der Ergebnisse und deren Vergleich (PRE -POST) werden daher erneut in Kapitel 6.1 aufgegriffen und genauer dargestellt.

Vor dem Hintergrund der Tatsache, dass das SRT- Verfahren als begleitende bzw. unterstützende Trainingsmaßnahme in dieser Studie angewendet wurde und entsprechend (auch wegen der Zeitvorgaben; vgl. Kapitel 2.5) die Belastungsumfänge dieses Treatments sehr gering angesetzt werden mussten (je 1 Minute / Proband / Trainingseinheit) sind die Ergebnisse und Effektstärken (v.a. gemessen am zeitlichen Invest) daher als positiver zu bewerten als diese statistisch dargestellt werden konnten. Der vergleichsweise sehr hohe Leistungszuwachs der Probanden (IST+SRT; vgl. Tabelle 46) ist daher auch auf die Verwendung des SRT zurückzuführen. Es konnte gezeigt werden, dass das Verfahren SRT/Zeptoring einen zusätzlichen Leistungszuwachs generiert und damit einen höhere Effekt ermöglichte, v.a. bei den Ergebnissen des BFT (*11 × 10 m Sprint*) der beiden Subgruppen im Vergleich. Für die McGill Testung ist diese Aussage statistisch nicht so eindeutig zu belegen. Dadurch, dass zu allen Betrachtungszeitpunkten eine einheitliche statistische Signifikanz (Außnahme: BFT *11 × 10 m Sprint; siehe Grafik 15*) nicht gegeben ist, weshalb die Irrtumswahrscheinlichkeit nicht auszuschliessen ist, muss wird die Hypothese 2 dennoch verworfen werden.

Hypothese 3: Eine Durchführung eines solchen Trainingsprogramms lässt sich nach Ansicht der Probanden und Ausbilder erfolgreich in den Lehrgangs- bzw. Ausbildungsalltag implementieren

Die Angaben der Ausbilder und Probanden zu den Effekten und Vorteilen des IST-Trainingszirkels sind zusammengefasst in den Tabellen 43 und 44 (Kapitel 5.1.5) dargestellt. Die Aussagen zu den Fragen (Kapitel 4.4.6) und die Auswertungen in Kapitel 5.1.5 zeigen, dass von allen Ausbildern (n = 8) ein weiterführendes Training gewünscht wird (siehe Tabelle 45) und auch 81,58 % der befragten Trainingsteilnehmer (n = 38) ein solches Programm weiterführen würden (siehe Tabelle 43; Kapitel 5.1.6) und als erfolgreich / zielführend empfunden haben. Da diese Aussagen eine mögliche Ausführung und erfolgreiche Implementierung von den Befragten attestieren, ist die Hypothese 3 ebenfalls belegt und zutreffend.

Hypothese 4: Generell ist die Leistungsfähigkeit der Trainingsteilnehmer (Experimentalgruppe) auf das Trainingsprogramm zurückzuführen, da die Kontrollgruppe keine Steigerung der körperlichen Leistungsfähigkeit im Lehrgangszeitraum erfahren hat

Wie auch schon die Studienlage und die Beschreibungen der militärspezifischen Belastungen in Ausbildung und Einsatz zeigten (vgl. Kapitel 2.1 und 2.2.2), sind die Voraussetzungen und Anforderungen für die Probanden innerhalb der Lehrgangszeit hoch. Dies wird durch die Aussagen der Befragten und die gemessenen HF-Werte (Kapitel 5.1.4) bestätigt und belegt. Die Teilnehmer der Experimentalgruppe benannten die physischen Belastungen des Lehrgangs mit durchschnittlich 5,31 ± 1,89 Punkten (*1 = sehr leicht; 10 = extrem anstrengend*), die der Kontrollgruppe mit 6,68 ± 1,89 Punkten (vgl. Kapitel 5.1.5; Tabellen 41 und 42). Die Tatsache, dass sich die Testwerte der Kontrollgruppe in allen Bereichen im Vergleich zu denen der Experimentalgruppe verschlechterten, unterstreicht den (trotz der widrigen Umstände) vollbrachten Leistungszuwachs durch das IST/SRT-Programm (vgl. Ergebnisse Kapitel 5.1.1 bis 5.1.4; Grafiken 02, 03, 06 und 11) bei der Experimentalgruppe. Gleichzeitig wird der generell negative Einfluss der Lehrgangsbelastungen auf die Erhaltung oder Entwicklung der körperlichen Leistungsfähigkeit erkennbar und zeigt die ungünstigen Bedingungen für die Ausprägung einer physischen Leistungssteigerung.

Um die Hypothese zu überprüfen, inwieweit Unterschiede hinsichtlich der Leistungsfähigkeit bei der Kontrollgruppe ausgeprägt waren, sind die Darstellungen der Tabelle 45 (Ergebnisse der Experimentalgruppe) als Vergleich heranzuziehen. Denn diese Tabelle bestätigt, dass die Treatments zu mehrheitlich (höchst) signifikanten Leistungssteigerungen bei den Probanden der Experimentalgruppe führten.

Zusammenfassender Vergleich Testungen Kontrollgruppe					
Testung	Ergebnis Testung (mm:ss:ms)		% Veränderung	Signifikanz Werte	Bewertung
	PRE	POST			
BFT Klimmhang	01:00:00 ± 00:12,80	00:53,20 ± 00:10,22	-11,30%	p < 0,001	verschlechtert
BFT 11 x 10 m Sprint	00:39,18 ± 00:01,54	00:40,92 ± 00:01,98	4,50%	p < 0,001	verschlechtert
BFT 1000 m Lauf	03:46,83 ± 00:14,22	03:54,88 ± 00:11,27	3,50%	p < 0,01	verschlechtert
McGill Lateralflexion re	01:38,81 ± 00:21,31	01:32,35 ± 00:23,88	-6,55%	p < 0,05	verschlechtert
McGill Lateralflexion li	01:43,28 ± 00:19,26	01:38,16 ± 00:21,01	-4,96%	p = 0,117	verschlechtert
McGill Flexion	01:38,24 ± 00:32,48	01:39,31 ± 00:41,04	1,09%	p = 0,695	verbessert
McGill Extension	02:36,16 ± 00:34,10	02:35,24 ± 00:41,54	-0,59%	p = 0,433	verschlechtert
HF max. (BFT 1000m)	188,2 ± 8,3 S./Min	188,4 ± 5,5 S./Min	0,12%	p = 0,914	verschlechtert
HF ⌀ (BFT 1000m)	171,2 ± 12,7 S./Min	171,7 ± 9,3 S./Min	0,31%	p = 0,886	verschlechtert

Tabelle 50: Ergebniszusammenfassung Kontrollgruppe

Wie die Darstellungen der Tabelle 50 veranschaulichen, kam es bei der Kontrollgruppe in nahezu allen getesteten Bereichen zu einer Reduktion / Verschlechterung der Leistungsfähigkeit. Bei den getesteten BFT-Disziplinen waren die Unterschiede höchstsignifikant (bzw. hochsignifikant) schlechter / schwächer als zu

Lehrgangsbeginn. Beim Testverfahren nach McGill *Lateralflexion rechts* konnte eine signifikante Verschlechterung nachgewiesen werden, bei der *Lateralflexion links* und *Rumpfextension* waren die Verschlechterungen nicht signifikant (vgl. Tabelle 50). Nur bei der Überprüfung McGill *Flexion* konnte eine Verbesserung (nicht signifikant) PRE – POST um + 1,09 % erzielt werden. Da die Kontrollgruppe nicht die Treatments IST und/oder SRT absolvierte, ist die Hypothese, dass eben dieses Programm die Leistungssteigerung bewirkt (wie auch Tabelle 45 aufzeigt), belegt (siehe oben). Die Tatsache, dass die Testergebnisse der Kontrollgruppe (BFT und McGill) zum Zeitpunkt der Eingangstestung besser als die der Experimentalgruppe waren, nach der Untersuchungsperiode (Re-Test) dann vergleichsweise schlechter ausfielen, verdeutlicht die Ausprägungen und Auswirkungen des Leistungsrückgangs, aber auch die Tatsache, dass eine Vergleichbarkeit der Gruppen schwierig ist (siehe auch Kapitel 6.1). Der Leistungszuwachs bei der Experimentalgruppe bei gleichzeitiger Verschlechterung der Ergebnisse der Kontrollgruppe (vgl. Darstellung Kapitel 5.1.1 und 5.1.2; Tabellen 15, 19, 23, 24 und 35) im gleichen Betrachtungszeitraum und unter den gleichen Bedingungen (vergleichbare Lehrgangsinhalte und -belastungen; siehe Kapitel 2.5) zeigt der zusammenfassende Vergleich dieser beiden Gruppen in der Tabelle 51.

Zusammenfassender Vergleich Testungen Experimental- vs. Kontrollgruppe			
Testung	**Veränderung PRE - POST**		**höherer Effekt bei:**
	Experimentalgruppe	**Kontrollgruppe**	
BFT Klimmhang	16,00%	-11,30%	Experimentalgruppe
BFT 11 x 10 m Sprint	-4,90%	4,50%	Experimentalgruppe
BFT 1000 m Lauf	0,60%	3,50%	Experimentalgruppe
McGill Lateralflexion re	28,75%	-6,55%	Experimentalgruppe
McGill Lateralflexion li	23,69%	-4,96%	Experimentalgruppe
McGill Flexion	33,41%	1,09%	Experimentalgruppe
McGill Extension	33,71%	-0,59%	Experimentalgruppe
Hf max. (BFT 1000m)	-4,82%	0,12%	Experimentalgruppe
Hf ø (BFT 1000m)	-4,36%	0,31%	Experimentalgruppe

Tabelle 51: Vergleich der Ergebnisse Experimental- und Kontrollgruppe

Diese Tabelle zeigt die Leistungsreduktion bei der Kontrollgruppe bei allen BFT Disziplinen (siehe auch Tablle 14; Kapitel 5.1.1), während sich die Experimentalgruppe hier überall steigerte (Tabelle 13; Kap. 5.1.1). Generell sind nur bei der Experimentalgruppe positive Effekte nahezu überall nachweisbar, mit Ausnahme der Ergebnisse *Flexion* nach McGill sind die Werte POST bei der Kontrollgruppe alle schlechter als bei der Eingangstestung (siehe Tabelle 50). Interessant ist die Tatsache, dass die Probanden der Kontrollgruppe ein höheres Leistungsempfinden (subjektiv) bei Lehrgangsende angaben (vgl. Kapitel 5.1.5; Tabelle 42), was sich jedoch durch die dargestellten Testergebnisse nicht zeigt. Beim McGill-Test (gesamt) liegt der Rückgang bei der Kontrollgruppe bei – 2,75 % (Tabelle 18; Kapitel 5.1.2), die Leistungssteigerung bei der Experimentalgruppe hingegen bei + 29,89 % (Tabelle 17; Kapitel 5.1.2), dadurch sind die Ergebnisse des McGill-Test zum Ende der Studie bei beiden Gruppen in etwa gleich bzw. angepasst (signifikante interindividuelle Gruppenunterschiede daher nicht bzw. nicht eindeutig gegeben; vgl. 5.1.1 und 5.1.2).

Durch ein regelmäßiges, strukturiertes und v.a. spezifisches Trainingsprogramm (wie bei der Experimentalgruppe umgesetzt) wäre in einem Zeitraum von 7 Wochen (Untersuchungszeitraum) eine Leistungsreduktion solchen Ausmaßes (wie bei der Kontrollgruppe gezeigt) nicht zu erwarten gewesen. Daher scheint die physische Belastung, wie bereits von vielen Forschungsgruppen belegt und in Kapitel 2.1, 2.2.1 und 2.4 dargestellt wurde, zu einem Leistungsrückgang in Höhe der hier dargestellten Resultate, ursächlich zu sein. Die Ergebnisse und Entwicklungen der Kontrollgruppe lassen daher vermuten, dass generell die Lehrgangsbelastungen keine ideale Vorraussetzung für die geforderte *„Steigerung der Robustheit / physischen Leistungsfähigkeit"* (vgl. Befehl zur Lehrgangsausbildung d. General Infanterie; Kapitel 2.5) darstellen. Unter dieser Tatsache sind die positiven Effekte und Ergebnisse der Experimentalgruppe durch die Treatments IST und SRT besonders hervorzuheben. Die Hypothese 4 ist damit bestätigt.

6 Diskussion

6.1 Beschreibung der Leistungsentwicklung der Untersuchungsgruppen

Da die Ergebnisdarstellungen in Kapitel 5.1.1 - 5.1.2 aufzeigten, dass es hinsichtlich der Leistungslevel und Trainingszustände zwischen den Studiengruppen (Experimental- vs. Kontrollgruppe) zum Zeitpunkt PRE unterschiedliche Ausprägungen gab (i.d.R. eine höhere Leistungsfähigkeit der Kontrollgruppe; v.a. bei den McGill Werten; siehe Tabelle 19), und sich diese Tatsache zum Zeitpunkt POST völlig anders darstellte (i.d.R. Experimentalgruppe nun mit höheren / besseren Ergebnissen als Kontrollgruppe; ebd.), macht diese Sachlage eine genauere Betrachtung notwendig. Eine zentrale Aufgabe dieser Studie war es, die möglichen Auswirkungen der Treatments IST und SRT zu untersuchen. Demnach gilt der Leistungsentwicklung der Experimenalgruppe bzw. den hieraus gebildeten Subgruppen ein besonderes Interesse. Die in diesem Kapitel dargestellten Grafiken verdeutlichen diese Ausgangs- bzw. Endwerte durch den Vergleich der in Kapitel 5.1.1 und 5.1.2 dargestellten Ergebnisse (Mittelwerte) und die prozentualen Entwicklungen PRE-POST.

Veränderungen der Ergebnisse BFT (Basis Fitness Test)

Allgemein lassen die BFT-Ergebnisse (Tabellen 13 und 16; Kapitel 5.1.1) eine deutlich signifikante Leistungssteigerung der Experimentalgruppe v.a. in den Disziplinen *Klimmhang* und *11 × 10 m- Sprint* erkennen, die die motorischen Fähigkeiten *Kraft* und *anaerobe Ausdauer* lt. EßFELD et al. (2006A) repräsentieren. Nur beim *BFT 1000-m-Lauf* zeigt sich eine nicht signifikante leichte Zunahme der Laufzeit. Genauso deutlich wie die dokumentierte positive Leistungsentwicklung der Experimentalgruppe fällt die Reduktion der Leistungswerte der Kontrollgruppe (Kapitel 5.1.1; Tabelle 14) auf. Die Ausgangswerte und v.a. die Entwicklung der Leistungsfähigkeit (PRE-POST) werden durch die folgenden Grafiken verdeutlicht.

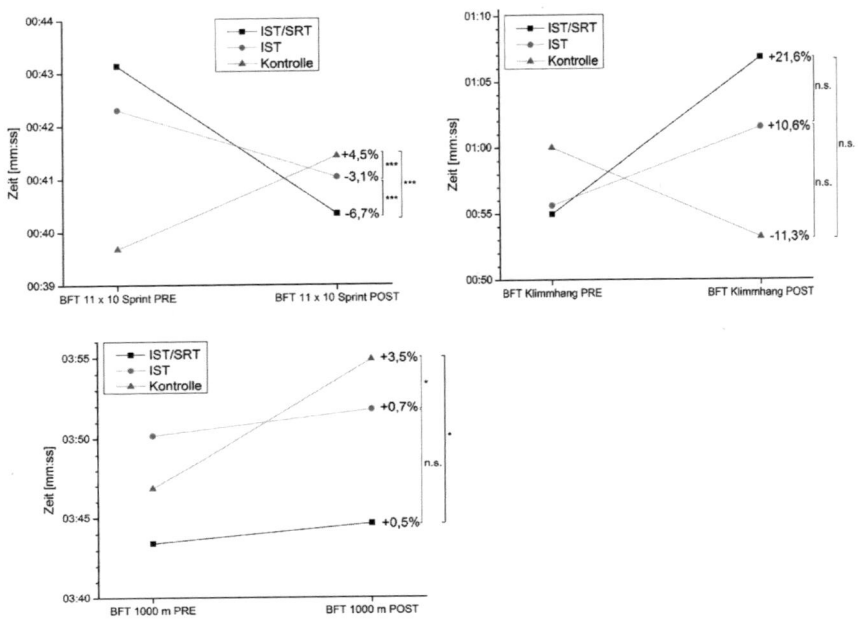

Grafik 15: Veränderungen BFT Ergebnisse Gruppenvergleich PRE-POST

Die Grafik 15 verdeutlicht, dass die Werte der Kontrollgruppe bei den Disziplinen *Klimmhang* und *11 × 10 m Sprint* zu Beginn der Untersuchungsphase im Vergleich zu den Subgruppen der Experimentalgruppe besser waren. Im Vergleich der Kontrollgruppe zur Gruppe „IST+SRT" waren die Unterschiede beim *Klimmhang* PRE nicht signifikant (jedoch hatte die Kontrollgruppe bessere Resultate); beim Re-Test wurde dies jedoch durch die Leistungssteigerung der „IST+SRT"- Gruppe (und Reduktion bei der Kontrollgruppe) soweit verändert, dass nun ein besserer Gesamtwert bei der „IST+SRT"-Gruppe in der Disziplin *Klimmhang* gegeben war. Vor der Studie waren die Ergebnisse der „IST+SRT" und „IST"- Gruppe beim *11 × 10 m Sprint* schlechter im Vergleich zur Kontrollgruppe. Ein signifikanter bzw. höchstsignifikanter Unterschied ist zwischen den Entwicklungen der Ergebnisse der Gruppen „IST+SRT" und „IST" zur Kontrollgruppe erkennbar beim *11 × 10 m Sprint* gegeben. Beim *1000-m-Lauf* sind signifikante Unterschiede zwischen den Experimentalgruppen „IST+SRT" und „IST" jeweils zur Kontrollgruppe gegeben.

Ein höchstsignifikanter Unterschied zwischen der „IST+SRT"- und „IST"- Gruppe bei den Entwicklungen beim *11 × 10 m Sprint*, zeigt, dass vor allem bei dieser Disziplin, in der *Agilität/ Bewegungsschnelligkeit* (vgl. EßFELD, 2006) besonders abverlangt werden, das zusätzliche Treatment SRT besonders wirkungsvoll war. Bei den Diziplinen *1000-m-Lauf* (zyklische Laufbewegung) und *Klimmhang* (isometrische Haltearbeit) sind naturgemäß geringere koordinative Anforderungen gegeben, weshalb die Unterschiede zwischen den Subgruppen „IST" und „IST+SRT" bzgl. signifikanter Veränderungen nicht zum Tragen kommen.

Anhand der Ergebnisse zeigt sich auch, dass anscheinend die Belastungen des Lehrgangs (vgl. Darstellung Kapitel 5.2) zu einer deutlichen Verschlechterung der Leistungsfähigkeit bei den Probanden (Kontrollgruppe) führte (durchschnittlich – 6,4 %; siehe Tabelle 14), während sich die Teilnehmer der Experimentalgruppe (Treatments bzw. Gruppen „IST" und „IST+SRT") am deutlichsten verbesserten (für die gesamte Experimentalgruppe: + 6,8 %; vgl. Tabelle 13; für die Gruppe „IST+SRT" + 9,2 %, für die Gruppe „IST" + 4,3 %; siehe Tabelle 16; Kapitel 5.1.1), so dass die anfänglichen Unterschiede (v.a. bei *11 × 10-m-Sprint*) nach dem Re-Test soweit angeglichen waren, so dass nun die Experimentalgruppen leistungsstärkeren Gruppen sind (mit Ausnahme des BFT *10000-m-Laufs*, hier waren die alle 3 Gruppen betreffenden Leistungsreduktionen bei den Experimentalgruppen am geringsten; siehe Grafik 15).

Am höchsten sind die Leistungszuwächse beim *Klimmhang* (Gruppe „IST+SRT" + 21,6 % / Gruppe „IST" + 10,6 %), gleichzeitig sind bei dieser Disziplin jedoch auch die negativen Veränderungen am stärksten gegeben, da die Kontrollgruppe um – 11,3 % schlechtere Werte (PRE zu POST) erzielte, was erklärt, warum die Re-Test Ergebnisse bei den Probanden der Experimentalgruppe (Gruppe „IST+SRT") nun besser waren (gilt für *Klimmhang*). Auch für die anderen beiden Disziplinen ergeben sich hohe Leistungssteigerungen (Experimental- u.v.a „IST+SRT" Gruppe) bzw. starke Leistungseinbußen bei der Kontrollgruppe.

Deutlich erkennbar sind die Leistungsvergleiche innerhalb der Experimentalgruppe (Subgruppen „IST+SRT"/ „IST"). Hier wird ersichtlich, dass diejenigen Probanden, die zusätzlich das Zeptoring anwendeten, eine teilweise doppelt so hohe Leistungssteigerung erlebten (vgl. auch Tabelle 16, Kapitel 5.1.1 und Darstellungen Kapitel 5.2) zu denjenigen Angehörigen der Experimentalgruppe, die nur den dargestellten Trainingszirkel durchliefen (Gruppe „IST"). Die Grafik 15 zeigt, dass die Probanden der Gruppe „IST+SRT" zum Zeitpunkt POST im Vergleich zu den anderen Gruppen in allen drei getesteten Disziplinen die höchste Leistungsfähigkeit bzw. die höchsten Leistungswerte erzielten.

Es bleibt festzuhalten, dass im Verlauf der Trainingsintervention die vormals schlechteren Ergebnisse der Experimentalgruppe so weit gesteigert werden konnten, dass nun ein umgekehrtes Bild bezogen auf die *physical fitness* der beiden Gruppen zueinander gegeben ist, so dass jetzt die BFT-Werte der Kontrollgruppe geringer ausfallen (siehe Grafik 15).

Veränderungen der Ergebnisse Rumpfkrafttest nach McGill

Die McGill-Testergebnisse weisen darauf hin, dass die Werte der Experimentalgruppe im Zeitraum der Studie verbessert wurden, während sich die Werte der Kontrollgruppe im gleichen Betrachtungszeitraum verschlechterten (wie auch schon bei den Entwicklungen der BFT Ergebnisse PRE-POST gezeigt werden konnte; Grafik 15). So wurden die Testwerte bei der Experimentalgruppe (gesamt) im Durchschnitt um + 29,89 % (vgl. auch Tabelle 17; Kapitel 5.1.2) gesteigert, während im gleichen Zeitraum die Werte der Kontrollgruppe um − 2,75 % abnahmen (Tabelle 18; ebd.).

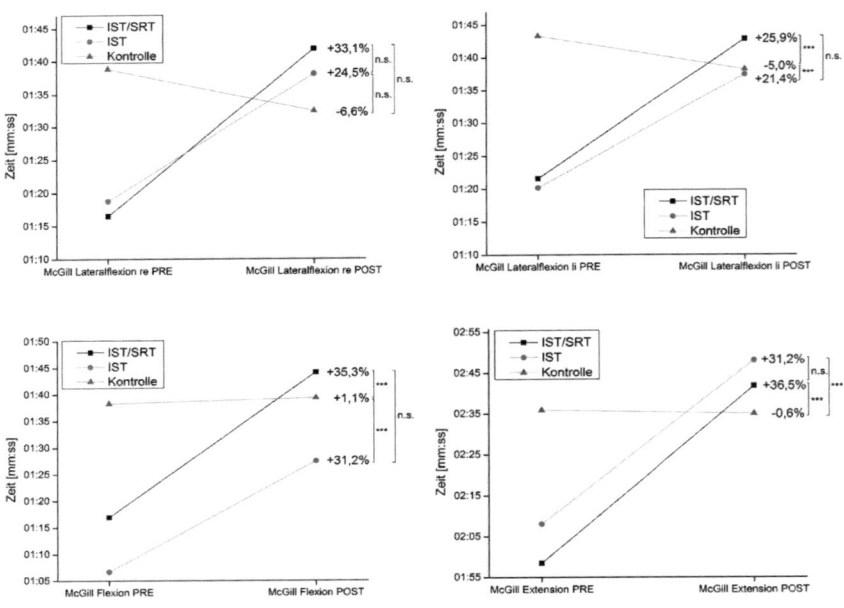

Grafik 16: Veränderungen McGill Ergebnisse Gruppenvergleich PRE-POST

196

Die in Grafik 16 dargestellten Entwicklungen der drei Gruppen zeigen die deutlichen ($p < 0,001$) Leistungszuwächse der Subgruppe „IST+SRT" (*Lateralflexion rechts*: + 33,1 %; *Lateralflexion links*: + 25,9 %; *Flexion*: + 35,3 %; *Extension*: + 36,5 %), gefolgt von denen der Gruppe „IST" (*Lateralflexion rechts*: + 24,5 %; *Lateralflexion links*: + 21,4 %; *Flexion*: + 31,2 %; *Extension*: + 31,2 %; alle: $p < 0,001$) und die Reduktion bzw. Stagnation (*Flexion/Extension*) der Werte bei der Kontrollgruppe (*Lateralflexion rechts*: − 6,6 %; $p < 0,05$; *Lateralflexion links*: − 5,0 %; *Flexion*: + 1,1 %; *Extension*: − 0,6%; alle nicht signifikant). Die Ergebnisse der Testung zum Zeitpunkt nach der Trainingsintervention verdeutlicht, dass die vorhandenen deutlichen Unterschiede zwischen den Gruppen (höhere Leistungsfähigkeit der Kontrollgruppe im Vergleich zur Experimentalgruppe bzw. den Subgruppen „IST+SRT" / „IST") bei der Einstiegstestung nun (Re-Test) nicht mehr bestehen, eine Angleichung der Ergebnisse somit stattgefunden hat. Größtenteils sind nun die Ergebnisse der Kontrollgruppe geringer als die der Experimentalgruppen.

Keine signifikanten Unterschiede der Leistungsentwicklung sind lediglich bei der Testung Lateralflexion re zwischen den Experimentalgruppen „IST+SRT" und „IST" zur Kontrollgruppe gegeben. Alle anderen Vergleiche zeigen höchstsignifikante Unterschiede der Gruppen „IST+SRT" bzw. „IST" zur Kontrollgruppe (vgl. Grafik 16). Signifikante Unterschiede bei den Leistungsentwicklungen zwischen den Gruppen „IST+SRT" und „IST" sind nicht gegeben.

Vor der Studie waren die Werte der Gruppe „IST+SRT" bei der *Lateralflexion rechts* und *Lateralflexion links* geringer als die der Kontrollgruppe. Ähnliches konnte bei der *Extension* und *Flexion* festgestellt werden. Bei der Gruppe „IST" waren die Ergebnisse *Flexion, Lateralflexion rechts, Lateralflexion links* und *Extension* geringer/schwächer als bei der Kontrollgruppe. Diese sehr deutlichen Unterschiede der beiden (Experimental-)Gruppen im Vergleich zur Kontrollgruppe (zum Zeitpunkt PRE) konnten bis zum Zeitpunkt POST soweit angeglichen werden (siehe Grafik 16), dass es nun (wie auch bei den BFT Ergebnissen) deutlich signifikante Unterschiede der Entwicklungen der Ergebnisse (Außnahme: *Lateralflexion re*) bzw. bessere Leistungsergebnisse bei den Gruppen die das/die Treatment(s) „IST" und „IST+SRT" durchführten, gab.

Der Vergleich der Werte PRE (Einstiegstest) zu denen zum Zeitpunkt POST (Re-Test Ergebnisse) hebt hervor, dass sich in allen Bereichen eine diametral verlaufende Entwicklung der Gruppen zueinander (Subgruppen bzw. Experimental- vs. Kontrollgruppe) ereignet hat, so dass nun die Leistungswerte der Subgruppen (mit Ausnahme der Testdisziplin *Lateralflexion links* und *Flexion* nach McGill; siehe Grafik 16) über denen der Kontrollgruppe liegen. Somit hat sich die Aussage zu

Beginn der Studie, dass die Leistungswerte der Kontrollgruppe über denen der Experimentalgruppe lagen, nun (Re Test) ins Umgekehrte gewandelt (wie auch bei der Entwicklung der BFT Werte; vgl. Grafik 15).

Es zeigt sich, dass die Zuwächse beider Subgruppen (Gruppe „IST+SRT" / Gruppe „IST") größtenteil deutlich signifikante Leistungsverbesserung erbrachten (Tabelle 20; Kapitel 5.1.2), die zum Ende der Studie bewirkte, dass die vormals niedrigeren / schlechteren Leistungsstände (Testergebnisse) nun nicht mehr gegeben sind (Angleichung durch Leistungssteigerung der Experimentalgruppen auf höherem Niveau) bzw. die Testergebnisse der Experimentalgruppen nun besser als die der Kontrollgruppe sind.

Die bereits in Kapitel 5.2 dargestellten Ergebnisse v.a. der Gruppe „IST+SRT" sind auch unter dem Aspekt zu beachten, dass diese Effekte bei einer vergleichsweise sehr geringen Anwendungszeit (2 Minuten/Woche je Proband) erzielt wurden. Vergleichbare Studien, welche die Wirkungen eines Vibrationstrainings auf die Anpassung bzw. die positive Beeinflussung der Leistungsfähigkeit untersuchten und dort verbesserte Ergebnisse nachwiesen (vgl. Kapitel 2.3), erzielten dies mit weitaus höheren Beanspruchungszeiten von wöchentlich 5 (BOSCO et al.,1999B; SARABON et al., 2003), 10 (BOSCO et al., 1999A und 2000), 15 (DELECLUSE et al., 2003) bzw. sogar 30 Minuten Anwendungsdauer je Proband (BOSCO et al., 1998).

Diese Umkehrung der Leistungswerte der beiden Experimentalgruppen im Vergleich zur Kontrollgruppe zeigt demnach den positiven (leistungssteigernden) Einfluß der Treatments (bei den Experimentalgruppen) bzw. die negativen (Verschlechterung des Test- Ergebnisse BFT / McGill) Auswirkungen der Lehrgangsbelastungen bei der Kontrollgruppe. Diese Belastungen waren jedoch auch die Experimentalgruppen ausgesetzt, und somit auf alle Probanden einflussnehmend.

Diese gezeigte Veränderung der Leistungswerte BFT / McGill der drei Gruppen PRE-POST (Grafiken 15 und 16) hat zur Folge, dass die alleinige (isoliert betrachtete) Darstellung der Effektstärke bzw. Signifikanz (Untersuchung der Gruppen auf Unterschiede zum jeweiligen Zeitpunkt PRE / POST) nicht die Leistungsveränderungen der Experimentalgruppe und damit die Auswirkungen der Treatments hinreichend sichtbar machen können.

Die Gegebenheit, dass die Angehörigen der Kontrollgruppe vor der Trainingsintervention über eine deutlich höhere physische Leistungsfähigkeit (als die der Experimentalgruppe) verfügten korreliert nicht mit den Angaben aus Kapitel 4.2.2

bzw. 5.1.5. Hier war nach Angabe der Befragten die Einschätzung des jeweilig subjektiven Belastungsempfindens bei der Experimentalgruppe „höher / besser" bewertet, als es die Angehörigen der Kontrollgruppe für sich einschätzten (vgl. Tabelle 08 und 09; Kapitel 4.2.2). Die Befragung aus Kapitel 4.2.2 zeigt, dass das Trainingsalter bei den Angehörigen der Experimentalgruppe geringer, die Trainingsdauer / Woche aber höher als bei den Probanden der Kontrollgruppe war (vgl. Tabelle 08 und 09). Prüft man die bereits in Kapitel 5.2 angesprochenen und in Kapitel 4.1.3 mittels Befragung der Studienteilnehmer ermittelten Angaben zum Trainingsstatus, so zeigen sich erhebliche Unterschiede. Diese sind in der folgenden Tabelle zusammenfassend dargestellt und beziehen sich nun auf diejenigen Teilnehmer die an der Studie und allen Testungen teilgenommen haben (Anm.: in Kapitel 4.2.2 wurden die Daten aller Studienteilnehmer, die zum Zeitpunkt der Eingangstestung befragt werden konnten dargestellt). Diese Angaben zeigen die gleichen Tendenzen bzw. Ausmaße, ermöglichen jedoch eine differenzierte Betrachtung der Experimentalgruppe, da nun die Subgruppen separiert dargestellt sind:

Gruppe "IST+SRT" n= 19		
	Trainingsdauer (Min)/Woche	Trainingsalter in Jahren
MW	302,96	4,19
StAbw	196,07	2,50

Gruppe "IST" n = 19		
	Trainingsdauer (Min)/Woche	Trainingsalter in Jahren
MW	218,16	6,74
StAbw	142,59	5,80

Kontrollgruppe n =26		
	Trainingsdauer (Min)/Woche	Trainingsalter in Jahren
MW	221,70	7,79
StAbw	129,46	5,27

Tabelle 52: Zusammenfassung Trainingsstatus Studienteilnehmer

Anhand der Betrachtung dieser Tabelle ist offenbart, dass die Probanden der Gruppe „IST+SRT" vor Beginn der Studie die höchsten *Trainingsumfänge/Woche* absolvierten (302,96 ± 196,07 Minuten/Woche), welche über denen der Gruppe „IST" (218,16 ± 142,59 Minuten/Woche) und der Kontrollgruppe (221,70 ± 129,46 Minuten/Woche) lagen. Generell fallen hier erneut die hohen Standardabweichungen (intraindividuelle Gruppenunterschiede) auf, welche als Indiz für sehr unterschiedliche Trainings- und damit Leistungsvoraussetzungen der Probanden gesehen werden können. Schaut man auf das *Trainingsalter* (Trainingsjahre) der Probanden, so fällt hierbei ein entgegengesetzter Verlauf auf. Hier ist das *Trainingsalter* bei den Teilnehmern der Kontrollgruppe mit 7,79 ± 5,27 Jahren am höchsten, dass der Gruppe „IST+SRT" mit 4,19 ± 2,50 Jahren am geringsten. Diese stark divergierenden Werte können ebenfalls ein Anhaltspunkt für unterschiedliche physische Belastbarkeiten bzw. Leistungslevel sein. Die hohen *Trainingsumfänge* der Probanden der Experimentalgruppe können ferner als Indiz für eine erhöhte körperliche Leistungsfähigkeit (höhere Kompensation, schnellere Regeneration und damit Adaptation dieser hohen Trainingsumfänge) argumentiert werden. Auch die unterschiedlich bezeichnete Wahrnehmung der Lehrgangsbelastungen weisen darauf hin, dass die Probanden der Experimentalgruppe (gesamt) „belastbarer" waren, da diese den Lehrgang mit einer Intensität von 5,31 ± 1,89 angaben (siehe Tabelle 41; Kapitel 5.1.5), während die Kontrollgruppe diese mit einem deutlich höheren Wert bezifferten (6,68 ± 1,89; vgl. Tabelle 42). Auch die Betrachtung der *subjektiven Belastbarkeit* (Tabellen 41 und 42; Kapitel 5.1.5) zeigt, dass zwar beide Gruppen eine (nicht signifikante) Verbesserung wahrnahmen, diese jedoch bei den Teilnehmern der Experimentalgruppe auf einem leistungsstärkeren Niveau (Ausgangs- und Endwert) verlief (PRE: 4,92 ± 1,53 - POST: 4,68 ± 1,82; vgl. Tabelle 41) als dies bei der Kontrollgruppe (vgl. Tabelle 42: PRE: 6,06 ± 2,14 - POST: 5,56 ± 2,53) darstellbar war.

Die einheitliche und regelmäßige Durchführung eines zielgruppenspezifischen und standardisierten Trainingsprogramms könnte langfristig eine homogenere Leistungsfähigkeit der Lehrgangsteilnehmer erwirken. Nach dieser 7-wöchigen Trainingsintervention ist dies – in Anbetracht der Standardabweichungen PRE – POST (vgl. Tabelle 45; Kapitel 5.2) – noch nicht ersichtlich und benötigt demnach eventuell eine längere Interventionszeit.

Die unterschiedlichen Leistungslevel (PRE) der Subgruppen (Experimentalgruppe) zur Kontrollgruppe und die starken Ergebnisveränderungen im Rahmen der Untersuchungsdauer erschweren die Vergleichbarkeit der Leistungswerte zum Zeitpunkt POST. Diese Entwicklungen (signifikante Leistungssteigerung der Experimentalgruppe; teilweise signifikanter Rückgang bei der Kontrollgruppe) sind im interindividuellen Gruppenvergleich dargestellt (Grafiken 15 und 16). Die Betrachtung der Ergebnisse der Gruppen isoliert nur zum Zeitpunkt PRE bzw. POST kann daher nicht die Einflußnahme der bzw. des Treatments (und der vorhandenen Lehrgangsbelastungen) auf die einzelnen Subgruppen klar und eindeutig darstellen. Hierzu sind die in Kapitel 5.1.1, 5.1.2 und 5.2 gezeigten Ergebnisse der Probandengruppen PRE-POST spezifischer und aussagefähiger.

6.2 Reflexion der Testergebnisse und Befragungen

6.2.1 Vergleich mit ähnlichen Studien und Trainingsprogrammen

Nun werden die Ergebnisse dieser Studie (PRE und POST) mit verwandten Untersuchungen und Programmen verglichen und reflektiert.

Hierzu ist zu anzumerken, dass es keine direkt vergleichbaren Untersuchungen gibt, welche ein entsprechendes Zirkeltraining im Rahmen der militärischen Ausbildung erforscht haben und dabei die analoge Untersuchungsdauer, Trainings-/Übungsinhalte, Lehrgangssituation Probandeneigenschaften und Messparameter umfassten. Bezogen auf die Trainingsinhalte des IST Zirkels resumieren O`HARA et al. (2012) in ihrem Review, dass es kaum Studien mit verwertbaren Ergebnissen zur Effizienz von *non traditional* Trainingsprogrammen (also Programmen die eine Kombination aus Kraft-, Ausdauer und Koordination darstellen) gibt, und fordern, v.a. diese Trainingsformen (*Crosstraining* etc.) wissenschaftlich genauer zu untersuchen, damit die Effekte dieser Methoden spezifischer und aussagekräftiger dargelegt werden können. Um eine Vergleichbarkeit zu gewährleisten, konnten daher nur wenige Arbeiten herangezogen werden. In Bezug auf die Testparameter (BFT, McGill) gibt es nach aktueller Forschungslage keine Studien/Trainingsprogramme die anhand dieser Messkriterien überprüft wurden. Auch die Inhalte des Trainingszirkels und der SRT sind in dieser Zusammenstellung, den Probandeneigenschaften und diesem Umfang noch nicht in einer wissenschaftlichen Studie erforscht worden. Dennoch sollen ähnliche Arbeiten mit der Zielsetzung einer Steigerung der *military fitness* gegenübergestellt werden, um mögliche Unterschiede oder Gemeinsamkeiten der Outcomeparameter differenzierter betrachten zu können. Dazu wurde die Arbeiten von HARMAN et al. (2008) und HEINRICH et al. (2012) ausgewählt.

Ziel der Studie um HARMAN et al. war es herauszufinden, inwieweit ein kraftorientiertes Trainingsprogramm kurzzeitige Effekte (8 Wochen Trainingsdauer) erzielt. Hierzu teilten sie die Probanden in eine Untersuchungsgruppe (n = 15; Alter: 27,0 ± 4,7 Jahre; Gewicht: 80,9 ± 12,7 kg; Körpergröße: 173,8 ± 5,8 cm) und eine Kontrollgruppe (n = 17; Alter: 29,0 ± 4,6 Jahre; Gewicht: 84,5 ± 10,4 kg; Körpergröße: 179,7 ± 8,2 cm) auf. Die Experimentalgruppe führte ein kraftorientiertes Zirkeltraining (*WBT = weight based training*), die Kontrollgruppe das etablierte *Army Standardized Physical Training (SPT)* durch. Das *WBT* bestand aus Ganzkörpertrainingsübungen mit Gewichten, Sprints, Agilitäts-Drills und Läufen über Distanzen von 3,2 Kilometer Distanz und Läufen mit Zusatzlast und einer Strecke von 8 km. Das *SPT* baute sich aus Übungen mit dem eigenem Körpergewicht (Funktionsgymnastik), Dehnübungen, Sprints, Staffel- und Langstreckenläufen auf. Beide Gruppen trainierten 5-mal wöchentlich für eine Dauer von jeweils 1,5 Stunden. Folgende signifikante (p < 0,05) Ergebnisse wurden erzielt:

<u>Lauf- / Marschtest (32 kg Traglast, 3,2 km Distanz) / Zeit in Minuten:</u>

24,9 ± 2,8 (PRE) zu 21,1 ± 2,2 (POST) Experimentalgruppe *WBT* = Verbesserung – 18 %

24,5 ± 3,2 (PRE) zu 21,0 ± 2,8 (POST) Kontrollgruppe *SPT* = Verbesserung – 16 %

<u>Hindernisparcours mit 18 kg Zusatzlast / Zeit in Sekunden:</u>

66,8 ± 10,0 (PRE) zu 60,1 ± 8,7 (POST) Experimentalgruppe *WBT* = Verbesserung – 11 %

73,3 ± 10,1 (PRE) zu 61,6 ± 7,7 (POST) Kontrollgruppe *SPT* = Verbesserung – 19 %

<u>5 x 30-m Sprints um Pylone / Zeit in Sekunden:</u>

60,4 ± 4,2 (PRE) zu 58,9 ± 2,7 (POST) Experimentalgruppe *WBT* = Verbesserung – 3 %

63,5 ± 4,8 (PRE) zu 59,8 ± 4,1 (POST) Kontrollgruppe *SPT* = Verbesserung – 6 %

<u>Tragen einer Person (80 kg) über eine Distanz von 50 m / Zeit in Sekunden:</u>

57,6 ± 22,0 (PRE) zu 44,2 ± 8,8 (POST) Experimentalgruppe *WBT* = Verbesserung – 30 %

65,8 ± 40,0 (PRE) zu 42,1 ± 9,9 (POST) Kontrollgruppe *SPT* = Verbesserung – 56 %

Die Ergebnisse zeigen, dass beide Formen des Trainings einen positiven und leistungssteigernden Effekt erzielten. Lediglich der Lauf mit Traglast wurde von der *WBT*-Gruppe schneller absolviert. HARMAN et al. kommen zu dem Schluss, dass beide Programme einen kurzeitig erzielbaren Leitstungszuwachs erbrachten. Bezogen auf einsatznahe Bewegungsmuster bzw. Tätigkeiten scheint jedoch das herkömmliche Training *(SPT)* einen höheren Effekt zu erzielen. Testungen, die Aussagen über die Kraftfähigkeiten erbringen könnten (z.B. Klimmhang, Rumpfkraft etc.), wurden nicht vollzogen. Daher beziehen sich die Ergebnisse und Aussagen (nur) auf Einflussnahmen der motorischen Fähigkeit *Ausdauer* und *Schnelligkeit*, obwohl die Trainingsinhalte *(WBT)* ein Krafttraining umfassten.

In einer weiteren US-amerikanischen Studie wurde ein Zirkeltraining mit ähnlichen Inhalten, Methoden und Strukturen von HEINRICH et al. (2012) untersucht, wobei die Trainingsinhalte und -intensitäten deutlich „kraftorientierter" waren. Hierzu wurden 67 Probanden (Soldaten der US Streitkräfte) in zwei Gruppen aufgeteilt. Die Experimentalgruppe (n = 34; Alter: 27,29 ± 5,68 Jahre, Dienstjahre: 5,52 ± 4,9 Jahre) vollzog ein 8-wöchiges Zirkeltraining (*Mission Essential Fitness-*Programm; *MEF*), die Kontrollgruppe (n = 33; Alter: 27,88 ± 5,38 Jahre; Dienstjahre: 6,92 ± 5,39 Jahre) das herkömmliche Fitnessprogramm der U.S. Army (*APRT - Army Physical Readiness Training*). Das *MEF* bestand aus teilweise gerätegestütztem Training, hauptsächlich jedoch Freihantelübungen, welche in einem Zirkel (in einer Trainingseinrichtung) zweimal wöchentlich durchgeführt wurden.

Die Übungen umfassten mehrdimensionale Bewegungsmuster (z.B.: Olympisches Gewichtheben, Langhantel-Kniebeugen, Bankdrücken, Klimmzüge, Ausfallschritte mit Zusatzlast, Bizeps- Curls, statische Rumpfübungen) und zielten auf die Steigerung der *Maximalkraft, Schnellkraft, Schnelligkeit* und *Agilität* ab. Diese 15 Übungen (mit sehr geringen bis keinen Pausen zwischen den Übungen / Stationen) wurden (genau wie beim IST) anfangs mit 60 Sekunden Dauer, zum Ende der Trainingsstudie (letzte Trainingseinheit) mit 90 Sekunden Belastungsdauer vollzogen. Eine Trainingseinheit erreichte somit eine Dauer von ca. 45 Minuten.

Das *APRT* wurde an 5 Tagen/Woche mit einem Fokus auf Mobilität, Ausdauer und Kräftigungsübungen absolviert. Nach dem *Warm-up* wurden 50 Minuten entsprechende Drills (Übungen mit dem eigenen Körpergewicht wie Liegestütze, Klimmzüge, Sit-ups etc.) durchgeführt. Die Unterschiede beider Programme liegen primär in der Zusammensetzung der Übungen. Während das *MEF* aus kraftorientierten (*Maximal- und Schnellkraft-*)Übungen mit (hoher) Gewichtslast und funktionellen Bewegungsmustern besteht, ist das *APRT* primär ausdauer- bzw. kraftausdauerorientiert und setzt sich aus Körpergewichtsübungen zusammen, was orts- und geräteunabhängig vollzogen werden konnte. Des Weiteren sind die Trainingshäufigkeiten beim *APRT* mehr als doppelt so hoch (5-mal wöchentlich) als das *MEF* (2-mal je Woche; wie IST, vgl. Kapitel 4.1.5).

Die Ergebnisse der Studie zeigen, dass die Probanden der *MEF*-Gruppe einen deutlicheren Leistungszuwachs beim *Push-up-Test* (maximale Wiederholungsanzahl in 60 Sekunden) mit + 4,2 ± 5,4 Wiederholungen zu + 1,3 ± 5,9 Wiederholungen bei der *APRT*-Gruppe (PRE – POST) aufwiesen (p < 0,05). Die *MEF*-Gruppe reduzierte darüber hinaus die Laufzeiten beim *3,2 Kilometerlauf* um – 89,91 ± 70,23 Sekunden, wohingegen die *APRT*-Gruppe einen geringern Rückgang von – 15,33 ± 69,16 Sekunden (p < 0,05) vollbrachte und einen damit geringeren Leistungszuwachs erreichte. Ebenfalls konnte bei der *MEF*-Gruppe eine Reduzierung der HFmax. von $-17{,}0 \pm 15{,}0$ S./Min beim *Step-Test*, verglichen mit einer Reduktion von $-9{,}0 \pm 16{,}1$ S./Min für die *APRT* Gruppe ($p < 0{,}05$), ermittelt werden. Auffallend sind auch hier (wie bei der IST Studienergebnissen) die hohen Standardabweichungen bei den Ergebnissen.

Die Forschergruppe um HEINRICH et al. kommt zu dem Fazit, dass die *MEF*-Gruppe in allen relevanten Testungen bessere Ergebnisse (Verbesserung der Kraft, muskulären Ausdauer, aeroben und anaeroben Ausdauer und Ökonomisierung der Herzarbeit unter Belastung) aufzeigt, und stellt heraus, dass dies bei (oder wegen) einer deutlich geringeren Trainingshäufigkeit ereicht wurde. Vor allem der niedrigere Trainingsaufwand wird von ihnen als Erfolgsfaktor einer Prävention von Übertraining und damit verbundenen Verletzungen herausgestellt.

Das *MEF*-Programm nutzt erfolgreich funktionelle Bewegungsmuster in verschiedenen Bewegungsebenen und -achsen und stellt damit einen gewissen Transfer zu den Bewegungsmustern des militärischen Aufgabenspektrums dar. HEINRICH et al. postulieren, dass Soldaten eben diese Bewegungsmuster in Gefechtssituationen, v.a. im abgesessenen Kampf mit zusätzlicher Gewichtslast (Ausrüstung etc.), vorfinden und dabei hauptsächlich unter schwierigen Geländebedingungen und sich stetig ändernden Lagen (Klima, Witterung, Tageszeit etc.) ausgesetzt sehen (vgl. Studienlage Kapitel 2.1 und Darstellungen von SAMMITO etc. in Kapitel 2.4). Hieran hat sich das *MEF*-Programm orientiert. Ein weiterer Herausstellungspunkt ist die Tatsache, dass während der Untersuchungsphase kein Proband eine Verletzung durch das Training ereilte. HEINRICH et al. stellen die elementare Bedeutung der Komponenten *Kraft, anaerobe Ausdauer* und *Agilität* heraus und begründen die positiven Effekte des *MEF* durch diese Trainingsinhalte und die erzielten Leistungssteigerungen eben dieser motorischen Fähigkeiten.

<u>Überschneidung und Abgrenzung der Programme von HEINRICH und HARMAN zum IST-Training:</u>

Bezogen auf die Erfahrungen und Empfehlungen zahlreicher Forscher und Wissenschaftler, die sich mit Inhalten und entsprechenden Trainingskonsequenzen von *military fitness trainings* befassten, wurde der IST-Zirkel konzipiert. Nach den Beschreibungen von EßFELD (2006A, vgl. Kapitel 2.2.1 und 2.2.2) wurden die militärischen (infanteristischen) Belastungen wie Laufbewegungen mit Traglast, intervallartige Schnelligkeits- und Sprintübungen, Hebe- und Trageübungen im IST-Trainingszirkel umgesetzt bzw. durch Übungen nachgestellt (vgl. Kapitel 4.3.1). Durch die positiven Ergebnisse diverser Trainingsstudien, in denen mit Traglasten trainiert wurde (u.a. KRAEMER et al., 1987; KNAPIK et al., 1990A und 2012; HARMAN et al., 1997 etc.; siehe auch Kapitel 2.2.2), wurden daher diverse Übungen mit zu bewegenden Gewichtsgegenständen in den Trainingszirkel eingebaut (vgl. Übungsbeschreibungen Kapitel 4.3.1).

Die zu vergleichenden Parameter sind diejenigen, welche die motorische Fähigkeit *Kraft* (in den jeweiligen Erscheinungsformen wie z.B. *Schnellkraft, Kraftausdauer* etc.), *Ausdauer* und *Koordination* beschreiben. In dieser Studie wurden für die Komponente *Kraft* die Ergebnisse der McGill-Testungen (Kapitel 4.3.4 und 5.1.2) und die BFT-Disziplin *Klimmhang* („*...Messung der isometrischen Leistungsüberprüfung der oberen Extremitäten (...) je nach Leistungsstand eine maximale bis kraftausdauerorientierte Belastung...*"; EßFELD, S.30, 2006A) und für die *Schnelligkeit / Agilität* der *11 × 10-m-Sprint* („*....Testleistungen spiegeln die anaeroben Kapazitäten sowie die Aktionsschnelligkeit beim Laufen wider...*"; vgl. EßFELD, S. 31, 2006A) verwendet (Kapitel 4.3.3 und 5.1.1). Die motorische Fähigkeit *aerob / anaerobe Ausdauer* bzw. *„...kardiorespiratorische Leistungsfähigkeit beim Laufen...*" (vgl. EßFELD, S. 33, 2006A) wurde durch die Laufzeiten des *BFT-1000-m-Lauf* (Kapitel 4.3.3) und die entsprechenden Herzfrequenzwerte bei diesen Testungen (vgl. Kapitel 4.3.6) überprüft. Die *Koordination / posturale Kontrolle* wurde mittels des Koordinationstests (*Testor*) gemessen (Kapitel 4.3.5) und verglichen bzw. quantifiziert (Kapitel 5.1.3).

Ergebnisse (Auszüge) Experimentalgruppe vgl. Kapitel 5.1.1, 5.1.2 und 5.1.4):

Klimmhang:

Zuwachs um + 16,0 % (p < 0,001); siehe Tabelle 13; Gruppe „IST+SRT": + 21,5 % (p < 0,001); siehe Tabelle 16.

11 × 10-m-Sprint:

Verbesserung um – 4,86 % (p < 0,001) durch Reduktion der Laufzeit; siehe Tabelle 13; Gruppe „IST+SRT": – 6,7 % (p < 0,001); siehe Tabelle 16.

1000-m-Lauf:

Verschlechterung um + 0,6 % (p = 0,622); siehe Tabelle 13; Gruppe „IST+SRT": + 0,5 % (p = 0,813); siehe Tabelle 16.

HFmax bei *1000-m-Lauf:*

Verbesserung durch Rückgang der HFmax. (Mittelwert) um $-4,82\%$ ($p < 0,001$) und HF $\varnothing$ um $-4,36\%$ ($p < 0,05$) für Gesamtgruppe; siehe Tabelle 33.

Rumpfkraft nach McGill (gesamt):

Zuwachs um $+29,89\%$ ($p < 0,001$) Mittelwert aus allen vier Disziplinen; vgl. Tabelle 17; Gruppe „IST+SRT": $+32,72\%$ ($p < 0,001$); siehe Tabelle 20.

Generell zeigt sich, dass alle Trainingsinterventionen einen deutlich signifikanten und positiven Effekt auf die gemessenen Parameter hatten (vgl. Tabelle 45; Kapitel 5.2). Nur die Ausdauerleistungsfähigkeit stagnierte bei der Experimentalgruppe (ebd.), während die Probanden der Studien von HEINRICH et al. und HARMAN et al. gerade dort einen deutlichen Zuwachs erzielten. Dies ist der Tatsache geschuldet, dass im IST-Programm kein Ausdauer- bzw. Lauftraining (mit hohen Umfängen) durchgeführt wurde. Ein Kriterium für die positiven Effekte auf die körperliche Leistungssteigerung scheint der vergleichsweise geringe Zeitaufwand für das Training zu sein (v.a. das *MEF* bei HEINRICH et al.), daneben sind Gewichtslasten und anaerobe Belastungen (wie auch beim IST-Zirkel) ein weiterer nennenswerter Effekt, der bei HEINRICH et al. zu Erfolgen führte. Die Trainingshäufigkeit ist beim IST im Vergleich zu den beiden anderen Studien deutlich geringer (v.a. die Programme von HARMAN et al. und das *APRT* bei HEINRICH et al.) und gewichtet die positiven Ergebnisse im Kontext zum „Trainingsaufwand". Die Ergebnisse der IST-Studie und die Auswertungen der Gruppe *MEF* (HEINRICH et al.), welche beide ein zweimaliges Training/Woche absolvierten, unterstreicht, dass, wenn die Belastungsumfänge und v.a. -häufigkeiten geringer ausfallen, die Effekte entsprechend höher sind. Dies zeigt, dass v.a. während der fordernden militärischen Ausbildung (vgl. Befragungsergebnisse *physische Belastungen des Lehrgangs;* Tabellen 41/42; Kapitel 5.1.5) nur eine geringe Trainingsdosierung sinnvoll bzw. effizient erscheint.

Ein weiteres Unterscheidungskritierum ist der Einsatz des SRT- Verfahrens, die Verwendung von komplexen Bewegungen mit einer möglichst schnellen Bewegungsausführung je Zeiteinheit und die genutzten Trainingsgeräte (Kettlebells, Sandsäcke, Schlingentrainer, Reifen etc.) im IST- Programm. Der Fokus im IST auf Übungen zur Steigerung der Rumpfkraft und die dynamischen Komponenten bei der Übungsdurchführung sind weitere Unterschiede zu den beiden vorgestellten Programmen. HEINRICH et al. ließen die Experimentalgruppe in einer Trainingseinrichtung trainieren, was neben den organisatorischen Aspekten (Platz) v.a. einen immensen materiellen / finanziellen Mehreinsatz (Trainingsgeräte und Equipment) bedeutet und damit eine flexible (ortsunabhängige) Durchführung erschwert. Eine solche Struktur ist darüber hinaus mit hohen Investitionen verbunden, welche laut Darstellungen aus Kapitel 2.4 (Berichte Wehrbeauftragter und Darstellungen der Befragung von KAPTAIN, 2010) im Rahmen der immer knapper werdenden (Sparmaßnahmen) verfügbaren Finanzressourcen der Bundeswehr unrealistisch sind.

Die positiven Ergebnisse der realitätsnahen Testungen von HARMAN et al. zeigen aber auch die Notwendigkeit des Einsatzes von Traglasten (vgl. Testung: *Bergen / Tragen einer Person von 80 kg Körpergewicht*) und deren alltagsnahen und damit funktionellen Bewegungsmuster. Diese erfordern ein hohes Maß an Beweglichkeit und Koordination, welche auch bei fortschreitender Ermüdung aufrechterhalten werden müssen. Die Effekte des IST-Programms, im Speziellen des vorgeschalteten Zeptoring, auf die posturale Kontrolle (Zuwachs bei der „IST+SRT"-Gruppe um + 10,72 % im Vergleich zu + 6,37 % bei der Gruppe „IST" – vgl. Tabellen 31 und 32; Kapitel 5.1.3) belegen dies eindeutig, wenn auch die Werte eine Signifikanz knapp verfehlen ($p = 0,065$ bei der „IST+SRT"-Gruppe und deutlicher mit $p = 0,404$ bei der Gruppe „IST"). In Kapitel 6.2.6 werden die *Ad-hoc-Effekte* des SRT-Verfahrens in einer parallel durchgeführten Analyse an der LL-LTS nochmal dargestellt und verdeutlicht. Die Tatsache, dass die Probanden der IST- Trainingsgruppe im Freien während der Wintermonate (siehe Kapitel 4.1.5; Tabelle 05) trainiert haben, mag zum einen ein leistungsmindernder Faktor gewesen sein (Bodenbeschaffenheit durch Schnee und Eis, Temperaturen weit unter dem Gefrierpunkt; siehe Tabelle 05), kann jedoch ebenso als realitätsnahe Ausbildungskomponente verstanden werden und dazu beitragen, die „Robustheit" zu fördern (vgl. Zielsetzung der Ausbildung bzw. des Lehrgangs; vgl. Kapitel 2.5).

Da die Probanden der beiden Studien vergleichbar zu den Probanden der Experimentalgruppe bezüglich *Alter* ($23,22 \pm 2,17$ Jahre), *Gewicht* ($79,71 \pm 8,25$ kg) und *Körpergröße* ($1,81 \pm 0,06$ m; vgl. Tabelle 08; Kapitel 4.2.2) sind, ist v.a. die Tatsache, dass die Teilnehmer der IST-Studie ein hohes *Trainingsalter* ($5,3 \pm 4,7$ Trainingsjahre) und einen hohen *Trainingsumfang/Woche* ($267,58 \pm 184,29$ Minuten) vorweisen (vgl. Tabelle 08 und 09, Kapitel 4.2.2), hervorzuheben, was die Effekte und den erzielten Leistungszuwachs (im Vergleich zu bspw. untrainerten Probanden) damit noch hervorhebt. Man kann also anhand der Angaben des Trainingsstatus der Probanden davon ausgehen, dass diese physisch hoch belastbar sind / einen hohen Trainingsstatus haben und weitere Leistungszuwächse vergleichsweise geringer als bei untrainierten / Trainingsanfängern ausfallen. Dennoch ist auch hier die bereits dargestellte Heterogenität der Teilnehmer in Bezug auf das sportliche Verhalten (*ausgeübte Sportart, Trainingshäufigkeit / Woche, Trainingsalter* etc.; vgl. Tabelle 08; Kapitel 4.2.2 und Tabelle 52; Kapitel 6.1) zu benennen. Diese Tatsache macht es trotz erfolgreich vorgenommener Parallelisierung und damit Aufteilung der Probanden in zwei gleich leistungsstarke (nicht signifikant unterschiedliche) Subgruppen (Kapitel 4.1.2) schwer, die hohen Standardabweichungen der Testergebnisse (siehe Kapitel 5.1.1 und 5.1.2) erklärbar zu machen.

Eine homogene Gruppierung – gemessen an den Angaben zur sportlichen Aktivität – ist hier demnach nicht erkennbar. Als Argument für eine individuellere Trainingsplanung sollte dieser Fakt dennoch herangeführt werden und spiegelt die in Kapitel 2.4 dargestellten Kritikpunkte der Soldaten an einer fehlenden Trainingsinfrastruktur wider.

Die Ergebnisse nach Durchführung der IST-Studie sind im Vergleich zu den beiden anderen in diesem Kapitel aufgezeigten Studien bzgl. der hochsignifikanten Leistungsverbesserungen für die Parameter *Rumpfkraft, Schnelligkeit* und *isometrische Haltekraft* überlegen, soweit dies durch die Ergebnisse / Testungen nachweisbar und vergleichbar ist. Die Ergebnisse von HARMAN et al. betreffs der Effekte auf einsatz- und ausbildungsbezogene Aufgaben und Ausdauerleistungen hervorzuheben und zeigen auf, dass die aerobe Ausdauer als Outcome-Parameter bei der IST-Probandengruppe zu gering ausgebildet wurde. Zu beachten ist jedoch, dass v.a. HARMAN et al. den Schwerpunkt auf ein Training zur Ausprägung der motorischen Fähigkeit *Ausdauer* legten. Bezogen auf die in Kapitel 2.1 geschilderten hohen Belastungen (Traglasten in Höhe von bis zu > 80% des jeweiligen Körpergewichts) ist jedoch ein Training der Kraftfähigkeiten v.a. unter dem Aspekt Belastungskompensierung, Leistungssteigerung und Verletzungsprophylaxe für die Bedarfsträger (Infanterist / Fallschirmjäger) zu präferieren.

6.2.2 Darstellung der Studienergebnisse BFT im Vergleich zu Referenzwerten

Hier soll der Vergleich der Probandengruppen dieser Studie zu den BFT Werten anderer Bundeswehrangehöriger (vgl. Kapitel 4.3.3) dargestellt werden, um die Probanden der Experimental- und Kontrollgruppe, bezogen auf deren körperlichen Leistungsstand, zu objektivieren und darzustellen, ob und inwieweit die Probandenergebnisse repräsentativ im Vergleich zu den Werten anderer gestesteter Bundeswehrangehöriger sind.

BFT Experimentalgruppe PRE (n = 38)			
	Klimmhang	11 x 10 m	1000 Meter
MW	00:55,30	00:42,25	03:46,80
Std.-Abw.	00:16,43	00:01,62	00:23,24
MIN	00:23,00	00:39,08	03:11,29
MAX	01:28,05	00:48,14	04:25,52
BFT Referenzgruppe (n = 35)			
MW	00:52,02	00:42,03	03:52,72
Std.-Abw.	00:20,78	00:02,87	00:14,88
MIN	00:12,20	00:37,50	03:22,00
MAX	01:40,60	00:48,80	04:35,00
Differenzen Referenz - Experimental PRE			
MW	+ 5,92 %	+ 0,51 %	- 2,54 %

BFT Experimentalgruppe POST (n = 38)			
	Klimmhang	11 x 10 m	1000 Meter
MW	01:04,16	00:40,19	03:48,11
Std.-Abw.	00:18,92	00:02,41	00:23,38
MIN	00:27,27	00:34,58	03:11,12
MAX	01:50,20	00:49,17	04:31,00
BFT Referenzgruppe (n = 35)			
MW	00:52,02	00:42,03	03:52,72
Std.-Abw.	00:20,78	00:02,87	00:14,88
MIN	00:12,20	00:37,50	03:22,00
MAX	01:40,60	00:48,80	04:35,00
Differenzen Referenzf - Experimental POST			
MW	+ 18,92 %	- 4,39 %	- 1,98 %

Tabelle 53: Darstellung Leistungsdaten BFT Experimentalgruppe vs. Referenzgruppe
PRE – POST

Festzustellen ist anhand der in Tabelle 53 zusammengetragenen Werte, dass die Probanden der Experimentalgruppe zum Zeitpunkt vor der Studie (PRE) in den Bereichen *Klimmhang* (um + 5,92 % bessere Werte; p = 0,26) und *1000-m-Lauf* (um – 2,54 % bessere / geringere Werte; p = 0,315) leistungsstärker waren; gemessen an den Sprintzeiten (*11 × 10-m-Sprint*) eine um + 0,51 % schlechtere Zeit / Ergebnis hatten (p = 0,088). Die Unterschiede sind jedoch nicht signifikant, so dass die Aussage zulässig ist, dass diese Werte (Eigenschaften) beider Gruppen statistisch vergleichbar sind, da es keine signifikanten Unterschiede zwischen den Gruppen gibt. Der Vergleich der BFT-Testwerte beider Gruppen zum Zeitpunkt nach der Trainingsintervention (POST) zeigt anhand der Ergebnisse der Experimentalgruppe die Einflussnahme der Trainingsintervention, denn die Re-Test-Ergebnisse führen - wie bereits in Kapitel 5.1.1 gezeigt - zu einer eindeutigen Zunahme der Leistungswerte. Diese nun deutlich besseren Werte der Experimentalgruppe mit hochsignifikanten Differenzen zur Vergleichgruppe (p < 0,01) von + 18,92 % (*Klimmhang*) und – 4,39 % (*11 × 10-m-Sprint*) belegen die deutlich gestiegene Leistungsfähigkeit. Lediglich die Unterschiede beim *1000-m-Lauf* von –

1,98 % zeigen keinen signifikanten Unterschied (p = 0,30) zwischen den Gruppen zum Zeitpunkt POST.

BFT Kontrollgruppe PRE (n = 26)			
	Klimmhang	11 x 10 m	1000 Meter
MW	01:00,00	00:39,18	03:46,83
Std.-Abw.	00:12,80	00:01,54	00:14,22
MIN	00:38,42	00:36,02	03:21,01
MAX	01:23,55	00:42,04	04:10,21
BFT Referenzgruppe (n = 35)			
	Klimmhang	11 x 10 m	1000 Meter
MW	00:52,02	00:42,03	03:52,72
Std.-Abw.	00:20,78	00:02,87	00:14,88
MIN	00:12,20	00:37,50	03:22,00
MAX	01:40,60	00:48,80	04:35,00
Differenzen Referenz - Experimental PRE			
MW	+ 13,30 %	- 6,79 %	- 2,52 %

BFT Kontrollgruppe POST (n = 26)			
	Klimmhang	11 x 10 m	1000 Meter
MW	00:53,20	00:40,92	03:54,88
Std.-Abw.	00:10,22	00:01,98	00:11,27
MIN	00:32,20	00:37,59	03:27,40
MAX	01:06,19	00:46,06	04:22,51
BFT Referenzgruppe (n = 35)			
	Klimmhang	11 x 10 m	1000 Meter
MW	00:52,02	00:42,03	03:52,72
Std.-Abw.	00:20,78	00:02,87	00:14,88
MIN	00:12,20	00:37,50	03:22,00
MAX	01:40,60	00:48,80	04:35,00
Differenzen Referenz - Experimental POST			
MW	+ 2,22 %	- 2,63%	+ 0,93 %

Tabelle 54: Darstellung Leistungsdaten BFT Kontrollgruppe vs. Referenzgruppe PRE – POST

Im Vergleich zur Tabelle 53 ist hier der Rückgang der Leistungsfähigkeit bei den Probanden der Kontrollgruppe ersichtlich bzw. wird in Relation zu den Werten der Referenzgruppe gesetzt. Vor der Studie lagen die Werte der Kontrollgruppe signifikant (p < 0,05) um + 13,30 % (*Klimmhang*), beim *11 × 10-m-Sprint* sogar um − 6,79 % höchstsignifkant (p < 0,001) höher / besser als bei der Vergleichsgruppe. Dies verdeutlicht den hohen körperlichen Leistungsstand der Probanden der Kontrollgruppe zu Studienbeginn. Keine Signifikanz (p = 0,166), jeodoch mit − 2,52 % auf höherem bzw. besserem Niveau als die der Referenzgruppe, waren die Werte beim *1000-m-Lauf*. Im Vergleich der Re-Test-Ergebnisse der Kontrollgruppe zu denen der Referenz/ bzw. Vergleichsgruppe sind die Differenzen deutlich geringer und liegen nur noch beim *Klimmhang* (+ 2,22 %) und *Sprint* (− 2,63 %) besser/höher als die Leistungswerte der Vergleichsgruppe (Referenzgruppe) und zeigen nun keine signifikanten Unterschiede mit p = 0,332 (*Klimmhang*) bzw. p = 0,28 (*11 × 10-m-Sprint*) mehr. Die Laufzeitergebnisse *1000-m-Lauf* liegen um + 0,93 % über denen der Referenzgruppe und dokumentieren auch hier den Rückgang der Leistungsfähigkeit der Probanden der Kontrollgruppe bzw. ein Angleichen der Werte beider Gruppen.

Der Vergleich zu den BFT-Ergebnissen zeigt, dass die Probanden der Experimental- und Kontrollgruppe über ein vergleichbares (Experimentalgruppe) bis überdurchschnittliches (Kontrollgruppe) physisches Leistungspotential zum Beginn der Studie verfügten, welches jedoch nur bei der Experimentalgruppe im Studienverlauf gesteigert werden konnte (siehe auch Tabelle 45; Kapitel 5.2).

6.2.3 Auswirkungen der Treatments auf die motorische Fähigkeit „Kraft"

In Anbetracht der hohen Traglasten (vgl. Kapitel 2.1) die in Ausbildung und Einsatz häufig über 50 % (ROHDE et al., 2007) bis sogar über 90 % (DEAN, 2004) des Körpergewichts eines Soldaten betragen und auch bei den Fallschirmjägern der Bundeswehr nachgewiesen wurden (KAPTAIN, 2010), ist die Notwendigkeit und der Grad der Beanspruchung der motorischen Fähigkeit „Kraft" erkennbar und nachvollziehbar. Vor allem die Beanspruchungsdauer und die prozentualen bzw. realen Gewichtsbelastungen machen unter Kenntnis der Definitionen *Kraftausdauer* bzw. *Maximalkraft* (vgl. Ausführungen in Kapitel 2.2.1) eben die Förderung und Ausprägung dieser Erscheinungsformen notwendig. Aus diesem Grund liegt der Schwerpunkt des Trainingsprogramms IST auf einem Steigern der motorischen Kraftfähigkeiten durch entsprechende Trainingsreize zur Ausprägung der neuronalen und stoffwechselspezifischen Parameter durch die Verwendung von Lasten und funktionellen Bewegungsmustern (vgl. Übungsbeschreibungen in Kapitel 4.3.1).

Um die in Kapitel 5.1.1 - 5.1.4 dargestellten und in Kapitel 5.2 und 6.1 diskutierten positiven Ergebnisse der Experimentalgruppe bezüglich einer Steigerung der motorischen Leistungsfähigkeit *Kraft* begründen zu können, werden die Übungen des IST-Zirkels und deren Effekte hier anhand von Erkenntnissen aus Studien der Trainingswissenschaft und -lehre reflektiert und analysiert. Alle Übungen sind in Kapitel 4.3.1 beschrieben und dort zur besseren Veranschaulichung bildlich dargestellt. Ziel des Trainingsprogramms IST war es, die motorischen Fähigkeiten generell zu fördern.

Spezifische Anpassungen des kraftorientierten Trainings zielen auf die neuro- und intermuskulären Anpassungen ab, somit stehen die Bewegungen und Belastungen (Gewichtslasten) des IST-Zirkels im engen Kontext zu denen in Kapitel 2.1 dargestellten militärspezifischen Alltagsanforderungen um damit die spezifischen Anpassungen zu erzielen.

Wie bereits dargestellt wurden die Anpassungseffekte auf die Kraftfähigkeiten durch die Testungen *BFT Klimmhang* und *11 × 10-m-Sprint* (*Schnelligkeit*) und die Übungen des McGill-Rumpfkrafttests überprüft. Beim *Klimmhang* wurden die Kraftfähigkeiten der oberen Extremitäten überprüft; die Effekte waren hier (im Vergleich zu den anderen BFT- Disziplinen bei der Experimentalgruppe am deutlichsten; vgl. Tabelle 13; Kapitel 5.1.1). Übungen des IST- Zirkels, die primär Einfluss auf die Leistungssteigerung beim *BFT Klimmhang* hatten, sind:

1. Übungen zur Steigerung der Kraft im Bereich der oberen Extremitäten

- Übung: *Klimmzug (Ausführung: Kommandogriff)*
- Übung: *Klimmzug (Ausführung: horizontal)*

Abbildung 68: IST Übung *Klimmzug Kommandogriff*

Abbildung 69: IST Übung *Klimmzug (horizontal)*

Vor allem die Übung *Klimmzug (Kommandogriff;* Abbildung 68) ähnelt der Durchführung der Testung *BFT Klimmhang* (siehe Abbildung 56; Kapitel 4.3.3), welche bei der Experimentalgruppe zu den deutlichen (p < 0,001) Leistungszuwächsen (+

16,0 %) verhalfen (Tabelle 45; Kapitel 5.2). Die horizontal ausgeführte Variante (Abbildung 69) erfordert mehr statische Stabilisierung der Wirbelsäule durch die Rumpf- und Hüftstreckmuskulatur und fördert zusätzlich die Griffkraft. Der Unterschied im Hinblick auf die Ausführung ist, dass der *BFT Klimmhang* haltend bzw. isometrisch absolviert wird. Da lt. EẞFELD (2006A, S.30) beim *BFT Klimmhang* auch „...die (isometrische) Griff- und Haltekraft..." getestet wird, sind hierfür außerdem als Übungsbeispiele des IST- Zirkels die folgenden zu nennen:

- **Übung:** *Farmers Walk I* (zu bewegende Last: Sandsack / Griffkrafthantel)
- **Übung:** *Farmers Walk II* (zu bewegende Last: Traktorreifen)
- **Übung:** *Gewichtsschlitten ziehen* (zu bewegende Last: zwei Traktorreifen auf Schlitten)
- **Übung:** *Tire Flip* (zu bewegende Last: großer Traktorreifen)
- **Übung:** *Kettlebell Swing* (zu haltende / fixierende Last: Kugelhantel)

Ergänzend zu den o.g. Übungen wurden weitere Übungen mit Fokus auf die Druckkraft (horizontal bzw. über Kopf) der oberen Extremitäten (Schultergürtel, Brust- und Oberarmstreckmuskulatur etc.) ausgeführt. Es waren dies die Übungen *Liegestütz* und *Kettlebell Military Press*. Um neben der Verbesserung der Zielmuskulatur eine mögliche muskuläre Dysbalance zu vermeiden, wurden diese Übungen als Gegenpart zu den Übungen *Klimmzug* (siehe Abbildungen 68 und 69) im Programm umgesetzt.

Abbildung 70: IST-Übung *Kettlebell Military Press*   Abbildung 71: IST Übungen *Seesacklauf* und *Tire Flip*

2. Übungen zur Steigerung der Kraft im Bereich der unteren Extremitäten

Die folgenden Übungen trainierten die Muskelgruppen der unteren Extremitäten im Hinblick auf die Leistungssteigerung der motorischen Fähigkeiten *Kraft, Schnelligkeit* und *Koordination,* welche teilweise durch die BFT-Testung *11 × 10 -m-Sprint* (vgl. EßFELD, 2006A) überprüft wurden.

- **Übung:** *Gewichtsschlitten ziehen*

Die positiven Effekte dieser Übung werden v.a. in Bezug auf die lokalen muskulären Reaktionen der unteren Extremitäten und die statische Beanspruchung der Rumpfmuskulatur genannt (CRONIN et al., 2008). Diese untersuchten die Übungen *Sprint mit Gewichtslasten* und *Gewichtsschlitten ziehen* und kamen zu der Erkenntnis, dass beide Übungen ein unterschiedliches Bewegungsmuster darstellten und daher auch andersgeartete Effekte erbrachten. Bei solch einer Trainingsübung wird die dort entwickelte Kraft direkt in die Bewegung umgesetzt. Zur Verbesserung der Sprintfähigkeit sind demnach spezifische Bewegungsmuster und -taktungen zu bevorzugen. Die Übung *Gewichtsschlitten ziehen* hat Ähnlichkeiten mit den Bewegungsmustern bei *Sprints* hinsichtlich der Ausführung, obwohl beim *Gewichtsschlitten ziehen* kleinere Schrittlängen und -frequenzen bzw. längere Bodenkontaktzeiten und eine horizontalere Körper-/Rumpfposition beobachtet wurden. KEOGH et al. (2010A), die diese Betrachtungen machten, führten eine Verbesserung der Sprintleistung auf eben diese Übung zurück. LOCKIE et al. (2003) empfehlen ein Schlittenzug-Training mit geringeren Lasten, wenn die Steigerung der Sprintschnelligkeit im Fokus steht, da in dieser Studie ebenfalls eine unphysiologische Verringerung in Schrittlänge und -frequenz, bei gleichzeitiger Verlängerung der Bodenkontaktzeit, Erhöhung der Hüftflexion (ROM) und eine verstärkte ventrale Beckenkippung (und eine damit verbundene Lendenhyperlordose) durch das Training mit zu hohen Zuglasten (Schlittengewicht) verursacht wurde. Hohe Lasten wiederum fördern einen Zuwachs an Oberkörperkraft und Schulterstabilität und -flexibilität, was ZAFAREIDIS et al. (2005) zeigten. Weiterhin plädieren diese für die Kombination aus Sprinttraining mit Widerstand (Gewichtsschlitten) und Sprints ohne Zusatzlast, da diese Kombination die umfangreichsten Verbesserungen erbrachte. Übungen mit Zusatzlasten verbessern die Startkraft, Sprintübungen ohne Zusatzlast steigern die Laufgeschwindigkeit (ebd.). Daher werden im IST-Zirkel sowohl Lauf- und Sprintübungen mit und ohne Zusatzgewichte durchgeführt (siehe Kapitel 4.3.1), diese Zusatzlasten orientieren sich dabei an denen des militärischen Alltags (30 - 80 kg je nach entsprechender Übung). Darüber hinaus helfen Kraftübungen (bspw. *Tire Flip, Seesackkniebeuge*) sowie plyometrische (*Sprünge*) und koordinative Übungen, die Laufgeschwindigkeit und entsprechenden Krafteinsätze (intramuskuläre Koordination) zu fördern und so einen Alltagstransfer zu den in Kapitel 2.1 beschriebenen Anforderungen herzustellen.

Abbildung 72: IST Übung *Gewichtsschlitten ziehen* Abbildung 73: IST *Übung Farmers Walk I*

Zusammenfassend kann nach den Erkenntnissen von WEST et al. (2013) gesagt werden, dass ein Sprinttraining oder ein solches in Kombination mit Übungskomplexen wie *Gewichtsschlitten ziehen* (Abbildung 72) die *10- und 30-m-Sprint-Zeiten* (*Schnelligkeit*) reduzieren hilft.

* **Übung:** *Seesack-Lauf*

YOUNG (2006) beschreibt, dass Ganzkörperkrafttrainingsübungen, plyometrisches Training und Variationen in horizontaler Bewegung (Sprint- bzw. Laufübungen) die Leistungsfähigkeit von Laufsportlern steigern und v.a. der Aspekt der Ausprägung von intra- und intermuskulärer Koordination hierbei eine gewichtige Rolle spielt (vgl. dazu auch Darstellungen in Kapitel 2.2.2 und 2.2.3). Durch die verbesserte Koordination und gesteigerte Leistungsfähigkeit der an dieser Bewegung beteiligten Muskeln wird neben dem sportartspezifischen Transfer auch eine Verletzungsprophylaxe erwirkt. Dies umso mehr, wenn durch Zusatzlasten (bei der Übung *Seesacklauf* ca. 30 kg Seesack) ein ergänzender Trainingsreiz erwirkt wird (siehe Abbildung 71). Diese funktionellen und alltäglichen Bewegungsbilder erfordern das Training von Kraft / Stabilisierung (statisch) und Bewegung (dynamisch). Gerade in Bezug auf das Verwenden von variablen Lasten, wie einem mit Sandsäcken gefüllten Seesack (vgl. Übungen *Seesack-Lauf* und *-kniebeuge*), werden stetig sich ändernde Lastschwerpunkte erzeugt, die ähnlich denen bei Bewegungen (Traglasten) im Alltag sind (z.B. *schnelles Bergen einer Person aus einer Gefahrenzone*; vgl. auch Testaufgabe von HARMAN et al., 2008; Kapitel 6.2.1), was laut SELL et al. (2011) einen fundamentalen Vorteil eines solchen Trainingsgerätes (Sandsack) darstellt.

* **Übung:** *Farmers Walk I* (Traglast: Griffkrafthantel + Sandsack)

Wenn Übungen mit Traglasten (z.B. Übungen *Seesack-Lauf, Farmers Walk I und II* etc.) Bestandteil eines Trainingsprogramms waren, konnte laut KNAPIK et al. (1990A und 2012) ein höherer Trainingseffekt bzgl. Kraft und Kondition erzielt werden, v.a. wenn die Trainingsintensitäten progressiv gesteigert wurden, was durch die Steigerung der Belastungszeit um + 50 % im IST-Zirkelprogramm (vgl. Tabelle 06; Kapitel 4.1.5) entsprechend umgesetzt wurde. Die Inhalte des IST-Trainings orientieren sich an Erfahrungen von Trainingsprogrammen von Sportlern, deren Ziel eine gleichzeitige Verbesserung der Kraft und Kondition darstellt, so wie es bei *Strongman*-Athleten der Fall ist. Diese müssen hohe Lasten über bestimmte Strecken bewegen (vgl. Abbildung 73). Ähnliche Aufgaben (wenn auch mit verhältnismäßig geringeren Gewichten), müssen auch Infanteristen durchführen (vgl. Kapitel 2.1). Daher sind Adaptionen von *Strongman*-Trainingsprogrammen für die Zielgruppe *Infanterist* besonders erfolgsverprechend und werden daher im IST-Zirkel implementiert. *Strongman*-Übungen (wie *Farmers Walk I / II, Tire Flip*) sind Mehrgelenksübungen, welche neben einer neuromuskulären auch eine endokrine Reaktion (auf Grund der Innervierung sehr großer Muskelareale durch diese Ganzkörperübungen) verursachen. Dies erklärt die Ergebnisse von GHIGIARELLI et al. (2013), welche einen um ca. + 36 % höheren Testosteronspiegel bei der Probandengruppe, die eben solche *Strongman*-Trainingsübungen (*Tire Flip, Gewichtsschlitten ziehen, Farmers Walk I und II*) durchführte, nachwiesen. Eine solche Reaktion intensiviert die Effekte der Proteinsynthese und bildet damit die Grundlage zur Hypertrophie bzw. Kraftsteigerung. Nach WINWOOD et al. (2011) zählten die Übungen *Farmers Walk* (Laufen / Gehen mit Traglast; vgl. Übungen *Farmers Walk I und II*, Abbildungen 27 – 31; *Seesacklauf*, Abbildungen 18 – 19; Kapitel 4.3.1), *Deadlift* (*Kreuz- bzw. Lastheben*; vgl. Übung *Tire Flip*; Abbildungen 20 – 24; Kapitel 4.3.1) und *Squat* (vgl. Übung *Seesack Kniebeuge*, Abbildungen 36 – 39; Kapitel 4.3.1) zu den effektivsten Übungen zur Forcierung von *Kraft* und Kondition, und werden demzufolge von den meisten *Strongman*-Athleten als Haupttrainingsübungen verwendet. Diese nutzen neben den genannten Übungen auch ein zusätzliches plyometrisches Training, wie z.B. Übung *Sprünge* im IST-Zirkel (Kapitel 4.3.1). Von der Forschungsgruppe um LYTTLE et al. (1996), die nach einem kombinierten achtwöchigen Kraft- und Plyometrie-Training die Leistungssteigerungen der Sprungkraft und Kraftfähigkeiten beobachteten, wird eine solche Kombination ebenfalls empfohlen.

Die Ausführung mit zwei unterschiedlichen (unilateralen) Gewichten (vgl. bspw. Übung *Farmerswalk I*; Abbildung 73) erfordert eine Aktivierung der kontralateralen Rumpfmuskulatur (Lateralflexoren) und Rückenstreckmuskulatur (lateraler und medialer Trakt der *mm. erector spinae*), welche dieses Ungleichgewicht statisch kompensieren bzw. diesem entgegenwirken müssen. Bei Laufbewegungen erfordern eben diese Gewichtslasten hohe antirotatorische Aktivitäten der Rumpfmuskulatur (Autostabilisation) und damit eine entsprechende Reizsetzung, was durch das Verwenden von unterschiedlichen bzw. variablen Lasten bei Übungen im IST-Zirkel wie *Farmers Walk I, Seesack- Lauf, Kettlebell Military Press* etc. (vgl. Kapitel 4.3.1) erwirkt wurde.

- **Übung: *Farmers Walk II* (Traglast: Reifen)**

Wenn bei Übungen schwere Lasten getragen werden, wird beinahe die gesamte Muskulatur des Köpers innerviert. Die größten Anforderungen – und damit auch trainingswirksamen Reize – werden auch hier an die Rumpf- und Hüftmuskulatur gestellt. Sollten diese Muskeln (z.B. der für die Lateralflexion verantwortliche *m. quadratus lumborum*) eine funktionelle Schwäche aufweisen, werden die Belastungen nicht ausreichend kompensiert und können dann Überlastungen der Gelenkfunktionsbereiche wie Hüfte und oder LWS zur Konsequenz haben. Auch Übungen, bei denen schwere Lasten vom Boden aufgehoben werden müssen (z.B. Anheben und Absenken der Gewichte am Umkehrpunkt bei Übungen wie *Farmers Walk I und II*, Aufnahme des Seesacks bei der Übung *Seesack-Kniebeugen*, Stabilisieren der Wirbelsäule beim *Seesacklauf*, Anheben/Bewegen des Reifens bei der Übung *Tireflip* etc.) erfordern u.a. eine kräftige Hüftstreckmuskulatur. Neben der Kraft ist aber auch die nervale Ansteuerung bedeutsam, so dass die Hüftstrecker (z.B. *m. gluteus maximus* u.a.) bei solchen Übungen vor den Rumpfextensoren (*mm. erector spinae*) aktiviert werden und damit die Belastung der LWS mindern helfen. Bei den in Kapitel 2.1 beschriebenen Betätigungen, bei denen schwere Lasten getragen werden (gehend oder laufend), wirken hohe axiale Druckbelastungen auf der Wirbelsäule, die nur über eine ausreichend starke muskuläre Stabilisierung der Hüftextensoren (welche auch beim Laufen die zusätzliche Hüftabduktion vollziehen) abgefedert und kompensiert werden. Aus den genannten Gründen – und v.a. aus den Transferwirkungen für die militärspezifischen Belastungen, wie beispielsweise Marsch mit Traglast (vgl. Kapitel 2.1), kommen MCGILL et al. (2009A und B) zu dem Resümee, dass Laufübungen mit Zusatzlasten und Übungen, die das Heben von schweren Gegenständen beinhalten, eindeutig zu einer Förderung der Ganzkörperstabilität und -kräftigung führen. Durch das Halten des Reifens (ca. 60 kg) bei der Übung *Farmers Walk II* wird darüber hinaus eine hohe Anforderung an die Griffkraft gestellt, welche v.a. beim Tragen / Halten von Lasten (z.B. Verwundetentransport) eine bedeutende Rolle spielt (siehe Beschreibungen Kapitel 2.2.2 und 2.4). Die hier hauptsächlich isometrisch arbeitende Unterarmbeugemuskulatur wird darüber hinaus durch die, bei der Laufbewegung entstehende Dynamik, zusätzlich beansprucht, um den Reifen in der Balance zu halten (siehe Abbildungen 29 bis 31 in Kapitel 4.3.1).

• **Übung:** *Seesack-Kniebeugen*

Die Übung *Squat* (*Kniebeuge*) wird von WINWOOD et al. (2012) als eine der effektivsten Übungen im Krafttraining bezeichnet. ESCAMILLA (2001) kommt zu der Erkenntnis, dass die Kniebeuge zu einer faktischen Steigerung der Hüft-, Knie- und Sprungelenkstabilität beiträgt – was v.a. im Vergleich zu den dargestellten Verletzungsbildern (vgl. Kapitel 2.1) im Bereich der unteren Extremitäten (v.a. Kniegelenk) für Soldaten als überaus bedeutungsvoll zu werten ist. Weiterhin führt er an, dass bei einer gesunden Person, auch bei der Ausführung *Tiefkniebeuge*, keine Überlastungen der Kreuz- und Seitenbänder bzw. Menisken zu erwarten ist und diese Übung eine hinreichende bzw. die effektivste muskuläre Beanspruchung der Beinstreck-, Beuge- und Wadenmuskulatur darstellt. Dies spricht für eine Ausführung im vollen Bewegungsradius und damit eine Steigerung der motorischen Fähigkeit *Beweglichkeit* (vgl. Kapitel 2.2.1). Aus diesen Erfahrungen heraus und der Tatsache, dass der physiologisch größtmögliche Bewegungsradius für die positiven Effekte des Kniebeugentrainings auf die Sprintleistung maßgebend ist (MCBRIDE et al., 2009), zeigt auch hier die erneuten Transferwirkungen eines Krafttrainings und die Forderungen eines maximalen ROM (range of motion) bei der Übungsausführung, was u.a. bei den Ausführungen *Kniebeuge* im *Warm-Up* und Hauptteil (vgl. Kapitel 4.3.1; Abbildungen 10/11 und 36/37) des IST realisiert wird. Den Ergebnissen von BRYANTON et al. (2012) zufolge wird durch eine möglichst tiefe Ausführung der Kniebeuge, (auch bereits mit geringen Intensitäten / Lasten) ein sehr effektiver Trainingsstimulus für die Kniestreckmuskulatur gegeben. Höhere Gewichtslasten erhöhen den Trainingsreiz v.a. auf die Hüftstreck- und Wadenmuskulatur. Bei gesunden Sportlern ist keine Überlastung im Kniegelenk (bezogen auch auf die unterschiedlichen Fußpositionen) bzw. Verletzungsgefahr durch eine Ausführung im vollen Bewegungsradius nachweisbar (ALMOSNINO et al., 2013). Des Weiteren wurden die positiven Effekte des Krafttrainings, im Speziellen durch die Übung *Kniebeuge,* bei jungen Fußballspielern im Rahmen der Saisonvorbereitung von CHELLY et al. (2009) dargestellt, diese weisen auf die Verbesserungen im Bereich Sprung-, Maximalkraft und Sprintleistung hin. Diese Übungen dienen auch als Erklärung für die höchstsignifikanten Leistungssteigerungen der Studienteilnehmer (Experimentalgruppe) bei der BFT-Übung *11 × 10-m-Sprint* (Tabelle 45; Kapitel 5.2).

Durch die beschriebene Verwendung von variablen und instabilen Lasten (mehrere Sandsäcke in einem Seesack) wird hier neben den Muskeln der unteren Extremität auch eine Stabilisierung der gesamten Rumpfmuskulatur (um ein übermäßiges Bewegen des Gewichts zu reduzieren) erwirkt. Besonders die Ausführung mit einseitig geschultertem Seesack (Abbildungen 18/19 und 36/37; Kapitel 4.3.1) fördert die Autostabilisierung der Lateralflexoren, was wiederum zu einer gesteigerten Leistung eben dieser Muskelbereiche führt und durch den entsprechenden McGill-Test nachgewiesen wurde (Tabelle 17; Kapitel 5.1.2).

- **Übung:** *Kettlebell Swing*

Die Übung *Kettlebell Swing* ermöglicht, dass durch die hohen ballistischen Anforderungen (Beschleunigung und Abbremsen über Aktivierung der Hüftextensoren – vgl. ZEBIS et al., 2012) die neuronale Aktivierung eben dieser Bereiche gefördert wird, was in einem Transfer auf andere Krafttrainingsübungen (z.B. *Kniebeuge, Sprünge etc.*) resultiert (LAKE / LAUDER, 2011). Diese Synergieeffekte (Steigerung Maximalkraft um + 9,8 % / Steigerung Explosivkraft um + 19,8 %) werden durch weitere Ergebnisse von LAKE / LAUDER (2012) nach einem 6-wöchigen Ergänzungstraining (2 x/Woche) mit Kettlebellübungen nochmals belegt. Auch MANOCCHIA et al. (2010 und 2013) empfehlen auf Grund von Leistungssteigerungen im Kraftbereich, dass Kettlebelltraining integrativer Bestandteil in Trainingsprogrammen von Athleten sein sollte. Ebenso weisen MCGILL et al. (2012) auf die spezifischen Wirkungen der Übung *Kettlebell Swing* hin. Sie zeigen eine MVC (*maximal voluntary contraction*) von ca. 50 % der *mm. erector spinae* und eine MVC von ca. 80 % für den *m. gluteus maximus* (u.a. Hüftextension). Vor allem die Hüftstreckmuskulatur wird durch die immensen Traglasten im militärischen Alltag stark beansprucht (vgl. Kapitel 2.1), weshalb diese Übungen und Trainingsform zur Leistungssteigerung und damit Verletzungsprävention in den Fokus spezifischer Trainingprogramme rückt. Weiterhin weisen MCGILL et al. positive Wirkungen bei dieser Übung für die Bauchspannung (*m. transversus abdominis*) und eine den Druckintensitäten beim Tragen entgegengesetzte Belastungswirkung im Bereich Lendenwirbelkörper (LWK) 4 und 5 nach. Alle diese Effekte sind umso interessanter, wenn man die Erkenntnisse und Forderungen an ein Trainingsprogramm aus den Kapiteln 2.2.1 - 2.2.3 und 2.4 heranführt. Die Resultate der Studie von OTTO et al. (2012) ergaben, dass sowohl ein sechswöchiges Gewichthebertraining, als auch ein Kettlebelltraining Kraft und Leistung effektiv zu steigern vermochten. Auch wenn die Ergebnisse darauf hinwiesen, dass die Kraftsteigerungen beim Gewichthebertraining größer ausfielen, gab es keine Unterschiede hinsichtlich der Auswirkungen auf Sprungkraft und Körperkomposition zwischen beiden Gruppen. Auch WINCHESTER et al. (2008) kommen zu dem Fazit, dass ein dynamisch-ballistisches Krafttraining mit Kettlebells ähnliche Effekte wie ein konventionelles Training zur Steigerung der Kraft bewirkt. Vor allem die hohen kardiovaskulären Anforderungen und die damit verbundenen Effekte des Kettlebelltrainings sind immens. Diese werden von FARRAR et al. (2010) mit Werten von 86,8 ± 6,0 % der individuellen HFmax. (entsprach durchschnittlich 165 S./Min) der Probanden angegeben, was sich mit den Effekten und Intensitäten des IST-Programms lt. Darstellungen der Tabelle 36 aus Kapitel 5.1.4 und den Grafiken 01 und 17 deckt. Hiermit wird verdeutlicht, dass eine Trainingseinheit, welche Kettlebell-Übungen mit hohen Volumina (kontinuierlicher Arbeit) beeinhaltet, auch die anaerobe Belastungskomponente (HF-Werte und Belastungszeiten zwischen 60 und 90 Sekunden bei kontinuierlicher Arbeit im IST-Programm) abdeckt. Zu den gleichen Erkenntnissen gelangten auch FUNG / SHORE, PORCARI et al. (beide 2010) bzw. CASTELLANO (2009) und LANIER et al. (2005), welche alle nachwiesen, dass ein umfangorientiertes Kettlebelltraining zur Steigerung der aeroben und anaeroben Ausdauer führte. Ebenso berichten HULSEY et al. (2012) von ähnlichen hohen Herzfrequenzbeanspruchungen durch ein Kettlebelltraining, sie konnten jedoch keinen signifikanten Kalorien- bzw. Sauerstoffmehrverbrauch beim Kettlebelltraining zeigen. Sie kommen zu dem Fazit, dass das Kettlebelltraining den gleichen kardiorespiratorischen Effekt wie Laufband-Sprints hat. Auch BISHOP et al. (2005) und JAY et al. (2011) konnten keine höheren Effekte durch Kettlebelltraining (im Vergleich zum Lauftraining) auf die aerobe Fitness feststellten. Da Kettlebelltraining aber einen zusätzlichen Trainingsreiz auf den Gesamtorganismus (u.a. Steigerung der *Kraft / Schnellkraft*) erwirkt, ist dieser Umstand als entscheidender Vorteil für ein solches Kettlebelltraining (bei gleichen Belastungsumfängen) anzusehen. Eine Studie des ACE (*American Council on Exercise*) untersuchte, wie hoch der Kalorienverbrauch beim Kettlebelltraining tatsächlich ausfällt. Die Forschergruppe um SCHNETTLER et al. (2010) haben ein 20-Minuten-Programm mit Kettlebells an 10 Probanden (Alter: 29 - 46 Jahre) getestet und dabei festgestellt, dass während dieses 20-minütigen Trainings durchschnittlich 20,2 kcal/min (= 404 kcal) verbrannt wurden. Um den gleichen Kalorienverbrauch durch andere Sportarten zu erzielen, müsste ein hochintensiver Lauf oder ein Lauf bergauf mit hohem Tempo auf Langlaufski abloviert werden. Diese Erkenntnis bzgl. der Effizienz des Kettlebelltrainings (u.a. hoher Energieverbrauch/Zeiteinheit) ist wiederum im Hinblick auf die in Kapitel 2.4 dargestellten Problematiken (Übergewicht und Leistungsfähigkeit, Prävalenz von Übergewicht bei jungen Menschen etc.) als interessanter Ansatz für ein Training zur Reduktion / Prävention eben dieser Aspekte zu nennen. Zusammmefassend bzgl. der Effekte auf die aerob / anerobe Belastung zeigen die HF-Messungen der 1. und 14. TE des IST-Zirkels für alle Übungen eine submaximale bis maximale Ausbelastung der Herzfrequenz (siehe Grafiken 01 und 17 und Tabelle 36; Kapitel 5.1.4). Dies veranschaulicht die kardiopulmonale Trainingsbelastung, welche u.a. durch die Übungen *Kettelbell Swing* und *Kettlebell Military Press* erzielt wurde, generell jedoch v.a. vom Bewegungstempo bzw. von der Anzahl der Wiederholungen im Belastungszeitraum (Anm.: Anweisung war es im Training eine maximale Wiederholungszahl je Übung zu erzielen; siehe Kapitel 4.1.5), dem *EPOC* (vgl. Kapitel 2.4) und dem Anteil der eingesetzten Muskelmasse abhängig ist. Hauptsächlich im Vergleich zu isolierten Übungen (z.B. maschinengeführtes Krafttraining) bieten solche funktionellen Übungen (vgl. Kapitel 4.3.1) den Vorteil der Alltagsspezifität und der entsprechenden Anpassungen am Bewegungsapparat.

Kettlebelltraining führt nach Erkenntnissen von JAY et al. (2011) darüber hinaus zu einer Reduktion von Schmerzen im Bereich HWS / Schultergürtel und LWS, dies wird durch die Mobilisierung und Kräftigung der dort ansässigen Muskulatur erklärt. Die Bewegungsdynamik der durch die Übungsausführung erwirkten Fliehkräfte und die hierbei erforderliche neuromuskuläre Fertigkeit und Fähigkeit zur Stabilisierung dieser Bewegungen erfordern ein hohes Maß an muskulärer Aktivität, v.a. von der Rumpfmuskulatur (Autostabilisation). Die Auswirkungen auf die Stabilsierung sind auch hier wieder vor dem Hintergrund der aufgezeigten soldatischen Belastungsprofile (Kapitel 2.1), hauptsächlich der Traglasten (Rucksackgewicht etc.), und der damit verbundenen Belastungen auf den Schultergürtel zu betrachten. In einer weiteren Untersuchung von JAY et al. (2013) konnten diese zeigen, dass durch Kettlebelltraining (Übung: *Kettelbell Swing*; Abbildung 74) die neuronale Kontrolle und Koordination des Beckengürtels positiv beeinflusst wurde, was ebenfalls eine Grundlage zur Verletzungsprophylaxe (vgl. Kapitel 2.1 und 2.4) darstellt.

Abbildung 74: IST-Übung *Kettlebell Swing*   Abbildung 75: IST Übung *Farmers Walk II*

So ergab diese Studie, dass die Reaktionszeiten zum Ausgleich der auftretenden Reaktivkräfte beim *Counter Movement Jump* bei der dortigen Untersuchungsgruppe geringer war, als dies bei der Kontrollgruppe (kein Kettlebell Training) der Fall war. Diese Tatsache ist v.a. in Verbindung mit den Belastungen beim Landefall (*Fallschirmsprung automatisch*; Kapitel 2.1) von Relevanz, da eben dort eine entsprechende Stabilisierungs- und Koordinationsfähigkeit vorhanden sein muss, um das Risiko von Gelenkverletzungen zu verringern. Interessant sind diese Ausführungen auch vor dem Hintergrund der verbesserten Koordinationsleistungen der Experimentalgruppe (Tabelle 28, Kapitel 5.1.3) bzw. den noch deutlicheren Verbesserungen der Subgruppe „IST+SRT" (Tabelle 31 und Grafik 10; ebd.) bei der Überprüfung durch das *Testor*-Meßverfahren (Koordinationstestung).

Diese Erkenntnisse verdeutlichen, dass neben dem geringen organisatorischen Aufwand (Material, Übungsauswahl, räumliche Variabilität etc.) die funktionellen / physiologischen Vorteile des Kettlebelltrainings, gerade für die Zielgruppe *Soldaten / Infanteristen*, eindeutig sind und demnach auch als präventiv- bzw. leistungssteigernde Trainingsmaßnahme anzusehen ist (MCGILL / MARSHALL, 2012).

- **Übung:** *Sprint-Intervalle*

Die Sprintleistungsfähigkeit wird durch die Fähigkeit der schnellen Beschleunigung, der maximalen *Schnelligkeit* (*Schnellkraft*) und der Fähigkeit, diese Leistung möglichst lange (Distanz/Dauer) aufrechtzuerhalten, ohne vorzeitig zu ermüden, beeinflusst. Diese Eigenschaften sind hauptsächlich von der Leistungsfähigkeit der Typ-II- Muskelfasern abhängig (vgl. auch Kapitel 2.2.1). Entsprechend sind diese durch ein spezielles Training zu fördern. Generell liegen hierzu verschiedene Erkenntnisse vor, die belegen, dass durch Krafttraining eine signifikante ($p < 0,05$) Steigerung der Sprintbeschleunigung und der -geschwindigkeit nachgewiesen werden konnten (BLAZEVICH / JENKINS, 1998).

Im Fokus steht hierbei die Fähigkeit der schnellen Innervierung (intramuskuläre Koordination) und der maximalen Aktivierung der Montoneuronen. Dies sind die primären Anpassungsziele eines Trainings zur Verbesserung der Sprintfähigkeit. ROSS et al. (2001A) zeigten durch ein spezifisches Krafttraining für Sprinter gerade auf diese Funktionsbereiche positive Anpassungen. Um die *Schnelligkeit* zu trainieren, sind eben solche spezifischen *Sprints*, neben den Bewegungsabläufen und stoffwechselphysiologischen Aspekten und Anpassungen, Bestandteil des Trainingszirkels IST (siehe Kapitel 4.3.1; Abbildung 46/47). Darüber hinaus sind die beteiligten Muskeln und Funktionsbereiche der unteren Extremitäten zu trainieren, um die *Schnelligkeit*/Sprintleistung zu verbessern. MARKOVIC et al. (2007) resümieren, dass Kurzzeit-Sprints (als Trainingsübung; vgl. *Sprints* über 30 – 40 m im IST-Zirkel) gleiche oder sogar stärkere Effekte (bezogen auf intramuskuläre Adaptationen und sportartspezifische Aspekten) erzielen als die herkömmlichen plyometrischen Trainingsübungen. Daher werden diese *Sprints* durch die o.g. Übungen (wie *Seesack-Kniebeugen*, Laufübungen mit Zusatzlast wie *Farmers Walk I und II, Seesacklauf, Schlittenzug- Übungen* etc.; vgl. Kapitel 4.3.1) als Teil des IST-Zirkels ergänzt. So sieht DELECLUSE (1997) die Explosivkraftleistung der Hüft-, Knie- und Sprunggelenkstreckmuskulatur als die Kernfaktoren für eine hohe Leistungsfähigkeit beim Sprint. Die Kraft des *m. adductor magnus* und des *m. gluteus maximus* beeinflussen am stärksten die Laufgeschwindigkeit. Daher gilt diesen Muskeln und der Kombination aus *Kraft, Schnelligkeit* und *Explosivität* das Hauptaugenmerk im Rahmen der Trainingsplanung zur Förderung der Sprint- bzw. Laufleistung über die Kurzdistanz, die im infanteristischen Gefecht relevant sind (vgl. Forderungen „...*Bewegungsschnelligkeit*..." etc. von EßFELD et al. 2006A; Kapitel 2.2.1). In einer Untersuchung verweist die Arbeitsgruppe um ROSS et al. (2001B) auf die langfristigen Anpassungseffekte eines sprintspezifischen Trainings, welche durch die Dauer der Erholung innerhalb der Serienpausen zwischen den Sprints (Belastungsdichte), dem Gesamtvolumen und der Frequenz der Belastungsintensität beeinflusst wurden. Die intervallartige Durchführung zwischen den Sprintphasen (*lohnende Pausen*; vgl. auch Kapitel 6.2.4) im IST soll dieser Forderung gerecht werden und eine schnelle bzw. intensive Ermüdung (zu hohe Laktatanhäufung) vermeiden helfen (vgl. Darstellung Kapitel 2.2.4).

- **Übung:** *Sprünge*

Bei der Ausführung dieser Übung wird u.a. die sportmotorische Fähigkeit *Reaktivkraft* gefördert, die nach SCHMIDTBLEICHER (1985, S.271) ein *„...reaktives Bewegungsverhalten bezeichnet (…) und die Fähigkeit des Organismus aus einer abbremsenden (exzentrischen) Bewegung heraus, in kürzester Zeit einen möglichst hohen konzentrischen Kraftstoß realisieren zu können...“*, fördert. Diese Fähigkeit ist bei allen Sprungbelastungen notwendig. Die resultierenden Leistungsverbesserungen, aber auch die Prävention von Überlastungsschäden (Laufbewegungen, Landefall Fallschirmsprung etc.; vgl. Kapitel 2.1) können durch das Steigern der Reaktivkraft positiv beeinflusst werden. In einer Untersuchung führten CHELLY et al. (2010) an, dass ein zusätzliches plyometrisches Training (Sprungübungen, Schnellkrafttraining) deutlich positive Effekte bei der untersuchten Trainingsgruppe erbrachte, und auch RONNESTAD et al. (2008) belegten die positiven Effekte eines plyometrischen Trainings auf die Zunahme der motorischen Fähigkeit *Kraft*. TURNER et al. (2003) schlussfolgerten, dass 6 Wochen plyometrisches Training die Laufökonomie verbessert, dieser Effekt aber nicht bei hochtrainierten Langstreckenläufern eintritt. Die Ergebnisse von SAUNDERS et al. (2006) zeigten, dass ein 9-wöchiges Sprungkrafttraining die Sprintleistung und v.a. Laufökonomie signifikant zu verbessern verhalfen. Dies war auch durch die Untersuchung von SPINKS et al. (2007) hinsichtlich der Verbesserung der *Kraft-* und *Schnellkraft* der Beinmuskulatur durch spezifisches Krafttraining gezeigt worden. TSIHAMIHIDIS et al. (2010) belegten, dass ein Krafttrainingsprogramm, gepaart mit plyometrischen Übungen (*Kniebeuge, countermovement* und *drop- jumps*), einen deutlich leistungssteigernden Effekt auf die *Reaktivkraft* und die Schnellkraftfähigkeiten der Hüft- und Kniestreckmuskulatur hatte. SPURRS et al. (2003) konnten sogar signifikant bessere Laufzeiten (3-km-Distanz) nachweisen, welche die Trainingsgruppe nach einem 6-wöchigen plyometrischen Trainings erzielte.

Bezogen auf die oben genannten Studien und die dort aufgezeigten Effekte ist zu erwähnen, dass die Effekte des IST-Zirkels, bedingt durch die geringen Umfänge des Sprint- und Sprungkrafttrainings, geringere spezifische Auswirkungen erwirkten, als dies bei den o.g. Studien ursächlich war. Jedoch war es Ziel der Trainingsprogrammerstellung, möglichst viele motorische Elemente/Fähigkeiten in einer Trainingseinheit abzudecken. Denn die Summierung der Resultate und v.a.

der sich ergänzenden Effekte (Interaktion der motorischen Anforderungen im Alltag) stellt einen möglichst engen Bezug zu den realen Anforderungen der Zielklientel (Kapitel 2.1) her. Beispielsweise im Gefecht werden Distanzen über kurze bis mittlere Entfernung rennend zurückgelegt (vgl. ROHDE et al., 2007), Hindernisse bezwungen (durch Springen etc.) und sich an Gegenständen hochgezogen um diese zu überwinden. Diese Aufgaben werden darüber hinaus mit zusätzlichen Ausrüstungslasten vollzogen, oft unter erschwerten Sichtbedingungen (nachts) in unwegsamen/unebenen Gelände, und somit zusätzlich erschwert. Weitere hemmende Anforderungen stellt das Tragen von schweren und unhandlichen Gegenständen (wie beispielsweise Munitionskästen, Ausrüstungsgegenstände o.Ä.) und das Bergen von Personen (durch Ziehen, Tragen etc.) aus einem Gefahrenbereich dar, was die Notwendigkeit der inkonsistenten Bewegungsmuster und Übungsgestaltungen des IST-Zirkels aufzeigt. Alle diese Aufgaben müssen mit maximaler Geschwindigkeit vollzogen werden, um eben möglichst nur kurze Zeit in einer Gefährdungssituation verweilen zu müssen (vgl. Kapitel 2.1), was zuätzlich zur Kraftfähigkeit die Komponenten *Koordination*, *Schnelligkeit* und *Ausdauer* erfordert.

3. Übungen zur Steigerung der Rumpfkraft

Hinsichtlich der Belastungen der Wirbelsäule/Rumpfmuskulatur bei Tätigkeiten im militärischen Einsatz bzw. Ausbildung sind Übungen zur Stabilisierung der involvierten Muskulatur und Gelenksysteme, Kernbestandteil eines spezifischen Trainingsprogramms für eben eine solche Zielklientel (CHILDS et al., 2009). Deshalb sind die meisten Übungen des IST-Zirkels solche, welche die Rumpfmuskulatur dynamisch und/oder statisch beanspruchen, um so einen adäquaten Trainingsreiz auszulösen.

Es sind dies:

* **Übung:** *Pike* **(mit Schlingentrainer)**

Der Vorteil von Übungen mit dem Schlingentrainer (ST) liegt in der Übungsvariabilität und flexiblen Umsetzung der Trainingsausführung. Ein solches Training fördert nicht nur die motorische Fähigkeit „Kraft", sondern auch die Sensomotorik, da durch die frei beweglichen Griffe / Schlingen des ST (vgl. Abbildung 76) keine fixierte Abstützfläche vorhanden ist und daher diese bezweckte Instabilität muskulär kompensiert werden muss. Durch eine solche permanente Instabilität (zusätzlich noch durch die geringen Auflageflächen, instabilitätsbedingte Pendelbewegungen, Rotationskräfte etc. verstärkt) wird die inter- und intrakoordinative Anforderung der Muskulatur deutlicher als bei herkömmlichen Übungen beansprucht, was eine gewisse Mehrdimensionalität (bzgl. der Bewegungsachsen) des Trainings ermöglicht. Verschiedene wissenschaftliche Untersuchungen bestätigen darüber hinaus die positiven Auswirkungen des Schlingen- bzw. Suspensiontrainings auf die Stütz- und Haltemuskulatur (v.a. Rumpf- und Beckengürtel), so konnten beispielsweise CARBONNIER / MARTINSON (2012) zeigen, dass die Effizienz eines solchen Trainings daher so hoch ist, da ST-Übungen ähnlich viele Muskelgruppen aktivieren wie beispielsweise Übungen aus dem olympischen Gewichtheben (bspw. *Umsetzen aus dem Hang mit der Langhantel / Hang Clean*). Daher empfehlen diese ein ST-Training v.a. für trainierte Athleten als Ergänzung zum spezifischen Techniktraining. In einer Studie von SCHMOLL et al. (2008) wurde die Stärkung und Stabilisierung der Rumpfmuskulatur mit Hilfe des ST herausgestellt. Untersuchungen von SCHOFFSTALL et al. (2010) und CAYOT et al. (2011) wiesen durch EMG-Messungen (Rumpfmuskulatur) eine höhere Aktivität bei Übungen mit dem ST nach, als dies bei Vergleichsübungen (mit dem eigenen Körpergewicht bzw. konventionellen Übungsausführungen) der Fall war. Zudem wurde auch hier, als ein positiver Zusatzeffekt, die Verbesserung der spezifischen Koordination und der Gleichgewichtsfähigkeit betont. Dynamische Rumpfkraft- und laufspezifische Übungen mit dem ST steigerten die Leistungen beim *PFT* (physical fitness Test der *U.S. Army*) um + 5,6 % und finden daher seit Jahren Verwendung (AARTUN et al., 2009). Daher setzt auch das US-Militär vermehrt auf ein solches spezifisches und funktionelles Rumpfkrafttraining. Neben den positiven Effekten auf die Physis wurden die Verletzungsrisiken durch ein koordinatives Rumpfkraft- Trainingsprogramm mit dem ST z.B. auch bei Rettungskräften deutlich reduziert (PEATE et al., 2007).

Abbildung 76: IST Übung *Pike*   Abbildung 77: IST *Warm-up*

Die Übungen mit dem ST können durch Änderungen in der Ausgangsposition oder der Unterstützungsfläche an verschiedenen Fitnessleveln angepasst werden, was die Trainingssteuerung v.a. bei einer leistungsheterogenen Gruppe vereinfacht. Die Übungen am ST – wie auch die anderen Übungen des IST-Programms – sind als ein Training der *Kraftausdauer* (metabolisch) und (neuro-)muskulären Stabiliät zu verstehen, da nicht die maximale Trainingslast, sondern vielmehr (bedingt durch die Trainingsstruktur des IST; siehe Kapitel 4.1.5) die umfangsorientierten Belastungszeiten zwischen 60 – 90 Sekunden im Vordergrund stehen und Bewegungen des Alltags nachempfunden werden (Koordination, Kontrolle und Stabilisation). Ein besonderer Zusatzeffekt des ST ist aber die koordinative Komponente, die gleichzeitig die Stabilisation des Bewegungsapparates mit Schwerpunkt Rumpfkraft verbessert, was durch die Änderungen des Winkels (Vektors) bei der Übungsausführung noch erschwert oder reduziert (je nach Positionierung/Winkel des Trainierenden) werden kann. Dieses *„...dreidimensionale Training..."* bzw. *„....Training mit gezielten Instabilitätskomponenten..."* (DOLL, 2011, S.43) zeigt auch im Bereich des Spitzensports eine Verbesserung der Leistungen und untermauert die Bedeutung auf die *core stability* (STRAY-PEDERSEN et al., 2006; RATAMESS, 2011) durch dieses Training.

Durch das Gleichgewichts- und Koordinationstraining mit dem ST, welches über 5 Wochen vollzogen wurde, steigerten die Probanden ihre statische Rumpfkraft um + 33 % und ihre vertikale Sprungkraft um + 9 % (KEAN et al. 2006). Ein spezifisches Rumpfkrafttraining mit dem ST und die dadurch erzielten koordinativen Elemente / Übungsmuster erbrachte eine Steigerung der Rumpfstabilität und Leistungsfähigkeit, da v.a. die Fähigkeit zur Kraftübertragung verbessert wurde (THOMPSON / COBB, 2007). Bei *5000-m*-Läufern wurde durch ein funktionelles

Rumpfstabilitätstraining (mittels ST-Übungen) die Verbesserung der Laufzeiten nach sechswöchigem Training um – 47 Sekunden erzielt; die Kontrollgruppe (gerätegestütztes Rumpfkrafttraining), erzielte nur eine Reduktion um – 17 Sekunden (SATO / MOKHA, 2009).

Durch mehrere Studien (SEILER et al., 2006A und 2006B) konnten außerdem positive Effekte des ST- Trainings v.a. durch einen effizienteren Krafteinsatz, resultierend aus einer verbesserten inter- und intramuskulären Koordination und mehr Rumpfstabilität, nachgewiesen werden. Die Forschergruppen führten dies auf ein verbessertes Gleichgewichtstabilisieren, eine höhere Rumpfkraft (Autostabilisation) und somit eine bessere Stabilisierung der Gelenkwinkelstellung während der Testübungen zurück. Scheinbar stellt das Training am ST einen höheren Anforderungsgrad an die Muskulatur bzw. das neuromuskuläre Zusammenspiel dar. Dies ist zurückzuführen auf die beschriebene größere Instabilität bei der Übungsausführung, wodurch mehr Muskeln gleichzeitig aktiviert bzw. innerviert werden (Synergismus).

Von DUDGEON et al. (2011) werden die nachgewiesenen Kraftsteigerungen durch hormonelle Reaktionen erklärt (erhöhte GH-Ausschüttung; growth hormon / Wachstumshormon), was diese durch die vermehrte Aktivierung und Innervierung der Muskelgruppen bei den ST-Übungen argumentieren. Beim ST werden nicht einzelne Muskeln, sondern ganze Muskelschlingen trainiert und somit eine permanente Rumpfspannung während der Übungsausführung aufrechterhalten (DANIELS, 2011). Auch für SCHEET et al. (2011) ist der hohe Anteil an involvierter Muskelmasse, der durch das Suspension-Training stimuliert wird, Begründung für die gesteigerte anabole Stoffwechsellage und die reduzierte katabole Hormonreaktion nach dem Training. KIBLER / LIVINGSTON (2001) stellen die Vorteile und intensiveren Anpassungseffekte durch das ST, bezogen auf die Aktivierung der Muskelketten (und die damit verbundenen muskulären Aktivierungen und *Ko-Kontraktion* zur Gelenkstabilisierung), als Schutzfunktion gegen einwirkende Scherkräfte heraus. Bei einigen Übungen ermöglicht dieses Trainingssystem zudem eine größere Bewegungsamplitude, längere / variablere Hebel und einen größeren ROM (Steigerung der Beweglichkeit).

Abbildung 78: IST Übung *Tire Flip*   Abbildung 79: IST Übung *Sprünge*

- **Übung: *Tire Flip***

Tire Flip ist eine Übung, bei der fast alle Muskelgruppen des Bewegungsapparates involviert werden, was die Abbildungen 20 – 24 (Kapitel 4.3.1) und 78 (s.o.) veranschaulichen. Auch diese Übung wird vornehmlich im *Strongman*-Training verwendet und wegen der positiven Synergieeffekte auf die allgemeine Leistungsfähigkeit (ZEMKE / WRIGHT, 2011) im IST- Programm implementiert. Durch die Höhe der zu überwindenden Gewichtslast (ca. 200 kg Reifengewicht) werden die beteiligten Muskelgruppen, je nach Leistungsstatus der Probanden, zu einem hohen bis sehr hohen Grad der Maximalkraftleistung (aus)belastet. Bei dieser Übung kommt es (neben den inter- und intramuskulären Anforderungen) zu relativ hohen kardialen Belastungen, dargestellt an der HF von 179 ± 8 S./ Min und Blutlaktatwerten von 10,4 ± 1,3 mmol/l (KEOGH et al., 2010B) was auch in den Grafiken 01 und 17 erkennbar ist. Gerade das Anheben und das folgende Stabilisieren des Reifengewichtes erfordert außerdem ein hohes Maß an Kraftentfaltung aus der Hüft- und Lendenwirbelsäulenmuskulatur.

- **Übung: *Bear Walk***

Eine Übung, die ein hohes Maß an statischer Rumpfstabilisierung erfordert und fördert, ist lt. MCGILL et al. (2009C) die Übung *Floor Walkout*, welche der Übung *Bear Walk* im IST (siehe Abbildungen 44 und 45; Kapitel 4.3.1) entspricht. Bei dieser Übung wies die Forschungsgruppe um MCGILL eine volle Aktivierung des *m. rectus abdominis* nach, welche durch die anderen Muskelgruppen der ventralen Rumpfmuskulatur (*m. oliquus externus* und *internus abdominis, m. transversus abdo-*

minis etc.) unterstützt wurde. Diese Muskelaktivität wurde ohne eine Gelenkbewegung erwirkt, so dass es sich hauptsächlich um isometrische Belastungsmuster zur Autostabilisation der Wirbelsäulenmuskulatur handelte, wie es auch beim Tragen von Lasten oder beim Kompensieren des *Füllungsstosses* beim Öffnen des Fallschirms (vgl. Kapitel 2.1) notwendig ist. Die Rumpfspannung gilt als Grundlage jeder körperlichen Aktivität (v.a. dem Tragen von Lasten) und sichert somit v.a. bei sportlicher Belastung eine Stabilisierung, welche lt. MCGILL et al. (2009B und C) in verschiedenen hohen Intensitätsstufen aufrechterhalten werden sollte.

Weitere Übungen des IST-Zirkels zur Steigerung der Autostabilisation durch die Haltemuskulatur der Lendenwirbelsäule sind:

- **Übung:** *Farmers Walk I und II* (siehe Darstellungen „untere Extremitäten")
- **Übung:** *Seesack- Kniebeuge* (siehe Darstellungen „untere Extremitäten")
- **Übung:** *Seesacklauf* (siehe Darstellungen „untere Extremitäten")
- **Übung:** *Gewichtsschlitten ziehen* (siehe Darstellungen „untere Extremitäten")
- **Übung:** *Kettlebell Swing* (siehe Darstellungen „untere Extremitäten")
- **Übung:** *Kettlebell Military Press* (siehe Darstellungen „obereExtremitäten")
- **Übung:** *Klimmzug I und II* (siehe Darstellungen „obere Extremitäten")

Wie man an den Darstellungen und den Zuordnungen erkennt, sind viele Übungen im IST auf mehrere Muskel- und Gelenkregionen und diesen entsprechende Funktionen zuzuordnen. Somit ergänzen bzw. summieren sich die Effekte. Nahezu jede Übung erfordert, v.a. durch die spezifischen koordinativen Anforderungen und inkonsistenten Bewegungsmuster, eine solche (Auto-)Stabilisierung der Rumpfmuskulatur. Durch das Bewegen unterschiedlicher Gewichte bei diversen Übungen (z.B. *Kettlebell Military Press, Farmers Walk I* etc.) bzw. die unilateralen Belastungen durch das Tragen von Lasten abwechselnd rechts/links (z.B. *Seesacklauf*) werden die kontralateralen Rumpfmuskeln (u.a. Lateralflexoren wie *m. quadaratus lumborum, mm. intertransversarii*) zur Stabilisierung der geraden, aufrechten Körperhaltung (physiologisches Lot der Wirbelsäule), hauptsächlich statisch eingesetzt und trainiert.

Eine maximale Bewegungsausführung durch die Lendenwirbelsäule beispielsweise wird nach dem *joint-to-joint approach* nach BOYLE (2010) kritisch gesehen, da die primäre Funktion der LWS die Autostabilisation (und nicht Mobilität) darstellt, und allein durch den Aufbau der Lendenwirbelkörper große Bewegungsradien (Rotation / Lateralflexion, Extension / Flexion), v.a. mit Lasten, Verletzungen provozieren können. Bei Trainingsübungen ist die Lendenwirbelsäule durch eine hohe Muskelspannung daher stets zu stabilisieren, um eine optimale Kraftübertragung der unteren zu den oberen Extremitäten (und umgekehrt) zu gewährleisten. Deshalb werden die o.g. Muskelgruppen (Rumpfstabilisatoren) durch Trageübungen (Übungsserie *Farmers Walk I und II, Seesacklauf* etc.), aber auch durch Kräftigungsübungen (*Tire Flip, Seesack- Kniebeugen* etc.) des IST-Zirkels, hauptsächlich statisch-stabilisierend belastet, und bieten somit einen Transfer zu den militärspezifischen Anforderungen.

Durch die schnellen Bewegungsausführungen und Übungswechsel (bei Laufübungen wie *Sprint, Farmers Walk* etc.) werden hohe Anforderungen an die *Schnelligkeit, Agilität* und anaerobe Stoffwechselkapazität, darstellbar an den Herzfrequenzwerten während der Trainingseinheiten (vgl. Grafik 01 und 17), nachweisbar.

Bedingt durch die Vielzahl unterschiedlicher Übungen und die Kombination der jeweiligen Belastungsanforderungen ist eine Zuordnung der Effekte auf eine einzelne Übung daher nicht direkt möglich. Die dargestellten positiven Effekte (Kapitel 5.2; Tabelle 45 etc.) resultieren vielmehr aus der Addition dieser Einzeleffekte, was als Synergie- oder *Crosseffekte* verstanden wird und im Alltag allgegenwärtig ist. Die unterschiedlichen Übungs- und Trainingsinhalte lassen sich demnach auch auf die unterschiedlichen Belastungen und Anforderungen (sportmotorisch) im Einsatz / Ausbildung beziehen. Die elementare Bedeutung einer Steigerung der in diesem Abschnitt beschriebenen Kraftfähigkeiten (v.a. Steigerung der Rumpfkraft und -funktionalität; der Erhöhung der *Schnelligkeit* und *Koordination*) ist anhand der Erkenntnisse und Darstellungen aus Kapitel 2.1, 2.2.1-2.2.4 und 2.4 zu reflektieren. Die nachgewiesenen positiven Effekte des IST- Programms reduzieren demnach die Verletzungsgefahr (in Ausbildung und Einsatz) und steigern die Leistungsfähigkeit im realen Einsatz, was einer dortigen Gefährdungsreduktion gleichkommt.

Eine notwendige wirbelsäulenstabilisierende Funktion wird über die aus zugfestem Bindegewebe bestehende *fascia thoracolumbalis* (siehe Kapitel 2.2.3) definiert. Ihre Aufgabe ist die Fixierung der Muskelstränge der *mm. erector spinae* am Rumpf und damit eine starke Stabilisierung bzw. eine „...*Art Führungsrinne für die räumli-*

che *Verschiebung der Muskeln untereinander...*" (SCHÜNKE, 2000, S. 167). Diese stabilisierende Wirkung ist von dem Grad der muskulären Vergurtung / Kraft abhängig. Für die Praxis heißt es, dass durch ein entsprechendes Rückentraining eine optimale Verspannung der *fascia thoracolumbalis* herbeigeführt werden muss. Dies geschieht - wie in diesem Kapitel dargestellt - im IST Zirkel über das Einbinden komplexer, mehrgelenkiger Übungen mit teilweise unilateralen Lasten (vgl. Kapitel 4.3.1) damit *„...die horizontale, diagonale und vertikale muskuläre Verspannung..."* (GOTTLOB, 2001, S.198) trainiert und aktiviert wird, wie es in Kapitel 2.2.3 bereits dargestellt und gefordert wurde.

Die Tatsache, dass alle Testergebnisse, welche die Leistungsentwicklung der Rumpfmuskulatur (McGill Test) überprüften, bei den Probanden zu durchweg höchstsignifkanten ($p < 0{,}001$) und starken Zuwächsen führte (Tabelle 17, Kapitel 5.1.2; Tabelle 45, Kapitel 5.2), unterstreicht die Auswirkungen der Treatments IST und SRT auf die Rumpfkraft.

6.2.4 Auswirkungen der Treatments auf die motorische Fähigkeit „Ausdauer"

Eine Anpassung des Herzkreislaufsystems scheint durch ein Zirkeltraining möglich, da hier hohe HF- Beanspruchungen (durchschnittlich 71 % der HFmax.) laut einer Studie von ALCARAZ et al. (2008) festgestellt wurden, und diese daraus folgern, dass ein solches *cirucuit training* eine effektive Maßnahme zur Steigerung der aerob-anaeroben Leistungsfähigkeit ist.

Um die Effekte auf den Zustand der kardiorespiratorischen Fitness darzustellen, sind die Ergebnisse der *BFT 1000-m-Lauf* (PRE und POST) der Experimental- (n = 38) und Kontrollgruppe (n = 26) gegenübergestellt (Tabelle 55). Hierbei werden neben den Zeiten auch die entsprechenden Herzfrequenzwerte (HFmax. und HF ⌀) in Bezug gesetzt. Für die HF-Messungen beim *1000-m-Lauf* konnten 13 Werte der Kontroll- und 26 der Experimentalgruppe vollständig (Einstiegstestung *BFT 1000-m-Lauf* vs. ReTest / 1.TE vs. 14. TE) ausgewertet werden. Zu beachten gilt hierbei, dass die *BFT 1000-m-Läufe* (Experimentalgruppe / FA-Lg. Sept. - Nov. 2011) unterschiedlichen Witterungsbedingungen und Sichtverhältnissen unterlagen (vgl. Tabelle 05; Kapitel 4.1.4). Dies kann ein Grund für die längeren bzw. nahezu unveränderten Laufzeiten beim Re-Test angesehen werden.

	PRE			POST			Veränderungen PRE - POST in %		
	BFT 1000M	BFT Hfmax	BFT HF Ø	BFT 1000M	BFT Hfmax	BFT HF Ø	BFT 1000M	BFT Hfmax	BFT HF Ø
Experimentalgruppe	03:46,80 ± 00:23,24	189,7 ± 7,0	168,7 ± 12,9	03:48,11 ± 00:23,38	180,6 ± 10,8	162,3 ± 12,6	0,60	-4,82	-4,36
Kontrollgruppe	03:46,83 ± 00:14,22	188,2 ± 8,3	171,2 ± 12,7	03:54,88 ± 00:11,27	188,4 ± 5,5	171,7 ± 9,3	3,50	0,12	0,31

Tabelle 55: Gegenüberstellung Ergebnisse *1000-m-Lauf* (Zeiten/HF) Exp.- vs. Kontrollgruppe PRE -POST

Diese Gegenüberstellung verdeutlicht, dass sich zwar die Laufzeiten der Probanden PRE – POST leicht verschlechterten (– 0,6 % bei Experimentalgruppe; nicht signifikant), die HF-Werte jedoch bei der Experimentalgruppe (– 4,82 % HFmax.; $p < 0,001$ / – 4,36 % HF ∅; $p < 0,05$) reduziert wurden und als positive Anpassungseffekte des Herz-Kreislauf-Systems auf die Trainingsintervention (IST / IST + SRT) gewertet werden können (vgl. Kapitel 5.2).

Um diese Anpassungseffekte des Trainingszirkels nachzuvollziehen, sind die Herzfrequenzwerte der Teilnehmer – als Indikator des trainingspezifischen Reizes – der 1. und 14. (letzten) Trainingseinheit und Herzfrequenzwerte aus Testung und Ausbildung (*Fallschirmsprung*/FS und *Gefechtsübung*/GÜ) zusammengetragen. Die folgende Tabelle soll verdeutlichen, dass die Reize des IST überschwellig (trainingswirksam) bzw. alltagsspezifisch waren und als Auslöser für eine Anpassung des Herz-Kreislauf-Systems an diese Belastungen zu verstehen sind. Des Weiteren werden HF-Werte von anderen Studien verglichen, um die Forderung nach solch hohen Intensitäten durch Ergebnisse von Analysen aus der militärischen Ausbildungs- und Einsatzrealität zu untermauern.

	Messung / Tätigkeit	Hfmax.	HF ø
1.	BFT 1000m (PRE)	189,7 ± 7,0	169,7 ± 12,9
2.	BFT 1000m (POST)	180,6 ± 10,8	162,3 ± 12,6
3.	1. Trainingseinheit	175,3 ± 10,7	140,0 ± 14,0
4.	14. Trainingseinheit	168,2 ± 15,3	130,1 ± 17,0
5.	Fallschirmsprung	171,14 ± 12,0	99,86 ± 8,1
6.	Gefechtsübung	183,57 ± 14,4	132,14 ± 16,1
7.	Nehmen einer Sperre	190	k.A.
8.	Überwinden Hindernisbahn	k.A.	156 ± 24,7
9.	Hindernislauf	191 ± 8,9	k.A.
10.	Hindernislauf Special Forces	169,81 ± 6,64	k.A.
11.	Falschirmsprung	k.A.	157,7

Tabelle 56: Vergleich der HF-Werte Experimentalgruppe zu vergleichbaren Studien

Die Angaben 1. bis 6. der Tabelle 56 beziehen sich auf Messungen der Experimentalgruppe (siehe hierzu auch Kapitel 5.1.4; Tabellen 33 und 36).

Die Studien zu den Angaben 7. (ROHDE et al., 2007), 8., 9. (WITT, 2000), 10. (CARLSSON / JENNEN, 2008) und 11. (REID, 1971) sind bereits in Kapitel 2.1 dargestellt worden. Zu erkennen ist (neben den bereits beschriebenen Anpassungseffekten), dass bei der Experimentalgruppe eine Reduktion der Herzfrequenz PRE – POST bzw. 1. TE vs. 14. TE einsetzte. Die HF- Belastungen im Training (IST) lagen unter denen der anderen Studien (hier wurden primäre Belastungen in Übungs- und Ausbildungssituationen gemessen und analysiert). Demnach scheint eine submaximale Trainingsbelastung über einen längeren Zeitraum (Dauer einer IST Einheit ca. 45 Minuten) mit ständigen Wechseln zwischen Belastungs- und (*lohnenden*) Pausenintervallen (vgl. Grafiken 01 und 17) für die positiven Anpassungseffekte dienlich / verantwortlich zu sein. Im Vergleich zu Aktivitäten wie *Überwinden der HiBa* (WITT, 2000) sind die HF $\varnothing$ beim IST (1. und 14. TE) geringer (siehe Tabelle 56), die Belastungszeiten jedoch deutlich länger (*Überwinden HiBa* = 1,92 ± 0,4 Min. vs. IST ca. 45 Min.), was die physischen Anforderungen durch ein Summieren von Übungen und damit von submaximalen Trainingsreizen innerhalb der IST- Einheiten veranschaulicht.

Exemplarisch dient die folgende Abbildung zur Illustration des Herzfrequenzverlaufs während der letzten (14.) Trainingseinheit des IST-Zirkels.

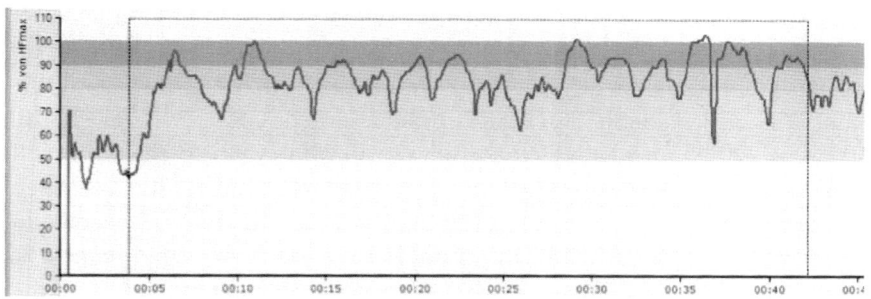

Grafik 17 : HF-Verlauf eines Probanden in der 14. Trainingseinheit (© POLAR Deutschland)

Wie man dieser Darstellung entnehmen kann, sind 11 Zyklen / Trainingsübungen (von insgesamt 15 Übungen im IST) bezogen auf die Herzfrequenz dieses Probanden im submaximalen Bereich (HF > 90 % der *theoretischen HFmax*. des Probanden). Zwei Belastungsintervalle hiervon sind sogar oberhalb der *theoretischen HFmax*. (Anm.: 220 minus Lebensalter, vgl. ACSM, 1998; der hier gezeigte Proband war zum Zeitpunkt der Messung 22 Jahre alt). Sechs Phasen innerhalb des Trainings können als „...*lohnende Pausen...*" (HOTTENROTT / NEUMANN, 2008, S.114) bezeichnet werden, da die HF < 70 % der HFmax. absinkt. Generell ist erkennbar, dass der Trainingsaufbau zu einer permanenten Abfolge von Belastungs- und Regenerationsphasen führt und das nicht alle fünfzehn Trainingsübungen diese submaximalen (bzw. maximalen) Ausbelastungen des kardiorespiratorischen Systems erzielen konnten bzw. sollten. Dennoch ist dieses Training in Bezug auf die Darstellungen der HF-Werte als ein Intervalltraining zu definieren, da dies per Definition „...*einen (...) Wechsel von Belastungs- und Erholungsphasen kennzeichnet...*" (HOTTENROTT / NEUMANN, 2008, S.114), durch die Verwendung von kraftorientierten Übungen im Wechsel mit ausdauerorientierten Übungen, ist der von O´SHEA (1996, S.183) verwendete Begriff „...*interval weight training (IWT)...*" zweckmäßig. Bezogen auf die Belastungen beschreiben sie ein solches Training als „...*intensive Intervallmethode...*", da „...*mehrere aufeinanderfolgende Intervallbelastungen über 15 – 60 Sekunden bei hoher Intensität und einer Intervallpause von 15 – 90 Sekunden...*" (*lohnende* Pausen) folgen (ebd., S.116).

In den Belastungsphasen des IST während der 60- bis 90-sekündigen Übungsausführungen kam es zu den gezeigten Herzfrequenzen von über 180 S./Min., die sich pro Trainingseinheit 9- bis 12-mal wiederholten (siehe Grafiken 01 und 17 und Tabelle 36; Kapitel 5.1.4). Solche vergleichbar intensiven Intervallmethoden führten nach Untersuchungen von ABEL et al. (2011) zu einer Verbesserung der anaeroben Belastbarkeit, welche im Alltag (militärspezifische Anforderungen – vgl. Kapitel 2.1 und Tabelle 56) relevant sind. Auch GRAEF et al. (2010), ZIEMANN et al. (2011) und KENDALL et al. (2010) führen ein solches Intervalltraining als effektive Trainingsform zu Steigerung der anaeroben Fitness (Steigerung VO_{2max}) an. Dies wird durch eine Vergrößerung der anaeroben Enzymkapazitäten von Myokinase und Creatin-Phosphokinase erzielt. Wie in Kapitel 2.2.2 beschrieben, legten CHTARA et al. (2008) dar, dass ein Zirkeltraining (Kombination von Kraft- und Ausdauerübungen in einer Einheit) mit anaeroben Belastungen zu den deutlichsten und höchsten Anpassungseffekten bzgl. Verbesserung der Kraftausdauer (Steigerung der Wiederholungsmaxima) und auch zu einer Steigerung der Sprungkraft führte und damit einer Aufteilung von Ausdauer- und Krafttraining in separaten Trainingseinheiten überlegen scheint. TRAPP et al. (2008) beschrieben ein intervallartiges Training als vorteilhaft gegenüber einem aeroben Training nach der Dauermethode, wobei bei dieser Studie v.a. die Fettoxidation im Vordergrund der Betrachtung stand. Diesbezüglich zeigten auch TREMBLAY et al. (1994) die besten Effekte bei der Körperfettreduktion, wenn ein Intervalltraining Inhalt des Programms war. In Anbetracht der in Kapitel 2.2.2 und 2.4 dargestellten Zusammenhänge von Körperkomposition (hoher Muskelmasse- und niedriger Körperfettanteil) und körperlicher Leistungsfähigkeit von untersuchten Soldaten sollte dies ein langfristiges Trainingsziel im Bereich des militärischen Konditionierungstrainings darstellen. MILLER et al. (2002), TASKIN (2009) und FERNANDEZ-FERNANDEZ (2012) zeigten eine Verbesserung der Sprintzeiten und anaeroben Leistungsfähigkeit nach einem 10-wöchigen Trainingsprogramm. Aber auch die aerobe Leistungsfähigkeit wurde durch Sprintbzw. Intervalltraining mittels Steigerung der Mitochondrienkapazität verbessert. Hinsichtlich morphologischer Anpassungen wiesen sie nach, dass v.a. die Typ-II-Muskelfasern und das sarkoplasmatische Retikulum Adaptionseffekte aufzeigte, welche durch eine Leistungsverbesserung im Sprint darstellbar war und als Zunahme der anaeroben Kapazität interpretiert wurde (ebd.). SPERLICH et al. (2011) und ASTORINO et al. (2012) stellten nach einem hochintensiven Intervalltraining (mit Gewichtslasten) fest, dass die VO_{2max} deutliche Anpassungen erfuhr. TABATA et al. (1996) zeigten, dass sich nach dem moderaten aeroben Training (5 Trainingseinheiten/Woche von je 60 Minuten Dauer bei einer Intensität von 70 % VO_{2max}) bei den Probanden die anaerobe Kapazität nicht steigerte, die VO_{2max} während dessen von 53 ± 5 ml/kg auf 58 ± 3 ml/kg stieg. Der Effekt des in der Vergleichgruppe vollzogenen *HIIT* (*high-intensity intermittent training*) auf die Stoffwechselkapazität führte aber nach einem deutlich kürzeren Trainingsprogramm (5 Tage/Woche, 6 Wochen Dauer; 7 – 8 Sätze je 20 Sekunden bei supramaximaler Intensität mit 10 Sekunden Pause) zu einer Steigerung der VO_{2max} von 7 ml/kg Körpergewicht, während die anaerobe Kapazität sogar um + 28 % stieg. Auch hier lässt sich zusammenfassen, dass ein hochintensives, intervallartiges Training einem moderaten Ausdauertraining (Dauermethode) überlegen erscheint, v.a. wenn man die zeitliche Effizienz (Trainingsdauer/-umfang) und Effekte betrachtet. Auch MACPHERSON et al. (2011) zeigten, dass Intervalltrainingsprogramme bei deutlich geringerem Zeitaufwand (50 % geringerer Trainingsumfang) zu ähnlich positiven Effekten wie ein primär aerobes Training führte. BURGOMASTER et al. (2008) und SCHOENFELD / DAWES (2009) sehen die Effekte des *HIIT* ebenfalls v.a. in puncto Zeiteffizienz und Steigerung der oxidativen Kapazität der Skelettmuskulatur (ebd.) und damit dem primär moderaten aeroben Training als überlegen an. Wurden Kraft- und Ausdauertrainingsübungen in einer Trainingseinheit abwechselnd ausgeübt, so konnten nach den Ergebnis sen von MONTEIRO et al. (2008) die besten Effekte hinsichtlich kardiorespiratorischer Anpassungen (Steigerung der VO_{2max}) erzielt werden (vgl. Darstellungen *concurrent training* in Kapitel 2.2.2). Diese Kombination erklärt die Anpassungseffekte der Experimentalgruppe, da im IST-Zirkel ebenfalls Übungen mit kraft- bzw. ausdauernden Belastungen kombiniert wurden.

GOTSHALK et al. (2004) wiesen nach, dass die Probanden nach einem Zirkeltraining Belastungen im anaeroben Stoffwechsel länger kompensieren konnten und ein Leistungsabbau oder gar -abbruch entsprechend später eintrat. Diese Darstellungen wurden von den Aussagen der Probanden in dieser Studie bestätigt, da sie die 14. TE, trotz längerer Belastungsphasen (90 Sekunden in der 11. – 14. TE vs. 60 Sekunden in der 1. – 3. TE; siehe Tabelle 06), mit $5,05 \pm 2,31$ weniger belastend / anstrengend einschätzten als die 1. TE ($6,89 \pm 2,05$ – vgl. Tabelle 41, Kapitel 5.1.5). Demnach hat innerhalb dieser 14 Trainingseinheiten trotz zunehmender Belastungsdauer (und damit -intensität) um + 50%, ein Anpassungseffekt an diese Trainingsreize stattgefunden. Dies wird außerdem durch die Reduktion der HFmax. ($p < 0,001$) / HF $\emptyset$ Werte ($p < 0,05$) von der 1. zur 14. TE von $175,3 \pm 10,7$ S./Min/$140,0 \pm 14,0$ S./Min auf $168,2 \pm 15,3$ S./Min/$130,1 \pm 17,0$ S./Min (vgl. Tabelle 36; Kapitel 5.1.4) untermauert.

Gleiches gilt für die Reduktion der HFmax. ($189,7 \pm 7,0$ S./Min auf $180,6 \pm 10,8$ S./Min) und HF $\emptyset$- Werte (von $169,7 \pm 12,9$ S./Min auf $162,3 \pm 12,6$ S./Min) um – 4,82 % ($p < 0,001$) bzw. – 4,36 % ($p < 0,05$) bei beinahe gleicher Laufzeit beim *BFT 1000-m-Lauf* PRE – POST (siehe Tabelle 33; Kapitel 5.1.4). Alle diese Ergebnisse lassen sich durch ein gesteigertes Schlagvolumen des Herzens und damit eine Anpassung des Herzminutenvolumens erklären. Diese Werte verdeutlichen die positiven Anpassungen des IST-Trainings bezogen auf die Steigerung der kardiovaskulären Leistungsfähigkeit unter Belastung und Ausdauerkapazität (VO_{2max}), wie dies auch SMITH et al. (2013) bei einem Trainingsprogramm mit ähnlichem Mix aus Kraft- und Ausdauerübungen (*Crossfit®*) gezeigt haben (Steigerung VO_{2max} + 13,6 %). Die Reduktion der HF-Werte im Training und Test sind, neben der Anpassung des HMV (SV), auch durch die koordinativen Gewöhnungs- bzw. Lernprozesse innerhalb der 14 Trainingsdurchgänge zu erklären. Gleichzeitig wird aber auch ersichtlich, dass die reduzierten HF-Werte der 14. TE (im Vergleich zu denen der 1. TE) bedeuten, dass der überschwellig und damit trainingswirksame Reiz verloren geht, was als Argument für eine notwendige Periodisierung (Veränderung der Trainingsstimuli/progressive Belastungssteigerung) ab diesem Zeitpunkt zu sehen ist.

Die Belastungen im militärischen Alltag (siehe Kapitel 2.1 und Tabelle 56 in diesem Kapitel) heben darüber hinaus hervor, dass diese hohen Belastungsspitzen (gemessen an der HFmax. und HF ∅) eben solchen intervallartigen Belastungen im Training entsprechen und das Training demnach die realen Bedingungen des militärischen Alltags darstellt (was eine Intention des Programms war). Eine Kombination von Ausdauer (anaerob) und Kraft- / Schnellkraftausdauer in einer Trainingseinheit scheint sehr positive Effekte auf die entsprechenden Parameter (verbesserte Re-Test-Ergebnisse siehe Tabelle 45; Kapitel 5.2) zu haben.

6.2.5 Auswirkungen der Treatments auf das spezifische Koordinationsprofil

Laut CHWILKOWSIKI (2006, S.7) fördern „....koordinative Defizite (...) degenerative Erkrankungen und Verletzungen des Bewegungsapparats (...). Gerade chronische Rückenschmerzen sind auf mangelndes aktives Stabilisationsvermögen der Wirbelsäule zurückzuführen." Diese Ausführungen verdeutlichen die Notwendigkeit eines Trainings, welches neben den in Kapitel 6.2.3 („Kraft") und 6.2.4 („Ausdauer") beschriebenen Inhalten als Basis die koordinative Fähigkeit der Probanden fokussiert, vor allem im Hinblick auf die in Kapitel 2.1 dargestellten Belastungen und daraus resultierenden Verletzungsbilder.

Durch die Ergebnisse der Befragung von Einheitsführern der FschSpezZg der Bundeswehr werden diese immensen infanteriespezifischen koordinativen Fertigkeiten des militärischen Alltags durch die Aussage „...die meisten Überlastungsschäden treten bedingt durch die beschriebenen Anforderungen während der Landephase beim Fallschirmsprung im Bereich der unteren Extremitäten (Sprunggelenke, Knie) und/oder Wirbelsäule auf. Ein weiterer Grund für Verletzungen/Überlastungsschäden sind die eingeschränkten Sichtbedingungen (v.a. nachts), die zu Verletzungsgefahren während der Landung beim Fallschirmsprung (falsches Abschätzen der Distanz zum Boden) führen..." (Anm.: Vergleiche die vergleichsweise hohen Verletzungsquoten bei Fallschirmsprüngen nachts, siehe Kapitel 2.1). „....ebenso treten, bedingt durch unwegsames Gelände und zusätzlich schlechte / sehr geringe Sichtverhältnisse Verletzungen während des Bewegens im Gelände auf. Ein weiterer Grund ist die, mit zunehmender Einsatz- und damit Belastungsdauer einsetzende Ermüdung (und damit nachlassende Konzentrationsfähigkeit). Dies kann zu Überlastungsschäden oder durch Unachtsamkeit bedingte Fehl- und Überlastungen führen ..." (KAPTAIN, 2010, S. 58 f.) verdeutlicht. Im Gegensatz zu den beschriebenen Belastungen sinken die Bewegungsangebote im Alltag zunehmend, wie in Kapitel 2.4 mit den entsprechenden Konsequenzen (Reduktion der körperlichen Leistungsfähigkeit / Degeneration), nicht zuletzt für die Bundeswehr, dargestellt wurde. Dieser Verlust der motorischen / metabolischen Kondition im Allgemeinen und der koordinativen Fähigkeiten und Fertigkeiten im Speziellen muss demzufolge gezielt in einem militärspezifischen Trainingsprogramm durch die Forcierung eben dieser sich gegenseitig beeinflussenden motorischen Fähigkeiten (*Kraft, Ausdauer, Koordination* etc.) nachhaltig gefördert werden. Dies ist durch die Treatments IST und SRT erfolgt. Die erzielten signifikanten (p < 0,05) Verbesserungen der *Koordination* (vgl. Tabelle 28; Kapitel 5.1.3), dargestellt durch die Reduktion der Wegstrecke (*mittlere Auslenkung*), von – 8,63 % (PRE: 1,98 ± 0,35 mm; POST: 1,81 ± 0,43 mm) spiegeln diese positiven Anpassungseffekte wider. Auch hier (wie auch bei den BFT / McGill Ergebnissen; Kapitel 5.1.1 und 5.1.2) sind die deutlichen Verbesserungen der „IST+SRT"-(Sub)Gruppe von – 10,72 % (PRE: 2,00 ± 0,39, POST: 1,78 ± 0,41; p = 0,065) im Vergleich zur Subgruppe „IST" mit einer Verbesserung von – 6,37 % (PRE: 1,96 ± 0,31, POST: 1,83 ± 0,47; p = 0,404) zu benennen, die verdeutlichen, dass die Wirkungen der zusätzlichen stochastischen Resonanztherapie (vgl. Tabellen 31 und 32; Kapitel 5.1.3) stärker ausgeprägt sind. Die Steigerung der spezifischen *Koordination* durch die SRT wurde durch sehr geringe zusätzliche Aufwendungen von Zeit und Intensität ermöglicht und bedeutet somit die Basis bzw. Intensivierung für die positiven Effekte der Experimentalgruppe.

Die Notwendigkeit der *Koordination* ist durch die Tatsache erklärbar, dass diese das Bindeglied bzw. die Basis aller motorischen Fähigkeiten darstellt, vor allem wenn die Anforderungen durch intensive und inkonsistente Bewegungsaufgaben so hoch sind, wie dies bei Fallschirmjägern (siehe Kapitel 2.1) der Fall ist. Die Kombination dieser Fähigkeiten mit anderen ist so essentiell, da die Alltagsbelastungen seltenst nur eine motorische Fähigkeit isoliert beanspruchen. In der Regel werden im (militärischen) Alltag kraft- oder ausdauerorientierte Beanspruchungen in Verknüpfung mit koordinativen Anforderungen kombiniert auftreten. Dies wird auch durch die höchstsignifikant höheren Leistungssteigerungen der Gruppe „IST + SRT" beim BFT *11 × 10-m-Sprint* verdeutlicht (siehe Grafik 15; Kapitel 6.1), bedeutet dies doch, dass v.a. bei den kombiniert auftretenden Anfoderungen (Schnelligkeit / Kraft / Koordination) die Wirkungen der SRT am deutlichsten zum Vorschein kommen, da alle anderen Testdisziplin eher konsistente / zyklische oder gar statische Bewegungsformen / muskuläre Aktionen erforderten. Daher gilt es nicht eine motorische Fähigkeit isoliert zu fördern, sondern einen generellen und gleichwertig hoch ausgeprägten Trainingsmix aller sich bedingenden motorischen Fähigkeiten zu schaffen. Denn im militärischen Alltag ergeben sich beispielsweise beim Bewegen im unebenen Gelände, bei teilweise eingeschränkter

Sicht (Dämmerung, Dunkelheit etc.), und *„...bedingt durch die langen Marschdistanzen einsetzender Ermüdung..."*, nach Aussagen von Angehörigen der FschSpezZg *„...Verletzungen bzw. Erschwernisse hinsichtlich der Fortbewegung..."* (KAPTAIN, 2010, S.56 ff.) die sich nur durch den genannten „Fähigkeiten-Mix" reduzieren lassen. Auch das schnelle Vorgehen in Gefechtssituationen (vgl. ROHDE et al., 2007: *Infanteristen/Panzergrenadiere* beim *Nehmen einer Sperre*; vgl. Kapitel 2.1) bzw. das Bewegen in urbanem Gelände (Orts- und Häuserkampf) oder die Landephase beim *Fallschirmsprung* erfordern ein hohes Maß an koordinativen Fähigkeiten und muskulärer Stabilisierung / Gelenkstabilität, was teilweise durch das Mitführen von Ausrüstungen deutlich intensiviert wird (vgl. doppelt so hohe Verletzungsquoten bei *Fallschirmsprüngen mit Gepäck nachts*; Kapitel 2.1). Diese komplexen Bewegungsabläufe, bei sich gleichzeitig ständig änderenden Umweltbedingungen, verlangen, dass das neuromuskuläre System Beschleunigungs-, Abbrems- und Stabilisierungsarbeit in unterschiedlichen Bewegungsrichtungen sehr schnell / automatisch koordinieren und stabilisieren muss. Das neuronale System muss über längere Zeiträume die entsprechenden motorischen Einheiten innervieren, um die exzentrisch wirkenden Kräfte / Bewegungen abzubremsen. Dies bedeutet, dass Hauptmuskelgruppen und Synergisten (Stabilisatoren, hauptsächlich Rumpfmuskulatur, vgl. Kapitel 6.2.3) in der Lage sein müssen, auf den Körper einwirkende Belastungen auszugleichen um kontrollierte und multidimensionale Bewegungen effizient auszuführen.

Demnach gilt es ein *„...optimales Zusammenwirken von Zentralnervensystem und Sklettmuskulatur innerhalb eines gezielten Bewegungsablaufes..."* zu trainieren. Diese Definition umschreibt nach HOLLMANN / HETTINGER (2000, S. 143) eine motorische Fertigkeit und deren koordinative Bewältigung. Eine effektive inter- und intramuskuläre *Koordination* ermöglicht nicht nur ökonomischere Bewegungsabläufe (und damit die Grundlage für eine gesteigerte Leistungsfähigkeit), sondern stellt auch die Basis für eine ausreichende Verletzungsprophylaxe dar. Viele Verletzungen (siehe Kapitel 2.1) treten auf, wenn der Körperschwerpunkt bzw. einzelne Körpersegmente nicht ausreichend muskulär stabilisiert werden können. Sind einzelne Muskelgruppen zu schwach, müssen entsprechend andere Muskelgruppen zusätzliche Arbeit verrichten, für die sie funktionell oft nicht ausgerichtet sind. Diese Dysbalancen wurden durch den McGill Test überpüft (vgl. Kapitel 4.3.4). Bedingt durch die positiven Entwicklungen zur Leistungssteigerung der Rumpfkraft (Kapitel 5.2.2, Tabelle 17) sind hier v.a. die Verbesserung der muskulären Balance von Eingangs- zu Re-Test (nach McGill, siehe Tabelle 21; ebd.) zu nennen, die lt. WYSS et. al (2012), LUOTO et al. (1995) und BIERING-SORENSEN

(1984) ein nachgewiesener Prädiktor für eine ausreichende Verletzungsprophylaxe (Schutzressource) eben dieser Funktionsbereiche (Rumpfstabilisatoren) anzusehen ist (vgl. Kapitel 4.3.4). Um eine stabile Rumpfkraft und eine gleichmäßige muskuläre Stabilisierung (muskuläre Balance) aufrechtzuerhalten, sind eben alle Funktionsbereiche in allen Bewegungsachsen (Saggital-, Transversal- und Longitudinalachse) durch eine gleichmäßige Muskelleistung zu fixieren. Nach DENNER (1997) ist das Ziel eines Stabilisationstrainings der Wirbelsäule eine ausgewogene Muskelkraft der rumpfstabilisierenden Muskulatur (hier: Bereich LWS) und die optimale Kraftausdauer der bei statischen und dynamischen Arbeitsbelastungen involvierten Muskelpartien. Durch das Angleichen der Leistungs- bzw. Kraftwerte der Agonisten und Antagonisten ist ein gleichmäßiger Ruhetonus der gelenkstabilisierenden Muskulatur gewährleistet. Dies erklärt die bessere Statik und Kraftübertragung bei Belastungen, was neben einer Leistungssteigerung v.a. eine bessere Lastverteilung auf der entsprechenden Gelenkstruktur (Normgelenkstellung) bedeutet und somit Überlastungen vermindert, was wiederum eine Prophylaxe eben vor solchen, in Kapitel 2.1 beschriebenen, Überbeanspruchungen mit sich bringt. Beispielsweise führt ein belastungsspezifisches koordinatives Krafttraining, welches v.a. die Muskelschlingen aktiviert, zu einer verstärkten (Re-)Aktivierung der tiefen Bauchmuskulatur (*m. transversus abdominis*) und zeigt sich bei Krankheitsbildern wie bspw. *Spondylolisthesis* als wirksame Trainingsmaßnahme (O´SULLIVAN et al., 1997), was im Allgemeinen auch für das unspezifische Beschwerdebild „Rückenschmerz" gilt (HIDES et al., 2000; BEHM et al., 2010). Diese Aktivierung und Leistung des *m. transversus abdominis* ist ein Indikator für ein adäquates Rumpfmuskelsystem (vgl. Kapitel 2.2.3). RHEE et al. (2012) konnten zeigen, dass ein solches Training der Rumpfmuskulatur mit Schwerpunkt von Autostabilisationsübungen (v.a. statisches Stabilisieren durch Aktivierung u.a. des *m. transversus abdominis*) die muskulären Ungleichgewichte bei Personen mit Beschwerden im unteren Rücken reduzieren kann. Auch in den Ergebnissen der McGill Testung (Kapitel 5.1.2) wurde dies ersichtlich, da neben der Kraftleistung obendrein die muskuläre Kraftbalance (bei der Experimentalgruppe; vgl. Tabellen 17 und 21; Kapitel 5.1.2) optimiert wurde.

Demnach haben die Verbesserungen der muskulären Balance dazu beigetragen, dieser Forderung nachzukommen und den militärspezifischen Alltagsbelastungen (Kapitel 2.1) auch zukünftig besser standzuhalten, um eine (theoretische) Verringerung der Verletzungsquoten (Kapitel 2.1 und 2.4) zu ermöglichen. Diese Effekte sind, in Verbindung von IST-Programm und SRT-Zeptoring, zu erkennen, da die Experimentalgruppe (v.a. Gruppe „IST+SRT"; vgl. auch Grafiken 15/16;

Kapitel 6.1) positive Effekte erzielte, die Kontrollgruppe hingegen einen Leistungsrückgang (PRE – POST) verzeichnen musste (vgl. Kapitel 5.2; Tabellen 45 - 47).

Wie im Kapitel 6.2.3 und 6.2.4 beschrieben und dargestellt, sind die Übungen des IST-Zirkels damit den Belastungen (muskulär, metabolisch), Gegebenheiten (Trainingsgegenstände und -gewichte, unebene Bodenverhätlnisse, Klima) und v.a. den Bewegungsmustern (Laufen / Sprinten, Springen, teilweise mit Traglasten) des militärischen Alltags nachempfunden, voraus sich der Effekt und Transfer zu eben diesen Belastungsprofilen ergibt. Solche Kombinationen werden beispielsweise durch Laufbewegungen mit dem gleichzeitigen Mitführen von (variablen) Traglasten (Übungen *Farmers Walk I und II; Seesacklauf* etc.; vgl. Kapitel 4.3.1) zu einer Integration von variablen (inkonsistenten) Bewegungsaufgaben bei ausdauernden Belastungen. Während dieser Form des Trainings im Bereich der Kurzzeitausdauer (60 – 90 Sekunden Belastungsumfang; vgl. ZINTL / EISENHUT, 2001) müssen diese unbeständigen Bedingungen (Traglasten, unebender Untergrund etc.) neuronal verarbeitet und kontrolliert werden, was somit den realen Bewegungsanforderungen (vgl. Darstellungen / Beschreibungen aus Kapitel 2.1) entspricht.

Bezogen auf die Übungsauswahl des IST (siehe Kapitel 4.3.1), sind v.a. koordinative und alltagsnahe Übungen mit dem Fokus auf eine Verbesserung der Sensomotorik verwendet worden. Koordinative Anforderungen wurden hierbei durch Belastungskomponenten (unilaterale Gewichte, instabile Gewichtslasten / Gegenstände) erschwert und erwirkten damit einen trainingswirksamen Reiz. Diese vielfältigen und teilweise ungewohnten Bewegungsabläufe wurden somit durch die Veränderung (Eischränkung) der Sensorik beeinflusst. Das Bestreben war die Bewältigung dieser zusätzlichen Belastungskomponenten durch die Steigerung / Anpassung dieser spezifischen koordinativen Fähigkeit. Wichtige Komponenten für ein sensomotorisches Training sind unter anderem auch „...*Koordination, Kraft und Beweglichkeit...*", die im nächsten Punkt beschrieben und erläutert werden (SCHURR, 2011, S. 20 ff.). Hinsichtlich des Effektes dieser koordinativ- funktionellen Übungen bzw. Übungen, welche eine Instabilitätskomponente aufweisen (bspw. Übungen auf unebenem Untergrund), kam die Forschungsgruppe um HUBSCHER et al. (2010) zu dem Ergebnis, dass diese Trainingskomplexe das Risiko von Sprunggelenksverletzungen um – 50 %, Knieverletzungen um – 54 % und Verletzungen der unteren Extremitäten um – 39 % reduzieren helfen, da hierbei die gesamten arthroneuromuskulären Stabilisierungssysteme trainiert werden. Auch BEHM et al. (2010) forderten, dass eine kontrollierte Instabilitätskomponente im Training erfolgen sollte, um den Alltagstransfer und damit die Anforderungen an die Rumpfmuskulatur auszuprägen. Auch wenn durch ein solches Einwirken von Instabilitäten / Störgroßen nach ANDERSON / BEHM (2004) und BEHM et al. (2005 und 2006) Kraftverluste bzw. geringere Kraftsteigerungen als bei einem Krafttraining auf stabilem Untergrund (Anm.: bei IST war der Untergund ebenfalls „stabil", die Lasten jedoch „instabil" bzw. der Untergrund uneben) nachgewiesen wurden, sind die Variabilitäten in diesem Kontext dennoch zielführend, da sie einen trainingswirksamen Reiz im Sinne des Alltagstransfers erzielen sollen. Aufgabe des Krafttrainings im IST ist es folglich nicht primär maximale Gewichte zu bewegen oder alleinig hieran die Progression zu vollziehen, sondern vielmehr die Bedingungen des Alltags möglichst ohne Transferverluste darzustellen und die Anpassungseffekte (*Kraft, Koordination, Ausdauer etc.*) genau hierdurch sicherzustellen bzw. sich nicht nur auf eine motorische Fähigkeit zu spezialisieren, sondern eine möglichst breite (und gleichmäßige) Förderung der motorischen Parameter zu ermöglichen, um den Anforderungen des Alltags (die niemals nur eine motorische Fähigkeit isoliert beanspruchen) auf einen höheren Leistungslevel begegnen zu können.

REED et al. (2012) stellten die Bedeutung der segmentalen Muskelstabilität zur Kontrolle der Stabilität von Rumpf und Hüfte bei Bewegungen / Belastungen im Alltag gerade für Übungen / Belastungen wie *Kniebeugen* und Hebeübungen heraus. Sie betonen die Notwendigkeit einer Förderung eben dieser koordinativen Rumpfkraft, um Verletzungen zu vermeiden und die spezifische Leistungsfähigkeit zu steigern (siehe auch Darstellungen Kapitel 6.2.3). HYRSOMALLIS (2011) wies einen positiven Effekt durch ein Training zur Verbesserung der Balance durch Koordinationstraining auf die Genauigkeit / Effizienz bei Schießübungen nach.

Generell gilt für ein funktionelles bzw. koordinatives Rumpftraining, dass Übungen im Stehen (ohne passive Fixierung) denen im Sitzen bezüglich Anpassungseffekten (muskuläre Stabilisierung) überlegen sind (KIBELE / BEHM, 2009). Der Passus *funktionell* ist daher in diesem Kontext immer auf die realen Belastungen und Bewegungsmuster des militärischen Alltags (Kapitel 2.1) zu beziehen. Daher sind Übungen mit freien Gewichten immer den maschinengeführten Übungen in Anbetracht der Transferwirkung für alltagsspezifische Anforderungen überlegen. Ähnliches gilt für Übungen mit unilateralen Gewichtslasten (vgl. unterschiedliche Gewichtslasten bei *Kettlebell Military Press* oder *Farmers Walk I*; Kapitel 4.3.1) im Vergleich zu bilateralen Übungen. Bei maschinengeführten Übungen sind kaum koordinative Anpassungseffekte zu erwarten, ebenso erfordern bilaterale Ge-

wichtslasten geringere koordinative Anforderungen als ein Training mit unglei-
chen (unilateralen) Lasten (und damit einer stetig auszugleichenden Instabiliät /
Ungleichgewicht), die bewegt und gleichzeitig stabilisiert (tariert) werden müssen
(vgl. Kapitel 6.2.3). Durch die verschiedenen Bewegungsformen und Fortbewe-
gungsarten im Training (Laufen, Sprint, Zug- und Trageübungen, Sprünge etc.)
wird die Anpassungs- und Umstellungsfähigkeit (vgl. auch Anforderungen Testung BFT *11 × 10-m-Sprint*) als eine koordinative Komponente gefördert. Diese
komplexen, mehrgelenkigen Bewegungsmuster (z.B. Übung *Tire Flip*; Abbildungen 20 – 24) erfordern eine hohe Differenzierungs- und Steuerungsfähigkeit bzw.
trainieren diese. Wie bereits in Kapitel 6.2.3 anhand der Effekte des Schlingentrainings (ST) erläutert, wird im IST-Zirkel auch die Orientierungsfähigkeit als weitere Unterform bzw. Ausprägung der *Koordination* beansprucht, was zusammenfassend die Ausprägung und Vielschichtigkeit der Übungszusammensetzung des
IST Zirkels und damit dessen Wirkungsbreite auf die koordinativen Fähigkeiten
verdeutlicht.

Ein weiterer Bestandteil und ggf. Indikator für die ausgeprägten positiven Anpassungen liegt in der Tatsache begründet, dass in die Übungen im IST mehrere Gelenkstrukturen und Muskelgruppen involviert waren (siehe Darstellungen Kapitel 6.2.3). Während dieser Ganzkörpertrainingsübungen mit mehrdimensionalen
Bewegungsmustern wirken Trainingsreize auf nahezu den ganzen Körper ein (intermuskuläre Koordination) – dies zeigten ESCAMILLA et al. (1998) eindrucks-
voll durch den Vergleich der Übungen *Kniebeuge (Freihantel)*, *Beinpresse* und *Bein-
strecken (maschinengeführt)*. Am Beispiel *Kniebeuge* bedeutet dies, dass auf die unteren Extremitäten die zu bewegende Gewichtslast abwechselnd konzentrisch / exzentrisch wirkt, Funktionsbereiche wie LWS und (Teile der) unteren Extremitäten
statisch stabilisieren und damit eine Kombination von dynamischer und statischer
Muskelarbeitsweise vollzogen wird. Durch die notwendige Kraftübertragung
muss die wirbelsäulenumgebende Muskulatur diese Bewegungen und Lasten
kompensieren (Autostabilisation). In Bezug auf die muskuläre Aktivierung der
Beinstreck- und Beugemuskulatur sind *freie Übungen* (*Kniebeuge*) effektiver und
haben lt. ESCAMILLA et al. (1998) eine nahezu doppelt so hohe Muskelaktivität
im Vergleich zu maschinengeführten Übungen. Obwohl die muskulären Innervie-
rungen und die Gelenkbelastungen bei Ganzkörperübungen geringer als bei isolierten einbeinigen Übungen ist, sind solche Ganzkörperübungen (koordinativ)
anspruchsvoller / schwieriger und entsprechend anstrengender in der Durchführung (MCGILL / KARPOWICZ, 2009), was jedoch nach Erkenntnis des JOINT
SERVICES PHYSICAL TRAINING INJURY PREVENTION GROUP (2008) der

U.S. Army das effektivste Mittel zur Vermeidung der muskoskeletalen Trainings-verletzungen (verursacht durch das Verwenden zu hoher Gewichtslasten im Training) darstellt. Diese beschriebene koordinativ schwierige Ausführung bedeutet jedoch gleichzeitig hohe Ansprüche an eine technisch korrekte Durchführung und eine intensive Kontrolle (Trainingsaufsicht), um eine Überlastung bzw. technisch falsche Ausführungen zu vermeiden. Aus diesem Grund stellen derartige Trainingsübungen hohe Anforderungen an die Trainer bzw. Übungsleiter bezüglich Einweisung und Trainingsüberwachung. Die komplexen Bewegungen müssen kontrolliert, die hohen Trainingslasten korrekt bewegt und eine Überlastung des Bewegungsapparates vermieden werden.

In Hinblick auf die Bewegungsausführung führt MCGILL (2007) an, dass nicht eine zu geringe muskuläre Belastung, sondern eher ein zu großer und damit unphysiologischer Bewegungsradius bei gleichzeitig hoher Gewichtsbelastung kontraproduktiv ist, und empfiehlt daher, Übungen mit geringen Intensitäten, welche eine korrekte Bewegungsausführung ermöglichen/erleichtern. Auch hier ist erkennbar, dass nicht die Intensität, gemessen an der Trainingsgewichtslast, entscheidend ist, sondern vielmehr eine technisch korrekte Ausführung mit hohen Bewegungsvolumina. Da die Übungen im IST koordinativ sehr anspruchsvoll sind und gleichzeitig eine hohe Intensität (vgl. HF-Werte Grafiken 01 und 17) gegeben ist, werden auch deshalb keine maximalen Lasten bewegt (sondern die des militärischen Alltags; siehe Kapitel 2.1).

Zusammenfassend bedeutet eine Steigerung der spezifischen koordinativen Fähigkeiten eine Optimierung der alltäglichen Bewegungsabläufe, denn koordinative Fähigkeiten sind Leistungsvoraussetzungen des motorischen Handelns, die in verschiedenen Bewegungsphasen (Belastungen des militärischen Alltags – vgl. Darstellungen Kapitel 2.1) wirksam werden. *„Sie bauen auf Bewegungserfahrungen (motorisches Lernen durch komplexe Bewegungsmuster) auf und umfassen das Vermögen, aufgrund differenzierter Steuerungs- und Regelungsvorgänge Bewegungshandlungen in (un-)vorhersehbaren Situationen sicher und wirkungsvoll auszuführen."* (vgl. FRIEDRICH, 2007 S. 183). Diese Definition untermauert die Notwendigkeit von bewegungs- und belastungsspezifischen Übungsinhalten, die im IST Zirkel Verwendung fanden. SCHURR definiert dabei den Begriff *„sensomotorisches Training"* als *„...das Zusammenspiel von Sinnesorganen, Nervensystem und bewegungsführenden Organenen..."* (ebd., S. 18ff.) und führt an, dass *„...je besser die Sensomotorik ausgeprägt / trainiert ist, desto effektiver, sicherer und ökonomischer können Bewegungen im Alltag als auch im Sport ausgeführt werden."* (ebd.). Sensomotorisches Training stärkt dabei die *„...Tiefensensibilität und reflektorische Muskelarbeit des Körpers..."* (ebd.), was zu einer besseren Körperwahrnehmung (Bewegungssicherheit und -variabilität), Bewegungsökonomie und Gelenkstabilität führt und durch die positiven Effekte der Experimentalgruppe und Subgruppe „IST+SRT" durch die verbesserten Re-Testergebnisse (vgl. Kapitel 5.2) verdeutlicht wurde. Eben diese Optimierung der Sensomotorik/ *Koordination* führen zu höheren motorischen Leistungspotenzialen, die durch die Ergebnisse der Experimentalgruppe verdeutlicht werden konnten, und stellen gleichzeitig die Basis für die Verletzungsprävention dar.

6.2.6 Überprüfung der Wirkung des Zeptoring und Darstellung der *Ad-hoc-Effekte*

Eine gute neuromuskläre Kontrolle zeichnet sich dadurch aus, dass das ZNS möglichst schnell sich ändernde Einwirkungen (Bewegungen, Richtungswechsel oder Kräfte) auf ein Gelenk erfasst und Bewegungsmuster „erstellt", die von den entsprechenden motorischen Einheiten in Bewegungen umgesetzt werden. Konkrete Gegebenheiten wie Unterschiede in der Geschwindigkeit und/oder dem Untergrund werden somit schnell austariert, Kraft schneller entfaltet und die entsprechenden Gelenkbereiche früher muskulär stabilisiert. Diese Fähigkeiten sind unter Betrachtung der in Kapitel 2.1 dargestellten Aufgaben und Belastungen des militärischen Alltags von besonderer Bedeutung. Um zu überprüfen, inwieweit die Auswirkungen der SRT diese neuronalen/propriozeptiven Leistungsfähigkeiten zeinah beeinflussen (*Ad-hoc-Effekte*), wurde eine Überprüfung dieser Fähigkeiten parallel zur Untersuchung des IST-Trainings an der LL-LTS vorgenommen.

Versuchsaufbau:

Zur Untersuchung der Effekte wurden 17 Probanden (Stammpersonal der LL-LTS) radomisiert selektiert und getestet. Das Durchschnittsalter lag bei 24,76 ± 6,96 Jahren. Der jüngste Proband war 18 Jahre, der älteste 39. Alle Probanden waren physisch voll belastbar und nahmen an der Untersuchung freiwillig teil. Die Aufteilung der Probanden in Experimental- (Treatment Zeptoring) und Kontrollgruppe (kein Treatment) erfolgte zufällig. Die Auswertung der Ergebnisse der *Testor*-Untersuchung zum Zeitpunkt der ersten Messung (PRE) ergab, dass es keinen signifikanten Unterschied zwischen den Gruppen in Bezug auf die Werte *mittlere Auslenkung* und *Spannweite* gab, was bedeutet, dass die beiden Untersuchungsgruppen vergleichbar sind.

Wie auch bei der in Kapitel 4.3.5 beschriebenen Messung wurde hier mit dem *Testor*-Messapparat gearbeitet. Im Unterschied zur Koordinationsmessung (*Testor*) wurde in dieser Untersuchung ein "Störreiz" bewusst und manuell erzeugt. Dies geschah, um eine Provokation zentralmotorischer Steuerungsprogramme für eine erhöhte motorische Stabilisierung auf einer gedämpften instabilen Plattform mittels eines pneumatisch ausgelösten Luftdruckstoßes zu erzeugen.

Untersuchungsablauf:

Jeder Proband wurde zuerst in den Testverlauf eingewiesen. Zu Beginn der Testung stellte dieser sich mit beiden Beinen auf die Messplatte (30 Sekunden). Danach folgten drei Durchgänge im einbeinigen Stand (jeweils 30 Sekunden) mit dem vom Probanden bevorzugten Bein. Intention war es, einen stabilen und ruhigen Stand aufrechtzuerhalten um eine Gewöhnung an diese Bedingungen zu ermöglichen. Die Arme waren seitlich verschränkt, die Hände an der Hüfte aufgestützt (vgl. Abbildung 80). Die Beine durften sich nicht berühren, ein Anlehnen an die Wand, ein Abstellen des angehobenen Fußes am Boden etc. musste vermieden werden.

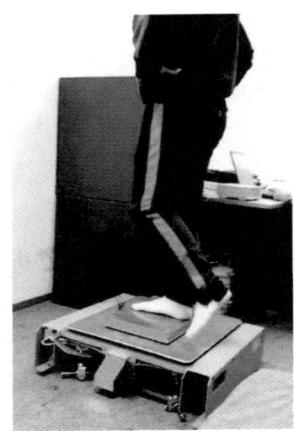
Abbildung 80: Testposition *Testor*

Abbildung 81: Standposition *Zeptor*

Jede Abweichung dieser Position wurde vom Testleiter registriert und dokumentiert. Somit konnte, neben der PC-gestützten Erfassung der mittleren Auslenkung, auch das Verhalten des Probanden bei Verlust des Gleichgewichtes bewertet werden bzw. eine subjektive (neben der objektiven) Bewertung, der Bewegungsab-weichungen vorgenommen werden. Jegliche Schwingungen (horizontal) sollten möglichst gering gehalten werden. Durch die freie Aufhängung der Bodenplatte des *Testors* wurden Bewegungen mittels Messaufnehmer am Gerät ermittelt, an die PC-Schnittstelle geleitet und dort aufgezeichnet. Je besser die Kontrol-le/Standstabilität war, desto weniger Bewegungen bzw. Wegstrecke (in mm) wurden erzeugt (vgl. Beschreibungen Kapitel 4.3.5).

Nach einer kurzen Pause erfolgte die Hauptmessung. Hierbei stellte sich der je-weilige Proband erneut auf die Messplatte. Diesmal wurden Störreize (von late-ral) mittels Luftdruck ausgelöst, die einen Verlust der Körperkontrolle erwirkten. Die Aufgabe des Probanden lag darin, die verlorene Körperstabilität schnellst-möglich wiederherzustellen. Jeder Messdurchgang dauerte 60 Sekunden, in de-nen die Störreize erzeugt wurden. Danach vollzog die eine Gruppe der Proban-den das Zeptoring, die andere Gruppe pausierte zwischen den beiden Störgrö-ßenmessungen. Die Probanden der Gruppe „Zeptoring" (Experimentalgruppe) stellten sich unmittelbar nach der *Testor*-Phase für 60 Sekunden (Einbeinstand) auf das Zeptor-Gerät (siehe Abbildung 81), wobei 30 Sekunden die mediale, 30 Se-kunden die laterale Standposition gewählt wurde. Die Zeit von 60 Sekunden wurde bewusst gewählt, da auch die Probanden der Hauptstudie (Subgruppe „IST+SRT") ein ebenfalls 2 × 30-sekündiges Treatment erfuhren, und somit die Auswirkungen der Effekte vergleichbar wären. Nun wurde erneut die *Testor*-Störgrößenmessung (unter denselben Bedingungen wie in der ersten Phase vor dem Zeptoring) vollzogen. Die Kontrollgruppe pausierte für die gleiche Dauer, damit auch hier ähnliche Verhältnisse vorlagen. Ausgewertet wurden nur diejeni-gen Probanden, welche in beiden *Testor*-Phasen (PRE/POST) die gleiche Anzahl Störreize bekamen. Demnach wurden 11 Probandenwerte für die Experimental-gruppe (Zeptoring) und 6 Datensätze/Probandenergebnisse der Kontrollgruppe (kein Zeptoring) verwertet.

Ergebnisse Störgrößentestung:

in mm	Experimentalgruppe (Zeptoring)			
	Pre		Post	
	Mittelwert	Std.-Abw.	Mittelwert	Std.-Abw.
Mittl. Ausl.	3,66	0,98	2,78	0,87
Spannweite	55,40	16,33	42,23	18,04

in mm	Kontrollgruppe			
	Pre		Post	
	Mittelwert	Std.-Abw.	Mittelwert	Std.-Abw.
Mittl. Ausl.	4,00	0,89	3,54	1,26
Spannweite	62,70	19,60	50,93	25,89

Vergleich Ergebnisse Pre - Post		
	Experimental	Kontroll
Mittlere Ausl.	24,0%	11,5%
Spannweite	23,8%	18,8%

Tabelle 57: Ergebnisübersicht Störgrößentestung

Aufgezeichnet wurde die Wegstrecke, welche die Messplatte zurücklegte, wenn der Proband sich auf dieser bewegte bzw. diese durch die Ausgleichsbewegungen des Probanden (zur Gleichgewichtsstabilisierung) bewegt wurde. Durch das manuelle Auslösen der Störreize wurden entsprechende Impulse produziert, die zu einer vergrößerten Auslenkung der Wegstrecke führten. Gemessen wurde in mm, als neutrale Position wurde die Standposition zum Messbeginn festgesetzt. Es wurden 2000 Werte/Sekunde (200 Hz) aufgezeichnet (vgl. Darstellungen Kapitel 4.1.5). Zur visuellen Verdeutlichung der Ergebnisse dienen die exemplarischen Grafiken 18 (Proband Experimentalgruppe Treatment: „Zeptoring") und 19 (Proband Kontrollgruppe).

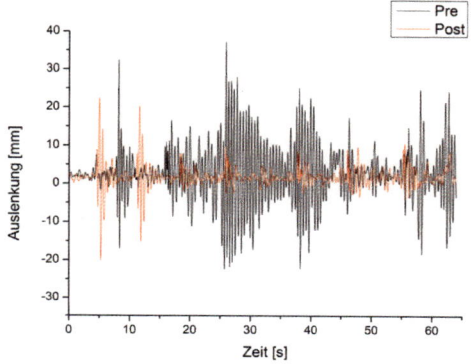 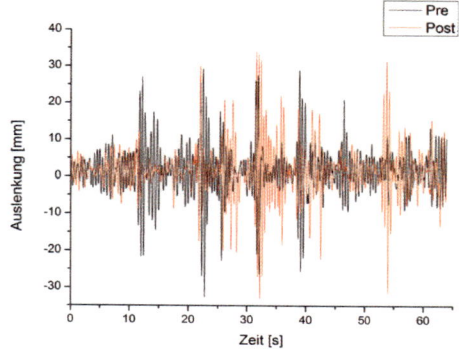

Grafik 18: exemplarische Darstellung Ergebnis Störgrößen-Test (Proband Experimentalgruppe)

Grafik 19: exemplarische Darstellung Ergebnis Störgrößen-Test (Proband Kontrollgruppe)

Die Darstellungen / Messaufzeichnungen PRE (schwarz) und POST (rot) stellen jeweils die mittleren Auslenkungen der Messungen durch den *Testor* dar. Bei diesen Grafiken wird ein Teilergebnis der Tabelle 57 verbildlicht. Die Probanden, welche das Treatment „Zeptoring" zwischen den *Testor*-Messungen durchliefen, verringerten deutlicher die Auslenkungen, was mit einer verbesserten neuromuskulären Aktivierung und damit stärkeren posturalen Kontrolle verbunden ist (geringerer Gleichgewichtsverlust). Die Reaktion auf den Störreiz fiel geringer aus, was sich in einer schnelleren Stabilisierung der Standposition / des Gleichgewichts und damit einer optimierten neuromuskulären Aktivität erklären lässt.

Die Überprüfung der Ergebnisse wurde mittels SPSS vollzogen, es wurde die zweifaktorielle Varianzanalyse mit Messwiederholung angewendet (Ergebnisübersicht – siehe Anhang 18).

Die Ergebnisse der Gruppe „Zeptor" zeigen eine hochsignifikante ($p < 0{,}01$) Reduktion der *mittleren Auslenkung* von – 24,0 % von 3,66 ± 0,98 mm (PRE) auf 2,78 ± 0,87 mm (POST) und eine signifikante ($p < 0{,}05$) Reduzierung der *Spannweite* (Wegstrecke zwischen den beiden Punkten der maximalen Auslenkung) von – 23,8 %. Die Ergebnisse vor dem Zeptoring (PRE) lagen im Mittel bei 55,40 ± 16,39 mm und verringerten sich entsprechend auf 42,23 ± 18,04 mm zum Messergebnis nach dem Zeptoring (POST), was folgende Grafik darstellt.

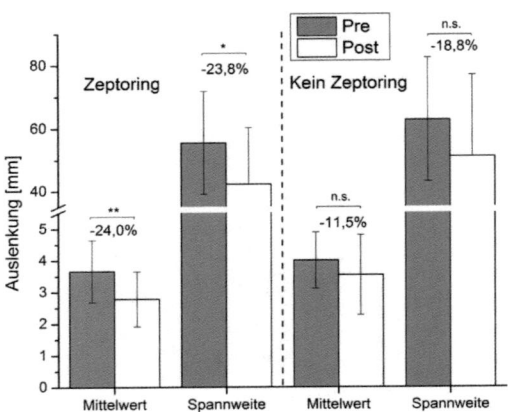

Grafik 20: Ergebnisse Störgrößen-Test Experimental vs. Kontrollgruppe PRE – POST

Anmerkung: n.s. = nicht signifikant ; * = $p < 0,05$, ** = $p < 0,01$

Die Ergebnisse der Kontrollgruppe (kein Zeptoring) zeigten ebenfalls eine Verbesserung, die jedoch geringer als die der Experimentalgruppe und nicht signifikant ausfiel. Die Messwerte (Grafik 20) der Kontrollgruppe zeigten eine Verringerung der *mittleren Auslenkung* (Reduktion der Bewegungsabweichungen) um – 11,5 % von 4,00 ± 0,89 mm (PRE) auf 3,54 ± 1,26 mm (POST) und eine Reduktion der *Spannweite* um – 18,8 % von 62,70 ± 19,6 mm auf 50,93 ± 25,89 mm (vgl. Tabelle 57).

Interpretation:

Die Ergebnisse zeigen einen eindeutig positiven und signifikanten Effekt auf die Körperpositionskontrolle durch die stochastische Resonanztherapie nach bereits einminütiger Anwendung bei der Experimentalgruppe. Beide Untersuchungsgruppen erzielten einen positiven Anpassungseffekt. Weil die Kontrollgruppe keine (SRT) Anwendung erfuhr, sind die deutlicheren Anpassungseffekte (Reduktion der *mittleren Auslenkung* und *Spannweite*) auf das Zeptoring (Experimentalgruppe) zurückzuführen.

Eine Verbesserung der neuronalen Aktivität, dargestellt durch eine schnellere Ausbalancierung nach einer definierten Störgröße, bedeutet ein intensiveres und effektiveres Zusammenwirken des Nerv-Muskel-Systems. Im Alltag heißt dies eine Verbesserung der *Koordination,* eine Prävention vor Verletzungen und eine Leistungssteigerung durch ökonomischere Bewegungsabläufe (siehe Ausführungen Kapitel 6.2.5). Wie die Ergebnisse der „Zeptor-Gruppe" zeigen, hat diese Maßnahme zu einer reaktiven Stabilisierungsfähigkeit geführt, denn die Störreize und der damit provozierte und auch erwirkte Verlust der Körperposition/-kontrolle wurden schneller wiederhergestellt. Bei einer gut ausgeprägten *Koordination* werden Bewegungen mit vermindertem Energieaufwand und reduziertem Sauerstoffbedarf durch verminderte Krafteinsätze vollzogen (Bewegungsökonomie). Diese Krafteinsätze sind zusätzlich umso geringer, je höher die individuelle Kraftleistung ausgeprägt ist – was das Hauptargument (neben der Verletzungsprophylaxe, vgl. Kapitel 2.1 und 2.4) für ein entsprechendes koordinatives Krafttraining (vgl. Kapitel 6.2.3 und 6.2.5) ist. Alle diese Anpassungen führen schließlich zu einer erhöhten Leistungsfähigkeit und einer geringeren bzw. später eintretenden Ermüdung, was alle Ergebnisse (siehe Kapitel 5.2) der Experimentalgruppe (Tabelle 45) und im Speziellen die Resultate der Subgruppe „IST+SRT" (Tabelle 46 bzw. Grafiken 15 und 16; Kapitel 6.1) belegen, da diese Probanden mit einer erhöhten neuromuskulären Sensibilisierung das unmittelbar folgende Trainingsprogramm absolviert haben und in diesem durch ökonomischere Bewegungsabläufe mehr Leistung freisetzen konnten. Dies kann sich in der Bewältigung einer höheren *workload* (gesteigertes Wiederholungsmaximum in gegebener Zeit) und einen damit erhöhten Trainingsreiz widerspiegeln. Dieser folglich erhöhte Stimulus erwirkt entsprechend höhere Anpassungseffekte.

Demnach wird verdeutlicht, dass die *Koordination* Grundlage jeder Bewegung ist und als Basis einer Leistungssteigerung gilt (siehe Kapitel 6.2.5). Generell sind die Grafiken mit den Ergebnissen und Darstellungen (Grafiken 12 und 13) des Kapitels 5.1.3 zu vergleichen. Hier zeigt sich jedoch, dass die Ergebnisse keine signifikanten Unterschiede ($p = 0,239$) ergaben, somit die Anpassungen der Experimentalgruppe (Treatment: Zeptoring) nicht stark genug waren, bzw. die Anwendung des SRT nicht lang genug (vgl. auch Kapitel 5.2 und 6.1).

Dennoch wiederholen sich bei dieser *Ad-hoc-Testung* (Störgröße) die Effekte (prozentualen Veränderungen PRE-POST) in einem noch deutlicheren Maße (als bei der *Testor-*Koordinationstestung; vgl. Ergebnisse Kapitel 5.1.3) und zeigen damit die unmittelbaren positiven Effekte des SRT auf die posturale Kontrolle. Somit führt die Verwendung der SRT vor einem koordinativen Konditions-Trainingsprogramm (IST) zu einem noch höheren Trainingsreiz und damit -effekt. Im Hinblick auf die geringe Zeit, die für das Zeptoring (1 Minute/Proband) aufgewendet wurde, ist die Effizienz dieser Anwendung hervorzuheben, wenn auch eine längere Anwendungszeit ggf. noch signifikantere Ergebnisse erzielt haben könnte, was diverse Studien (vgl. Kapitel 6.1) zeigen konnten.

Im Kontext einer Verletzungsprophylaxe, die v.a. für die komplexen und intensiven Beanspruchungen und Bewegungsbilder der Klientel *Infanterist* bzw. *Fallschirmjäger* (vgl. Kapitel 2.1) von besonderes Relevanz sind, stellt die Verbesserung der *Koordination* und sensomotorischen Leistungsfähigkeit die Basis zur Verringerung möglicher Verletzungen des Bewegungsapparates dar. Die Aufgabe des neuromuskulären Systems, mit Hilfe der Stützmotorik bestimmte Gelenkstellungen zu halten (z.B. Landefall beim *Fallschirmsprung*) oder mit Hilfe der Zielmotorik auf Stellungs- oder Haltungsänderungen zu reagieren, fördert also nicht nur die Leistungsfähigkeit (z.B. beim Laufen auf unebenem Untergrund mit gleichzeitigem Mitführen von Ausrüstungslasten etc., wie es in Gefechtssituationen gegeben ist; vgl. Kapitel 2.1), sondern bedeutet auch die Chance auf eine Reduktion von Verletzungen am Bewegungsapparat. Der Einfluss der SRT auf diese Störgrößenbewältigung ist nach diesen Ergebnissen erkennbar und kann als Begründung für die besseren Ergebnisse der Teilgruppe „IST+SRT" (vgl. Tabelle 46; Kapitel 5.2) innerhalb der Experimentalgruppe dieser Studie gesehen werden.

6.2.7 Ausbildungsanforderungen und Konsequenzen auf die Leistungsfähigkeit

Wie die Darstellungen der Ergebniszusammenfassung beider Gruppen verdeutlichen, konnte eine eindeutige und (teilweise) hochsignifikante Verbesserung der getesteten physischen Leistungsparameter bei der Experimentalgruppe nachgewiesen werden, während die Leistungen der Kontrollgruppe eine ebenso eindeutige Verschlechterung der körperlichen Leistungsfähigkeit zeigte (vgl. Kapitel 5.2; Tabellen 45, 50 und 51).

Obwohl die Lehrgänge hinsichtlich der Ausbildungsinhalte und -dauer gleich intensiv und lang waren, wurden sie von den Teilnehmern der Experimentalgruppe als weniger fordernd empfunden, als es die Probanden der Kontrollgruppe angaben (vgl. Tabelle 41 und 42, Kapitel 5.1.5). Dies kann ein Indikator für die Steigerung der Leistungsfähigkeit durch die Trainingsintervention sein, da die Frage nach der Lehrgangsbelastung am Ende des Lehrgangs erfolgte. Ein anderer Grund mag darin liegen, dass die Probanden der Experimentalgruppe bedingt durch ihre fordernde Gesamtausbildung *KdoAnwModell* (vgl. Darstellung Kapitel 2.5 und Tabelle 01) die Lehrgangsbelastungen und -gegebenheiten „gewohnt" sind, während die Teilnehmer der Kontrollgruppe (Offiziere/-anwärter vor/nach dem Studium) den Lehrgang als Wiedereingliederung und Auffrischung der infanteristischen Fertigkeiten vollzogen und damit die Anstrengungen als intensiver (da ungewohnter) empfanden.

Diese unterschiedlichen Entwicklungen der körperlichen Leistungsfähigkeit innerhalb des Betrachtungszeitraumes (jeweils 7 Wochen) lassen auf eine allgemein negative Einflussnahme der Lehrgangsbedingungen bezüglich der physischen Fitness der Lehrgangsteilnehmer schließen. Nur bei der Experimentalgruppe wurde ein strukturiertes Trainingsprogramm (IST Zirkel) bzw. die zusätzliche SRT absolviert. Die Kontrollgruppe vollzog nur den Dienstsport (unregelmäßig).

Die Anstrengungen der militärischen/infanteristischen Ausbildung werden auch von diversen Studienergebnissen belegt, die Auswirkungen einer intensiven Ausbildung untersuchten und damit die Notwendigkeit einer Regenerationsphase verdeutlichen (NINDL et al. 2002 und 2007). Die militärische Ausbildung ist also stets eine schwierige Gratwanderung zwischen Trainingsbelastung und notwendiger Regeneration. Durch ausbildungsorganisatorische Aspekte ist dem Training zur körperlichen Leistungssteigerung nur ein geringer wöchentlicher Zeitrahmen von 2 × 90 Minuten beigemessen (vgl. Kapitel 2.5 und 4.1.5) worden. Weiterhin führt die in den untersuchten Lehrgängen (Experimental- und Kontrollgruppe) intensive Ausbildung (teilweise mit Schlafentzug bzw. ausbildungsbedingt reduzierten Erholungszeiten; siehe exemplarische Beschreibung der *Gefechtsübung*; Kapitel 4.4.4) zu einer Einschränkung der Erholungsfähigkeit, was die Leistungsentwicklung entsprechend mindert. Ein zusätzliches intensives Training jedoch führt zur Erhöhung des Regenerationsbedarfs. Wurde diese Tatsache nicht berücksichtigt, so bedeutete dies nach FRIEDL et al. (1995) einen Rückgang der kognitiven Fähigkeiten bzw. einen Konzentrations- und Leistungsverlust und damit einer potentiellen Verletzungsgefahr. Bei einer geringeren durchschnittlichen Schlafdauer als 7 Std./Tag trat eine Leistungsreduktion von ca. 25 % ein, was von verschiedenen Studien (ARMSTRONG, 2000; HASLAM, 1982, 1983 und 1985) beschrieben wurde. Eine Reduzierung der Ausdauerleistungsfähigkeit (ARMSTRONG, 2000; CASTELLANI et al., 2003) und Muskelkraft (SYMONS et al., 1988) während der fordernden militärischen Ausbildung konnte von diesen nachgewiesen werden. Physischer und psychischer Stress wurde durch ein ausbildungsbedingtes Schlafdefizit bzw. eine verminderte Regenerationszeit (< 7 Std./Tag) gesteigert (BUGUET, 1995). Ein deutliches Absinken des Testosteronspiegels (um durchschnittlich – 28,6 %) durch eine vorhergehende stark ermüdende Belastung und die gleichzeitige Parasympathikusaktivierung (durch psychischen Stress) wurden von JOUAININ et al. (2004) beobachtet. Solche ermüdungsbedingten Symptome werden häufig durch zu intensives Training verursacht, bzw. dieses benötigt entsprechend längere Regenerationsphasen, welche oft mit der Ausbildungsdichte konkurrieren und demnach nicht realisiert werden können. Unter diesem Gesichtspunkt (negativer Einfluss auf die endokrine Reaktion) sind die in Kapitel 6.2.3 genannten positiven hormonellen Reaktionen (erhöhte GH / Testosteron-Spiegel nach dem Training) auf *Strongman*- Übungen (GHIGIARELLI et al., 2013; WINWOOD et al., 2011) bzw. Übungen mit dem Schlingentrainer (DUDGEON et al. 2011; SCHEET et al., 2011) und durch das Vibarationstraining (vgl. BOSCO et al., 2000; siehe Kapitel 2.3) genannt, denn diese Studien bezogen sich auf Übungen die auch im IST (bzw. der zusätzlichen SRT) verwendet wurden. Somit kann ein solches Training (IST + SRT) als Kompensation von ausbildung- bzw. ermüdungsbedingten negativen hormonellen Reaktionen (JOUAININ et al., 2004) in Betracht gezogen werden, wenn gleichzeitig ausreichend lange Regenerationszeiträume gegeben sind bzw. die Belastungsintensität des Trainings nicht zu einer hohen Erschöpfung führt.

Denn die in Kapitel 6.2.1 diskutierten Zusammenhänge zwischen der Häufigkeit der Trainingseinheiten und den nachgewiesenen Effekten (je geringer die Trainingshäufigkeit und -dauer, desto höher die nachgewiesenen Effekte; vgl. Ergebnisse der Probandengruppen von HARMAN et al. und HEINRICH et al.; ebd.) verdeutlichen diese Notwendigkeit von ausreichenden Regenerationsphasen während der militärischen Ausbildung.

Diese Darstellungen veranschaulichen die Problematik, dass die Bedingungen für eine Steigerung der körperlichen Leistungsfähigkeit im Lehrgangsverlauf ungünstig waren und sind, da v.a. die Regenerationsphasen (bedingt durch die Ausbildungsdichte) sehr gering ausfallen, damit die geforderten Ausbildungsinhalte in der zur Verfügung stehenden knappen Lehrgangsdauer vermittelt werden können (siehe Kapitel 2.5.; Tabelle 01). Daher sind aber auch zu intensive und umfangreiche Trainingsinterventionen kritisch zu betrachten. Der Zusammenhang zwischen dem Auftreten von Überlastungen und Verletzungen durch Erschöpfung (zu geringe Regenerationszeiten und/oder zu intensives Training) wurde von BERGERON et al. (2011) beobachtet. In ihrem Konsensusbericht fordern diese, dass das Training vielmehr dazu beitragen sollte, die *combat readiness* zu sichern und nicht diese zu gefährden. Sie postulieren daher, dass v.a. eine individuelle und strukturierte Belastungsintensität und -progression sichergestellt werden muss, was v.a. für Anfänger und ungeübte (und auch für unerfahrene Trainer/Übungsleiter) gilt. Bedingt durch zu hohe bzw. unspezifische Belastungsintensitäten zeigten KNAPIK et al. (2001B) sogar, dass die Teilnehmer der *FTU (Fitness Training Unit)*-Gruppe schlechter beim *Combat-Training* (Gefechtsausbildung) abschnitten als die Probanden der *non FTU*-Gruppe, die ein weniger intensives Training absolvierten. SWAIN et al. (2011) zeigten eine Reduktion der Schießleistungen, die auf ein zu intensives und einseitiges (anaerobes) Training zurückzuführen waren. Hinweise auf eine erhöhte Kortisolausschüttung nach Krafttrainingsprogrammen (in Verbindung mit dem fordernden Militärtraining) als Zusammenhang für eine mögliche Gefährdung der militärspezifischen körperlichen Leistungsfähigkeit wurde in einer Studie von SANTILLA et al. (2010) nachgewiesen (was die o.g Problematik unterstreicht). In den 8 Wochen Grundausbildung bei der *U.S. Army* kam es bei 25 % der männlichen und 55 % der weiblichen Soldaten zu Verletzungen bzw. Überlastungen, die auf zu intensive Trainingsreize zurückzuführen waren. Bei den untersuchten *Infanterie-* und *Spezialkräften* wurden 10 – 12 Verletzungen je 100 Monate gemessen, die jedoch zu 80 – 90 % auf die Gefechtsausbildung zurückzuführen sind (MOLLOY et al., 2012). Nach SMITH / CASHMAN (2002) sind 50 % der Verletzungen bzw. Krankmeldungen durch die Sportausbildung/Dienstsport (vgl. Aussagen von ULMER etc., Kapitel 2.2.2) verursacht, 30 % beziehen sich allein auf das Lauftraining. Vor allem der Fakt, dass die laufspezifischen Verletzungen der unteren Extremitäten zu einem um bis zu 7-mal längeren Genesungsprozess führen, unterstreicht die Problematik eines zu intensiven und einseitigen Lauftrainings (ebd.).

SPORIS et al. (2012) zeigten für eine Dauer von 8 Wochen positive Anpassungen der Fitness, erwirkt durch ein intensives Training, sprechen aber gleichzeitig von einem *body burnout*, wenn zu intensiv (begleitend zur militärischen Ausbildung) trainiert wird. GIOVANNETTI et al. (2012) beschreiben eine Zunahme der VO_{2max}, aber auch einen gleichzeitigen Zuwachs der Verletzungsquoten durch Training im Rahmen der *fit to fight*-Maßnahme der *U.S. Air Force*. Dies beweist zwar die Effekte dieser Maßnahme auf die Steigerung der körperlichen Leistungsfähigkeit, gleichzeitig wird jedoch auch die Notwendigkeit einer individuellen Belastungsdosierung und fachlichen Trainingsbetreuung verdeutlicht.

Neben den hohen Verletzungsquoten eines zu einseitigen, zu intensiven und umfangreichen Lauftrainings (SMITH / CASHMAN, 2002) wurden im Speziellen Ausbildungsinhalte wie Kampfsport / Nahkampf (POSSLEY / JOHNSON, 2012) und der Dienstsport (AMMEN, 1999; ERLEY, 1993; ERLEY/ULMER, 1995; ULMER, 1999 und 2002) genannt. Während eine Nahkampfausbildung für viele Verwendungsreihen eine absolute Notwendigkeit darstellt und eine realistische (und damit intensive und fordernde) Umsetzung der Methoden notwendig und zweckmäßig macht, sind die hohen Verletzungsquoten im (Dienst)-Sport vermeidbar (SAMMITO, 2011B). Ein militärspezifischen Fitness-Trainingsprogramm soll daher immer nur die Aufgabe haben, die Leistungsfähigkeit für die Ausbildung/den Einsatz zu erhalten bzw. zu erhöhen.

Die Darstellung der Verletzungsgefahr durch zu intensive Trainingsbelastungen und der Trainingsinhalte und -übungen (Kapitel 4.3.1 und 6.2.3 - 6.2.5) verdeutlichen die Bedeutung einer fundierten Trainingssteueurung und -aufsicht. Vor allem der Umstand, dass die hohen koordinativen Anforderungen nur dann erfüllt werden können, wenn sie nicht ermüdungsbedingt eingeschränkt sind, zeigt die Gratwanderung hinsichtlich der Progressionsgestaltung auf. Zum einen weisen die durch die HF-Daten (Tabelle 36; Kapitel 5.1.4 und Grafiken 01 bzw. 17) und Angaben der Probanden (Tabelle 41; Kapitel 5.1.5) nachgewiesenen hohen Intensitäten auf den hierdurch erzielten Trainingsreiz und -effekt hin (der durch zahlreiche Studien, vgl. Kapitel 2.2.2, 2.2.3 und 6.2.3 bis 6.2.5 belegt ist); zum anderen zeigen die oben aufgeführten Studien eine erhöhte Verletzungsgefahr bei zu hoher bzw. unspezifischer Trainingsintensität. Demnach muss die Trainingsaufsicht bzw. die Lehrgangsplanung dafür Sorge tragen, dass ein Training nur im (relativ) ausgeruhten Zustand durchgeführt wird, denn *„...für ein sicherers und effektives Training im Sinne der Koordinationssteigerung muss die Qualität der Bewegung immer gesichert sein."* (CHWILKOWSKI, 2006, S. 60). Ist dies nicht gegeben, muss die Bewegungsdurchführung abgebrochen werden. Diese Tatsachen verdeutlichen erneut die Anforderungen und Aufgaben der Ausbilder während der Trainingsdurchführung.

Zusammenfassend gilt also, dass die Trainingsimpulse möglichst hoch ausfallen müssen und die Ausführung überwacht wird, damit eine leicht überschwellige Reizung und damit Leistungsanpassung erwirkt wird (Effekt), gleichzeitig jedoch, die Intensität des Trainingsinputs keinen erhöhten Regenerationsbedarf erfordert oder gar Überlastungen bedeutet.

Auf Grund der Testergebnisse (vgl. Tabellen 45; Kapitel 5.2), aber auch den Angaben der Befragungen (Tabellen 41, 43 und 44; Kapitel 5.1.5) zufolge zeigt sich, dass neben den gemessenen positiven Effekten keine unangemessen hohe Belastung/Erschöpfung durch das IST-Training ersichtlich war. Sowohl das subjektive Belastungsempfinden (siehe Tabelle 41; Kapitel 5.1.5), die höchstsignifikante (p < 0,001) Reduktion der wahrgenommenen Intensität von 6,89 ± 2,05 in der 1. TE auf 5,05 ± 2,31 in der letzten TE (Anm.: Angaben wurden damit unter den Wert der wahrgenommenen Belastung des gesamten Lehrgangs von 5,31 ± 1,89 angegeben) als auch die objektive Trainingsbelastung (dargestellt anhand der HF-

Werte; vgl. Tabelle 36; Kapitel 5.1.4: Reduktion der HFmax./HF $\varnothing$ Werte um −
4,05 %, p < 0,001 bzw. − 7,07 %, p < 0,05; 1. vs. 14. Trainingseinheit) verdeutlichen,
dass die Anpassungen an die Belastungen zügig erfolgten. Die aktuelle subjektiv
empfundene Leistungsfähigkeit/physische Belastbarkeit war bei den Probanden
der Experimental- und Kontrollgruppe nach dem Lehrgang besser/höher als vor-
her (vgl. Tabelle 41 und 42). Für die Befragten der Kontrollgruppe stellte sich die
körperliche Belastung des Lehrgangs mit 6,68 ± 1,89 intensiver/belastender dar
(siehe Tabelle 44; Kapitel 5.1.5), als dies die Probanden der Experimentalgruppe
äußerten (5,31 ± 1,89; vgl. Tabelle 43). Für letztere mag die Lehrgangsbelastung
bedingt durch die allgemein hohe Ausbildungsbelastung (*KdoAnwModell*) gewohnt gewesen sein, was bei den Offizieren/-anwärtern (Kontrollgruppe) bedingt durch die theorielastigere allgemeine Ausbildung nicht der Fall sein könnte.

Die Mehrzahl (78,95 %) der Trainingsteilnehmer (Experimentalgruppe) gaben an,
dass das Training eine subjektive Leistungssteigerung erwirkte (siehe Tabelle 43;
Kapitel 5.1.5), was als Erklärung für die nachträglich bewertete geringere empfundene physische Anforderung des Lehrgangs erklären kann. Diese Angaben
wurden auch von den Ausbildern geteilt, nahezu jeder sah eine Leistungssteigerung der Lehrgangsteilnehmer als gegeben an (vgl. Tabelle 44: 87,5 %). Alle Ausbilder würden das Training weiterführen, da auch die Umsetzbarkeit (neben der
Effizienz) von fast allen (siehe Tabelle 44) als vergleichsweise (zum Dienstsport)
weniger komplex eingeschätzt wurde.

Diese Angaben und Auswertungen verdeutlichen, dass neben den in Kapitel 5.1.1
− 5.1.4 nachgewiesenen positiven und leistungssteigernden Auswirkungen des
Trainings auf die Angehörigen des Experimentalgruppe auch die Überzeugung
der Beteiligten (Trainingsteilnehmer und Ausbilder) überwog, dass die Umsetzung bzw. Durchführung der Trainingsintervention erfolgreich verlaufen sei (vgl.
Tabellen 43 und 44; Kapitel 5.1.5).

Die Erkenntnis über die Verschlechterung der Leistungsfähigkeit während bzw.
bedingt durch den Lehrgang sollte als Argument für eine frühzeitige präventive
Trainingsmaßnahme zur Vermeidung dieser Umstände dienen. Die Lehrgangsteilnehmer benötigen eine hohe und langfristig aufrechtzuerhaltende physi-
che Fitness um die Ausbildungs- und Einsatzbelastungen (vgl. Kapitel 2.1) zu
kompensieren und die bekannten (siehe Ergebnisse der Kontrollgruppe in Tabelle
50) Ausmaße der lehrgangsbedingten Leistungsreduktion durch eine Erhöhung
der *military fitness* im Vorfeld entgegenzuwirken.

6.2.8 Auswirkungen der Treatments auf die Verletzungsprophylaxe

Die dargestellten Anpassungen und Steigerungen der Leistungsparameter der Experimentalgruppe zeigen die Ausprägungen der verschiedenen motorischen Fähigkeiten auf einem höheren Niveau was als Steigerung der Belastungsressourcen (vgl. militärspezifische Alltagsbelastungen; Kapitel 2.1) und damit als Schutz vor überlastungsbedingten Verletzungen zu werten ist, dies wurde jedoch nicht durch diese Studie untersucht und gilt daher als hypothetisches Konstrukt.

Neben der Steigerung der Leistungsfähigkeit (Experimentalgruppe) bzw. einer Vermeidung der (bei der Kontrollgruppe eingetretenen) lehrgangsbedingten negativen Entwicklungen der körperlichen Fitness, ist eine zentrale Rolle des spezifischen Trainings die Prävention von Verletzungen. JONES / KNAPIK (1999) fordern, dass Soldaten (genau wie Athleten) ein hohes Maß an Fitness aufbauen bzw. erhalten müssen, um die physisch anspruchsvollen Aufgaben zu erfüllen. In weiteren Untersuchungen (KNAPIK et al., 2001A, B und 2003) wird zur Reduktion der Verletzungsquoten und zur Steigerung der Erfolgsrate zum Bestehen der Ausbildung die Bedeutung eines gezielten und strukturierten Trainings unterstrichen (vgl. Kapitel 2.2.2). WILKINSON et al. (2008) beschreiben, dass u.a. ein progressives Training die Verletzungsrate von 14,4 % auf 5,1 % verringern half, bei gleichzeitiger Steigerung der Besteherquote der Lehrgänge von 43 % auf 58 %. Zur Verletzungsprophylaxe haben VOLPIN et al. (1989), KNAPIK et al. (1992), ROSS (1993) und VICKERS (2007) auf die große Bedeutung eines gezielten und intensiven Krafttrainings hingewiesen (vgl. Kapitel 2.2.2 und 2.2.3). Die Aufgabe der Rumpfstabilisation im Kontext der Verletzungsprophylaxe wird demnach erzielt, indem alle Muskeln, die für die Stabilisation des Lendenwirbelsäulen-Hüftkomplexes verantwortlich sind, beansprucht werden (vgl. Darstellungen *fascia thorakolumbalis*; Kapitel 2.2.3 und 6.2.4). Durch die Ergebnisse der Testungen Koordination (Kapitel 5.1.3), muskuläre Balance (Kapitel 5.1.2) und die Leistungszuwächse der Testdisziplin BFT (Kapitel 5.1.1) und McGill (Kapitel 5.1.2) sind diese Anforderungen erfüllt bzw. zeigen die Ergebnisse der Experimentalgruppe eine sehr deutliche und positive Entwicklung (siehe Tabelle 45; Kapitel 5.2). Die Tatsache, dass es keine Verletzungen oder Überlastungsschäden durch das IST-Programm gab, zeigt, dass die Beanspruchungen im Trainingsprogramm vertretbar und zielführend waren.

Vor allem nach Auswertungen der Ergebnisse der Rumpfkraft und Kraftbalance nach McGill und den in Kapitel 4.3.4 und 6.2.3 - 6.2.5 beschriebenen Konsequenzen einer funktionellen Rumpfstabilität und -kraftbalance kann für die Trainingsteilnehmer (Experimentalgruppe) gesagt werden, dass im Sinne einer Leistungssteigerung erwartungsgemäß ausreichend Ressourcen für eine Vermeidung von ausbildungs-/einsatzbedingten Überlastungsschäden (vgl. Kapitel 2.1) am Bewegungsapparat (v.a. Rumpf) geschaffen wurden, da sowohl die Rumpfkraft als auch die Kraftbalance gesteigert wurden (vgl. Tabellen 17 und 21; Kapitel 5.1.2). Diese Ergebnisse sind von besonderer Relevanz, da in mehreren Querschnittsstudien eine reduzierte Kraftausdauerleistungsfähigkeit der Rückensextensoren (*mm. erector spinae*) bei berufstätigen Personen mit Rückenschmerzen nachgewiesen (NICOLAISEN / JORGENSEN, 1985; ALARANTA et al., 1994) wurde. Nach MCGILL et al. (2007) zeigten Personen mit Rückenschmerzen ein verändertes Kraft(ausdauer)-Verhältnis zwischen Rumpfflexoren und -extensoren auf. In einem idealen Zusammenspiel der gelenkumgebenden Muskeln (Balance zwischen der Ruhespannung des Agonisten und Antagonisten) würde diese ausbalancierte Winkelstellung bzw. „...*Norm- Gelenkstellung...*" nach WIEMANN et al. (1998, S.111) erreicht werden. Eine Abweichung von dieser Norm gilt als Indikator für ein gestörtes Zusammenwirken der Ruhespannung der agonistisch / antagonistischen Muskulatur und wird nach JANDA (2000) als muskuläre Dysbalance bezeichnet. Da diese neben einer Herabsetzung der Leistungsfähigkeit v.a. einen negativen Einfluss auf die Gelenkstabilisierung und damit ein erhöhtes Risiko von arthromuskulären Verletzungsbildern hat (ebd.), wurde diese muskuläre Balance / Dysbalance in Kapitel 5.1.2 (Tabellen 21 – 27) besonders untersucht bzw. der Einfluss des Trainings auf ein ideales Zusammenspiel der beteiligten Muskeln (hier: Rumpfmuskulatur) im Vergleich PRE-POST betrachtet.

Die Treatments (IST und SRT) trugen dazu bei die Leistung der Lehrgangsteilnehmer zu optimieren, während im Allgemeinen die Lehrgangsbelastungen einen Rückgang der physischen Parameter bedeutete, was durch den Leistungsrückgang bei der Kontrollgruppe verdeutlicht wurde. Die Ausführungen sind jedoch als theoretischer Konstrukt zu verstehen, da eine Auswirkung der Trainingsintervention auf die Verletzungsprophylaxe nicht Gegenstand dieser Arbeit war und demnach nicht explizit überprüft bzw. nachgewiesen wurde.

6.2.9 Einflussnahme der Lehrgangsbedingungen auf die Trainingsdurchführung

Die Besonderheit dieser Studie war die Durchführung unter realen Bedingungen, d.h. dass die Trainingsumsetzung den Lehrgangsbedingungen unterlag und demnach einen zusätzlichen unkalkulierbaren Faktor bedeutete.

Neben den allgemein hohen körperlichen Anforderungen des Lehrgangs, bedingt durch die Dichte der Ausbildungsinhalte (Tabelle 01; Kapitel 2.5), musste das zusätzliche IST- Programm von den Probanden der Experimentalgruppe durchlaufen werden. Da die Lehrgangsbedingungen nur ein eingeschränktes Zeitfenster für Dienstsport (2 × wöchentlich je 90 Minuten inkl. Vor- und Nachbereitung; vgl. Kapitel 2.5) zuließen, waren diese Vorgaben knapp und bindend. Mehrere Trainingseinheiten (ggf. ergänzendes Ausdauertraining) bzw. längere SRT-Anwendungszeiten waren im Rahmen der Lehrgangsausbildung demnach nicht möglich gewesen. Auch hier zeigt sich die Reproduzierbarkeit des Trainingsprogramms, da es an den realen Bedingungen orientiert und konzipiert wurde. Dies bezeugt auch der geringe materielle Aufwand und die Absolvierung des Trainings im Gruppenrahmen (Hörsaal; Anm.: was die Durchführung erleichterte), welches v.a. die einheitlich positiven Aussagen der Ausbilder bzgl. deren Ansichten für eine langfristige Weiterführung des Trainings (vgl. Tabelle 44; Kapitel 5.1.5) bescheinigen.

Vor allem die geringen materiellen Anforderungen sind neben den Vorteilen eines intensitätssorientierten und funktionellen (und damit den realen Bedingungen des militärischen Alltags entsprechenden) Trainings zu nennen, und orientieren sich damit an der defizitären Ausstattungsituation der meisten Einrichtungen der Bundeswehr. Denn diese Sportanlagen/Infrastruktur seien *„...zum Teil in einem sanierungsbedürftigen Zustand ...", „.... nicht selten fehle es auch an Gerät ..."*; und die *„.... Wege zu kommunalen Sportstätten seien zu lang und daher zu zeitintensiv..."* (BERICHT DES WEHRBEAUFTRAGTEN DES BUNDESTAGES FÜR 2007, 2008, S. 22). Gleiches wurde auch im Folgejahr (BERICHT DES WEHRBEAUFTRAGTEN DES BUNDESTAGES FÜR 2008, 2009) wieder beobachtet, denn *„...noch immer beklagen die Soldaten, dass aus unterschiedlichen Gründen zu wenig Zeit für die Sportausbildung bleibe oder die dafür notwendige Infrastruktur mangelhaft sei..."* (ebd., S. 49).

Die Umsetzung des IST- Zirkels ist unabhängig von der Ausstattung der Sportstätten (Trainingsräume/Sporthallen) auf nahezu jeder Freifläche möglich. Der geringe Materialbedarf (Tabelle 04 und Darstellungen Kapitel 4.1.4) macht eine Umsetzung v.a. im Gruppenrahmen (Lehrgang/Ausbildung) einfacher bzw. erfordert kaum organisatorischen Beschaffungsaufwand.

Die Erfahrungen bei der Durchführung des Trainingsprogramms haben ebenfalls gezeigt, dass auch bei widrigen Witterungsumständen (vgl. Tabelle 05; Kapitel 4.1.5) ein Training selbst im Herbst/Winter umsetzbar ist. Diese Gegebenheiten stellten vielmehr – neben den bedarfsträgerorientierten Übungen – die realen

Einsatzbedingungen dar, was als Anpassungs- und Gewöhnungseffekt dienlich sein kann. Zusammenfassend haben die Ergebnisse der Experimentalgruppe gezeigt, dass es unter ungünstigen Verhältnissen (Zeitknappheit/Lehrgangsbelastungen; die bei der Kontrollgruppe zu den bereits dargestellten Leistungsrückgängen führten; vgl. Tabelle 50; Kapitel 5.2) auch mit geringen materiellen Aufwendungen möglich ist, eine Steigerung der militärspezifischen Fitness zu erzielen.

Schlussbetrachtung:

Die in Kapitel 6.2.3 und 6.2.4 beschriebene Zusammensetzung diverser funktioneller Übungen mit komplexen Bewegungsmustern und ständig variierenden Belastungen (vgl. Übungsbeschreibungen und Trainingsaufbau; Kapitel 4.3.1) bei permanent bzw. intervallartig hohen Belastungsintensitäten (vgl. Herzfrequenzwerte in Tabellen 36 und 56 und Grafiken 01 und 17; Kapitel 5.1.4 und 6.2.4) stellt somit einen Bezug und Transfer zu den realen Einsatzbedingungen dar, die in Kapitel 2.1 skizziert wurden. Dies hat zur Folge, dass durch die bewusst heterogene Zusammensetzung des Trainings (verschiedene Übungen mit unterschiedlichen Zielsetzungen und Anforderungen an *Kraft, Koordination, Ausdauer und Schnelligkeit*) unterschiedliche Effekte in diversen Funktionsbereichen (bspw. *anaerobe Ausdauer*) erzielt wurden (siehe Ergebnisse Tabelle 45; Kapitel 5.2). Eine isolierte Betrachtung, welche Trainingsinhalte für welchen Effekt (Testergebnis) verantwortlich sind, ist demnach schwer möglich und auch nicht zielführend. Es scheint vielmehr, dass diese Kombination der unterschiedlichen Übungen und Anforderungen der entscheidende Faktor zur dargestellten Steigerung der *military fitness* ist. Anscheind ist auch die geringe Trainigshäufigkeit (zweimal wöchentlich) des IST-Programms, wie bereits von GÜLLICH (2007) aufgezeigt, ein weiterer Faktor für die Leistungssteigerung während der Lehrgangsbedingungen, was auch die Studien v.a. von HEINRICH et al. (Kapitel 6.2.1) zeigen. Festzuhalten bleibt auch, dass das IST und die SRT die Ergebnisse deutlich positiv verbessert hat und damit eine Grundlage der Steigerung der infanteriespezifischen *military fitness* ist. Die generellen Belastungen der Lehrgänge in dieser Untersuchung scheinen jedoch eine negative Einflussnahme auf die körperliche Leistungsfähigkeit der Lehrgangsteilnehmer zu haben (was durch die schlechteren Re-Test Ergebnisse der Kontrollgruppe deutlich ersichtlich wurde) und kann bzw. sollte durch spezifische Trainingsmaßnahmen vermieden bzw. überkompensiert werden. Daher sind zielgerichtete Trainingsmaßnahmen vor und während der Lehrgangsausbildung notwendig, um die gegebenen und in dieser Studie aufgezeigten negativen Effekte auf die Leistungsfähigkeit zu kompensieren. Dies ermöglicht eine Reduktion von Überlastungsschäden und steigert bzw. erhält auch langfristig eine ausreichend hohe physische Belastbarkeit der Soldaten.

7 Ausblick

Die Vorteile und Effekte eines zielgruppenspezifischen, intensiven und funktionsorientierten Trainings wurden hinreichend dargestellt. Die Durchführung eines solchen Programms erfordert eine versierte und fundierte Kontrolle seitens der Ausbilder. Diese wurde durch die intensive Einweisung und Betreuung der Ausbilder und Trainingsteilnehmer sichergestellt. Neben einer korrekten Einweisung in die Übungsausführung, die Zielsetzung des Trainings und die Umsetzung der Trainingsdurchführung ist die permanente Kontrolle und Sicherstellung einer zielgerichteten Belastungsdosierung durch die Ausbilder sinnvoll und notwendig. Zur Klärung der Problematik der Beanspruchung der Soldaten und einer adäquaten Trainingsintensität bedarf es eines fachkundigen Verständnisses der Ausbilder betreffs der jeweiligen Anforderungen und Regenerationsmöglichkeiten, was durch eine spezielle Schulung / Ausbildung vorab vermittelt werden sollte und wird (Anm.: Übungsleiterlehrgänge an der Sportschule der Bundeswehr). Neben der Schulung von Ausbildern zur effektiven Trainingsumsetzung und -kontrolle eines solchen Programms sind ebenso Modelle zur Trainingsvariation, -zyklisierung und -periodisierung notwendig. Außerdem wäre eine Intensitäts- und Übungsauswahl anhand der Verwendung und Leistungsfähigkeit der entsprechenden Zielgruppe zu standardisieren bzw. truppengattungs- und/oder verwendungsspezifische Programme zu erstellen. Möglichkeiten zur Intensitätsprogression bzw. -regression sowie Übungsvariationen etc. wären ebenso zu definieren und einzuweisen.

Für eine feste Implementierung eines solchen Trainings ist demnach im Vorfeld eine Analyse der Bedarfsträger, der entsprechenden alltagsspezifischen Anforderungen/Rahmenbedingungen und der derzeitigen Leistungsfähigkeit vonnöten. Außerdem sollten mögliche negative Begleiterscheinungen (Verletzungen, Minderung der Leistungsfähigkeit in Ausbildung/Einsatz) dokumentiert und ausgewertet werden, um eine bedarfsgerechte Intensitäts- bzw. Trainingsstruktur zu entwickeln und Optimierungsprozesse zu ermitteln.

Da die Ergebnisse des IST-Trainings die Anpassungen an die (aerobe) Ausdauerleistung im Vergleich zu den anderen Outcomeparametern gering ausfielen bzw.

durch die Testergebnisse (Zeiten *BFT 1000-m-Lauf*) eine solche nicht direkt nachweisbar bzw. "nur" die Reduktion HFmax. / -durchschnittswerte bei gleicher Laufzeit eintrat, ist ein begleitendes moderates/aerobes Ausdauertraining empfehlenswert. Weiterer Forschungsbedarf bzgl. der Effekte eines solchen zusätzlichen Ausdauertrainings wäre hier gegeben.

Um die Effekte des Trainings noch mehr in Bezug auf die realen Bedingungen hin zu untersuchen, wären entsprechend realitatsnahe Testungen (vgl. HARMAN et al., 2008) für eine Überprüfung der Trainingseffekte auf einsatzrelevante Parameter zusätzlich interessant.

Für die Bundeswehr (und andere Armeen bzw. Berufsgruppen wie Polzei, Feuerwehr etc.) bietet ein Trainingssystem wie bspw. das IST-Programm die Chance, die Leistungsfähigkeit der Individuen zu steigern, wenn dieses Programm regelmäßig umgesetzt wird. Damit wäre die Möglichkeit einer Reduzierung der *Drop-out*-Raten (auf Grund physischer Defizite) beispielsweise bei Eignungsverwendungsfeststellungen (Anm.: *Auswahlverfahren EGB* etc.) oder körperlich fordernden Lehrgänge (ohne die vorherige Reduzierung der Lehrgangsanforderungen/-inhalte) gegeben (wie in Kapitel 2.2.1, 2.2.2 und 2.4 dargestellt/gefordert). Sollten trainingsbedingte Effekte zu einer Reduzierung dieser Drop-out-Quote bzw. Lehrgangsablösung (Verletzungsprophylaxe; vgl. Kapitel 6.2.8) führen, wäre dies mit einer immensen Kosteneinsparung und entsprechend positiven Effekten für die Personalstruktur der Armee verbunden. Des Weiteren würde eine gesteigerte Fitness die prekäre Nachwuchslage (bedingt durch immer größer werdende Anzahl körperlich ungeeigneter Rekruten; Konkurrenz auf dem Arbeitsmarkt durch Wegfall der Wehrpflicht; vgl. Kapitel 2.4) reduzieren helfen.

Eine spezifische Trainingsvorbereitung für spezielle Anforderungen, Lehrgänge und Verwendungen (bspw. *EGB*-Ausbildung/*spezialisierte Kräfte*) wäre ebenso denkbar. Die langfristige Evaluation eines solchen Programms – über die Lehrgangsdauer hinweg – würde eine sinnvolle Überprüfung der Langzeiteffekte bedeuten. Bedingt durch die geringen materiellen Anforderungen lässt sich ein solches Trainingskonzept im Rahmen der Sportausbildung auch während Auslandseinsätzen, Lehrgängen und Übungen implementieren.

Bestandteil dieser Studie war nicht die Untersuchung der Probanden auf Veränderungen ihrer Körperkompositionen (Fettab- und Muskelaufbau), die durch ein solches oder ähnliches Trainingsprogramm nachgewiesen sind (vgl. Kapitel 2.2.3 und 6.2.4). Die Darstellungen in Kapitel 2.1, 2.2.2 und 2.4 bezüglich der Zusammenhänge von Körperkomposition (Körperfett und Muskelmasse), militärspezifischer Leistungsfähigkeit und den Effekten eines kombinierten Kraft-Ausdauer-Zirkeltrainings auf die positive Beeinflussung dieser Körperzusammensetzung könnten Bestandteil weiterführender Untersuchungen hinsichtlich des Effekte des IST-Programms sein.

Effekte eines strukturierten Trainings auf die Verletzungsprophylaxe wurden ebenso thematisisert (u.a. in Kapitel 6.2.8) wie der Zusammenhang zwischen Defiziten der *physical fitness* und dem erhöhten Vorkommen von Verletzungen und Überlastungsschäden (vgl. Kapitel 2.2.3 und 2.4). Auch hier wären prospektive Untersuchungen bzgl. des Zusammenhangs der Trainingsdurchführung und der Verringerung von ausbildungsbezogenen Verletzungen durchzuführen. Hier sind die gezeigten Effekte des SRT (Zeptoring) auf die Verbesserung der Gleichgewichtsfähigkeit/posturalen Kontrolle (Kapitel 5.1.3 und 6.2.5) zu erwähnen. Durch weiterführende Untersuchungen sollten Möglichkeiten zur Optimierung dieser Fähigkeit im Sinne einer Verletzungsprävention ergründet werden. Neben der Fürsorgepflicht gegenüber den Soldaten sind die immensen finanziellen Einsparpotentiale in Bezug auf eine mögliche Verringerung der Verletzungsquote (v.a. bei körperlich fordernden Ausbildungen/Verwendungen wie *Fallschirmspringerlehrgänge, Einzelkämpfer-* oder *Combat-Survival*-Kurse etc.) zu benennen.

Generell sollte die SRT innerhalb des Trainings/Lehrgangs eine längere Benutzung erfahren, da die in dieser Studie gezeigten Effekte vermuten lassen, dass bei längerer Anwendungsdauer diese hätten (noch) bedeutsamer ausfallen können.

Abschließend ist zu erwähnen, dass solche Programme bereits seit Jahren in anderen Armeen (v.a. USA) erfolgreich umgesetzt werden. Diese Erfahrungen wurden weitestgehend für die Konzepterstellung des IST-Programms genutzt; ein Wissenstransfer und -austausch sowohl national wie auch international ist demnach weiter anzustreben bzw. auzubauen.

8 Zusammenfassung

Aufgabe und Inhalt dieser Arbeit war es zu untersuchen, inwieweit ein zielgruppenspezifisches Trainingsprogramm (*IST - infanteriespezifisches Training*) und die Verwendung der stochastischen Resonanztherapie (SRT Zeptoring) Einfluss auf die Steigerung der motorischen Fähigkeiten *Kraft, Ausdauer, Koordination* und *Schnelligkeit* während der militärischen Ausbildung hat.

Dazu wurden an 2 Probandengruppen (Experimentalgruppe: *Feldwebelanwärterlehrgang Fallschirmjägertruppe*, n = 38; Kontrollgruppe: *Zugführerlehrgang für Offiziere/-anwärter Fallschirmjägertruppe*, n = 26) verschiedene sportmotorische Testungen (BFT; McGill Rumpfkrafttest; *Testor-* Koordinationstestung; Herzfrequenzmessung und -dokumentation) zur Untersuchung und Darstellung der spezifischen physischen Fitness vollzogen und ausgewertet.

Die Experimentalgruppe durchlief das zu untersuchende 7-wöchige IST- Zirkeltraining (14 Trainingseinheiten/2-mal wöchentlich), bestehend aus 15 Übungen, welche neben den Kraftfähigkeiten auch die anderen zu testenden motorischen Fähigkeiten beanspruchten. In diesem Programm wurden Hilfsmittel des täglichen Bedarfs (Reifen, Sandsäcke etc.), Körpergewichtstraining und Trainingsgeräte wie Kettlebells und Schlingentrainer verwendet, um v.a. die funktionellen Bewegungsanforderungen zu trainieren, welche einen Transfer zu den Bewegungsmustern des militärischen Alltags darstellen. Die Durchführung unterlag den planerischen und zeitlichen Vorgaben und Gegebenheiten des Lehrgangsalltags, so dass die Durchführungsbedingungen möglichst realistisch und damit auf andere Ausbildungsabschnitte reproduzierbar sind. Zur Untersuchung des möglichen Einflusses der SRT (2-mal wöchentlich/ je 1 Minute vor den Trainingseinheiten IST) wurde zu Beginn der Trainingsintervention die Experimentalgruppe in zwei gleich große und leistungsstarke Subgruppen (Gruppe „IST+SRT"; Gruppe „IST"; je n=19) mittels Parallelisierungsverfahren aufgeteilt. Die Kontrollgruppe führte während des Untersuchungszeitraums kein spezielles Training durch, hierdurch sollten die Lehrgangsbelastungen und die Wirkungen der Treatments erkennbar gemacht werden.

Ergebnisse:

Die Auswertungen des BFT ergaben, dass die Probanden der Experimentalgruppe in den Disziplinen *Klimmhang* (+ 16,00 % ; $p < 0,001$) und *11 × 10-m-Sprint* (− 4,90 % ; $p < 0,001$) einen deutlichen Leistungszuwachs erzielten, nur die Zeiten *1000-*

m-Lauf verschlechterten sich leicht um + 0,60 % (p = 0,622). Die Teilnehmer der Kontrollgruppe hatten in allen Bereichen deutliche Leistungseinbußen (*Klimmhang*: – 11,30 %; p < 0,001 / *11 x 10 m Sprint*: + 4,50 %; p < 0,001 / *1000-m-Lauf*: + 3,50 %; p < 0,01). Gleiches galt für die gemessenen Herzfrequenzen während des *1000-m-Laufs* (PRE - POST), die HFmax. / HF ∅-Werte sanken bei der Experimentalgruppe (– 4,82 % / – 4,36 %; p < 0,001 / p < 0,05) und stiegen bei der Kontrollgruppe (+ 0,12 % / + 0,31 %; p = 0,914 / p = 0,886). Dies ist als positive Anpassung der Ausdauerleistungsfähigkeit (Ökonomisierung) bei der Experimentalbzw. als Rückgang dieser Kapazitäten bei der Kontrollgruppe zu bewerten.

Um das Treatment SRT zu untersuchen absolvierte nur ein Teil der Experimentalgruppe dieses Verfahren. Die Ergebnisse dieser Subgruppe („IST + SRT") zeigen in allen Disziplinen höhere Zuwächse und Effektstärken als dies die Vergleichsgruppe „IST" (nur IST, keine zusätzliche SRT) erzielte (*Klimmhang*: + 21,54 % vs. + 10,60 %; p < 0,001 / *11 × 10-m-Sprint*: – 6,70 % vs. – 3,05 %; p < 0,001 / *1000-m-Lauf*: + 0,54 % vs. + 0,69 %; p = 0,813 bzw. p = 0,687). Besonders der höchstsignifikanter Unterschied zwischen der „IST+SRT"- und „IST"- Gruppe bei den Leistungsentwicklungen beim *11 × 10 m Sprint*, zeigt, dass vor allem bei dieser Disziplin, in der *Agilität / Schnelligkeit / Gewandtheit* (vgl. EßFELD, 2006) besonders abverlangt wurden, das zusätzliche Treatment SRT besonders wirkungsvoll war. Dieses Testprofil entspricht auch am ehesten den realen Bewegungsformen im Gefecht, weshalb die Anforderungen und der damit bedingte Transfer zu den motorischen Anforderungsprofilen hierbei besonders hervorzuheben ist. Bei den Diziplinen *1000-m-Lauf* (zyklische Laufbewegung) und *Klimmhang* (isometrische Haltearbeit) sind naturgemäß geringere koordinative Anforderungen gegeben, weshalb die Unterschiede zwischen den Subgruppen „IST" und „IST+SRT" bzgl. signifikanter Veränderungen nicht so zum tragen kommen, was in gleichem Maße für alle Testübungen des McGill-Verfahrens (isometrische Haltearbeit) der Fall ist.

Bei der Überprüfung der Rumpfkraft (McGill Test) ergab sich, dass erneut die Experimentalgruppe in allen Bereichen deutliche Verbesserungen (p < 0,001) erzielte (*Lateralflexion rechts* : + 28,75 %; *Lateralflexion links*: + 23,69 %; *Flexion*: + 33,41 %; *Extension*: + 33,71 %), während die Probanden der Kontrollgruppe wiederum einen Rückgang der Ergebnisse vorwiesen (*Lateralflexion rechts* : – 6,55 %; p < 0,05 / *Lateralflexion links*: – 4,96 %; p = 0,117 / *Flexion*: + 1,09 %; p = 0,695 / *Extension*: – 0,59 %; p = 0,433). Die vormals signifikant besseren Ergebnisse der Kontrollgruppe wurden durch den Leistungszuwachs bei der Experimentalgruppe ausgeglichen, so dass zum Ende der Studie keine signifikanten Unterschiede mehr zwischen den Gruppen ersichtlich waren. Ebenfalls zeigte sich auch bei dieser Testreihe, dass die „IST+SRT" Gruppe bessere Resultate (POST) und somit höhere Effekte erlangten als die Angehörigen der Subgruppe „IST" (*Lateralflexion rechts*: + 33,13 % vs. + 24,50 %; *Lateralflexion links*: + 25,94 % vs. + 21,41 %; *Flexion*: + 35,34 % vs. + 31,20 % ; *Extension*: + 36,45 % vs. + 31,15 %).

Die Überprüfung der muskulären Balance (McGill Test) der Lendenwirbelsäule (Indikator für eine Verletzungsprophylaxe) zeichnete dasselbe Bild, während sich die Werte der Experimentalgruppe verbesserten, verschlechterten sich diejenigen der Kontrollgruppe.

Die Gleichgewichtsfähigkeit / posturale Kontrolle (*mittlere Auslenkung*) verbesserte sich bei der Experimentalgruppe (gesamt) um − 8,63 % (p < 0,05); auch hier bei der Gruppe „IST+SRT" (− 10,72 %) deutlicher als bei der Gruppe „IST" (− 6,37 %). Die Wirkungen der SRT auf die posturale Kontrolle und Körperstabilität konnten darüber hinaus bei einer parallel durchgeführten Untersuchung (Störgrößentest) nachgewiesen werden. Hinsichtlich der Vergleiche der Subgruppenergebnisse (IST+SRT vs. IST) zeigten sich bei der „Zeptorgruppe" signifikante Verbesserungen, nicht jedoch bei der Kontrollgruppe,.

Die Auswertung der Befragung der Trainingsteilnehmer und Ausbilder ergab, dass diese die durchgeführten Trainingsmaßnahmen (IST und SRT) sehr praktikabel, effizient und zielführend empfanden.

Fazit:

Die Anforderungen des militärischen Alltags die v.a. hohe Belastungen für den Bewegungsapparat bedeuten sind durch eine Vielzahl von Studien nachgewiesen. Diese beträchtlichen Beanspruchungen müssen muskulär stabilisiert bzw. kompensiert werden, um eine adäquate physische Leistungsfähigkeit in Einsatz und Ausbildung aufrechtzuerhalten bzw. hieraus resultierende Gefahrenpotential von Überlastungserscheinungen / Verletzungen des Bewegungsapparates zu reduzieren. Die gezeigten Ergebnisse der Studie verdeutlichen, dass das Zusammenwirken der Treatments IST und SRT positive und nachweisliche Steigerungen der (infanterie-)spezifischen Kraft- und Koordinationsparameter und der anaeroben Leistungsfähigkeit bzw. Herzfrequenzwerte unter Belastung erwirkten. Der Zeitaufwand für die Umsetzung dieses Trainingssystems und -verfahrens war verhältnismäßig gering und erfüllte so die lehrgangsbezogenen Richtwerte. Die Aussage, dass eine zweimalige wöchentliche Trainingsintervention die Leistungsfähigkeit der Probanden (Experimentalgruppe) deutlich steigerte wurde durch die dargestellten Ergebnisse der Untersuchungen belegt. Die Lehrgangsbelastungen jedoch, ohne ein regelmäßig durchgeführtes spezifisches Training, führen zu einer Reduktion der physischen Leistungsfähigkeit, was die Ergebnisse der Kontrollgruppe beweisen und die Bewertung der Effekte der Experimentalgruppe noch verstärken.

Ein kraftorientiertes Programm mit funktionell-koordinativen Übungen in Verbindung mit einem spezifischen *Warm-Up* forciert durch die SRT scheint für die Zielgruppe *Infanterist/Fallschirmjäger* eine durchgreifend effektive Trainingsmaßnahme zum Ausbau der spezifischen motorischen Anforderungsprofile des militärischen Alltags darzustellen.

9 Literaturverzeichnis

AARTUN, J.; ERVIN, M.; HALEWOOD, Z.; HENSLEY, R.; MORRIS, B.; SNIPE, A.: An evaluation of the TRX Suspension Training System. Presented at the American College of Sports Medicine. Seattle 2009.

ABEL, M. G.; MORTARA, A. J.; PETTIT, R. W.: Evaluation of circuit-training intensity for firefighters. Journal of Strength and Conditioning Research. (2011) Oct; 25 (10): 2895-901.

ACSM – American College of Sports Medicine: American College of Sports Medicine position stand. Progression models in resistance training for healthy adults. Med Sci Sports Exerc. (2009) Mar; 41 (3): 687-708.

AGUILAR, A.J.; DISTEFANO, L.J.; BROWN, C.N.; HERMAN, D.C.; GUSKIEWICZ, K.M.; PADUA, D.A.: A dynamic warm-up model increases quadriceps strength and hamstring flexibility. J Strength Cond Res. (2012) Apr; 26(4):1130-41.

ALARANTA, H.; HURRI, H.; HELIOVAARA, M.; SOUKKA, A.; HARJU, R.: Non-dynamometric trunk performance tests: reliability and normative data. Scand J Rehabil Med. (1994) 26, 4: 211-5.

ALCARAZ, P. E.; SANCHEZ-LORENTE, J.; BLAZEVICH, A. J.: Physical performance and cardiovascular responses to an acute bout of heavy resistance circuit training versus traditional strength training. J Strength Cond Res. (2008), 22(3): 667–71.

ALCARAZ, P.E.; ELVIRA, J.L.; PALAO, J.M.: Determining the optimal load for resisted sprint training with sled towing. J Strength Cond Res. (2009) Mar;23(2): 480-5.

ALCARAZ, P.E.; ELVIRA, J.L.; PALAO, J.M.: Kinematic, strength, and stiffness adaptations after a short-term sled towing training in athletes. Scand J Med Sci Sports. (2012) Jun 5. doi: 10.1111/j.1600-0838.2012.01488.x. [Epub ahead of print]

ALMOSNINO, S.; KINGSTON, D.; GRAHAM, R.B.: Three-Dimensional Knee Joint Moments During Performance of the Bodyweight Squat: Effects of Stance Width and Foot Rotation. J Appl Biomech. (2013); 29(1): 33-43.

ACSM - AMERICAN COLLEGE OF SPORTS MEDICINE: Ressource manual for guidelines for exercise testing and prescription. (1998).

AMMEN, M.: Zum gesundheitlichen Risiko des Dienstsports in der Bundeswehr – eine Erhebung über Dienstsportunfälle und daraus resultierende Wehrdienstbeschädigungen in den Jahren 1995 und 1996. Med. Dissertation. Mainz 1999.

AMOS, D.; HANSEN, R.; LAU, W.-M.; MICHALSI, J.T.: Physiological and cognitive performance of soldiers conducting routine patrol and reconnaissance operations in the tropics. Military Medicine (2000) 165: 961-966.

ANDERSON, K.; BEHM, D.: Maintenance of EMG activity and loss of force output with instability. Journal of Strength & Conditioning Research. (2004);18: 637–40.

ANSPERGER, U.: Die beim Sturz zwischen Körpern und ebenen Unterlagen auftretenden Kräfte. Hausarbeit 1. Staatsprüfung, Ruhr-Universität, Anatomisches Institut. Bochum 1980.

ANTON, R.: Vergleichende Untersuchungen zur Wirksamkeit verschiedener Trainingsprogramme auf die allgemeine und spezielle Ausdauerfähigkeit von Offiziersanwärtern der Bundeswehr. Dissertation im FB Musik-, Sport- und Angewandte Sprachwissenschaften der Philosophischen Fakultät der Martin-Luther-Universität Halle-Wittenberg. 2000.

ARGUS, C.K.; GILL, N.; KEOGH, J.; HOPKINS, W.G.; BEAVEN, C.M.: Effects of a short-term pre-season training programme on the body composition and anaerobic performance of professional rugby union players. J Sports Sci. (2010) Apr; 28 (6):679-86.

ARMSTRONG, L.E.: Biorythmic disturbances in: Performing in extreme enviornments, Human Kinetics, Champaign, Il.. 2000.

ASTORINO, T.A.; ALLEN, R.P.; ROBERSON, D.W.; JURANCICH, M.: Effect of high-intensity interval training on cardiovascular function, VO2max, and muscular force. J Strength Cond Res. (2012) 26 (1):138-45.

ATTWELL, R.L. et al.: Influence of carrying heavy loads on soldiers' posture, movements and gait. Ergonomics, (2006) Nov 15; 49 (14):1527-37.

BAR-DAYAN, Y.; SHEMER, J.: Parachuting injuries: a retrospective study of 43.542 military jumps. Mil Med. (1998) 163 (1):1-2.

BARRERA, V.: HITT gym takes different approach to gym exercise. Camp Lejeune, December 20, 2010http://www.lejeune.marines.mil/News/ArticleView/tabid/1108/Article/4059/hitt-gym-takes-different-approach-to-gym-exercise.aspx (Zugriff am: 15.11.2012)

BARTLETT, M.J.; WARREN, P.J.: Effect of warming up on knee proprioception before sporting activity. Br J Sports Med.; (2002) 36: 132-4.

BASTIAANS, J.J.; van DIEMEN,A.B.; VENEBERG,T.; JEUKENDRUP,A.E.: The effects of replacing a portion of endurance training by explosive strength training on performance in trained cyclists. Eur.J.Appl.Physiol.; (2001) 86, S. 79-84.

BECKHAM, S.G.; EARNEST, C.P.: Metabolic cost of free weight circuit weight training. J Sports Med Phys Fitness.; (2000) 40 (2):118-125.

BECERRA MOTTA, J.A.; BECKER, R.: Die Wirksamkeit der Biomechanischen Stimulation (BMS) in Verbindung mit traditionellen Methoden der Kraftausdauerentwicklung im Schwimmen. Leistungssport (2001); 31: 29-35.

BECERRA MOTTA, L.; BECERRA MOTTA, J.A.; BECKER, R.: Die Biomechanische Stimu- lation im Muskelkrafttraining. Leistungssport (2002); 33: 38-43.

BEEKLEY, M.D.; ALT, J.; BUCKLEY, C.M.; DUFFEY, M.; CROWDER, T.A.: Effects of heavy load carriage during constant-speed, simulated, road marching. Mil Med. (2007); 172 (6): 592-5.

BEHM, D.G.; SALE, D.G.: Velocity specificity of resistance training. Sports Medicine. (1993) 15: 374-388.

BEHM, D.; LEONARD, A.; YOUNG, W;, BONSEY, A.; MACKINNON, S.: Trunk muscle EMG activity with unstable and unilateral exercises. Journal of Strength & Conditioning Research. (2005); 19: 193–201.

BEHM, D.; ANDERSON, K.: The role of instability with resistance training. Journal of Strength and Conditioning Research. (2006) 20 (3): 716-722.

BEHM, D.; DRINKWATER, E.; WILLARDSON, J.; COWLEY, P.: Canadian Society for Exercise Physiology position stand: The use of instability to train the core in athletic and nonathletic conditioning. Canadian Society for Exercise Physiology, (2010) 35 (1): 109-112.

BELL, G.J.; PETERSEN, S.R.; WESSEL, J.; BAGNALL, K.; QUINNEY, H.A.; Physiological Adaptations to Concurrent Endurance Training and Low Velocity Resistance Training. Int J Sports Med. (1991) 12 (4): 384-390.

BERGERON, M.F.; NINDL, B.C.; DEUSTER, P.A.; BAUMGARTNER, N.; KANE, S.F.; KRAEMER, W.J.; SEXAUER, L.R.; THOMPSON, W.R.; O'CONNOR, F.G.: Consortium for Health and Military Performance and American College of Sports Medicine consensus paper on extreme conditioning programs in military personnel. Curr Sports Med Rep. (2011); 10 (6):383-9.

BERSCHIN, G.; SCHMIEDEBERGE, I.; SOMMER, H.: Zum Einsatz von Vibratioskrafttraining als spezifisches Schnellkrafttrainingsmittel in Sportspielen. Leistungssport; (2003):11-13.

BIERING-SORENSEN, F.: Physical measurements as risk indicators for low-back trouble over a one-year period. Spine 9, (1984) 2: 106-119.

BIGOS, S. J.; HOLLAND, J.; HOLLAND, C.; WEBSTER, J.S.; BATTIE, M.; MALEMGREN, J.A.: High- quality controlled trials in preventing episodes of back problems: Systematic literature review in working age adults. The Spine Journal (2009) Feb; 9 (2):147-68.

BILZON, J.L.J., ALLSOPP, A.J., TIPTON, M.J.: Assessment of physical fitness for occupations encompassing load-carriage tasks. Occup Med, (2001) 51: 357-361.

BIRRELL, S.A.; HOOPER, R.H.; HASLAM, R.A.: The effect of military load carriage on ground reaction forces. Gait Posture. (2007) Oct; 26 (4): 611-4.

BIRRELL, S.A.; HASLAM, R.A.: The influence of rifle carriage on the kinetics of human gait. Ergonomics. (2008) Jun; 51(6):816-26.

BIRRELL, S.A.; HASLAM, R.A.: The effect of military load carriage on 3-D lower limb kinematics and spatiotemporal parameters. Ergonomics. (2009) Oct; 52 (10):1298-304.

BISHOP, E.; COLLINS, M.A.; LANIER, A.B.: Cardiorespiratory responses to kettlebell training exercice. Medicine and Science in Sports and Exercise, (2005) 37; 5: 219.

BLAZEVICH, A.J.; JENKINS, D.: Physical performance differences between weight-trained sprinters and weight trainers. J Sci Med Sport. (1998) Jan; 1(1):12-21.

BMVg / FüS I 5 (Hrsg.): Sportlehrer der Bundeswehr. Information 2/1986, S.8, 1986.

BMVg (Hrsg.): Weißbuch 1994, S. 97, Bonn, 1994.

273

BMVg – GenInsp / FÜ S I 5: Weisung zur Ausbildung und zum Erhalt der Individuellen Grundfertigkeiten – IGF (Stand: 30. Mai 2006), Az 32-01-05. 2006.

BMVg (Hrsg.): Spezialkräfte. Bundesministerium der Verteidigung; Abteilung Personal-, Sozial- und Zentralangelegenheiten. Referat Personalmarketing. 2012.

BONGIOVANNI, L.G.; HAGBARTH, K.E.; STJEMBERG, L.: Prolonged muscle vibration reducing motor unit output in maximal voluntary contractions in man. Journ Physiol (1989) 67: 15-23.

BORGHOLS, E.A.M.: Influence of heavy weight carrying on the cardiorespiratory system during exercise. Eur J App Physiol., (1978) 38: 161-69.

BORTZ, J.: Statistik für Sozialwissenschaftler. 5. Auflage. Springer Verlag. Berlin. 1999.

BORTZ, J.; LIENERT, G. A.; BOEHNKE, K.: Verteilungsfreie Methoden in der Biostatistik. 2. Auflage. Springer Verlag. Berlin 2000.

BORTZ, J.; SCHUSTER, C.: Statistik für Human- und Sozialwissenschaftler. 7. Auflage. Springer Verlag. Berlin. 2010.

BOSCO, C.; CARDINALE, M.; TSARPELA, O.; COLLI, R.; TIHANYI, J.; VON DUVILLARD, S.P.; VIRU, A.: The influence of whole body vibration on jumping performance. Biol. Sport (1998) 15: 157-164.

BOSCO, C.; COLLI, R.; INTROINI, E.; CARDINALE, M.; TSARPELA, O.; MADELLA, A.; TIHANYI, J.; VIRU, A.: Adaptive repsonse of human skeletal muscle to vibration exposure. Clin Physiol. (1999A) 19: 183-187.

BOSCO, C.; CARDINALE, M.; TSARPELA, D.: Influence vibration on mechanical power and electromyogramm activity in human arm flexor muscles. Eur J Appl Physiol (1999B) 79: 306-311.

BOSCO, C.; IACOVELLI, M.; TSARPELA, O.; CARDINALE, M.; BONIFAZI, M.; TIHANYI, J.; VIRU, A.; DE LORENZO, A.: Hormonal responses to whole-body vibration in men. Eur J Appl Physiol (2000) 81: 449-454.

BOVE, M.; DIVERIO, M.; POZZO, T.; SCHIEPATTI, M.: Neck muscle vibration disrupts steering of locomotion. J Appl Physiol (2001) 91: 581-8

BOYLE, M.: Functional Training for Sports. Human Kinetics: Champaign, Il., 2004.

BOYLE, M.: Advances in Functional Training. Training Techniques for Coaches, Athletes and Personal Trainers. On Target Publications, Ca., 2010.

BRAITH, R.W.; GRAVES, J.E.; POLLOCK, M.L.; LEGGET, S.L.; CARPENTER, D.M.; COLVIN, A.B.: Comparison of two versus three days per week of resistance training during 10 and 18 week programms. Int J Sports Med, (1989) 10: 450-4.

BRICKNELL, M.C.: Military parachuting injuries: a literature review. Occup Med (1999A) 49: 17-26.

BRICKNELL, M.C.: Is service with the Parachute Regiment bad for your health? Occup Med (1999B), 49: 79-84.

BRICKNELL, M.C.; AMOROSO, P.J.; YORE M.M.: What is the risk associated with being a qualified military parachutist? Occup Med, (1999) 49:139–145

BROLL- ZEITVOGEL, E.: Körperliche Aktivität und lumbale Symptome. In: In: SAMITZ, G. / MENSINK, G. B. M. (Hrsg.): Körperliche Aktivität in Prävention und Therapie. Evidenzbasierter Leitfaden für Klinik und Praxis. Hans Marseille Verlag, München 2002.

BROWN, M.: Fitness and its affects on the military. USAWC STRATEGY RESEARCH PROJECT. U.S. Army War College CARLISLE BARRACKS, PENNSYLVANIA 17013, 2005.

BRUGHELLI, M., CRONIN, J.; LEVIN, G.; CHAOUACHI, A.: Understanding change of direction ability in sport: a review of resistance training studies. Sports Med. (2008); 38(12):1045-63.

BRYANTON, M.A.; KENNEDY, M.D.; CAREY, J.P.; CHIU, L.Z.: Effect of Squat Depth and Barbell Load on Relative Muscular Effort in Squatting. J Strength Cond Res. (2012); 26(10):2820-8.

BÜHRLE,M.: Maximalkraft - Schnellkraft - Reaktivkraft. Sportwissenschaft, (1989) 19: 311-325.

BUGUET, A.: Sleep Recovery from Physical Exercise: A New Understanding of Brain Responses to Stress, Paris 1995.

BULLOCK, S.H.; JONES, B.H.; GILCHRIST, J.; MARSHALL, S.W.: Prevention of physical training-related injuries recommendations for the military and other active populations based on expedited systematic reviews. Am J Prev Med. (2010) Jan; 38 (1 Suppl): 156-81.

BURBA, E.H.: The soldiers load. Infantry (1986) May-June, 2-3.

BURGOMASTER, K. A.; HOWARTH, K. R.; PHILLIPS, S.M.; RAKUBOWSHUK, M.; MACDONALD, M. J.; MCGEE S.; GIBALA, M. J.: Similar metabolic adaptations during exercise after low volume sprint interval and traditional endurance training in humans, J. Physiol. (2008) January 1, 586 (1): 151-16.

BURKHARDT, A.: Vibrationstraining in der Physiotherapie. Physiotherapie, (2006) 9: 22-5.

CARBONNIER, A.; MARTINSON, N.: Examining muscle activation for Hang Clean and three different TRX Power Exercises. Bachelor Thesis. Biomedicine Athletic Training Halmstad University. 2012.

CARDINALE, M: The effects of vibration as an exercise intervention: Current perspectives and future trends for research. Proceedings of 8th annual congress of ECSS. (2003): 217-8.

CARLSON, M.J.; JAENEN, S.P.: The development of a preselection physical fitness training program for canadian special operations regiment applicants. J Strength Cond Res. (2012) Jul; 26 Suppl 2: 2-14.

CASTELLANO, J.W., STULZ, D.A., DEGROOT, D.W., BLANCHARD, L.A., CADARETTE, B.S., NINDL, B.C., MONTAIN, S.J.: Eighty-four hours of sustained operations alter theromregulations during cold exposure. Medicine and Science in Sports and Exercise, (2003) 35: 175-181.

CASTELLANO, J.W.: Metabolic demand of a kettlebell workout routine. Medicine and Science in Sports and Exercise. (2009); 41 (5): 137-8.

CATERISANO, A.; PATRICK, J.M.; GROSSNICKLE, J.M.: Variable Training intensities with equivalent training volume affects on EPOC in circuit weight- training. Medicine and Science in Sports and Exercise, (2007); 39 (5): 481.

CATERISANO, A.; PATRICK, J.M.; GROSSNICKLE, J.M.; MOSS, R.F.: The effect of varying intensity on total energy expenditure during circuit weight training with equal volume. Medicine and Science in Sports and Exercise (2008); 40 (5): 257.

CAYOT, T.; SCHICK, E.; GOCHIOCCO, M. K.; WAMBOLD, S.; STAY, M.R.; SCHEUERMANN, B.W.: Electromyographic analysis of suspension ellbow flexion curls and standard ellbow flexion curls. Medicine and Science in Sports and Exercise, (2011) 43 (5): 397.

CHELLY, M.S.; FATHLOUN, M.; CHERIF, N.; BEN AMAR, M.; TABKA, Z.; VAN PRAAGH, E.: Effects of a back squat training program on leg power, jump, and sprint performances in junior soccer players. J Strength Cond Res. (2009); 23 (8): 2241-9.

CHELLY, M.S.; GHENEM, M.A.; ABID, K.; HERMASSI, S.; TABKA, Z.; SHEPHARD, R.J.: Effects of in-season short-term plyometric training program on leg power, jump- and sprint performance of soccer players. J Strength Cond Res. (2010); 24 (10): 2670-6.

CHILDS, J.; TEYHDEN, D.; BENEDICT, T.; MORRIS, J.; FORTENBERRY, A.; MCQUEEN, R.; et al: Effects of sit-up training versus core stabilization exercises on sit-up performance. Medicine in Science and Sports and Exercise, (2009); 41 (11): 2072-83.

CHILDS, J.D.; TEYDEN, D.S.; CASEY, P.R.; MCCOY-SINGH, K.A.; FELDTMANN, A.W.; WRIGHT, A.C.; DUGAN, J.L.; WU,S.S.; GEORGE, S.Z.: Effects of traditional sit-up training versus core stabilization exercises on short-term musculoskeletal injuries in US Army soldiers: a cluster randomized trial. Phys Ther. (2010) Oct; 90 (10): 1404-12.

CHRISTIE, C.J.; SCOTT, P.A.: Metabolic responses of South African soldiers during simulated marching with 16 combinations of speed and backpack load. Mil Med. (2005) Jul; 170 (7): 619-22.

CHROMIAK, J.; MULVANEY, D.: A Review: The Effects of combined stength and endurance training on strength developement. Journal of Applied Sports Science Research (1990) 4: 55-60.

CHTARA, M.; CHAMARI, K.; CHAOUACHI, M.; CHAOUACHI, A.; KOUBAA, D.; FEKI, Y.; MILLET, G.; AMRI, M.: Effects of intra-session concurrent endurance and strength training sequence on aerobic performance and capacity. British Journal of Sports Medicine, (2005) 39: 555-60.

CHTARA, M.; CHAOUACHI, A.; , LEVIN, G.T.; CHAOUACHI, M.; , CHAMARI, K.; AMRI, M.; LAURSEN, P.B.: Effect of concurrent endurance and circuit resistance training sequence on muscular strength and power development. Journal of Strenght and Conditioning Research (2008); 22 (4): 1037-45.

CHU, Y; SELL, T.C.; ABT, JP.; NAGAI, T.; DELUZIO, J.; MCGRAIL, M.; ROWE, R.; SMALLEY, B.; LEPHART, S.M.: Air assault soldiers demonstrate more dangerous landing biomechanics when visual input is removed. Mil Med. (2012); 177 (1):41-7.

276

CHWILKOWSKI, C.: Medizinisches Koordinationstraining - Verbesserung der Haltungs- und Bewegungskoordination durch Propriozeption. Köln. Deutscher Trainer-Verlag. 2006.

CILLI, F.; MAHIROGULLA, M.; INAN, M.; PEHLIVAN, O.; ATIK, A.; CAKMAK, A.: Parachuting injuries: a retrospective study of 43,690 military descents, Balkan Military Medical Review (2006); 9, 144-7.

CLARK, K.P.; STEARNE, D.J.; WALTS, C.T.; MILLER, A.D.: The longitudinal effects of resisted sprint training using weighted sleds vs. weighted vests. J Strength Cond Res. (2010); 24 (12): 3287-95.

COHEN, J.: Statistical power analysis for the behavioral sciences (2).: Lawrence Erlbaum Associates. Hillsdale, New Jersey. 1988.

COHEN, S.P.; NGUYEN, C.; KAPOOR, S.G.; ANDERSON-BARNES, V.C.; FOSTER, L.; SHIELDS, C.; MCLEAN, B.; WICHMAN, T.; PLUNKETT, A.: Back pain during war: an analysis of factors affecting outcome. Arch Intern Med. (2009); 169 (20):1916-23.

COHEN, S.P.; GALLAGHER, R. M.; DAVIS, S. A.; GRIFFITH, S. R.; CARRAGEE, E. J.: Spine-area pain in military personnel: a review of epidemiology, etiology, diagnosis, and treatment. The Spine Journal (2012); 12 (9): 833-42.

COPPAK, R.J.; ETHERINGTON, J.; WILLS, A.J.:The effects of exercise for the prevention of overuse anterior knee pain: a randomized controlled trial. Am J Sports Med. (2011); 39 (5): 940-8.

CRAWFORD, K.; FLEISHMAN, K.; ABT, J.P.; SELL, T.C.; LOVALEKAR, M.; NAGAI, T.; DELUZIO, J.; ROWE, R. S.; MCGRAIL, M.A.; LEPHART, S.M.: Less body fat improves physical and physiological performance in army soldiers. Mil Med. (2011); 176 (1): 35-43.

CRONIN, J.; HANSEN, K.; KAWAMORI, N.; MCNAIR, P.: Effects of weighted vests and sled towing on sprint kinematics. Sports Biomech. (2008); 7 (2):160-72.

CROWDER, T.A.; BEEKLEY, M.D.; STURDIVANT, R.X.; JOHNSON, C.A.; LUMPKIN, A.: Metabolic effects of soldier performance on a simulated graded road march while wearing two functionally equivalent military ensembles. Mil Med. (2007); 172 (6): 596-602.

CUDDY, J.S.; SLIVKA, D.R.; HAILES, W.S.; RUBY, B.C.:Factors of trainability and predictability associated with military physical fitness test success.J Strength Cond Res. (2011); 25 (12): 3486-94.

CURRY, B.S.; CHENGKALATH, D.; CROUCH, G.J.; ROMANCE, M.; MANNS, P.J.: Acute effects of dynamic stretching, static stretching, and light aerobic activity on muscular performance in women. J Strength Cond Res. (2009); 23 (6):1811-9.

DANIELS, J.T.: A physiologist´s view of running economy. Medicine Science of Sports and Exercise, (1985) 17: 332-338.

DANIELS, A.: Vergleich der Entwicklung der Kraftausdauerfähigkeit bei funktionellem Training und dem Training am TRX Suspension Trainer. Bachelor Thesis (unveröffentlicht) Saarbrücken 2011.

DANKERT, M.: Ein Jahr Einsatzerfahrungen: Infanterist der Zukunft. Strategie und Technik, (2006) Juli, 18-23.

DATTA, S.R.; RAMATHAN, N.L.: Ergonomic comparison of seven modes of carrying loads on the horizontal plane. Ergonomics, (1971)14: 269-278.

DEAN, C.E.: The modern warrior´s combat load, Dismounted Operations in Afghanistan. U.S. Army Center for lessons learned, US Army Research, Developement and Engeniering Command, Natick Soldier Center, Natick, 2004.

DELECLUSE, C.: Influence of strength training on sprint running performance. Current findings and implications for training. Sports Med. (1997) Sep; 24 (3):147-56.

DELECLUSE, C.; ROELANTS, M.; VERSCHUEREN, S.: Strength increase after whole- body vibration compared with resistance training. Med Sci Sports Exerc. (2003) 35:1033-1041.

DE MARESS, H.: Sportphysiologie (9. Aufl.). Köln: Sport und Buch Strauß., 2003.

DENNER, A.: Muskuläre Profile der Wirbelsäule (2.Auflage). Springer-Verlag, Berlin, Heidelberg, New York 1997.

DE SALLES, B.F.; SIMAO, R.; MIRANDA, F.; NOVAES, J. da S.; LEMOS, A.; WILLARDSON, J.M.: Rest interval between sets in strength training. Sports Med. (2009) ;39(9): 765-77.

DHAR, D.: Retrospective Study of Injuries in Military Parachuting, MJAFI, (2007),Vol. 63, (4): 353-5.

DIBENEDETTO, M.: Experience with a prebasic fitness program at Fort Jackson South Carolina. Mil Med. (1989) 154: 259-263.

DIJK, M.J. van: Trainability of military populations. Research Study Group 17: Biomedical Aspects of Military Training: final report and resource manual on military physical trainings. Annales Medicinae Militrais (1989) 8 (3): 26-39.

DIJK, M.J. van; VISSER, T.; DOELEN, L.H.M.; VEENSTRA, B.M.: Physiological aspects of the military task weightload marching, validation study for medical examination and selection. Training Medicine and Training Physiology, Report No. 96-103. Utrecht 1996.

DIJK, M.J. van: Common military task: marching; In: Optimizing operational fitness, Training Medicine and Training Physiology Occupational Health and Safety Services (2009): 3-32.

DIVINE, J.: Exercise training to prevent anterior knee pain in military recruits. Clin J Sport Med. (2012) May; 22 (3): 288-9.

DOLL, M.: Einflussmöglichkeiten des Schlingentrainings zur Steigerung der maximalen Geschwindigkeit des jeweiligen Spielgerätes bei den Sportarten Golf, Fußball, Handball und Softball – eine Literaturanalyse. Bachelor Thesis (unveröffentlicht). Saarbrücken 2011.

DUDGEON, W. D.; AARTUN, J. D.; THOMAS, D. D.; HERRIN, J.; SCHEETT, T. P.: Effects of Suspension Training on the Growth Hormone Axis. J Strength Cond Res. (2011 ;25: 62.

DYRSTAD, S.M.; SOLTVEDT, R.; HALLEN, J.: Physical fitness and physical training during Norwegian military service. Mil Med. (2006); 171 (8): 736-41.

278

DUDLEY, G.A.; DJAMIL, R.: Incompatibility of endurance-and strength-training modes of exercise. J. Appl. Physiol. (1985) 59 (5): 1446-51.

DUDLEY, G.A.; FLECK, S.J.: Strength and Endurance Training. Are They Mutually Exclusive? Sports Med. (1987); 4: 79-85.

DU PREL, J.-B.; RÖHRIG, B.; HOMMEL, G.; BLETTNER, M.: Auswahl statistischer Testverfahren: Teil 12 der Serie zur Bewertung wissenschaftlicher Publikationen
Dtsch Arztebl Int (2010); 107(19): 343-8.

DZIADOS, J.E.; DAMAKOSH, A.I.; MELLO, R.P.; VOGEL, J.A.; KENNETH, L.; FARMER, J:
Physiological determinants of load bearing capacity: Technical report T19-87; United States Research Institute of Enviornmental Medicine, Natick 1987.

EBING, J.: Komparative MRI–Längsschnitt–Studie zur Effizienz ausgewählter Ganzkörpervibrationstrainingsgeräte bezüglich der Veränderung von Querschnitt und Leistungsfähigkeit der Zielmuskulatur (Oberschenkelmuskulatur) bei untrainierten männlichen gesunden Probanden. Dissertation. Medizinischen Fakultät Charité — Universitätsmedizin Berlin, 2008.

EHLENZ, H. / GROSSER, M. / ZIMMERMANN, E.: Krafttraining. München 1998.

EISINGER, G.; GÜNTHER, C.; WITTELS, P.; ENNE, R.; ZEILINGER, M.; RAUSCH, W.;
HÖLZL, T.; DORNER, G.; BARON, R.; BACHL, N.: Sportmotorische Anforderungsprofile von Spezialeinsatzsoldaten des Österreichischen Bundesheeres. Leistungsdiagnostische Analyse der individuellen wie kollektiven sportlichen Leistungsfähigkeit von Jagdkommandosoldaten sowie Ableitung eines Modells der optimalen Gewichtung der motorischen Komponente unter dem Aspekt der physischen Anforderungen des militärischen Auftrages, in: Österreichisches Journal für Sportmedizin, Wien (2006) 4: 6-34.

EKELAND, A.: Injuries in military parachuting: a prospective study of 4499 jumps. Injury. (1997); 28 (3): 219-22.

ELLITSGAARD, N.: Parachuting injuries: a study of 110,000 jumps. Br J Sports Med. (1987); 21: 13-17.

EPPSTEIN, Y.; ROSENBLUM, J.; BURNSTEIN, R.; SAWKA, M.N.: External load can alter energy cost rolonged exercise. European J Apl Physiol, (1988) 57: 243-7.

ERLEY, O. M.: Sport- und Sportverletzungen im Bereich der Bundeswehr am Beispiel einer Regionalstudie. Dissertation, Johannes Gutenberg-Universität Mainz dem Fachbereich Medizin Mainz, 1993.

ERLEY, O. M.; ULMER, H.-V.: Zum Ausbildungsstand der Sportausbilder für den Dienstsport in der Bundeswehr. Wehrmed. Mschr. (1995) 39: 163-5.

ERÖS, R.: Unfälle beim militärischen Fallschirmspringen in der Bundeswehr : Analyse von Unfällen bei ca. 200000 Absprüngen während d. Fallschirmsprungausbildung an der Luft-Lande-Lufttransportschule der Bundeswehr von 1975 – 1980, Dissertation, Universität Düsseldorf 1985.

ESCAMILLA, R.F.; FLEISIG, G.S.; ZHENG, N.; BARRENTINE, S.W.; WILK, K.E.; ANDREWS, J.R.: Biomechanics of the knee during closed kinetic chain and open kinetic chain exercises. Med Sci Sports Exerc. (1998); 30 (4): 556-69.

ESCAMILLA, R.F.: Knee biomechanics of the dynamic squat exercise.Med Sci Sports Exerc. (2001); 33 (1): 127-41.

EßFELD, D.; RÜTHER, T.; WUNDERLICH, M.; SIEVERT, A.: Entwicklung einsatznaher Leistungstests und Prüfverfahren. Manuskript zum Abschlußbericht zum Verbundprojekt M/SAB 1/3/A011. Köln, 2006A.

EßFELD, D.; RÜTHER, T.; WUNDERLICH, M.; SIEVERT, A.: Zusammenhang zwischen arbeits- und alltagsrelevanten Kraft- und Koordinationsleistungen, körperlicher Aktivitäten und Lebensgewohnheiten - Bonn : Streitkräfteamt, Abt. III, FIZBw, 2006B.

EVANS, R.; REYNOLDS, K.; CREEDON, J.; MURPHY, M.: Incidence of acute injury related to fitness testing of U.S. Army personnel. Mil Med. (2005); 170 (12):1005-11.

FAFF, J.; KORNETTA, K.: Changes in aerobic and anaerobic fitness in the Polish army paratroopers during their military service. Aviat Space Environ Med. (2000); 71 (9):920-4.

FARRAR, R.E.; MAYHEW, J.L.; KOCH, A.J.: Oxygen cost of kettlebell swings. J Strength Cond Res. (2010); 24 (4):1034-6.

FARROW, G.B.: Military static line parachute injuries. Aust N Z J Surg. (1992); 62 (3):209-14.

FERNANDEZ-FERNANDEZ, J.M; ZIMEK, R.; WIEWELHOW, T.; FERRAUTI, A.: High-intensity interval training vs. repeated-sprint training in tennis. J Strength Cond Res. (2012) 26; (1): 53-62.

FERRAUTI, A.; BERGERMAN, M.; FERNANDEZ-FERNANDEZ, J.: Effects of a concurrent strength and endurance training on running performance and running economy in recreational marathon runners. J Strength Cond Res. (2010); 24 (10): 2770-8.

FICHTE, R.: Testor - Technische Daten (pdf Dokument), Frankfurt / Main (o. Jahrgang)

FISCHER, S.: Schwingungseinwirkung an Arbeitsplätzen von Kraftfahrern auf Lastkraftwagen bis 7,5 t zul. Gesamtgewicht. Sankt Augustin, HVBG, 2002.

FOLLAND, J.P.; WILLIAMS, A.G.: The adaptations to strength training : morphological and neurological contributions to increased strength. Sports Med. (2007); 37 (2):145-68.

FRANK, A.J.: Orthopedic injuries before combat deployment--will the soldiers be ready for combat when their unit is called upon? Mil Med. (2011); 176 (9):1015-8.

FREY, G.: Zur Terminologie und Struktur physischer Leistungsfaktoren und motorischer Fähigkeiten. In: Leistungssport (1977); 5: 339-362.

FRIEDL, K.E.: Body composition and military performance: Origins of the Army standards. In Body Composition and physical performance. National Academy Press, Washington, DC, 31 – 55 1992.

FRIEDL, K.E.; MAYS, M.Z.; KRAMER, T.R.; SHIPPEE, R.L.: Acute Recovery of Physiological and Cognitive Function in U.S. Army Ranger Students in a Multistressor Field Environment, Workshop on the Effect of Prolonged Exhaustive Military Activities on Man. Physiological and Psychological Changes. Possible Means of Rapid Recuperation. NATO AC/243 Panel VIII. April 3-5. Holmenkollen, Oslo, Norway 1995.

FRIEDRICH, W.: Optimales Sportwissen, Grundlagen der Sporttheorie und Sportpraxis. 2. Auflage. Spitta, Balingen, 2007.

FRÖHLICH, M: Kraftausdauertraining – Eine empirische Studie zur Methodik. Göttingen: Cuvillier 2003.

FRYKMAN, P. N.; MERULA, D. J.; BANDERET, L. E.; GREGORZYK, K.; HASSELQUIST, L.: Marksmanship Deficits Caused by an Exhaustive Whole-Body Lifting Task With and Without Torso-Borne Loads. J Strength Con Res. (2012); 26: 30-36.

FUNG, B.J.; SHORE, S. L.: Aerobic and anaerobic work during kettlebell exercise: a pilot study. Medicine and Science in Sports and Exercise (2010); 42, (5): 834.

GALLAGHER, D.; HEYMSFIELD, S.B.; HEO, M.; JEBB, S.A.; MURGATROYD, P.A.; SAKAMOTO, Y.: Healthy percentage body fat ranges: an approach for developing guidelines based on body mass index. Am J of Clinical Nutr, (2000); 72. (3): 694-70.

GAMBETTA, V.: Athletic Development Book: The Art and Science of Functional Sports Conditioning, Human Kinetics; 1 edition: Champaign, Il., 2006.

GAMBLE, R. P.; BOREHAM, C. A.; STEVENS, A.B.: Effects of a 10-week exercise intervention programme on exercise and work capacities in Belfast's ambulancemen, Occup Med. (1993); 43 (2): 85-9.

GEHRING, D.; MELNYK, M.; GOLLHOFER, A.: Gender and fatigue have influence on knee joint control strategies during landing. Clin Biomech Bristol, Avon. (2009); 24 (1): 82-7.

GELIEBTER, A.; MAHER, M.M.; GERACE, L.; GUTIN, B.; HEYMSFIELD, S.B.; HASHIM, S.A.: Effects of strength or aerobic training on body composition, resting metabolic rate, an peak oxygen consumption in obese dieting subjects. Am J Clin Nutr (1997); 66 (3): 557-63.

GENERAL INFANTERIE: Anweisung Führerausbildung 08-4/2005 - A 1; Infanterieschule Hammelburg 2005.

GESTEWITZ, H.R.: Die Leistungsfähigkeit des Kämpfers – eine entscheidende Vorraussetzung für die Erhöhung der Kampfkraft. Zeitschrift der Militärmedizin (1983); 24 (5): 198-201.

GETTMAN, L.R.; AYRES, J.J.; POLLOCK, M.L.; JACKSON, A.: The effect of circuit weight training on strength, cardiorespiratory function, and body composition of adult men. Med Sci Sports. (1978); 10 (3):171-6.

GETTMAN, L. R.; POLLOCK, M. L.: Circuit Weight Training: A Critical Review of Its Physiological Benefits. In: The Physician and Sportsmedicine. (1981); 9 (1): 44–60.

GHIGIARELLI, J.J.; SELL, K.M.; RADDOCK, J.; TAVERAS, K.: Effects of Strongman Training on salivary testosterone levels in a sample of trained males. J Strength Cond Res. (2013); 27 (3):738-47.

GIBALA, M.J.; LITTLE, J.P.; VAN ESSEN, M.; WILKIN, G.P.;, BURGOMASTER, K.A.; SAFDAR, A.; RAHA, S.; TARNOPOLSKY, M.A.: Short-Term Sprint Interval Versus Traditional Endurance Training: Similar Initial Adaptations in Human Skeletal Muscle and Exercise Performance, Journal of Physiology (2006); 575: 901-11.

GILBERT, R.S.; JOHNSON, H.A.: Stress fractures in military recruits – a review of twelve years experience. Military Medicine (1966); 131: 716-72.

GILLIAM, A.D.; HOUSE, M.; KEAN, D.; BUXTON, N.: Injuries caused by parachute risers during foreign military parachuting. Mil Med. (2006);171 (11): 1057-8.

GIOVANNETTI, J.M.; BEMBEN, M.; BEMBEN, D.; CRAMER, J.: Relationship between estimated aerobic fitness and injury rates among active duty at an Air Force base based upon two separate measures of estimated cardiovascular fitness. Mil Med. (2012); 177 (1): 36-40

GLASSMAN, G.; LUPTON, K.; RUTLANT, W.; WENGER, H.; WILLIAMS, J.T.: ARMY FITNESS MANUAL SUPPLEMENT COMBAT FITNESS PROGRAM - Her Majesty the Queen in Right of Canada, as represented by the Minister of National Defence. (2008).

GLORIOSO, J.E.; BATTS, K.B.; WARD, W.S.: Military free fall training injuries. Mil Med. (1999); 164 (7): 526-30.

GOLDMAN, R.F.; IAMPIETRO, P.F.: Energy costs of loads carriage. J Appl Physiol. (1962) 29: 570-2.

GOODMAN, G.P.; SCHOENFELD, A.J.; OWENS, B.D.; DUTTON, J.R.; BURKS, R.; BELMONT, P.J.: Non-emergent orthopaedic injuries sustained by soldiers in Operation Iraqi Freedom. J Bone Joint Surg Am. (2012); 18; 94 (8):728-35.

GOTTLOB, A.: Differenziertes Krafttraining mit Schwerpunkt Wirbelsäule, 1. Auflage, Urban & Fischer Verlag. München und Jena 2001.

GOTSHALK, L. A.; BERGER, R. A.; KRAEMER, W. J.: Cardiovascular responses to a high-volume continuous circuit resistance training protocol. Journal of Strenght and Conditioning Research (2004);18 (4): 760-4.

GRAEF, J.L.; SMITH, A.E.; KENDALL, K.L.; FUKUDA, D.H.; MOON, J.R.; BECK, T.W.; CRAMER, J.T.; STOUT, J.R.: The effects of four weeks of creatine supplementation and high-intensity interval training on cardiorespiratory fitness: a randomized controlled trial. J Int Soc Sports Nutr. (2009); 12 (6):18.

GROSSER, M., STARISCHKA, S.; ZIMMERMANN, E.: Das neue Konditionstraining für alle Sportarten, für Kinder, Jugendliche und Aktive. München/Wien/Zürich 2001.

GÜLLICH, A. / SCHMIDTBLEICHER, D.: Struktur der Kraftfähigkeiten und ihrer Trainingsmethoden. Deutsche Zeitschrift für Sportmedizin (1999); 50: 223-234.

GÜLLICH, A.: Training - Förderung - Erfolg. Steuerungsannahmen und empirische Befunde. Habilitation, Universität des Saarlandes. Saarbrücken 2007.

GUNDLACH, H.: Technik, Training Variante Fitnessgeräte. Marburg: Tectum Verlag. 2010.

HAAS, C.: Simulation und Regulation mechanischer Schwingungen im alpinen Skirennlauf. Sport & Buch Strauss. 2002.

HAAS, C.; TURBANSKI, S.; KAISER, I.; SCHMIDTBLEICHER, D.: Zum Einsatz randomisierter Oszillationen in der Prävention und Rehabilitation von Rupturen des vorderen Kreuzbandes im alpinen Skirennlauf, Forschungsbericht. 2003.

HAAS, C.; TURBANSKI, S.; KAISER, I.; SCHMIDTBLEICHER, D.: Biomechanische und physiologische Effekte von Vibrationsreizen beim Menschen. In: Deutsche Zeitschrift für Sportmedizin (2004) 2: 34-43.

HADEED, M.J.; KUEHL, K.S.; ELLIOT, D.L.; SLEIGH, A.: Exertional rhabdomyolysis after CrossFit exercise program. Med Sci Sports Exerc. (2011); 43(5): 224-5.

HÄFELINGER, U.; SCHUBA, V. :Koordinationstherapie - Propriozeptives Training (3. Aufl.). Aachen: Meyer & Meyer. 2007.

HAGBARTH, K.E.; EKLUND, G.: Tonic vibration reflex (TVR) in spaticiticy. Brain Research (1966) 2: 201-3.

HÄKKINEN, K.; ALEN, M.; KRAEMER, W.J.; GOROSTIAGA, E.; IZQUIERDO, M.; RUSKO, H.; MIKKOLA, J.; HÄKKINEN, A.; VALKEINEN, H.; KAARAKEINEN, E.; ROMU, S.; EROLA, V.; AHATIANEN, J.; PAAVOLAINEN, L.: Neuromuscular adaptations during concurrent strength and endurance training versus strength training. Eur J Appl Physiol. (2003); 89 (1): 42-52.

HALLEL, T.; NAGGAN, L.: Parachuting injuries: a retrospective study of 83,718 jumps. J Trauma. (1975);15 (1):14-19.

HALTOM, R.W.; KRAEMER, R.R.; SLOAN, R.A.; HEBERT, E.P.; FRANK, K.; TRYNIECKI, J.L.: Circuit weight training and its effects on excess postexercise oxygen consumption. Med Sci Sports Exerc. (1999); 31 (11):1613-8.

HAN, K.H.; HARMAN, E.; FRYKMAN, P.; JOHNSON, M.; ROSENSTEIN, M.: The effects of four different backpacks loads on the kinematics of gait. Medicine Science of Sport and Exercise (1993); 25: 116

HARMAN, E.A., FRYKMAN, P.N.: The realtionship of body size and composition to the performance of physically demanding military tasks. In body composition and physical performance, National Academy Press, Washington, DC, (1992): 105-118.

HARMAN, E.A.; FRYKMAN, P.N.; PALMER, C.; LAMMI, E.; REYNOLDS, K.; BACKUS, V.: Effects of a specifically designed physical conditioning program on the load carriage and lifting performance of a soldier. Technical report T98-1, United States Research Institute of Eniornmental Medicine, Natick, 1997.

HARMAN, E.A.; GUTEKUNST, D.J.; FRYKMAN, P.N.; NINDL, B.C.; ALEMANY, J.A.: MELLO, R.P.; SHARP, M.A.: Effects of two different eight-week training programs on military physical performance. J Strength Cond Res. (2008); 22 (2): 524-34.

HARRISON, A.J.; BOURKE, G.: The effect of resisted sprint training on speed and strength performance in male rugby players. J Strength Cond Res. (2009); 23 (1): 275-83.

HASLAM, D.R.: Sleep loss, recovery sleep and military performance. Ergonomics (1982) 25: 163-178.

HASLAM, D.R.: The incentive effect and sleep deprivation. Sleep (1983); 6: 362-368.

HASLAM, D.R.: The military performance of soldiers in sustained operations. Aviat Space Environ Med (1985); 55: 216-221

HAURET, K.G.; TAYLOR, B.J.; CLEMMONS, N.S.; BLOCK, S.R.; JONES, B.H.: Frequency and causes of nonbattle injuries air evacuated from operations iraqi freedom and enduring freedom, u.s. Army, 2001-2006. Am J Prev Med. (2010); 38 (1): 94-107.

HENDERSON, J.M.; HUNTER, S.C.; BERRY, W.J.: The biomechanics of the knee during the parachute landing fall. Mil Med. (1993); 158 (12): 810-6.

HEINRICH, K.M.; SPENCER, V.; FEHL, N.; POSTON, W.S.: Mission essential fitness: comparison of functional circuit training to traditional Army physical training for active duty military. Mil Med. (2012); 177(10): 1125-30.

HENNESSY, L. C.; WATSON, A.W.: The interference effects of training for Strength and endurance simultaneously. J. Strength Cond. Res. (1994); 8:12-9.

HENNING, P.C.; PARK, B.S.; KIM, J.S.: Physiological decrements during sustained military operational stress. Mil Med. (2011);176 (9): 991-7.

HERBERT, R.D.; GABRIEL, M.: Effects of stretching before and after exercising on muscle soreness and risk of injury: systematic review. Brit. Med. J. (2002); 325: 468-473.

HERMAN, S.L.; SMITH, D.T.: Four-week dynamic stretching warm-up intervention elicits longer-term performance benefits. J Strength Cond Res. (2008); 22 (4): 1286-97.

HICKEY, J. P.; DONNE, B.; O´BRIEN, D.: Effects of an eight week military training program on aerobic indices and psychomotor function. J R Army Med Corps. (2012); 158 (1): 41-6.

HICKSON,R.C.: Interference of Strength Development by Simultaneously Training for Strength an Endurance. European Journal of Applied Physiology and Occupational Physiologie, (1980); 45: 255-63.

HICKSON, R.C.; DVORAK, B.A.; GOROSTIGA, E.M.; KUROWSKI, T.T.; FOSTER, C.: Potential for strength and endurance training to amplify endurance performance. J.Appl.Physiol. (1988); 65 (5):2285-90.

HIDES, J.; JULL, G.; RICHARDSON, C.: Long-term effects of specific stabilizing exercises for first-episode low back pain. Spine (2001); 26 (11): 243-48.

HODGES, P.W.; MOSELEY, G.L.; GABRIELSON, A.; GANDEVIA, S.C.: Experimental muscle pain changes feed-forward postural responses of the trunk muscles. (2003A) Exp. Brain Res. 151 (2), 262-71.

HODGES, P.W.; PENGEL, L.H.M.; HERBERT, R.D.; GANDEVIA, S.C. : Measurement of muscle contraction with ultrasound imaging. Muscle & Nerve. (2003B); 27, (6): 682–92.

HOFF,J.; HELGERUD,J.; WISLOFF,U.: Maximal strength training improves work economy in trained female cross-country skiers. Med.Sci.Sports Exerc. (1999); 31: 870-7.

HOFFMAN, J. R.; RATAMESS, N. A.: A practical guide to developing re- sistance-training programs. Monterey: Coaches Choice. 2008.

HOFSTETTER, M.C.; MÄDER, U.; WYSS, T.: Effects of a seven-week outdoor circuit training program on Swiss Army recruits. J Strength Cond Res. (2012); 26 (12): 3418-25.

HOGDON, J.A.: Body composition in the military service: Standards and methods. In body composition and physical performance. National Academy Press,Washington, DC, (1992): 57-70.

HOOGENDORN, W. E.; VAN POPPEL, M. N. M.; BONGERS, P. M.;., KOES, B. W.; BOUTER, L. M.: Physical load during work and leisure time as risk factors for back pain. Scand J Work Environ Health (1999); 25: 387-403.

HOOGENDORN, W. E.; BONGERS, P. M.; DE VET, H. C. W.; DOUWES, M., KOES, B. W.; MIEDEMA, M. C.; ARIENS, G. A.; BOUTER, L. M.: Flexion and rotation of the trunk and lifting at work are risk factors for low back pain: results of a prospective cohort study. Spine (2000); 25: 3087-92.

HOOGENDORN, W. E.; BONGERS, P. M.; DE VET, H. C. W.; HOUTMAN, I. L.; ARIENS, G. A., VAN MECHELEN, W.; BOUTER, L. M.: Psychosocial work characteristics and psychological strain in relation to low-back pain. Scand J Work Environ Health (2001); 27: 258-67.

HOLLMANN, W.; HETTINGER, T.: Sportmedizin. Arbeits- und Trainingsgrundlagen (4. Aufl.). Stuttgart: Schattauer. 2000.

HOLLMANN, W.: Körperliche Aktivität und Gesundheit. In: JANSSEN, J. P.: Lebensstil und Gesundheitsförderung – Was ist zu erreichen? Kiel 2001.: 7-18.

HOPPE, M.W.; BAUMGART, C.; SPERLICH, B.; FREIWALD, J.: There is no relationship between core stability and selected performance factors in professional soccer players. Research Center of Performance Diagnostics and Training Advice (FLT) at the University of Wuppertal. 3rd World Conference on Science and Soccer, 14th to 16th May 2012, Ghent – Belgium 2012.

HORTOBAGYI, T.; KATCH, F.I.; LACHANCE, P.F.: Effects of simultaneous training for strength and endurance on upper and lower body strength and running performance. J Sports Med Phys Fitness. (1991); 31 (1): 20-30.

HOSENFELD, I.; HÖFT, S.: Robustheit statistischer Testverfahren. In: B. Strauß, H. Haag; M. Kolb (Hrsg.).: Datenanalyse in der Sportwissenschaft. Schorndorf: Hofmann. 1999.

HOTTENROTT, K. / NEUMANN, G.: Methodik des Ausdauertrainings. Verlag Hofmann Schorndorf, 2008.

HUBSCHER, M.; ZECH, A.; PFEIFER, K.; HANSEL, F.; VOGT, L.; BANZER, W.: Neuromuscular training for sports injury prevention: A systematic review. Medicine & Science in Sports & Exercise (2010); 42 (3):413-21.

HUGHES, C.D.; WEINRAUCH, P.C.: Military static line parachute injuries in an Australian commando battalion. ANZ J Surg. (2008); 78 (10): 848-52.

HULSEY, C.R.; SOTO, D.T.; KOCH, A.J.; MAYHEW, J.L.: Comparison of kettlebell swings and treadmill running at equivalent rating of perceived exertion values. J Strength Cond Res. (2012); 26 (5): 1203-7.

HYRSOMALLIS, C.: Balance ability and athletic performance. Sports Med. (2011); 1; 41(3): 221-32.

HYRSOMALLIS, C.: The effectiveness of resisted movement training on sprinting and jumping performance. J Strength Cond Res. (2012); 26 (1): 299-306.

IAIA, F.M.; HELLSTEN, Y.; NIELSEN, J.J.;, FERNSTRÖM, M.; SAHLIN, K.;BANGSBO, J.: Four weeks of speed endurance training reduces energy expenditure during exercise and maintains muscle oxidative capacity despite a reduction in training volume. J. Appl. Physiol. (2009); 106 (1): 73-80.

INSPEKTEUR DES HEERES: Weisung Körperliche Leistungsfähigkeit im Heer, Änderungsmeldung vom 29.10.2002. Bundesministerium der Verteidigung, Fü H I 3. Bonn, 2002.

IOSIA, M.F.; BISHOP, P.A.: Analysis of Exercise-to-Rest Ratios During Division IA Televised Football Competition. Journal of Strength and Conditioning Research (2008);22 (2): 332-40.

IRVING, B.A.; DAVIS, C.K.; BROCK, D.W.; WELTMAN, J.Y.; SWIFT, D.; BARRETT, E.J.; GAESSER, G.A.; WELTMAN, A.: Effect of Exercise Training Intensity on Abdominal Visceral Fat and Body Composition. Med Sci Exerc (2008); 40: 1863-72.

ISSURIN, V.B.; LIEBERMANN, D.G.; TENEBAUM, G.: Effects of vibratory stimulation training on maximal force and flexibility. J of Sports Sci (1994); 12: 561-6.

JÄGER, J. M.; KRÜGER, K.: Der Muskel im Sport (1. Aufl.). Berlin: KVM - Der Medizinverlag. 2012.

JANDA, V.: Muskelfunktionsdiagnostik (4. Aufl.). München: Urban & Fischer. 2000.

JOCH, W.; ÜCKERT, S.: Möglichkeiten und Effekte des Precoolings – eine Übersicht in: A. FERRAUTI (Hrsg.): Trainingswissenschaft im Freizeitsport, Schriften der Deutschen Vereinigung für Sportwissenschaft (2006); 157, 285-8.

JAY, K.; FRISCH, D.; HANSEN, K.; ZEBIS, M.K.; ANDERSEN, C.H.; MORTENSEN, O.S.; ANDERSEN, L.L.: Kettlebell training for musculoskeletal and cardiovascular health: a randomized controlled trial; Scand J Work Environ Health (2011); 37 (3): 196-203.

JAY, K.; JAKOBSON, M.D.; SUNDSTRUP, E.; SKOTTE, J.H.; JORGENSEN, M.B.; ANDERSEN, C.H.; PEDERSEN, M.T.; ANDERSEN, L.L.: Effects of kettlebell training on postural coordination and jump performance: A randomized controlled trial. J Strength Cond Res. (2013);27 (5):1202-9.

JODL, H.: Die Anforderungen der Landesverteidigung verlangen eine gediegene körperliche Grundausbildung. Körpererziehung (1974); 24, 6: 273-81.

JOINT SERVICES PHYSICAL TRAINING INJURY PREVENTION GROUP: Recommendations for Prevention of Physical Training (PT)-Related Injuries: Results of a Systematic Evidence-Based Review. Aberdeen Proving Ground: U.S. Army Center for Health Promotion and Preventive Medicine. 2008.

JONES, B.H.; KNAPIK, J.J.: Physical training and exercise-related injuries. Surveillance, research and injury prevention in military populations. Sports Med. (1999); 27 (2):111-25.

JONES, B.H.; PERROTTA, D.M.; CANHAM-CHERVAK, M.L.; NEE, M.A.; BRUNDAGE, J.F.: Injuries in the military: a review and commentary focused on prevention. Am J Prev Med. (2000); 18 (3): 71-84.

JOUANIN, J.C.; DUSSAULT, C.; PERES, M.; SATABIN, P.; PIERARD, C.; GUEZENNEC, C.Y.: Analysis of Heart Rate Variability after a Ranger Training Course. Military Medicine (2004); 169 (8): 583-7.

JUNG, K.: Auswirkungen körperlicher Ertüchtigung auf die Erhöhung der psychophysischen Streßtoleranz. Wehrmedizinische Monatszeitschrift (1985) 29 (5): 204-12.

JUNG, A.P.: The impact of resistance training on distance running performance. Sports Med. (2003); 33 (7): 539-52.

KÄHLER, W.-M.: Statistische Datenanalyse. Verfahren verstehen und mit SPSS gekonnt einsetzen (6. Aufl.). Wiesbaden: Vieweg & Teubner. 2006.

KAJI, H.; GOTO, K.; TAKAMATSU, K.: Effects of whole-body vibration on inter- mittent force production in female judo players. Adv Exerc Sports Physiol (2002); 8 (4):196.

KAPTAIN, D.: Körperliche Fitness in der Bundeswehr – Eine empirische Überprüfung der physischen Anforderungen an Soldaten der Fallschirmspezialzüge sowie Darstellung geeigneter Fördermaßnahmen. Master Thesis (unveröffentlicht). Saarbrücken 2010.

KASAI, T.; KAWANISHI, M.; YAHAGI, S.: The effects of wrist muscle vibration on human voluntary elbow flexion-extension movements. Exp Brain Res (1992); 90: 217-20.

KAUFMANN, K.R.; BRODINE, S.; SHAFFER, R.: Military training-related injuries: surveillance, research, and prevention. Am J Prev Med. (2000); 18 (3): 54-63.

KEAN, C.; BEHM, D.; YOUNG, W.: Fixed foot balance training increases rectus femoris activation during landing and jump height in recreationally active women. Journal of Sports Science and Medicine (2006); 5: 138-48.

KENDALL, K.L.; SMITH, A.E.; GRAEF, J.L.; FUKUDA, D.H.; MOON, J.R.; BECK, T.W.; CRAMER, J.T.; STOUT, J.R.: Effects of four weeks of high-intensity interval training and creatine supplementation on critical power and anaerobic working capacity in college-aged men. J Strength Cond Res. (2009); 23 (6): 1663-9.

KENNEY, W. L.; HILMORE ;J. H. ; COSTILL, D. L.: Physiology of Sport and Exercise. Human Kinetics. Champaign, IL. 2012.

KEOGH, J.W.; NEWLANDS, C.; BLEWETT, S.; PAYNE, A.; CHUN-ER, L.: A kinematic analysis of a strongman-type event: the heavy sprint-style sled pull. J Strength Cond Res. (2010A); 24 (11): 3088-97.

KEOGH, J.W.; PAYNE, A.L.; ANDERSON, B.B.; ATKINS, P.J.: A brief description of the biomechanics and physiology of a strongman event: the tire flip. J Strength Cond Res. (2010B); 24 (5): 1223-8.

KEY, J.: Back Pain – a Movement Problem. A clinical approach incorporating relevant research and practice. Edinburgh: Elsevier. 2010.

KIBELE, B.; BEHM, D.: Seven weeks of instability and traditional resistance training effects on strength, balance and functional performance. Journal of Strength and Conditioning Research (2009); 23 (9): 2443-50.

KIBLER, W.; LIVINGSTON, B.: Closed-chain rehabilitation for upper and lower extremities. Journal of the American Academy of Orthopedic Surgeons (2001); 9 (6): 412-21.

KIBLER, B.; PRESS, J.; SCIASCIA, A.: The Role of Core Stability in Athletic Function. In: Sports Med (2006); 36 3: 189-98.

KIRCHHOFF, H.-W.; MEYER-ERKELENZ, J.D.:in: Wehrdienst und Gesundheit. Band XVIII. Präventive Kardiologie in der Bundeswehr. S.179, Darmstadt, 1979.

KIRCKPATRICK, A.W.; SMALLMANN, T.W.: Spondylolysis and spondylolisthesis in military parachutists. Mil Med. (1991); 156 (12): 687-90.

KLAES, L.; COSLER, D.; ROMMEL, A.; ZENS, Y.C.K.: Dritter Bericht zum Bewegungsstatus von Kindern und Jugendlichen in Deutschland. Forschungsbericht im Auftrag des Deutschen Sportbundes und des AOK Bundesverbandes, Bonn, 2003.

KLEINOD, G.: Ursachen und prophylaktische Maßnahmen bei Rückenbeschwerden der FschSpringer. Medizin und Sport, (1973); XIIM 7: 224.

KNAPIK, J.J.: Physiological, Biomechanical and Medical Aspects of Soldier Load Carriage, Technical Report T19-89, United States Army Research Institute of Enviornmental Medicine, Natick, USA, 1989.

KNAPIK, J., BAHRKE, M.; STAAB, J.; REYNOLDS, K.; VOGEL, J.; O´CONNOR,, J.: Frequency of loaded road march training and performance on a loaded road march. Natick MA: U.S. Army Research Institute of Environmental Medicine Technical Report T13-90. 1990A

KNAPIK, J.J., DANIELS, J.T.; MURPHY, M.; FITZGERALD, P.; DREWS, A.; VOGEL, J.: Physiological factors in infantry operations, Eur J Appl Physiol. (1990B); 60: 223-30.

KNAPIK, J.J.; BAHRKE, M.; STAAB, J.; REYNOLDS, K.; VOGEL, J.; FRYKMAN,P.; MELLO, R.; O´CONNOR,, J.: Relationship of soldier load carriage to physiological factors military experience and mood states. U.S. Army Research Institute of Environmental Medicine, Technical Report T17-90. 1990C.

KNAPIK, J.J.; REYNOLDS, K.; STAAB, J.; VOGEL, J.; JONES, B.: Injuries associated with strenuous road marching. Military Medicine (1992); 157: 64-67.

KNAPIK, J.J.; JOHNSON, R.; ANG, P.; MEISELMAN, H.; BENSEL, C.; JOHNSON, W.; FLYN, B.; HANLON, W.; KIRK, J.; HARMAN, E.; FRYKAMN, P.; JONES, B.:Road marching performance of special operations soldiers carrying various loads and load distributions. Technical Report T14-93, United States Army Research Institute of Enviornmental Medicine, Natick, USA, 1993A.

KNAPIK, J.J.,; ANG, P.; REYNOLDS, K.; JONES, B.: Physical fitness, age, and injury incidence in infantry soldiers. J Occup Med. (1993B); 35 (6):598-603.

KNAPIK, J.J.; HARMAN, E.; REYNOLDS, K.: Load carriage using packs: A review of physiological, biomedical and medical aspects. Appl Economics (1996); 27: 207-16.

KNAPIK, J.J.; REYNOLDS, K.: Load Carriage in Military Operations. A Review of historical, physiological, biomechanical an medical aspects. ARMY RESEARCH LAB ABERDEEN PROVING GROUND MD, 1997.

KNAPIK, J.J.: The army physical fitness test (APFT): A review of the literature. Mil Med. (1998); 154: 326-9.

KNAPIK, J.J.; HARPER, J.; CROWELL, H.P.: Physiological factors in stretcher carriage performance, Eur J Appl Physiol. (1999); 70: 409-13

KNAPIK, J.J.: Physiological, Biomechanical and Medical Aspects of Soldier Load Carriage; Paper presented at the RTO HFM Specialists' Meeting on "Soldier Mobility: Innovations in Load Carriage System Design and Evaluation", held in Kingston, Canada, 27-29 June 2000, and published in RTO MP-056. 2000.

KNAPIK, J.J.; CANHAM-CHERHAK, M.; HOEDEBEKE, E.; HEWITSON, W.C.; HAURET, K.; HELD, C.; SHARP, M.A.: The fitness training unit in U.S. Army basic combat training: physical fitness, training outcomes, and injuries. Mil Med. (2001A); 166 (4): 356-61.

KNAPIK, J.J.; SHARP, M.A.; CANHAM-CHERVAK, M. et al.: Risk factors for training-related injuries among men and women in basic combat training. Med Sci Sports Exerc. (2001B); 33: 946-54.

KNAPIK, J.J.; CANHAM-CHERVAK, M.; HAURET, K. et al: Seasonal variations in injury rates during US Army Basic Combat Training. Ann Occup Hyg. (2002); 46: 15-23.

KNAPIK, J.J.; CRAIG, S.C.; HAURET, K.G.; JONES, B.H.: Risk factors for injuries during military parachuting. Aviat Space Environ Med. (2003); 74 (7): 768-74.

KNAPIK, J.J.; SHARP, M.A.; DARAKJI, S.; JONES, S.B.; HAURET, K.G.; JONES, B.H.: Temporal changes in the physical fitness of US Army recruits. Sports Med. (2006); 36 (7): 613-34.

KNAPIK, J.J.; SPIESS, A.; SWEDLER, D.I.; GRIER, T.L.; DARAKJI, S.S.; JONES, B.H.: Systematic review of the parachute ankle brace: injury risk reduction and cost effectiveness. Am J Prev Med. (2010); 38 (1): 182-8.

KNAPIK, J.J.; HARMAN, E.A.; STEELMAN, R.A.; GRAHAM, B.S.: A systematic review of the effects of physical training on load carriage performance. J Strength Cond Res.(2012); 26 (2): 585-97.

KOERHUIS, C.L.; VEENSTRA, B.J.; VAN DIJK, J.J.; DELLEMAN, N.J.: Predicting marching capacity while carrying extremely heavy loads. Mil Med. (2009);174 (12): 1300-7.

KÖSTEMEYER, G.; ABU-OMAR, K.; RÜTTEN, A.: Prävention von Rückenschmerzen durch Interventionen – Aktuelle Ansätze und Probleme. In: Gesundheitssport und Sporttherapie (2003); 19 (5): 179-85.

KOPP, K.H.: Veränderungen von Herzfrequenz und Stoffwechselparameter im Blut beim Fallschirmspringen. Deutsche Zeitschrift für Sportmedizin. (1978); 29 (2): 45-9.

KOTWAL, R.S.; MEYER, D.E.; O'CONNOR, K.C.; SHAHBAZ, B.A.; JOHNSON, T.R.; STERLING, R.A.; WENZEL, R.B.: Army Ranger casualty, attrition, and surgery rates for airborne operations in Afghanistan and Iraq. Aviat Space Environ Med. (2004); 75 (10): 833-40.

KOUZAKI, M.; SHINOHARA, M.; FUKONAYA, T.: Decrease in maximal voluntary contractions by tonic vibration applied to a single synergistic muscle in humans. J App Physiol. (2000); 89: 1420-4.

KRAEMER, W.J.; VOGEL, J.A.; PATTON, J.F.; DZADIOS, J.E.; REYNOLDS, K.L.: The effects of various physical training programs on short duration, high intensity load bearing performance and the Army Physical Fitness Test. Natick MA: U.S. Army Research Institute of Environmental Medicine Technical Report T30-87, 1987.

KRAEMER, W.J.; PATTON, J.F.; GORDON, S.E.; EVERETT, A.H.; DESCHENES, M.R.; REYNOLDS, K.; NEWTON, R.U.; TRIPLETT, N.T.; DZIADOS, J.E.: Compatibility of high-intensity strength and endurance training on hormonal and skeletal muscle adaptations. J. Appl. Physiol. (1995); 78 (3): 976-89.

KRAEMER, W.; VESCOVI, J.D.; VOLEK, J.S.; NINDL, B.C.; NEWETON, R.U.; PATTON, J.F.; DZIADOS. J.E.; FRENCH, D.N.; HÄKKINEN, K.: Effects of Concurrent Resistance and Aerobic Training on Load-Bearing Performance and the Army Physical Fitness Test. Military Medicine (2004); 169 (12): 994-9.

KRAGH, J.F.; TAYLOR, D.C.: Fast-roping injuries among Army Rangers: a retrospective survey of an elite airborne battalion. Mil Med. (1995); 160 (6): 277-9.

KRAGH, J.F.; JONES, B.H.; AMAROSO, P.J.; HEEKIN, R.D.: Parachuting injuries among Army Rangers: a prospective survey of an elite airborne battalion. Mil Med. (1996); 161 (7): 416-9.

KRAGH, J.F.; TAYLOR, D.C.: Parachuting injuries: a medical analysis of an airborne operation. Mil Med. (1996);161(2): 67-9.

KUBUKELI, Z.N.; NOAKES, T.D.; Dennis, S.C.: Training techniques to improve endurance exercise performances. Sports Med. (2002); 32 (8): 489-509.

KÜNNENMEYER, J.; SCHMIDTBLEICHER, D.: Beeinflussung der Reaktivität durch die rhythmische neuromuskuläre Stimulation (RNS). Sportverl Sportschad. (1997); 11: 39-42.

LAKE, J.; LAUDER, M.: Mechanical demands of Kettlebell Swing exercise. J Strength Cond Res. (2011); 26 (12): 3209-16.

LAKE, J.; LAUDER, M.: Kettlebell Swing improves maximal and explosive stength. J Strength Cond Res. (2012); 26 (8): 2228-33.

LANIER, A.B.; BISHOP, E.; COLLINS, M.: Energy cost of a basic kettlebell protocoll. Medicine and Science in Sports and Exercise, (2005); 37 (5): 51.

LAUDER, T.D.; BAKER, S.P.; SMITH, G.S.; LINCOLN, A.E.: Sports and Physical Training Injury Hospitalizations in the Army, Entrez PubMed. (2000); 18 (3): 118-28.

LAURSEN, P.B.; JENKINS, D.G.: The scientific basis for high-intensity interval training: optimising training programmes and maximising performance in highly trained endurance athletes. Sports Med. (2002); 32 (1): 53-73.

LEEUW, M.W.: The modular structure of the Dutch dismounted soldier system. TNO Report PML 1998-A63, Rijswijk, 1998.

LEPHART, S.M.; FU, F.H.: Proprioception and Neuromuscular Control in Joint Stability.Human Kinetics, 2000.

LEVERITT, M.; ABERNETHY, P.J.; BARRY, B.K.; LOGAN, P.A.: Concurrent strength and endurance training. A review. Sports Med. (1999); 28 (6): 413-27.

LEYK, D.; ROHDE, U.; GORGES, W.; RIDDER,D.; WUNDERLICH, M.; DINKLAGE, C.; RÜTHER, T.; EßFELD, D.: Adipositas und Bewegungsmangel in Deutschland: Erste Fakten aus der Physical-Fitness-Test Studie. Wehrmed Mschr (2005); 49: 11-5.

LEYK, D.; ROHDE, U.; GORGES, W.; ERLEY, O.; WUNDERLICH, M.; SIEVERT, A.; RÜTHER, T.; EßFELD, D.:Recovery of hand grip strength and hand steadiness after exhausting manaul stretcher carriage. Eur J Appl Physiol. (2006); 96 (5): 593-9.

LEYK D., ROHDE U., GORGES W., WUNDERLICH M., RÜTHER T., WAMSER P., EßFELD D.: Erste Ergebnisse der Studie „Fit-fürs-Leben": Übergewicht und Bewegungsmangel bei Heranwachsenden und jungen Erwachsenen. Wehrmed Mschr (2007A); 51:143-7.

LEYK, D., ERLEY, O., RIDDER, D., LEURS, M., RÜTHER, T.; WUNDERLICH, M.; SIEVERT, A.; BAUM, K.; ESSFELD, D.: Trainierbarkeit im mittleren und höheren Lebensalter, Wehrmed Mschr (2007B); 51 (5/6): 148-152.

LEYK, D.; WITZKI, A.; GORGES, W.; ROHDE, U.; LISON, A.; RONDE, M.; WÖMPENER, M.; SCHLATTMANN, A,; DOBMEIER, H.; RÜTHER, T.; WUNDERLICH, M.: Körperliche Leistungsfähigkeit, Körpermasse und Risikofaktoren von 18 bis 35-jährigen Soldaten: Ergebnisse der Evaluierungsstudie zum Basis- Fitness Test (BFT). Wehrmed Mschr (2010A); 54: 278–82.

LEYK, D.; GORGES, W.; BERGMANN, H.; WUNDERLICH, M.; EßFELD, D.; EICKSTÄDT, U.; BEZROUK, P.; MEYER-FALKE,A.; LETZEL, S.; PIEKARSKI, C.; LÖLLGEN, H.: Gesundheitsförderung und Präventionsforschung im Kontext von Arbeit und Leistung. Wehrmedizinische Monatsschrift (2010B); 54 (11/12): 274-8.

LEYK, D.; RÜTHER, T.; WITZKI, A.; SIEVERT, A.; MOEDL, A.; BLETTNER, M.; HACKFORT, D.; LÖLLGEN, H.: Körperliche Leistung, Gewichtsstatus, Raucherquote und Sporthäufigkeit von jungen Erwachsenen. Dtsch Arztebl Int. (2012); 109 (44): 737-45.

LISMAN, P. ;O'CONNOR, F. G.; DEUSTER, P. A.; KNAPIK, J. J.: Functional Movement Screen and Aerobic Fitness Predict Injuries in Military Training. Med Sci Sports Exerc. (2013); 45 (4): 636-43.

LISON, A.; HINDER, J.: Leistung steigern mit System. Wehrmedizinische Monatsschrift. (2011); 55 (11): 259-262.

LOBSTEIN, T.; BAUER, L.; UAUY, R.: Obesitiy in children and young people: a crisis in public health. Obes Rev. (2004); 5 (1): 4-104.

LOCKIE, R.G.; MURPHY, A.J.; SPINKS, C.D.: Effects of resisted sled towing on sprint kinematics in field-sport athletes. J Strength Cond Res. (2003);17 (4): 760-7.

LOWDON, I.M.; WETHERILL, M.H.: Parachuting injuries during training descents. Injury. (1989) Sep; 20 (5): 257-8.

LUOTO, S.; HELIOVAARA, M.; HURRI, H.; ALARANTA, H.: Static back endurance and the risk of low-back pain. Clin Biomech. (1995); 10 (6): 323-4.

LYONS, J., ALLSOPP, A., BILZON, J.: Influence of body composition upon the relative metabolic and cardiovascular demands of load carriage. Occup Med. (2005) 55: 380-4.

LYTTE, A. D.; WILSON, G. J.; OSTROWSKI, K. J.: Enhancing Performance: Maximal Power Versus Combined Weights and Plyometrics Training. Journal of Strength & Conditioning Research. (1996); 10 (3): 173-9.

MACPHERSON, R.E.; HAZELL, T.J.; OLVER, T.D.; PATERSON, D.H.; LEMON, P.W.: Run Sprint intervall training improves aerobic performance but not max cardiac output. Med Sci Sports Exerc. (2011); 43 (1):115-22.

MAGALHAES, T.; RIBEIRO, F.; PINHEIRO, A.; OLIVEIRA, J.: Warming-up before sporting activity improves knee position sense. Phys Ther Sport. (2010);11 (3): 86-90.

MAJUMDAR, D.; PAL, M.S.: Effects of military load carriage on kinematics of gait. Ergonomics. (2010); 53 (6): 782-91.

MANOCCHIA, P.; SPIERER, D.K.; MINICHIELLO, J.; BRAUT, S.; CASTRO, J.; MARKOWITZ, R.: Transference Of Kettlebell Training To Traditional Olympic Weight Lifting And Muscular Endurance. J Strength Cond Res. (2010); 24 (1): 1.

MANOCCHIA, P.; SPIERER, D.K.; LUFKIN, A.K.; MINICHIELLO, J.; CASTRO, J.: Transference of Kettlebell Training to strength, power an endurance. J Strength Cond Res. 2013; 27 (2):477-84.

MARCINIK, E. J.; POTTS, J.; SCHLABACH, G.; WILL, S.; DAWSON, P.; HURLEY, B.F.: Effects of strength training on lactate threshold and endurance performance. Med Sci Sports Exerc. (1991); 23 (6): 739-43.

MARKITZ, S.; HAAS, C.; SCHMIDTBLEICHER, D.: Effects of simulation on regulating oscillating ground reaction force in alpine skiing. Book of abstracts 2nd international congress on science and skiing. (2000): 176-7.

MARKOVIC, G.; JUKIC, I.; MILANOVIC, D.; METIKOS, D.: Effects of sprint and plyometric training on muscle function and athletic performance. J Strength Cond Res. (2007); 21 (2): 543-9.

MARTIN, P.E.; NELSON, R.C.: The effect of carried loads on the combative movement performance of men and women. Military Medicine, (1985); 150: 357-62.

MARTIN, D.; CARL, K.; LEHNERTZ, K.: Handbuch Trainingslehre. Schorndorf: Hofmann. 1993.

MARTINEZ-LOPEZ, FRIEDL, K.E., MOORE, R.J., KRAMER, T.R.: A prospective epidemiological study of infection rates and injuries of Ranger students. Mil. Med. (1993); 58: 433-7.

MATTES, R.: Zur Problematik des Krafttrainings im Radsport: Die Wirkung von Krafttraining auf die Ausdauerleistung. Eine Literaturanalyse. Examensarbeit Albert-Ludwigs- Universität Freiburg, Institut für Sport und Sportwissenschaft, 2006.

MATTHEWS, P.B.: The reflex excitation of the soleus muscle of the decebrate cat caused by vibration applied to wrist tendon. J Physiol. (1966); 184: 450-72.

MAURER, D.: Military Fitness im Heer, Heeresamt Dezernat II 1 (4) Sportmanagement, 2003. Folien zum Vortrag während der Tagung „Military Fitness" im Sanitätsamt der Bundeswehr, München. Aus der CD: Sanitätsamt der Bundeswehr – Dezernat IV 1.2 – „Military Fitness". München, 2003.

MAYER, J.M.; GRAVES, J.E.; MANINI, T.M.; NUZZO, J.L.; PLOUTZ-SNYDER, L.L.: Lumbar Muscle Activity during Common Lifts: a Preliminary Study using Magnetic Resonance Imaging. J Appl Biomech. (2012); 6 [Epub ahead of print]

MAYHEW, J.L.; PIPER, F.C.; WARE, J.S.: Anthropometric correlates with strength performance among resistance trained athletes. J Sports Med Phys Fitness. (1993); 33 (2): 159-65.

MAZZETTI, S.; DOUGLASS, M.; YOCUM, A.; HARBER, M.: Effects of explosive verses slow contractions and exercise intensity on energy expenditure. Med Sci Sports Exerc. (2007); 39 (8): 1291-1301.

MCBRIDE, J.M.; BLOW, D.; KIRBY, T.J.; HAINES, T.L.; DAYNE, A.M.; TRIPLETT, N.T.: Relationship between maximal squat strength and five, ten, and forty yard sprint times. J Strength Cond Res. (2009); 23 (6): 1633-6.

MCCALL, G.E.; GRINDELAND, R.E.; ROY, R.R.; EDGERTON, V.R: Muscle afferent activity modulates bioassayable growth hormone in human plasma. J Appl Physiol. (2000); 89: 1137-40.

MCCARTHY, J.P.; AGRE, J.C.; GRAF, P.K.; POZNIAK, M.A.; VAILAS, A.C.: Compatibility of adaptive responses with combining strength and endurance training. Med Sci Sports Exerc. (1995); 27 (3): 429-36.

MCCARTHY, J.P.; POZNIAK, M.A.; AGRE, J.C.: Neuromuscular adaptations to concurrent strength and endurance training. Med Sci Sports Exerc. (2002);34 (3): 511-9.

MCGILL, S.M.; CHILDS, A.; LIEBENSON, C.: Endurance times for low back stabilization exercises: clinical targets for testing and training from a normal database. Arch Phys Med Rehabil. (1999); 80 (8): 941-4.

MCGILL, S.M.; GREINIER, S.; BLUHM, M.; PREUSS, R.; BROWN, S.; RUSSEL, C.: Previous history of LBP with work loss is related to lingering deficits in biomechanical, physiological, personal, psychosocial and motor control characteristics. Ergonomics. (2003); 46 (7): 731-46.

MCGILL, S.M.: Low back disorders: evidence-based prevention and rehabilitation. Human Kinetics. Champaign, Il., 2007.

MCGILL, S.M.; KARPOWICZ, A.: Exercises for spine stabilization: motion/motor patterns, stability progressions, and clinical technique. Archives of Physical Medicine and Rehabilitation. (2009); 90 (1): 118-126.

MCGILL, S.M.; KARPOWICZ, A.; FENWICK, C.M.; BROWN, S.H.: Exercises for the torso performed in a standing posture: spine and hip motion and motor patterns and spine load. J Strength Cond Res. (2009A);23 (2): 455-64.

MCGILL, S.M.; MCDERMOTT, A.; FENWICK, C.M.: Comparison of different strongman events: trunk muscle activation and lumbar spine motion, load, and stiffness. J Strength Cond Res. (2009B); 23 (4): 1148-61.

MCGILL, S.M.; KARPOWICZ, A.; FENWICK, C.M.: Ballistic abdominal exercises: muscle activation patterns during three activities along the stability/mobility continuum. J Strength Cond Res. (2009C); 23 (3): 898-905.

MCGILL, S.M.; MARSHALL, L.W.: Kettlebell swing, snatch, and bottoms-up carry: back and hip muscle activation, motion, and low back loads. J Strength Cond Res. (2012); 26 (1): 16-27.

MCMILLIAN, D.J.; MOORE, J.H.; HATLER, B.S.; TAYLOR, D.C.: Dynamic vs. static-stretching warm up: the effect on power and agility performance. J Strength Cond Res. (2006); 20 (3): 492-9.

MCMILLAN, D.: Ranger Athlete Warrior Program: A Systemic Approach to Conditioning. Infantry. (2007); 5. http://www.25idl.army.mil/pt/rawptguide_bp.pdf (Zugriff: 05.07.2012)

MCTIERNAN, A.; SORENSEN, B.; IRWIN, M.L.; MORGAN, A.; YASUI, Y.; RUDOLPH, R.E.; SURAWICZ, C.; LAMPE, J.W.; LAMPE, P.D.; AYUP, K.; POTTER, J.D.: Exercise Effect on Weight and Body Fat in Men and Women. Obesity. (2007); 15: 1496- 1512.

MEINEL, K.; SCHNABEL, G.: Bewegungslehre – Sportmotorik. Abriss einer Theorie der sportlichen Motorik unter pädagogischem Aspekt. Auflage 8, Berlin. 1987.

MELLO, R.P.; DAMOKOSH, A.J.; REYNOLDS, K.L.; WITT, C.E.; VOGEL, J.A.: The physiological determinants of load bearing performance at diffrent march distances. Technical Report T15-88, United States Research Institute of Enviornmental Medicine, Natick 1988.

MENSINK, G. B. M.: Das Aktivitätsniveau in Deutschland. In: Public Health Forum (2003);11 (41): 5-6.

MIKKOLA, J.S.; RUSKO, H.K.; NUMMELA, A.T.; PAAVOLAINEN, L.M.; HÄKKINEN, K.: Concurrent endurance and explosive type strength training increases activation and fast force production of leg extensor muscles in endurance athletes. J Strength Cond Res. (2007);21 (2): 613-20.

MIKKOLA, J.; VESTERINEN, V.; TAIPALE, R.; CAPOSTAGNO, B.; HÄKKINEN, K.; NUMMELA, A.: Effect of resistance training regimens on treadmill running and neuromuscular performance in recreational endurance runners. J Sports Sci. (2011); 29 (13):1359-71.

MILLET, G.P.; JAOUNEN, B.; BORRANI, F.; CANDAU, R.: Effects of concurrent endurance and strength training on running economy and VO(2) kinetics. Med Sci Sports Exerc. (2002); 34 (8):1351-9.

MISER,W.F.; DOUKAS, W.C.; LILLEGARD, W.A.: Injuries and illnesses incurred by an army ranger unit during Operation Just Cause. Mil Med. (1995);160 (8): 373-80.

MOLLOY, J.M.; FELTWELL. D.N.; SCOTT, S.J.; NIEBUHR, D.W.: Physical training injuries and interventions for military recruits. Mil Med. (2012); 177 (5): 553-8.

MONTEIRO, A.G.; ALVENO, D.A.; PRADO, M.; MONTEIRO, G.A.; UGRINOWITSCH, C.; AOKI, M.S.; PICARRO, I.C.: Acute physiological responses to different circuit training protocols. J Sports Med Phys Fitness. (2008); 48 (4): 438-42.

MORAN, D.S.; EVANS, R.K.; ARBEL, Y.; HADID, A.; LAOR, A.; FUKS, Y.: Prediction model for attrition from a combat unit training program. J Strength Cond Res. (2011); 25 (11): 2963-70.

MÖSER, H.-W.: Erhöhung der körperlichen Leistungsfähigkeit – wie machen es die Royal Marines. Truppenpraxis. (1986); 2: 139-141.

MÜLLER, E.; LÖBER, E.; KRUK, M.: Elektrostimulation und Whole Body Vibration: zwei erfolgreiche Krafttrainingsmethoden? Leistungssport (2003); 4: 4-1.

MÜLLER, G.; BURTON, A.K.; BALAGUE, F.; CARDON, G.; ERIKSEN, H.R.; HENROTIN, Y.; LAHAD, A.; LECLERC, A.; VAN DER BEEK, A.: Evidenz und die Wirksamkeit von Maßnahmen zur Prävention von Rückenschmerzen – Europäische Leitlinien. In: Physioscience. (2005); 1 (3):100-12.

MYERS, S.L.: The Old Army, It Turn Out, Was the Fitter One, New York Times. June 25 (2000). http://www.nytimes.com/2000/06/25/health/the-old-army-it-turns-out-was-the-fitter-one.html (Zugriff: 11.04.2012).

MYLES, W.S.; ALLEN, C.L.: A survey of aerobic fitness levels in a Canadian military population. Avian Space Environ Med. (1979); 50: 813-5.

NACHEMSON, A.; JONSSON, E.: Work related Influences on Neck and Low Back Pain. Lippincott Williams & Wilkins, Philadelphia. (2000): 97-126.

NEEDHAM, R.A.; MORSE, C.I.; DEGENS, H.: The acute effect of different warm-up protocols on anaerobic performance in elite youth soccer players. J Strength Cond Res. (2009) Dec; 23 (9):2614-20.

NELSON, A.G.; KOKKONEN, J.; ARNALL, D.A.: Acute muscle stretching inhibits muscle strength endurance performance. J Strength Cond Res. (2005);19 (2):338-43.

NEMETH, G.: On hip and lumbar biomechanics. A study of joint load and muscular activity. Scand J Rehabil Med Suppl. (1984); 10 (1): 35.

NICOLAISEN, T.; JORGENSEN, K.: Trunk strength, back muscle endurance and low-back trouble. Scand J Rehabil Med. (1985); 17 (3): 121-7.

NINDL, B.C.; LEONE, C.D.; THARION, W.J.; JOHNSON, R.F.; CASTELLANI, J.W.; PATTON, J.F.; MONTAIN, S.J.: Physical performance responses during 72 h of military operational stress. Med. Sci. Sports Exerc. (2002); 34 (11):1814-22.

NINDL, B.C.; BARNES, B.R.; ALEMANY, J.A.; FRYKAMN, P.N.; SHIPPEE, R.L.; FRIEDL, K.E.: Physiological consequences of U.S. Army Ranger training. Med. Sci. Sports Exerc. (2007); 39 (8):1380-7.

NISHIHIRA, Y.; IWASAKI, T.; HATTA, A.; WASAKA, T.; KANEDA, T.; KUROIWA, K.; AKIYAMA, S.; KIDA, T.; RYOL, K.S.: Effect of whole body vibration stimulus and voluntary contraction on motoneuron pool. Advances in Exercise and Sport Physiology. (2002); 1: 83-6.

NOONAN, T. J.; GARRETT, W. E.: Injuries at the myotendinous junction. Clinics in Sports Medicine. (1992); 11 (4): 783-806.

NOONAN, T. J., BEST, T. M., SEABER, A. V.; GARRETT, W. E.: Thermal effects on skeletal muscle tensile behavior. American Journal of Sports Medicine. (1993); 21 (4): 517-22.

NORDGREN, B.; SCHEOLE, R.: LINROTH, K.: Evaluation and prediction of back pain during military field service. Scand J Rehabil Med. (1980); 12:1-7.

O'CONNOR, J.S.; BEHRKE, M.S.; TETU, R.G.: 1988 active army physical fitness survey. Mil Med. (1990); 155: 579-85.

O'HARA, R.B.; SERRES, J.; TRAVER, K.L.; WRIGHT, B.; VOJTA, C.; EVELAND, E.: The influence of nontraditional training modalities on physical performance: review of the literature. Aviat Space Environ Med. (2012); 83 (10): 985-90.

O'SHEA, J. P.: Quantum Strength & Power Training: Gaining the Winning Edge. Patrick's Books. Corvallis. 1996.

O'SULLIVAN, P.; PHYTY, G.; TWOMEY, L.; ALLISON, G.: Evaluation of specific stabilizing exercise in the treatment of chronic low back pain with radiologic diagnosis of spondylolysis or spondylolisthesis. Spine. (1997); 22 (24): 2959-67.

OTTO, W.H. 3rd; COBURN, J.W.; BROWN, L.E.; SPIERING, B.A.: Effects of weightlifting vs. kettlebell training on vertical jump, strength, and body composition. J Strength Cond Res. (2012); 26 (5):1199-202.

PAAVOLAINEN, L.; HÄKKINEN, K.; HAMALAINEN, I.; NUMMELA, A.; RUSKO, H.: Explosive strength training improves 5-km running time by improving running economy and muscle power. J Appl Physiol. (1999); 86 (5): 1527-33.

PAINE, J.; UPGRAFT, J.; WYLIE, R.: Crossfit Study 2010. COMMAND AND GENERAL STAFF COLLEGE. 1-34. (2010). http://www.25idl.army.mil/PT/U.S.%20Army%20CrossFit%20Study.pdf (Zugriff: 15.06.2012)

PAMOV, A.G.: Fragen der Psychoneurologie in der medizinischen Versorgung der Fallschirmtruppen. Übersetzung des Bundessprachenamtes. (1974); 188: 3446.

PANDOLF, K.B.; GIVONI, B.; HAISMAN, B.; GOLDMAN, R.F.: Predicting energy expenditure with loads while standing or walking very slowly. J Appl Physiol. (1977); 43: 577-81.

PATZOKOWSKI, J.C.; BLAIR, J.A.; SCHOENFELD, A.J.; LEHMANN, R.A.; HSU, J.R.; Skeletal Trauma Research Consortium (STReC).: Multiple associated injuries are common with spine fractures during war. Spine J. (2012); 12 (9): 791-7.

PEATE, W.; BATES, G.; LUNDA, K.; FRANCIS, S.; BELLAMY, K.: Core strength: a new model for injury prediction and prevention. Journal of Occupational Medicine and Toxicology. (2007); 2: 3.

PERKINS, S.P.: Standardize Combat load. Infantry. (1986) January-February: 16-18

PETERSON, J.: Total Conditioning. A Case Study. ATHLETIC JOURNAL (1975); 56 (9): 3-14.

PIANTIDA, N.A.; KNAPIK, J.J.; BRANNEN, S.; O'CONNOR, F.: Injuries during Marine corps officer basic training. Mil Med. (2000); 165: 515-20.

PORCARI, J.P.; SCHNETTLER, C.; WRIGHT, G.; DOBERSTEIN, S.; FOSTER, C.: Energy cost and relative intensity of a kettlebell workout. Medicine and Science in Sports and Exercise, (2010); 42 (5): 65-6.

PORTER, S.C.: The soldier's load. Infantry. (1992); 5-6:19-22.

POSSLEY, D.R.; JOHNSON, A.E.: Musculoskeletal injuries sustained in modern army combatives. Mil Med. (2012), 177 (1): 60-3.

QUANTE, M.; HILLE, E.: Propriozeption: Eine kritische Analyse zum Stellenwert in der Sportmedizin. Deutsche Zeitschrift für Sportmedizin. (1999); 50 (10): 306-10.

QUESADA, P.M.; MENGELKOCH, L.J.; HALE, R.C.; SIMON, S.R.: Biomechanical and metabolic effects of varying backpack loading on simulated marching. Ergonomics. (2000); 43 (3): 293-309.

RADCLIFFE, J.C.: Functional Training for Atheletes of all levels. Berkley, CA: Ullyses Press 2007.

RAKOBOWSHUK, M.; TANGUAY, S.; BURGOMASTER, K.A.; HOWARTH, K.R.; GIBALA, M.J.; MACDONALD, M.J.: Sprint interval and traditional endurance training induce similar improvements in peripheral arterial stiffness and flow-mediated dilation in healthy humans. Am J Physiol Regul Integr Comp Physiol. (2008); 295 (1): 236-42.

RASCH, R.J.; WILSON, I.D.: The correlation of selected laboratory tests of physical fitness with military endurance. Mil Med. (1964); 129: 256-8.

RASCH, B.; FRIESE, M.; HOMANN, W.; NAUMANN, E.: Quantitative Methoden: Einführung in die Statistik. Berlin: Springer. 2006.

RATAMESS, N.A.: Strenght and conditioning for grappling sports. Stenght and Conditioning Journal. (2011); 33 (6): 18-24.

RAYSON, M.P.: The developement of selection procedures for physically demanding occupations. Doctor thesis, faculty of Science, University of Birmingham 1997.

REED, C.A.; FORD, K.R.; MYER, G.D.; HEWETT, T.E.: The effects of isolated and integrated 'core stability' training on athletic performance measures: a systematic review. Sports Med. (2012); 42 (8): 697-706.

REBEL, M.: Koordinatives Training nach VKB-Operationen. Sportverletzung – Sportschaden. (2000); 14 (1): 12-19.

REID, D.: Heart rate and Respiration Rate Restpause to Parachuting. Noval Aerospace. (1971); 11: 1200-7.

RESTORFF, W. VON; BACH, K-H; RAGNIT, TH; GORGES, W: Quantifizierung des Leistungs-zuwachses in der militärischen Grundausbildung. Wehrmedizinische Monatsschrift. (1994); 38: 277-83.

RESTORFF, W. VON : Grenzkriterien für den Infanteristen der Zukunft. Zentrales Institut des Sanitätsdienstes der Bundeswehr. Koblenz, 2000.

REYNOLDS, K.L.; WHITE, J.S.; KNAPIK, J.J.; WITT, C.E.; AMOROSO, P.J.: Injuries and risk factors in a 100-mile (161-km) infantry road march. Prev Med. (1999); 28 (2): 167-73.

REYNOLDS, K.; WILLAMS, J.; MILLER, C.; MATHIS, A.; DETTORI, J.: Injuries and risk factors in an 18-day Marine winter mountain training exercise. Mil Med. (2000); 165: 905-10.

RHEA, M.R.; HUNTER, R.L.; HUNTER, T.J.: Competition Modeling of American Football: Ob-servational Data and Implications for High School, Collegiate and Professional Player Condi-tioning. Journal of Strength and Conditioning Research. (2006); 20 (1): 58–61.

RHEE, H.S.; KIM, Y.H; SUNG, P.S.: A randomized controlled trial to determine the effect of spinal stabilization exercise intervention based on pain level and standing balance differences in patients with low back pain. Med Sci Monit. (2012); 18 (3):174-81.

RICCIARDI, R.; DEUSTER, P.A.; TALBOT, L.A.: Metabolic demands of body armor on physical performance in simulated conditions. Mil Med. (2008); 173 (9): 817-24.

RICHARDS, J. A.; DAWSON, T. A.: Optimizing exercise outcomes: the efficiacy of resistance training using conventional vs. novel movement arcs. Journal of Strength and Conditioning Re-searc. (2009); 23 (7): 2015-24.

RITTWEGER, J.; BELLER, G.; FELSENBERG, D.: Acute physiological ef- fects of exhaustive whole-body vibration exercise in man. Clinical Physiology and Functional Imaging. (2000); 20 (2): 134-42.

ROHDE, U.; ERLEY, O.; RÜTHER, T.; WUNDERLICH, M.; LEYK,D.: Leistungsanforderungen bei typischen soldatischen Einsatzbelastungen, Wehrmed Mschr. (2007); 51: 138-42.

RONNESTAD, B.R.; KVAMME, N.H.; SUNDE, A.; RAASTAD, T.: Short-term effects of strength and plyometric training on sprint and jump performance in professional soccer players. J Strength Cond Res. (2008); 22 (3): 773-80.

ROSENBAUM,D. / HENNING,E.M. : Veränderung der Reaktionszeit und Explosivkraftentfal-tung nach einem passiven Strechinprogramm und 10minütigen Aufwärmen. Zeitschrift für Sportmedizin. (1997) ;48 (3): 95-97.

ROSS, J.: A review of lower limb overuse injuries during basic military training. Part 1: Types of overuse injuries, Military Medicine. (1993); 158: 410-5.

ROSS, A.; LEVERITT, M.; RIEK, S.: Neural influences on sprint running: training adaptations and acute responses. Sports Med. (2001A); 31 (6): 409-25.

ROSS, A.; LEVERITT, M. Long-term metabolic and skeletal muscle adaptations to short-sprint training: implications for sprint training and tapering. Sports Med. (2001B); 31 (15): 1063-82.

RÖTHIG, P.; PROHL, R..: Sportwissenschaftliches Lexikon. 7.Auflage, Verlag Hofmann, Schorndorf 2003.

ROY, T.C.: Diagnoses and mechanisms of musculoskeletal injuries in an infantry brigade combat team deployed to Afghanistan evaluated by the brigade physical therapist. Mil Med. (2011); 176 (8): 903-8.

ROY, T.C.; RITLAND, B.M.; KNAPIK, J.J.; SHARP, M.A.: Lifting tasks are associated with injuries during the early portion of a deployment to Afghanistan. Mil Med. (2012);177 (6): 716-22.

RUDZKI, S.J.: Weight-load marching as a method of conditioning Australian Army recruits. Mil Med. (1989);154 (4): 201-5.

SALE, D.; MACDOUGALL, D.: Specificity in strength training: A review for the coach and athlete. Canadian Journal of Applied Sport Sciences (1981); 6: 87-92.

SAMMITO, S.: Zur Übertragung von Fitness-Testergebnissen deutscher Soldaten in der Heimat auf Anforderun- gen unter Einsatzbedingungen, Inauguraldissertation zur Erlangung des Doktorgrades der Medizin der Johannes Gutenberg-Universität Mainz dem Fachbereich Medizin, Mainz 2006.

SAMMITO, S.: Verletzungsrisiko beim Gefechtsdienst – Auswertung der relativen Verletzungshäufigkeit aus vier aufeinanderfolgenden Grundausbildungsquartalen. Wehrmedizinische Monatsschrift (2011A); 55(4): 90-93.

SAMMITO, S.: Risikoanalyse des Dienstsports – Ergebnisse der GAMSIS I-Studie. Wehrmed Mschr. (2011B); 55: 29-31.

SANDER, A.; KEINER, M.; SCHLUMBERGER, A.; WIRTH, K.; SCHMIDTBLEICHER, D.: Effects of functional exercises in the warm-up on sprint performances. J Strength Cond Res. (2013); 27 (4): 995-1000.

SANDIG, D., WIRTH, K.; SCHMIDTBLEICHER, D.: Krafttraining im Radsport – ein Diskussionsbeitrag zu Struktur, Anpassung und Trainingsmethoden. In: Leistungssport (2006); 36 (6): 16-20.

SANTILLA, M.; KEIJO, H.; LAURA, K.; HEIKKI, K.: Changes in cardiovascular performance during an 8-week military basic training period combined with added endurance or strength training. Mil Med. (2008); 173 (12): 1173-9.

SANTTILA, M.; KYRÖLÄINEN, H.; HÄKKINEN, K.: Serum hormones in soldiers after basic training: effect of added strength or endurance regimens. Aviat Space Environ Med. (2009A); 80 (7): 615-20.

SANTTILA, M.; KYRÖLÄINEN, H.; HÄKKINEN, K.: Changes in maximal and explosive strength, electromyography, and muscle thickness of lower and upper extremities induced by combined strength and endurance training in soldiers. J Strength Cond Res. (2009B); 23 (4): 1300-8.

SANTTILA, M.; HÄKKINEN, K.; KRAEMER, W.J.; KYRÖLÄINEN, H.: Effects of basic training on acute physiological responses to a combat loaded run test. Mil Med. (2010); 175 (4): 273-9.

SANTTILA, M.; HÄKKINEN, K.; NINDL, B.C.; KYRÖLÄINEN, H.: Cardiovascular and neuromuscular performance responses induced by 8 weeks of basic training followed by 8 weeks of specialized military training.J Strength Cond Res. (2012); 26 (3): 745-51.

SARABON, N.; HAAS, C.; WIRTH, K.; SCHMIDTBLEICHER, D.: Explosiv isometric contraction after low frequency whole-body vibrations (WBV): acute impairment of neuromechanical parameters. Abstract Book: 3rd International Conference on Strength Training 2002.

SARABON, N.; HAAS, C.; WIRTH, K.; SCHMIDTBLEICHER, D.: Low frequency whole- body vibrations (WBVs): impact on spinal ecitability and stretch-shortening cycle (SSC) effectivness. European Workshop on Movement Science. 2003.

SATO, K.; MOKHA, M.: Does core strength training influence running kinetics, lower-extremity stability, and 5000-M performance in runners? Journal of Strength and Conditioning Research (2009); 23 (1): 133-40.

SAUNDERS, P.U.; TELFORD, R.D.; PYNE, D.B.; PELTOLA, E.M.; CUNNINGHAM, R.B.; GORE, C.J.; HAWLEY, J.A.: Short-term plyometric training improves running economy in highly trained middle and long distance runners. J Strength Cond Res. (2006); 20 (4): 947-54.

SCHEET, T. P.; AARTUN, J. D.; THOMAS, D. D.; HERRIN, J.; DUDGEON, W. D.: Anabolic Hormonal Responses to an Acute Bout of Suspension Training. J Strength Cond Res. (2011); 25 (3): 61-2.

SCHELLHAMMER, S.: Bewegungslehre. Motorisches Lernen aus Sicht der Physiotherapie. Auflage 1, München 2002.

SCHLUMBERGER, A.; SALIN, D.; SCHMIDTBLEICHER, D.: Krafttraining unter Vibrati- onseinwirkung. Sportverl Sportschad. (2001); 15: 1-7.

SCHMIDTBLEICHER, D.: Erscheinungsformen der Kraft und ihre Bewertung für das Training. Die Kraft und ihre Trainierbarkeit. 2. Sportmedizinisches Seminar. Sportbund Pfalz und Sportärztebund Rheinland-Pfalz. (1985): 18-31.

SCHMIDTBLEICHER, D.: Zum Problem der Definition des Begriffs Kraftausdauer. IN: Kraftausdauertraining. Hrsg. CARL, K., STARISCHKA, S.,STORK, H.-M. Köln. (1989): 10-31.

SCHMIDTBLEICHER, D.: Motorische Beanspruchungsformen Kraft, Definition und Trainierbarkeit. in: VON OW, D. / HÜNI, G. (Hrsg.): Muskuläre Rehabilitation. Perimed Verlag Erlangen 1997.

SCHMIDTBLEICHER, D.: Motorische Eigenschaft Kraft: Struktur, Komponenten, Anpassungserscheinungen, Trainingsmethoden und Periodisierung. In Fritsch, W. (Hrsg.), Rudern – erfahren, erkunden, erforschen, 15-40. Gießen: Sport Media 2003A.

SCHMIDTBLEICHER, D.; HAAS, C.: Mechanical stimulation in neuromuscular diseases. In Müller, E., Schwameder, H., Zallinger, G. & Fastenbauer, V. (Eds.), 8th Annual Congress European College of Sport Science. Book of Abstracts. Institute of Sport Science University of Salzburg, 384. 2003B.

SCHMOLL, S.; HAHN, D.; SCHWIRTZ, A.: Die Behandlung von chronischem LWS-Schmerz mithilfe des S-E-T - Konzeptes (Sling-Exercise-Therapy). (2008); B & G; 24: 52-59.

SCHNETTLER, C.; PORCARI, J.; FOSTER, C.: Kettlebells: Twice the Results in Half the Time? ACE Fitness Matters, 2010. im Internet unter:
http://www.acefitness.org/getfit/studies/kettlebells012010.pdf (Stand: 18.11.2012)

SCHOENFELD, B.; DAWES, J.: High-Intensity Interval Training: Applications for General Fitness Training. (2009); 31 (6): 44-46.

SCHOENFELD, A.J.; LEHMANN, R.A. Jr.; RSU, J.R.; Evaluation and management of combat-related spinal injuries: a review based on recent experiences. Spine J. (2012); 12 (9): 817-23.

SCHOENFELD, A.J.; ROMANO, D.; BADER, J.O.; WALKER, J.J.: Lumbar Spine Fractures Within a Complete American Cohort: Epidemiology and Risk Factors Among Military Service Members. J Spinal Disord Tech. (2013); 26 (4): 207-11.

SCHOFFSTALL, J. E.; TITCOMB, D. A.; KILBOURNE, B. F.: Electromyographic Response of the Abdominal Musculature to Varying Abdominal Exercises. J Strength Cond Res. (2010); 24 (12): 3422-6.

SCHROEDER, W.; HARRE, D.; BAUERSFELD, M.: Die sportliche Ausbildung im Trainingsprozeß. Grundlagen und Methodik des Krafttrainings. In: HARRE, D. (Hrsg.): Trainingslehre. Einführung in die Theorie und Methodik des sportlichen Trainings. Auflage 8, Berlin 1979.

SCHÜNKE, M.: Funktionelle Anatomie – Topographie und Funktion des Bewegungssystems. Georg Thieme Verlag Stuttgart. 2000.

SCHURR, S.: Funktionelles Schlingentraining - Grundlagen und Übungskatalog. 1. Auflage. Books on Demand GmbH, Norderstedt 2011.

SEDLOCK, D.A.; FISSINGER, J.A.; MELBY, C.L.: Effect of exercise intensity and duration on postexercise energy expenditure. Med Sci Sports Exerc. (1989); 21 (6): 662-6.

SEILER, S.; SKAANES, T.; KIRKESOLA, G.: Sling Exercise Training improves balance, kicking velocity and torso stabilization strength in elite soccer players. In: Medicine & Science in Sports & Exercise. (2006A); 38 (5): 243.

SEILER, S.; SKAANES, T.; KIRKESOLA, G.: Effects of Sling Exercise Training on maximal clubhead velocity in junior golfers. In: Medicine & Science in Sport & Exercise. (2006B); 38 (5): 286.

SELL, K.; TAVERAS, K.; GHIGIARELLI, J.: Sandbag training: a sample 4-week training program. Strength and Conditioning Journal. (2011); 33; (4): 88-96.

SELL, T.C.; CHU, Y.; ABT, J.P.; NAGAI, T.; DELUZIO, J.; MCGRAIL, M.A.; ROWE, R.S.; LEPHART, S.M.: Minimal additional weight of combat equipment alters air assault soldiers' landing biomechanics. Mil Med. (2010); 175 (1): 41-7.

SIMPSON, R.J.; GRAHAM, S.M.; FLORIDA-JAMES, G.D.; CONNABOY, C.; CLEMENT, R.; JACKSON, A.S.: Perceived exertion and heart rate models for estimating metabolic workload in elite British soldiers performing a backpack load-carriage task. Appl Physiol Nutr Metab. (2010); 35 (5): 650-6.

SMITH, T.A.; CASHMAN, T.M.: The incidence of injury in light infantry soldiers. Mil Med. (2002); 167 (2): 104-8.

SMITH, M.M.; SOMMER, A.J.; STARKOFF, B.E.; DEVOR, S.T.: Crossfit-based high intensity power training improves maximal aerobic fitness and body composition. J Strength Cond Res. (2013); 22. [Epub ahead of print]; http://library.crossfit.com/free/pdf/CFJ_Devor_CrossFit_Publication_1.pdf (Zugriff: 04.06.2013).

SNEDECCOR, M.R.; BOUDREAU, C.F.; ELLIS, B.E.; SCHULMAN, J.; HITE, M.; CHAMBERS, B.: U.S. Air force recruit injury and health study. Am J Prev Med; (2000); 18 (3): 129-40.

SNYDER, S.: Introduction to tactical strength and conditioning. National Strength and Conditioning Tactical Strength and Conditioning Report. (2007); 2: 1-2.

SPERLICH, B.; De MAREES, M.; KOEHLER, K.; LINVILLE, J.; HOLMBERG, H.C.; MESTER, J.: Effects of 5 weeks of high-intensity interval training vs. volume training in 14-year-old soccer players. J Strength Cond Res. (2011); 25 (5):1271-8.

SPINKS, C.D.; MURPHY, A.J.; SPINKS, W.L.; LOCKIE, R.G.: The effects of resisted sprint training on acceleration performance and kinematics in soccer, rugby union, and Australian football players. J Strength Cond Res. (2007); 21 (1): 77-85.

SPITZER, F.: Soldiers Performance und Fitness - Ein Programm für den Sanitätsdienst der Bundeswehr. Wehrmedizin und Wehrpharmazie. (2005); 3: 40-42.

SPITZENPFEIL, P.; SCHWARZER, J.; FIALA, M.; MESTER, J.: Strength training with whole-body vibrations. Single case studies and time series analysis. Proceedings of the 4th Annual Congress of the European College of sport Science (1999): 613.

SPORIS, G.; MILANOVIC, Z.; HARASIN, D.; TRAJKOVIC, N.; VULETA, D.: Effects of training program for special operations battalion on soldiers fitness characteristics. J Strength Cond Res. (2012); 26 (10): 2872-82.

SPORTSCHULE DER BUNDESWEHR LEHRE / AUSBILDUNG: Handbuch für den Sportausbilder, Sportschule der Bundeswehr. Warendorf, 2012.

SPURRS, R.W.; MURPHY, A.J.; WATSFORD, M.L.: The effect of plyometric training on distance running performance. Eur J Appl Physiol. (2003); 89 (1): 1-7.

STEINBERG, P.J.: Injuries to Dutch Sport Parachutists. Br J Sports Med. (1988); 22: 25-6.

STEVENSON, J. M.; BRYANT, J. T.; ANDREW, G. M.; SMITH, J. T.; FRENCH, S. L.; THOMSON, J. M.; DEAKIN, J. M.: Development of physical fittness standards for Canadian Armed Force's younger personnel, Canadian Journal of Sport Science. (1992); 17: 214- 21.

STEVENSON, J. M.; BRYANT, J. T.; ANDREW, G. M.; SMITH, J. T.; FRENCH, S. L.; THOMSON, J. M.; DEAKIN, J. M.: Development of physical fitness standards for Canadian Armed Force's older personnel, Canadian Journal of Applied Physiology. (1994); 19: 75- 90.

STEPHENSON, M.: The Tactical Athlete. National Strength and Conditioning Tactical Strength and Conditioning Report. (2007); 1: 1.

STRAY PEDERSEN, J.I.; MAGNUSSON, R.; KUFFEL, E.; SEILER, S.: Sling Exercise training improves balance, kicking velocity and torso stabilization strength in elite soccer players. Medicine & Science in Sport & Exercise. (2006); 38 (5): 243.

SWAIN, D.P.; RINGLEB, S.I.; NAIK, D.N.; BUTOWICZ, C.M.: Effect of training with and without a load on military fitness tests and marksmanship. J Strength Cond Res. (2011); 25 (7): 1857-65.

SYMONS, J.D.; VAN HELDER, T., MYLES, W.S.: Physical performance and physiological responses following 60 hours of sleep deprivation. Med Sci Sports Exec. (1988); 20: 374-80.

TAANILA, H.; SUNI J.; PIHALAJMAKI, H.; MATTILA, V.M.; OHRANKÄMMEN, O.; VUORINEN, P.; PARKKARI, J.: Musculoskeletal disorders in physically active conscripts: a one-year follow-up study in the Finnish Defence Forces. BMC Musculoskelet Disord. (2009); 22 (10):89.

TABATA, I.; NISHIMURA, K.; KOUZAKI, M.; HIRAI, Y.; OGITA, F.; MIYACHI, M.; YAMAMOTO, K.: Effects of moderate-intensity endurance and high-intensity intermittent training on anaerobic capacity and VO2max, Medicine & Science in Sports & Exercise. (1996); 28 (10): 1327-30.

TANAKA, H.; SWENSEN, T.: Impact of resistance training on endurance performance. A new form of cross-training? Sports Med. (1998); 25 (3):191-200.

TASKIN, H.: Effect of circuit training on the sprint-agility and anaerobic endurance. J Strength Cond Res. (2009); 23 (6):1803-10.

TEYSSANDIER, M.: Les fractures du rachis chez les parachutists a propos de 219 cas. Revue Medicines Aeroportes. (1965); 6 (24): 853-69.

THACKER, S.B.; GILCHRIST, J.; STROUP, D.F.; KIMSEY, C.D.: The impact of stretching on sports injury risk: a systematic review of the literature. Med Sci Sports Exerc. (2004) 36 (3): 371-8.

THOMPSON, C.; COBB, K.: Functional training improves club head speed and functional fitness in older golfers. Journal of Strength and Conditioning Research. (2007); 21 (1): 131-7.

TRAPP, E.G.; CHISHOLM, D.J.; FREUND, J.; BOUTCHER, S.H.: The effects of high-intensity intermittent exercise training on fat loss and fasting insulin levels of young women. Int J Obes. (2008); 32 (4): 684-91.

TRELOAR, A.K.; BILLING, D.C.: Effect of load carriage on performance of an explosive, anaerobic military task. Mil Med. (2011); 176 (9): 1027-31.

TREMBLAY, A.; SIMONEAU, J.A.; BOUCHARD, C.: Impact of exercise intensity on body fatness and skeletal muscle metabolism. Metabolism. (1994); 43 (7): 814-8.

TSIHAMIHDIS, K.; GALAZOULAS, C.; SKOUFAS, D.; PAPAIAKOVOU, G.; BASSA, E.; PATIKAS, D.; KOTZAMANIDIS, C.: The effect of sprinting after each set of heavy resistance training on the running speed and jumping performance of young basketball players. J Strength Cond Res. (2010); 24 (8): 2102-8.

TURBANSKI,S: Zur posturalen Kontrolle bei Morbus Parkinson - Biomechanische Diagnose und Training. Disseration. Johann-Wolfgan Goethe Univeristät. Frankfurt (Main). 2002.

TURBANSKI, S.; SCHMIDTBLEICHER, D.: Einfluss einer trainingsbegleitenden sensomotorischen Intervention auf die sensomotorische Gleichgewichtsregulation. In: Neumann G. und Stehle P. [Hrsg.] Fußball interdisziplinär – Zur Optimierung der Prävention, Rehabilitation und Wiederverletzungsprophylaxe von Knie- und Sprunggelenksverletzungen im Fußball. Bundesinstitut für Sportwissenschaften. (2009A): 175-205.

TURBANSKI, S.; HAAS, C.; SCHMIDTBLEICHER, D.: Sensomotorische Gleichgewichtsregulation von jugendlichen Fußballspielern im Saisonverlauf – eine Feldstudie. In: Frick U. [Hrsg.] Fußball in Schule und Verein – Eine Herausforderung für Forschung und Lehre. Beiträge und Analysen zum Fußballsport XV. Hamburg: Czwalina Verlag. (2009B):145-152.

TURNER, A.M.; OWINGS, M.; SCHWANE, J.A.: Improvement in running economy after 6 weeks of plyometric training. J Strength Cond Res. (2003); 17 (1): 60-7.

ÜCKERT, S.; JOCH,W.: Thermoregulation – die Bedeutung des Aufwärmens in der Leichtathletik. In WOHLGEFAHRT, K.-H. & MICHEL, S. (Hrsg.): Die Leichtathletik in der sportwissenschaftlichen Forschung. Konzepte und Projekte – Resultate und Perspektiven, Schriften der Deutschen Vereinigung für Sportwissenschaft, Band 153, Hamburg. Czwalina. (2006A): 203-18.

ÜCKERT, S.; JOCH, W.; STARISCHKA, S.: Warm-up & Precooling als leistungssteigernde Maßnahmen im Sportspiel. In: K. Weber, D. Augustin, P. Maier, K. Roth (Hrsg.), Wissenschaftlicher Transfer für die Praxis, Berichte und Materialien des Bundesinstituts für Sportwissenschaft Band 09; Köln: Sport & Buch Strauß. (2006B): 236-41.

UHLIG, S.: Wettereinflüsse beim Fallschirmspringen. Soldat und Technik. (1966); 9: 472-473.

ULMER, H.-V. :Zur Sinnfrage des Dienstsports der Bundeswehr auf dem Hintergrund der „Neuen Aufgaben" – Dienstsport zum Zweck der militärischen Körperertüchtigung, zum Spaß oder zur Prävention. Kurzfassung des Vortrages auf der Kommandeurtagung LazRgt 71 am 17.10.1999. Neustadt-Glewe, 1999.

ULMER, H.-V.: Thesen und Überlegungen zum Dienstsport der Bundeswehr. Nachlese zum Vortrag „Optimierung der militärischen Fitness" auf dem 33. Kongress der Deutschen Gesellschaft für Wehrmedizin und Wehrpharmazie am 8.11.2002. Potsdam. 2002

U.S. MARINE CORPS COMBAT DEVELOPEMENT COMMAND: A Concept for Functional Fitness, Camp Lejeune, November (2006) online unter: http://library.crossfit.com/free/pdf/USMCFunctionalFitnessConcept.pdf (Zugriff am: 20.12.2012)

VAARA, J.P.; KYRÖLÄINEN, H.; NIEMI, J.; OHRANKÄMMEN, O.; HÄKKINEN, A.; KOCAY, S.; HÄKKINEN, K.: Associations of maximal strength and muscular endurance test scores with cardiorespiratory fitness and body composition. J Strength Cond Res. (2012); 26 (8): 2078-86.

VANDERBURGH, P.M.; MICKLEY, N.S.; ANLOAGUE, P.A.: Load-carriage distance run and push-ups tests: no body mass bias and occupationally relevant.Mil Med. (2011); 176 (9):1032-6.

VACZI, M.; TIHANYI, J.; RACZ, L.: Acute effects of whole body vibration on ma- ximal isometric strength in elite weightlifters. Journal of Sports Sciences (1999);17 (3):177-82.

VERTEGEN, M.; WILLIAMS, P.: Core Performance. The revolutionary workout program to transform your body and your life. Rodale Press. Penn. 2004.

VICKERS, R.: Physical readiness training: A meta-analysis. San Diego: Naval Health Research Center. Technical rept. Jan-Apr 2007.

VOGEL, J.A., FRIEDL, K.E.: Army data: Body composition and physical capacity. In body composition and physical performance, National Academy Press.Washington, DC. (1992): 89-103.

VOGEL, J.A.; VANGGAARD, L., HENTZE-ERIKSEN, T.: Injuries realted to physical training. Research study group 17: Biomedical Aspects of military training, final report and resource manual on military physical training. Annales Medicinae Militaris. (1994); 8 (3): 49-56.

VOLPIN, G.; PETRONIUS, G.; HOERER, D.; STEIN, H.: Lower limb pain ans disability following strenous activity, Military Medicine. (1989); 154: 294-7.

WALKER, B.: Anatomie des Stretching (1. Aufl.). München: Riva Verlag. 2009

WANG, H; FRAME, J.; OLZMEK, E.; LEIB,D.; DUGAN,E. L.: Influence of fatigue and load carriage on mechanical loading during walking. Mil Med. (2012); 177 (2): 152-6.

WEBER, R.: Muskelstimulation durch Vibration. Leistungssport. (1997): 53-6.

WEHRBEAUFTRAGTER DES DEUTSCHEN BUNDESTAGES: Unterrichtung durch den Wehrbeauftragten, Jahresbericht 2007 (49. Bericht), 2008.

WEHRBEAUFTRAGTER DES DEUTSCHEN BUNDESTAGES: Unterrichtung durch den Wehrbeauftragten, Jahresbericht 2008 (50. Bericht), 2009.

WEHRMEDIZINISCHER BEIRAT: Wie soll ein Fitness-Programm und Test beschaffen sein, um jährlich die körperliche Leistungsfähigkeit aller Soldaten überprüfen bzw. bewerten zu können? Protokoll zur Sitzung des wissenschaftlichen Beirats für das Sanitäts- und Gesundheitswesen des Bundeswehr beim Bundesminister der Verteidigung, Bonn, 1995.

WEINECK, J. S.: Optimales Training - Leistungsphysiologische Trainingslehre unter besonderer Berücksichtigung des Kinder- und Jugendtrainings, Spitta Verlag, Balingen 2007.

WEINECK, J. S: Sportbiologie. Spitta Verlag, Nürnberg 2000.

WEST, D.J.; CUNNINGHAM, D.J.; BRACKEN, R.M.; BEVAN, H.R.; CREWTHER, B.T.; COOK, C.J.; KILDUFF, L.P.: Effects of resisted sprint training on acceleration in professional rugby union players. J Strength Cond Res. (2013); 27(4):1014-8.

WHITTING, J.W.; STEELE, J.R.; JAFFREY, M.A.; MUNRO, B.J.: Parachute landing fall characteristics at three realistic vertical descent velocities. Aviat Space Environ Med. (2007); 78 (12): 1135-42.

WHO : Globale Strategie zu Ernährung, körperlicher Aktivität und Gesundheit. – Weltgesundheitsorganisation. Genf. 2004.

WHO: Schritte zur Gesundheit. Ein europäischer Rahmen zur Förderung körperlicher Aktivität. -Regionalbüro für Europa. Kopenhagen. 2006.

WHO: Anleitung für bevölkerungsspezifische Ansätze zur Erhöhung körperlicher Aktivitäten. Umsetzung der globalen Strategie der WHO zu Ernährung, körperlicher Aktivität und Gesundheit. Genf. 2007.

WIEMANN, K.; KLEE, A.; STARTMANN, M.: Filamentäre Quellen der Muskel-Ruhespannung und die Behandlung muskulärer Dysbalancen. Deutsche Zeitschrift für Sportmedizin. (1998); 48 (4): 111-8.

WIEMEYER, J.: Dehnen reduziert auch die Weitsprungleistung. Leipziger Sportwissenschaftliche Beiträge. (2002A); 43 (2), 80-91.

WIEMEYER, J.: Stretching – eine sinnvolle Vorbereitungsmaßnahme im Sport? Kritische Diskussion kurz-, mittel- und langfristiger Effekte statischen Dehnens. Spectrum der Sportwissenschaften. (2002B); 14 (1): 53-80.

WIEMEYER, J.: Dehnen und Leistung – primär psychophysiologische Entspannungseffekte? Deutsche Zeitschrift für Sportmedizin. (2003); 54: 288-254.

WIEMEYER, J.: Zur zeitlichen Stabilität der negativen Effekte statischen Dehnens auf Schnellkraftleistungen. In J. Freiwald, T. Jöllenbeck & N. Olivier (Hrsg.), Prävention und Rehabilitation. Köln: Strauß. 2007.

WILKINSON, D.M.; RAYSON, M.P.; BILZON, J.L.: A physical demands analysis of the 24-week British Army Parachute Regiment recruit training syllabus. Ergonomics. (2008) May; 51(5):649-62.

WILKINSON, D.M.; BLACKER, S.D.; RICHMOND, V.L.; HORNER, F.E.; RAYSON, M.P.; SPIESS, A.; KNAPIK, J.J.: Injuries and injury risk factors among British army infantry soldiers during predeployment training. Inj Prev. (2011);17 (6): 381-7.

WILLARDSON, J.M.: A brief review: factors affecting the length of the rest interval between resistance exercise sets. J Strength Cond Res. (2006); 20 (4): 978-84.

WILLARDSON, J. M.: Core Stability Training: Applications to Sports Conditioning Programs. In: Journal of Strength and Conditioning Research. (2007); 21 (3): 979-85.

WILLARDSON, J.M.; BURKETT, L.N.: The effect of different rest intervals between sets on volume components and strength gains. J Strength Cond Res. (2008); 22 (1):146-52.

WILLIAMS, P.T.; WOOD, P.D.: The effects of changing exercise levels on weight and age-related weight gain. Int J Obes. (2006); 30 (3): 543-51.

WINCHESTER, J. B.; MCBRIDE, J. M.; MAHER, M. A.; MIKAT, R. P.; ALLEN, B. K.; KLINE, D. E.; MCGUIGAN, M. R.: Eight weeks of ballis- tic exercise improves power independently of changes in strength and muscle fiber type expression. Journal of Strength and Conditioning Research. (2008); 22 (6): 1728-34.

WINWOOD, P.W.; KEOGH, J.W.; HARRIS, N.K.: The strength and conditioning practices of strongman competitors. J Strength Cond Res. (2011); 25 (11): 3118-28.

WINWOOD, P.W.; KEOGH, J.W.; HARRIS, N.K.: Interrelationships between strength, anthropometrics, and strongman performance in novice strongman athletes. J Strength Cond Res. (2012); 26 (2): 513-22.

WITT, M. D.: Physische und psychische Belastung während des Einzelkämpferlehrgangs der Bundeswehr. Inauguraldissertation. Institut für Kreislaufforschung und Sportmedizin der Universität Köln. 2000.

WOODS, K.; BISHOP, P.; JONES, E.: Warm-up and stretching in the prevention of muscular injury. Sports Med. (2007); 37 (12): 1089-99.

WYSS, T.; VON VIGIER, R. O.; FREY, F.; MAEDER, U.: The Swiss Army physical fitness test battery predicts risk of overuse injuries among recruits. The Journal of Sports Medicine and Physical Fitness; (2012); 52 (5): 513-21.

YAMAMOTO, L. M.; LOPEZ, R.M.; KLAU, J.F.; CASA, D.J.; KRAEMER, W.J.; MARESH, C.M.: The effects of resistance training on endurance distance running performance among highly trained runners: a systematic review. J Strength Cond Res. (2008); 22 (6): 2036-44.

YOUNG, W.B.: Transfer of strength and power training to sports performance. Int J Sports Physiol Perform. (2006);1 (2): 74-83.

ZAFEIRIDIS, A.; SARASLANIDIS, P.; MANOU, V.; IOAKIMIDIS, P.; DIPLA, K.; KELLIS, S.: The effects of resisted sled-pulling sprint training on acceleration and maximum speed performance. J Sports Med Phys Fitness. (2005); 45 (3): 284-90.

ZEBIS, MK; SKOTTE, J.; ANDERESEN, C.H.; MORTENSEN, P.; PETERSEN, M.H.; VISKAER, T.C.; JENSEN, T.L.; BENECKE, J.; ANDERSEN, L.L.: Kettlebell swing targets semitendinosus and supine leg curl targets biceps femoris: an EMG study with rehabilitation implications. Br J Sports Med. (2012); 6. [Epub ahead of print]

ZEMKE, B.; WRIGHT, G.: The use of strongman type implements and training to increase sport performance in collegiate athletes. Strength and Conditioning Journal. (2011); 33; (4): 1-7.

ZIEMANN, E.; GRZYWACZ, T., LUSZCZYK, M.; LASKOWSKI, R.; OLEK, R.A.; GIBSON, A.L.: Aerobic and anaerobic changes with high-intensity interval training in active college-aged men. J Strength Cond Res. (2011); 25 (4):1104-12.

ZINTL, F.; EISENHUT, A.: Ausdauertraining. Grundlagen - Methoden - Trainingssteuerung. 5. Auflage. BLV Sportwissen, München 2001.

Internetquellen:

Beschreibung des Basis Fitness Test (BFT) der Bundeswehr:
http://www.streitkraeftebasis.de/portal/a/streitkraeftebasis/kcxml/04_Sj9SPykssy0xPLMnM
z0vM0Y_QjzKLNwyON3a0dANJQjmG_vqRWMUNkMWD9L31fT3yc1P1A_QLckMjyh0dFQG
V0uwJ/delta/base64xml/L2dJQSEvUUt3QS80SVVFLzZfMVNfM0FBNg!!?yw_contentURL=/0
1DB040000000001/W27UTGY6967INFODE/content.jsp.html
(Zugriff am: 20.07.2013)

10 Abkürzungen

Abb. – Abbildung(en)

AGA – allgemeine Grundausbildung

AK – Ausbildungsklasse

AMV – Atemminutenvolumen

Anm.: Anmerkung(en)

APRT – army physical readiness training

AusbZSpezlOp – Ausbildungszentrum Spezielle Operationen (Pfullendorf)

BFT – Basis Fitness Test

BMI – Body Mass Index

BMVg – Bundesministerium der Verteidigung

BW – Bundeswehr

BWS – Brustwirbelsäule

DSK – Division Schnelle Kräfte der Bundeswehr (Fallschirmjäger / Spezialkräfte)

EGB-H – erweiterte Grundbefähigung (Heer)

EKL – Einzelkämpferlehrgang

EMG – Elektromyogramm

EPOC – excess post exercise oxygen consumption

FschSpezZg – Fallschirmspezialzug / Fallschirmspezialzüge

FschJg – Fallschirmjäger

FS – Fallschirmsprung (automatik)

FÜ S – Führungsstab der Streitkräfte

FA – Feldwebelanwärter

Fw – Feldwebel

g – Gramm

G – Gravitations-/Erdanziehungskraft

GAT – gemeinsames Ausdauertraining

GH – growth hormon

GÜ – Gefechtsübung

HF – Herzfrequenz

HFmax. – maximale Herzfrequenz

HF ∅ – Herzfrequenz Durchschnitt (bezogen auf die Trainingseinheit / Belastungsdauer)

HIBA – Hindernisbahn

HIIT – high intensity intermittent training

HMV – Herzminutenvolumen

HWS – Halswirbelsäule

iANS – individuelle anaerobe Schwelle

IdZ – Infanterist der Zukunft

Inf – Infanterie

InfS – Infanterieschule (Hammelburg)

IST – Infanterie Spezifisches Training

kcal – Kilokalorie

KdoAnw – Kommando (KSK) Anwärter

kg – Kilogramm

kp – Kilopond

KSK – Kommando Spezialkräfte

l – Liter

Lg – Lehrgang

LL-LTS – Luftlande- und Lufttransportschule (Altenstadt)

LWK – Lendenwirbelkörper

LWS – Lendenwirbelsäule

m – Meter

MEF – military essential training

MFT – militärfachlicher Teil

Min – Minute(n)

mmHg – Druckeinheit, den ein Millimeter einer Quecksilbersäule ausübt

mmol – Millimol

MOUT – military operations in urban terrain

MVC – maximal voluntary contraction

MW – Mittelwert

OA – Offizieranwärter

Offz – Offizier

OL – Offizierlehrgang

PFT – physical fitness test(s)

PT – physical training

RM – repetition maximum (maximale Wiederholungszahl)

ROM – range of motion (Bewegungsradius)

RR – relatives Risiko

RPE – rating of perceived exertion (subjektive wahrgenommene der Beanspruchung)

S./Min – (Herz)Schläge / Minute

SH – Sporthalle

SOF – Special Operation Forces (US Spezialkräfte)

SPT – standardized physical training

SpezlKr (H) – Spezialisierte Kräfte (Heer)

SportS Bw – Sportschule der Bundeswehr (Warendorf)

SRT – stochastische Resonanztherapie ("Zeptoring")

ST – Suspension Training (Schlingen Training/Trainer)

StAbw – Standardabweichung

Tab – Tabelle(n)

TE – Trainingseinheit(en)

TrD – Truppendienst

TRX – Schlingentrainer (Markenname; *total resistance exercise*)

TUT – time under tension

UK – United Kingdom

US – United States (of America)

USMC – United States Marine Corps

VO_{2max} – maximale Sauerstoffaufnahmekapazität

vs – versus

Wdh – Wiederholung

WBT – weight based training

ZNS – Zentrales Nervensystem

ZNwG – Zentrum für Nachwuchsgewinnung

Über den Verfasser:

Geboren 1976 in Münster / Westfalen. Abitur 1997, danach Wehrdienst und Ausbildung zum Reserveoffizier bis 2003.

Seit 2001 erst neben-, dann als hauptberuflicher Fitness- und Personaltrainer. Nach internationalen beruflichen Erfahrungen (USA, Karibik) und Ausbildung zum Industriekaumann (IHK) folgte der Diplom-Studiengang *Fitnessökonomie* und der Masterstudiengang *Gesundheitsmanagement*.

Beruflicher Werdegang zwischen 2002 bis 2012: Trainer, Leiter einer Rückentherapie und Betriebsleiter eines Trainingszentrums. Parrallel Absolvierung diverser fachlichen Weiterbildungen auf nationaler wie internationaler Ebene mit den Schwerpunkten *Konditionstraining, Athletiktraining, Medizinische Trainingstherapie* (MTT) und *Gesundheitsförderung*.

Seit 2011 Tätigkeit als Privatdozent u.a. zuständig für die Ausbildung von Trainern mit den Schwerpunkten Gesundheitstraining, Sportrehabilitation und Athletiktraining bei der BSA-Akademie und Dozententätigkeit an der DHfPG (Deutschen Hochschule für Prävention und Gesundheitsmanagement). 2014 folgte die Ernennung zum Professor im Fachbereich Trainings- und Bewegungswissenschaften an der DHfPG.

Ab 2011 selbsständiger Berater von Unternehmen, Behörden und Verbänden mit Schwerpunkt Implementierung und Umsetzung von betrieblichen Gesundheitsförderungsmaßnahmen.

Autor verschiedener Fachartikel zum Bereich *Military Fitness* und Autor des Buches *„Guide zum Gipfel"* in dem die Erfahrungen diverser Hochgebirgsexpeditionen und deren Trainingsvorbereitung behandelt werden.

Kontakt: *info@efex-training.com*